U0922460

**图书在版编目（CIP）数据**

拉萨达孜年鉴. 2022 / 拉萨市达孜区地方志办公室编.—北京：方志出版社, 2022.12

ISBN 978-7-5144-5364-5

Ⅰ. ①拉… Ⅱ. ①拉… Ⅲ. ①区（城市）– 拉萨 – 2022 – 年鉴 Ⅳ. ①Z527.54

中国版本图书馆CIP数据核字（2022）第242597号

责任编辑：王娜
责任校对：刘玉霞
责任印制：梅中英
出 版 者：方志出版社
地　　址：北京市朝阳区潘家园东里 9 号（国家方志馆4层）
邮　　编：100021
网　　址：http://www.zgfzcb.cn
发　　行：方志出版社图书营销中心（010–67110500）
印　　刷：河南金宝丽印刷科技有限公司
开　　本：889毫米 × 1194毫米　1/16
印　　张：21
字　　数：570千字
版　　次：2022年12月第1版
印　　次：2022年12月第1次印刷
定　　价：350.00元

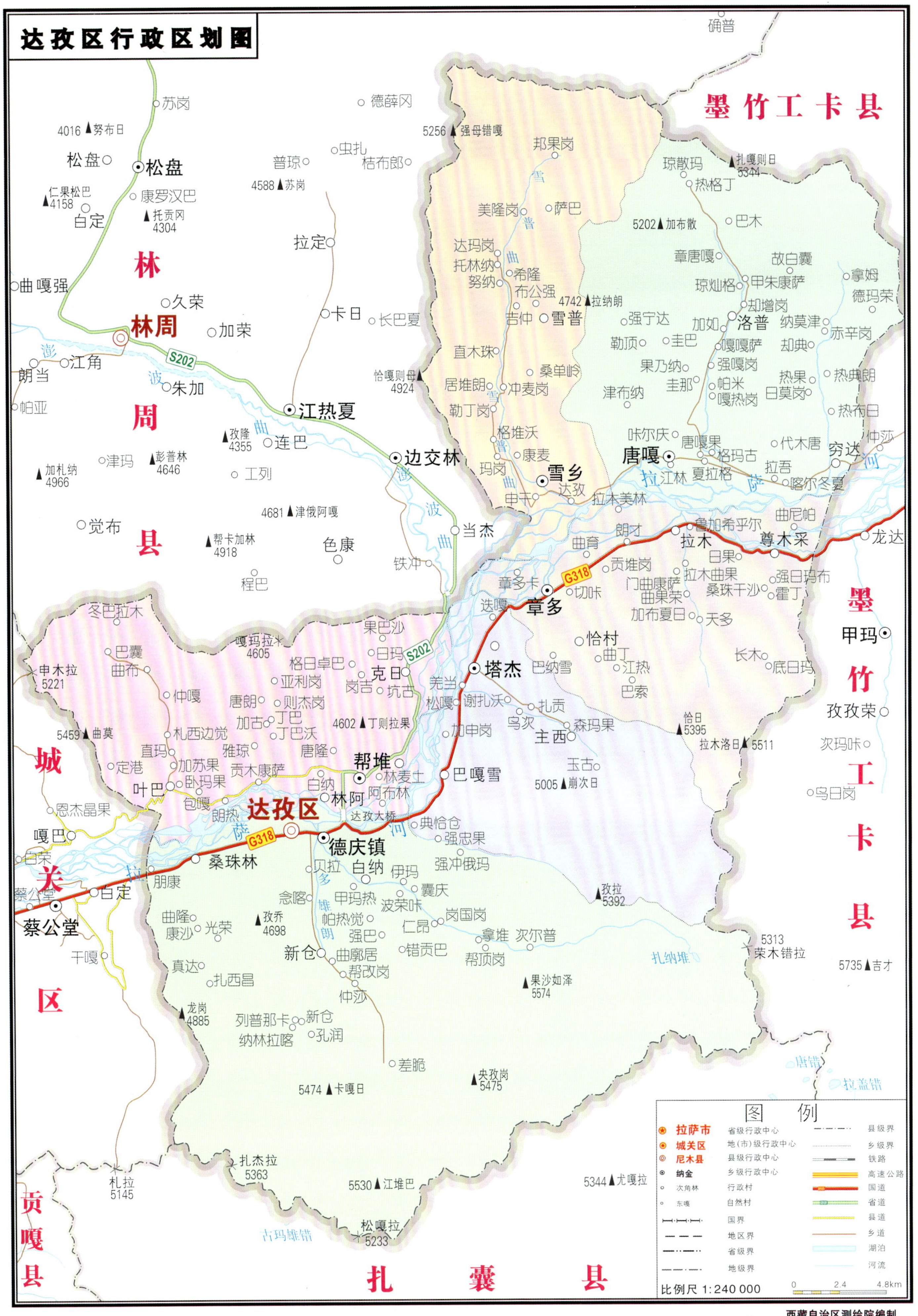


西藏自治区测绘院编制

审图号：藏S（2018）022号

2021年3月14日，西藏自治区政协副主席，自治区教育厅党组书记、副厅长杜建功（前排右三）一行到达孜区中心小学调研

2021年6月21日，中央第十四督导组西藏小组组长殷明胜（右三）一行到达孜区人民法院检查队伍教育整顿工作开展情况

2021年9月14日，国家统计局财务司司长、督察组常务副组长刘恒（前排右二）一行到达孜区督察统计工作

2021年12月11日，西藏自治区人大常委会主任培训会暨人大代表工作推进会在达孜区举办。西藏自治区人大常委会秘书长刘光旭（前排右三）出席

2021年8月27日，西藏自治区人大常委会代表人事选举工作委员会主任徐非（左一）一行到达孜区塔杰乡调研

2021年6月3日，国网西藏电力有限公司总经理龚东昌（前排右一）一行到国网达孜区供电公司调研安全生产“五查五严”工作

2021年10月9日，中央政法队伍教育整顿西藏小组副组长徐永胜（左排左四）一行到达孜区公安局检查指导政法队伍教育整顿工作开展情况

2021年10月14日，水利部移民司（乡村振兴办）副司长朱闽丰（前排左二）一行到达孜区开展巩固拓展水利扶贫成果同乡村振兴水利保障有效衔接工作监督检查

2021年8月1日，团中央青年志愿者行动指导中心副主任熊剑（左二）一行到达孜区走访看望西部计划志愿者

2021年10月29日，西藏自治区人民检察院党组成员、副检察长米玛次仁（右排左二）一行到达孜区人民检察院调研公益诉讼工作开展情况

2021年5月13日，西藏自治区司法厅党委委员、副厅长、自治区普法办副主任张宏发（左二）一行到达孜区调研农村集体产权制度改革工作

2021年6月9日，农行西藏自治区分行副行长闫军（左二）一行到西藏金麦穗农业科技有限公司调研

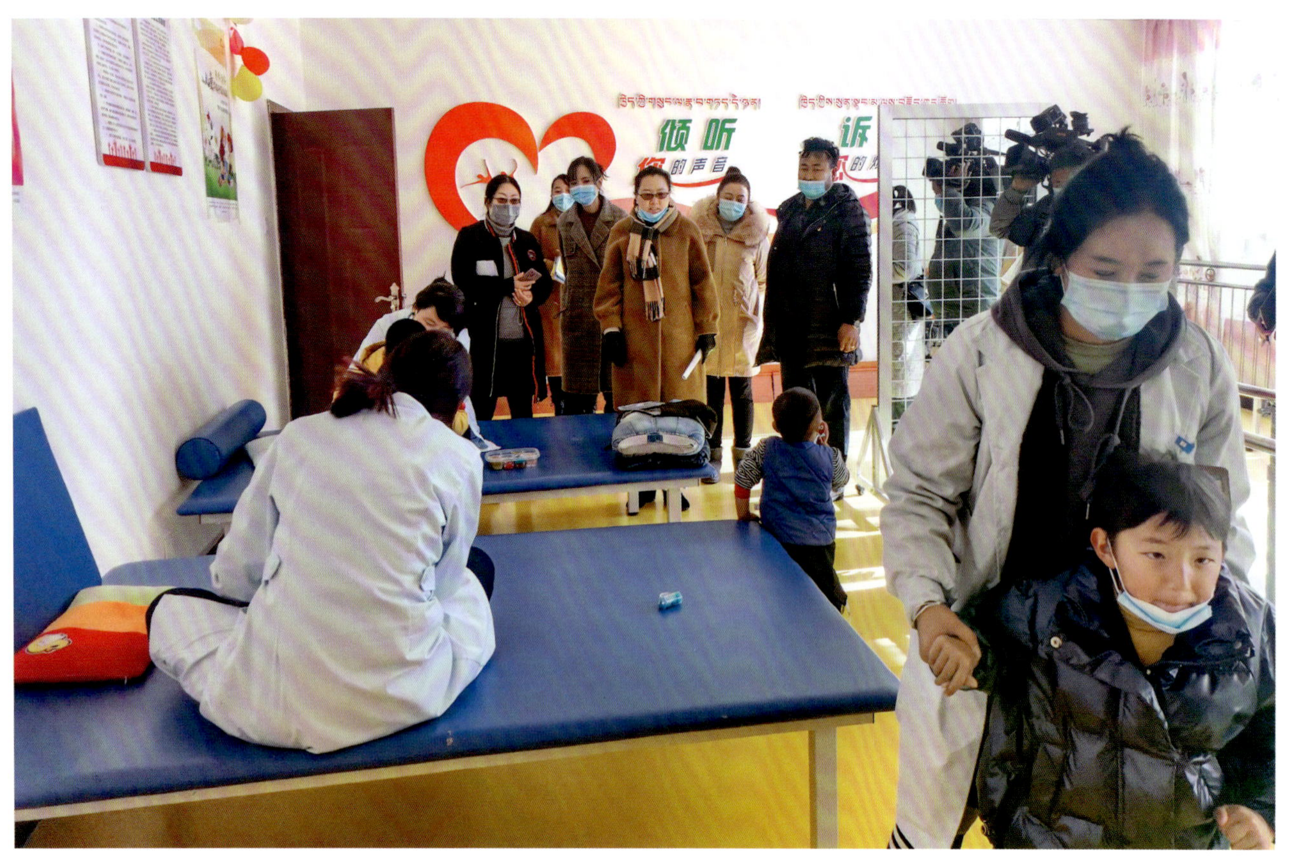


2021年1月7日，西藏自治区妇联二级巡视员拉巴卓玛（中）一行到达孜区儿童康复中心调研

2021年1月26日，拉萨市委副书记、组织部部长庄红翔（右排中）一行到德庆镇指导2021年村（社区）“两委”换届工作

2021年8月24日，拉萨市委副书记、常务副市长，江苏省对口支援西藏拉萨市前方指挥部党委书记、总指挥沈海斌（前排中）一行到达孜区调研美丽乡村及援藏项目建设

2021年10月3日，拉萨市委副书记、市委政法委书记马军（左二）一行到达孜区公安局检查指导工作

2021年12月16日，拉萨市委常委、市政府党组副书记、常务副市长占堆（前排左二）一行到达孜区调研重点项目

2021年4月20日，拉萨市委常委、市政府党组副书记、常务副市长毛东军（右二）一行到达孜区调研农牧业特色产业发展情况

2021年9月13日，拉萨市委常委、宣传部部长吴亚松（右四）一行到达孜区出席江苏凤凰出版传媒股份有限公司助力“书香拉萨”工程图书捐赠仪式

2021年3月30日，拉萨市委常委、统战部部长阿努次仁（左二）一行到达孜区唐嘎乡开展“领导干部下基层大接访办实事”活动

2021年3月8日，拉萨市副市长张永林（右三）一行到达孜区雪乡调研

2021年10月19日，拉萨市政府党组成员、副市长陆从福（右四）一行到拉萨城投祁连山水泥厂检查指导工作

2021年6月21日，拉萨市政府党组成员、副市长郑卫国（前排右一）一行到拉萨市老年人日间照料中心调研

2021年10月13日，拉萨市政府党组成员、副市长潘文卿（左二）一行到达孜工业园区调研援藏项目推进情况

2021年8月26日，江苏省丹阳市政协副主席薛军民（前排中）一行代表团到达孜区雪乡考察交流工作

2021年3月25日，拉萨市政协副主席、市总工会主席张勤（前排左二）一行到达孜区中学调研

2021年4月23日，拉萨市政协党组成员、副主席岳国红（左一）一行到达孜区邦堆乡督导检查换届工作

2021年9月15日，江苏省镇江市总工会党组书记、副主席刘正泰（右一 ）为达孜区总工会援助捐赠资金

2021年9月8日，江苏省句容市人民法院党组书记、院长王锁平（前排中）一行到达孜区人民法院交流考察工作

2021年8月23日，拉萨市中级人民法院党组书记、院长李世蓉（左二）一行到达孜区人民法院调研指导人民法庭工作

2021年1月28日，拉萨市民政局党组书记詹晓圣（右三）一行到达孜区残疾人综合服务中心调研

2021年10月22日，拉萨市卫生健康委员会党组书记宋留柱（中）一行到达孜区督导检查新冠疫情防控工作

2021年1月26日，拉萨市教育局局长中楚成（前排中）一行到达孜区检查指导学前教育普及普惠工作

2021年5月26日，拉萨市水利局局长韩云栓（右）到拉萨河达孜城区段水毁应急除险加固工程现场检查指导工作

2021年12月22日，达孜区委书记索朗次仁（左二）一行到区中心小学调研

2021年12月13日，达孜区委副书记、区长刘代红（左一）一行到章多乡恰村藏香厂调研

2021年2月1日，达孜区第一届人民代表大会第四次会议召开

2021年3月9日，中国共产党拉萨市达孜区第一届纪律检查委员会第四次全体会议召开

2021年9月9日，达孜区召开庆祝第37个教师节表彰大会

2021年2月5日，达孜工业园区“绿色新动能产业合作基地”建设项目签约仪式举行

2021年4月22日，中国少年先锋队拉萨市达孜区第一次代表大会召开

2021年6月30日，达孜区庆祝中国共产党成立100周年、西藏自治区和平解放70周年“达孜人民永远跟党走”主题文艺晚会举行

2021年9月2日，青藏科考队一行到达孜区调研

2021年12月20日，2021年拉萨市新质民兵分队授旗仪式举行

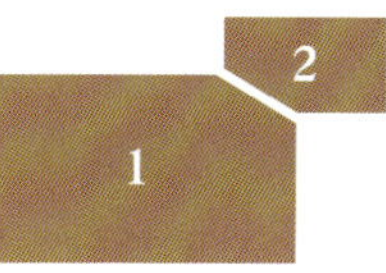


1. 达孜工业园区俯瞰图

2. 达孜工业园区夜景

1 2 3

1. 达孜区现代农业产业园区温室大棚香辣椒
2. 达孜区现代农业产业园区温室大棚西红柿
3. 达孜区现代农业产业园区钢架温室种植无土栽培草莓

塔杰乡塔杰村社会服务点“藏青2000”二级田出苗情况

唐嘎乡穷达村“山冬7号”种子田长势情况

雪乡雪普村青稞割晒情景

塔杰乡巴嘎雪村“苏拉青2号”种子田长势情况

唐嘎乡唐嘎村“藏青3000”种子田长势情况

西藏索朗兴青稞实业有限公司

西藏净源生态农业发展有限公司西藏花博园

达孜区高标准奶牛养殖中心挤奶设备

德庆镇白纳村犏牛经济杂交第二批犊牛（雅江雪牛）

塔杰乡主西村黄牛改良犊牛

达孜区高标准奶牛养殖中心牛舍

唐嘎乡唐嘎村黄牛改良犊牛

西藏唐嘎藏鸡养殖发展有限公司藏鸡蛋产品

达孜·丹阳眼镜城

达孜区德吉新村

达孜区五保集中供养服务中心（金叶敬老院）

扎叶巴藏家乐民宿

幸福社区

《鹤舞达孜》（刘斌　摄）

# 《拉萨达孜年鉴》编纂委员会



# 《拉萨达孜年鉴》编辑部

# 编辑说明

一、《拉萨达孜年鉴（2022）》以马克思列宁主义、毛泽东思想、邓小平理论、“三个代表”重要思想、科学发展观、习近平新时代中国特色社会主义思想为指导，坚持辩证唯物主义和历史唯物主义的立场、观点和方法，始终坚持“实事求是、质量第一、存史资政、服务大众”的宗旨，全面、系统、翔实地记述达孜区2021年度政治、经济、文化、社会等各项事业的基本情况，为社会各界与国内外人士了解和研究达孜区提供翔实资料。

二、《拉萨达孜年鉴（2022）》正文采取分类编辑法，以类目、分目、条目为主要框架结构，条目为主要记事单元。

三、《拉萨达孜年鉴（2022）》载录达孜区2021年经济社会发展的基本资料，设有特载、大事记、区情概览、中国共产党达孜区委员会、达孜区人民代表大会、达孜区人民政府、中国人民政治协商会议达孜区委员会、纪律检查（监察）、人民团体、军事、法治、经济管理、社会事业、城市建设·环保、交通·通信、金融、乡（镇）概况、国有企业、附录、索引等内容。

四、《拉萨达孜年鉴（2022）》统计数据使用法定计量单位，价值指标绝对数凡未注明的，均按记载2021年价格计算。计量单位一律以《量和单位》（GB 3100—3102—1993）为准，个别常用成习惯且不便换算的用市制，如农田单位“亩”。简化字以全国文字改革委员会、文化部、教育部公布的《简化汉字总表》为准；标点符号以2011年发布的《标点符号用法》（GB/T 15834—2011）为准；数字用法以2011年发布的《出版物上数字用法》（GB/T 15835—2011）为准。

五、《拉萨达孜年鉴（2022）》入鉴资料、图片均由各撰稿单位提供，并经主要负责人审核。部分资料由编辑部收集，主要数据和统计资料由统计局提供，部分数据由各相关部门提供。由于统计口径等原因，相关部分的个别数据与统计资料不一致的，以统计资料为准。

# 目 录

## 特 载



## 大事记



## 区情概览



## 中国共产党达孜区委员会

### 综述

## 党校



# 达孜区人民代表大会

## 综述



## 办公室工作



# 达孜区人民政府

## 综述

## 办公室工作



## 应急管理



## 消防救援



## 信访工作



## 藏语言及编译工作



# 中国人民政治协商会议<br>达孜区委员会

## 综述

### 办公室工作



## 纪律检查(监察)

### 综述



## 人民团体

### 工会



### 共青团



### 妇联

## 工商联



# 军 事

## 人民武装



## 武警达孜中队



# 法 治

## 政法委及综治



## 公安



## 检察

## 法院



## 司法行政



# 经济管理

## 发展和改革



## 财政



## 审计

## 自然资源管理



## 统计



## 经济和信息化



## 工业园区管理

## 市场监督管理



## 医疗保障



## 文化和旅游（文物）



## 农业农村



## 乡村振兴

## 退役军人事务



## 水利



## 教育（体育）



### 达孜区中学



# 城市建设·环保

## 住房和城乡建设

## 乡(镇)概况

### 德庆镇



### 邦堆乡



### 塔杰乡



### 唐嘎乡

### 雪乡



### 章多乡



## 国有企业

### 达孜区旅游发展投资有限公司



### 达孜区虎峰城市建设投资有限公司



### 达孜虎峰园林绿化有限公司

## 达孜区净土产业投资开发有限公司



## 国网达孜区供电公司



# 附 录

# 特 载

# 振翼逐梦新时代 感恩奋进新征程 在全面推进长治久安和高质量发展上率先当好排头兵

## ——在中国共产党拉萨市达孜区第二次代表大会上的报告

中共拉萨市达孜区委书记 索朗次仁

（2022 年 5 月 24 日）

### 一、回顾设区以来奋斗历程

看似寻常最奇崛，成如容易却艰辛。2018 年 1 月，我们召开达孜区第一次党代会，完成撤县设区这一具有里程碑意义的大事，在达孜乃至拉萨发展史上写下浓墨重彩的一笔。第一次党代会以来，一届达孜区委坚决贯彻党中央决策及自治区党委、拉萨市委部署，认真落实“五位一体”总体布局和“四个全面”战略布局，圆满完成脱贫攻坚重大历史任务，为“设区”到“建区”的功能转变、发展提挡、改革突破作出了积极有益的探索，打下了良好的基础，向党和人民交出了一份合格的“答卷”。

社会大局持续和谐稳定。健全维护稳定的长效机制、社会治理的综合举措，纵深推进反分裂斗争。各层面维稳骨干力量勤勉作为，各级基层党组织、各族党员干部群众奋力投身，筑牢安全稳定和疫情防控的坚固防线。加强和创新寺庙管理，深入开展“遵行四条标准、争做先进僧尼”教育实践活动，促进宗教和顺。推进市域社会治理现代化试点工作，有力防范化解风险隐患，狠抓安全生产监管，有效调处信访矛盾，深化“扫黑除恶、打非治乱”专项斗争，严厉打击违法犯罪，“七五”普法圆满收官、“八五”普法有序开启。铸牢中华民族共同体意识宣传强力推进，国家通用语言文字在群众中的普及推广率进一步提高，模范区创建“九进”活动卓有成效，涌现出各级民族团结进步模范集体 22 个、模范家庭 13 个、模范个人 65 名。经济综合实力稳步提升。2021 年地区生产总值 22.75 亿元，同比撤县设区时增长 23.37%，农牧民人均可支配收入 20058 元，同比增长 48%。水电路网讯基础设施提挡升级，城镇化率由 27.4% 增长至 34.2%。提高粮食安全保障能力，入选第二批国家农产品质量安全县

（区）。坚持“脱虚向实”转型，工业园区实体企业达到71家，规模以上9家，规上工业增加值同比增长167%。旅游业蓬勃发展，成功打造“云上达孜”生态文化旅游品牌，林卡经济百花齐放，收入同比增长16%，白纳和叶巴两个村被评为“全国乡村旅游重点村”。项目拉动作用明显，投入资金93.66亿元、实施项目412个，招商引资实际到位资金78.7亿元。人民生活水平显著提高。抓实精准脱贫“六大举措”，决战决胜脱贫攻坚，建档立卡贫困户1069户4213人全部脱贫摘帽，历史性消除绝对贫困，着力抓项目、定规划、建机制，巩固拓展脱贫攻坚成果同乡村振兴有效衔接。学前教育普及普惠发展通过自治区评估，“五个100%”教育目标全面实现；人民医院升格二级乙等医院，乡镇卫生院阵地建设全覆盖，打通跨省异地就医渠道，获评自治区级健康促进县（区）；覆盖城乡的基本养老保险制度初步形成，五保集中供养服务中心获“全国敬老文明号”称号；农村劳动力转移就业累计5.3万余人次，城镇新增就业4039人，高校毕业生就业率保持在95%以上，各族人民群众获得感幸福感安全感不断提升。生态文明建设成绩斐然。全面打赢蓝天、碧水、净土三大攻坚战，狠抓各级环保督察和巡视反馈问题整改，有序实施生态环境项目35个，污水处理厂、垃圾中转站相继投入使用。森林覆盖率31.94%、林业绿化率41.03%。“美丽乡村·幸福家园”建设、乡村环境整治工程系统推进，生态文明建设示范区创建扎实有力。全面深化改革步伐加快。“放管服”改革、国企改革、农村集体产权制度改革等不断深化，群众“进一扇门、跑一次腿”的“一站式”服务体系基本建立，党的制度改革、党政机构改革、事业单位和乡镇管理体制改革取得重要成果。对口支援工作倾情倾力。累计实施援藏项目31个，总投资3.67亿元，对接引进产业项目12个，总投资近20亿元，朗热酒村、丹阳眼镜城、南京农业大学菊花种植基地等重大项目成果喜人，并在规划编制、人才智力、民生实事等多领域给予了极大帮扶，更推动了民族交往交流交融交心不断走向深入。党的建设基础不断夯实。深入开展“两学一做”学习教育、“不忘初心、牢记使命”主题教育、党史学习教育及政法队伍教育整顿，并形成常态化、制度化。高标准建设村级组织阵地，累计投入2.4亿元保障基层党建工作；高质量发展党员443名，农牧民党员达到2350名，占农村人口的9.4%；圆满完成乡镇、村（社区）换届工作；从各条战线提拔晋升干部430人。届内巡察全覆盖，严厉查处违反中央八项规定问题18个，受理问题线索136件，立案48件，给予党纪政务处分54人，移送司法机关1件1人，特别是去年年底以来，把坚决有力正风肃纪作为重中之重，肃余毒、除影响、清源头、聚正气。坚定不移发展民主政治。302件人大意见建议、295件政协提案高效办理，群团组织“双覆盖”不断扩大，军民团结“鱼水情”更加深厚，社会各界凝心聚力保稳定、抓发展、促团结的氛围愈发浓厚。

这些成绩的取得，根本在于习近平新时代中国特色社会主义思想的领航掌舵、在于新时代党的治藏方略的无比正确、在于党中央英明决策和自治区党委、拉萨市委的坚强领导，得益于江苏省镇江市的无私援助，离不开广大党员干部群众的顽强拼搏和社会各界人士的鼎力支持。在此，我代表中共达孜区第一届委员会，向全区广大党员干部群众和所有关心、支持、帮助达孜各项工作的同志们、朋友们，表示衷心的感谢，并致以崇高的敬意！

总结以往实践，所有艰辛的奋斗、成功的喜悦，当然，还有那些恼人的挫折，都蕴含着深刻的启示和宝贵的经验。我们体会到：党的领导是我们取得一切成就的根本保证，唯有在政治上、思想上、行动上同以习近平同志为核心的党中央保持高度一致，坚定坚决执行党的路线方针政策，我们才能始终沿着正确方向不断前进；人民至上是我们一切奋斗的初心使命，唯有坚持以人民为中心的发展思想，让人民群众过上更加幸福美好的生活，我们才能始终站在人民之中、立于不败之地；敢于斗争是我们应对一切风险挑战的智慧结晶，唯有坚守立场原则、勇于自我革命，建设风清气正的政治环境、安全稳定的社会环境，我们才能始终在风雨兼程时行稳致远；精诚团结是我们打赢一切战斗的重要法宝，唯有铸牢中华民族共同体意识，团结一切可以团结的力量、调动一切可以调动的有利因素，我们才能始终同舟共济、赢得未来。这些经验体会,我们要倍加珍惜、深刻把握、始终坚持。

## 二、擘画今后五年工作蓝图

新时代呼唤新作为,新征程吹响新号角。到2035年,我们要团结带领达孜各族群众,完成基本实现社会主义现代化目标,建设团结富裕文明和谐美丽的社会主义现代化新达孜。包括今年在内的未来五年,是我们迈向宏伟目标的重要阶段,时机特殊、意义重大、影响深远。谋划和推进今后五年的工作,我们必须清醒判断“时”与“势”,准确把握“危”和“机”,努力走好一条顺应时代要求、符合首府布局、立足达孜实际的新的“赶考之路”。

综合分析,我们清醒认识到当前还存在诸多问题和挑战。总体来讲,撤县设区后,“区”的功能未充分体现;拉萨东翼中,“翼”的作用未有力彰显;东部新城上,“新”的局面未完全打开。思想上看,“小”城“弱”县思维长期禁锢干部头脑,缺少赶超发展的格局和眼界、胆识和路径,作风问题积弊犹存,党风廉政建设和反腐败斗争形势依然严峻复杂。治理能力上看,党员干部依法治理的能力和魄力有短板,群众法治思维和习惯未养成,依托信息技术的智慧治理手段仍欠缺,各级各部门治理合力未形成,城乡接合部的种种“乱”象亟待根治。发展水平上看,一产缺少产业链延伸,农产品加工停留在初级阶段;二产科技“含金量”不高,市场竞争力不强,产业同质、产业链不完整现象突出,尤其是工业园区空间粗放,大量僵尸企业占地不经营造成土地资源浪费,园区发展增量空间基本用尽、存量空间产出低效,“脱虚向实”任重道远;三产人气聚集度低、人口红利不足,全域旅游市场化程度不高;城镇建设定位不准,主动承接拉萨城市功能疏解转移不足。有问题不可怕,可怕的是视而不见,没有直面挑战的底气、勇气和志气。我们引导群众摒弃“等靠要”思想,靠勤劳的双手摆脱贫困,那么我们党员干部更要自我鞭策、增长才干、不畏艰难、砥砺前行,方能引领达孜一方发展、谋求更大人民福祉。

综合判断,我们正处于战略机遇的凸显期。党的恩情深似海,党的恩情比天高。以习近平总书记为核心的党中央历来高度重视西藏工作、殷切关怀西藏人民,党的十八大以来,习近平总书记先后在2015年、2020年出席中央第六次、第七次西藏工作座谈会并发表重要讲话,对西藏工作提出一系列重要论述、作出重要指示,新时代党的治藏方略传遍雪域高原,科学指引我们感恩奋进。西藏和平解放70周年之际,习近平总书记亲自来到西藏视察,西藏各族干部群众倍感关怀、备受鼓舞、倍增信心,达孜上下士气如虹、振翼逐梦整装待发。

2021年先后召开的区、市第十次党代会,分别给予全区、全市工作明确目标、清晰定位。自治区党委站在“两个一百年”交汇、“两个大局”交织的历史新起点,聚焦“五期叠加”阶段性特征和“四件大事”“八大任务”“四个确保”,擘画“四个创建”“四个走在前列”的奋斗目标,构建“一核一圈两带三区”区域发展新格局,其中指明了拉萨“核心增长极”“全区经济社会发展排头兵”“打造以拉萨为中心的经济圈”发展定位。市委着眼于首府城市引领作用,明确“五个走在前、作表率”的目标要求,立足新发展阶段,把准“在全区示范先行,建设历史文化名城、高原宜居新城、民族团结示范区、生态文明优先区、开放发展先行区‘两城三区’,引领全区全面建设社会主义现代化”的历史方位。

达孜作为拉萨城市一体规划组成部分,“一心两翼”中重要一“翼”“东部宜居城”创新核心,承担着老城区功能疏解、推动产业转型升级、维育涵养生态屏障、衔接全域旅游链条,以及联通联动东部区域经济社会和资源环境协调发展的重要功能,更具备实现和拓展这些功能的三方面“优势”。首府城区、交通便利,是连接山南、林芝的快速通道,是拉萨扩大开放、对外展示的先天窗口,这一显著的区位优势不可忽视;工业园区20年的发展历程,在创造优质营商环境,抓好要素链条、促进产业发展等方面积累了大量经验,净土健康产业、全域旅游近几年来茁壮成长,更兼对口支援地区经验指导和项目扶持,为我们拓宽视野、开辟路径,转型高质量发展积聚了强大动力,这一产业基础优势不可忽视;地处拉萨河中游,长期保持良好的生态环境质量、自然资源禀赋,随着国家“双碳”目标的实施和自治区“生态富民”工程的推进,生态环境开始反哺经济发展,为我们探索生态价值转换机制,培育绿色发展新动能提供了优厚根基,这一生态优势不可忽视。立足自身基础,对标区、市第十次党代会目标要求,达孜在各个方面都大有可为、未来可期。

今后五年工作的指导思想是:坚持以习近平新时代中国特色社会主义思想为指导,以迎接和学习贯彻党的二十大为主线,全面贯彻落实习近平总书记关于西藏工作的重要论述和新时代党的治藏方略,深入贯彻落实中央第七次西藏工作座谈会和区、市第十次党代会精神,捍卫“两个确立”,增强“四个意识”、坚定“四个自信”、做到“两个维护”,聚焦抓好“四件大事”、实现“四个确保”,着力推进“四个创建”、努力做到“四个走在前列”和“五个走在前、作表率”,在自治区党委、拉萨市委坚强领导下,干在实处、走在前列,融入大局、勇开新局,率先当好“七个排头兵”,在新时代新征程上焕发崭新气象、彰显达孜担当,努力建设团结富裕文明和谐美丽的社会主义现代化新达孜。

今后五年我们的奋斗目标是:按照自治区党委书记王君正在4月12日拉萨市干部大会上对拉萨工作提出的指示要求,放眼达孜在全市功能定位,做到率先当好“七个排头兵”,全方位融入拉萨大格局,支撑首府长治久安和高质量发展。牢牢掌握反分裂斗争主动权,维护国家安全、人民安全的长效机制更加健全,宗教事务管理、基层治理现代化水平不断提高,社会大局持续全面长期稳定,长治久安的基础更加牢固;“三个离不开”“五个认同”思想深入人心,各族群众手足相亲、守望相助、休戚与共的中华民族共同体意识持续铸牢,创建成为自治区级民族团结进步模范县(区),本级创建民族团结进步模范单位占比达到90%以上;转型高质量发展,“十四五”规划任务指标全面完成,乡村振兴取得阶段成果,产城融合、城乡融合有力推进,地区生产总值保持8.5%以上增速,农牧民人均可支配收入保持13%以上增速、达到3.3万元以上,社会消费品零售总额年均增长8%以上,城镇调查失业率控制在5.5%以内,本地户籍高校毕业生就业率保持在95%以上;生态文明高地创建稳步推进,绿色健康发展的空间布局、生产布局、生活布局基本形成,资源节约集约利用水平大幅提升,森林覆盖率提高到50%以上,空气质量优良天数比率保持98%以上,创建成为自治区级生态文明示范区,争创国家级示范区;党的建设、民主政治建设迈上新台阶,社会主义现代化新达孜建设取得重要进展。

同志们,我们引领于达孜一方,当有达通天下的格局、孜孜以求的精神;屹立于虎峰之顶,当有举目千里的视野、虎虎生风的活力;担负于首府东翼,当有扶摇直上的胆识、久久为功的韧劲!让我们携起手来、振起羽翼,乘着百年党史风华,逐梦前行、展翅翱翔!

## 三、突出抓好党的政治建设

始终坚持以党的政治建设为统领,切实提高政治站位、强化政治担当、履行政治责任,为达孜长治久安和高质量发展提供坚强政治保证,在坚定捍卫“两个确立”、坚决做到“两个维护”上率先当好排头兵。

一是锻造优秀政治品质。坚持用好“清源正本 忠诚正道”党员政治忠诚教育载体,常态推进党史学习教育、“三更”专题教育和政治纪律教育,切实增强对“两个确立”的政治认同、思想认同、理论认同、情感认同,把“两个确立”转化为坚决做到“两个维护”的思想自觉、政治自觉、行动自觉,转化为履职尽责、做好工作的实际行动,践行“八个必须”“六个表率”要求,不断提高政治判断力、政治领悟力、政治执行力。完善党员政治体检和干部政治素质考察机制,深化政治巡察。持续深化“饮水思源 感恩思进”群众教育实践活动,巩固和拓展“四讲四爱”教育成果,用新时代新思想新格局武装群众、引导群众、凝聚群众,促进各族人民群众爱戴核心、紧跟核心、维护核心。

二是严肃党内政治生活。坚持把党章作为加强党性修养的根本标准,对照党章党规党纪,深入开展学习检视和自查自纠,切实把党章各项规定落实到具体行动上、体现到实际工作中。着力加强制度建设，完善各级党委（党组）议事规则和决策程序，加强民主集中制教育培训和执行情况监督检查。严格执行《关于新形势下党内政治生活的若干准则》，全面落实组织生活基本制度，坚决防止党内政治生活“假大空”、随意化、平淡化、娱乐化、庸俗化。扎实开展批评与自我批评，最大限度减少失误、避免错误，让“咬耳扯袖”“红脸出汗”成为党内生活的常态。

三是发展健康政治文化。大力弘扬伟大建党精神，深入开展老西藏精神、“两路”精神宣传，“忆苦思甜”“追寻革命先辈足迹”等主题活动，传承红色基因、赓续红色血脉。增强警示教育效果，多以“身边事”教育“身边人”，让干部触动更深刻、思想更警醒，推进以案促改、以案促建、以案促治，加强政德建设，坚决防止和反对宗派主义、圈子文化、码头文化，大力倡导清清爽爽的同志关系、规规矩矩的上下级关系、干干净净的政商关系。

## 四、筑牢防线维护和谐稳定

始终把维护稳定作为头等大事、第一任务来抓，坚持警钟长鸣、警惕常在，树牢“总体国家安全观”，织严织密防范网络，筑牢筑实安全屏障，在维护社会和谐稳定、实现长治久安上率先当好排头兵。

## 五、用情浇灌民族团结之花

始终全面贯彻党的民族政策，以铸牢中华民族共同体意识为主线，深化民族团结进步宣传教育，进一步促进各民族交往交流交融交心，确保民族团结进步之花在达孜长盛不衰，在着力创建全国民族团结进步模范区上率先当好排头兵。

一是同植团结进步之根。实施中华优秀传统文化传承发展工程，常态推进“五史”教育等红色文化传承工作，开展优秀传统文化下基层活动，打造“幸福达孜”视觉形象品牌，加大德庆“卓舞”等非物质文化遗产和文物保护力度，推动中华优秀传统文化融入全民教育、道德建设和生产生活，让中华文化成为各族群众的情感纽带、精神家园、心灵归属。深入开展“奉献达孜”典型选树活动，持续夯实社会主义核心价值观思想基础。创新开展“同心达孜”国家通用语言文字助学活动，实施国家通用语言文字培训两年攻坚行动和三年巩固提升工程，让国家通用语言文字在各族群众中全面普及推广。

二是同铸休戚与共之魂。利用基层文化宣传阵地，组织“金牌宣讲员”队伍走进群众、走进一线，广泛开展民族团结进步、铸牢中华民族共同体意识宣传活动，持续推进模范区创建“九进”工作，让“五个认同”“三个离不开”思想融入各族群众血脉。完善民族团结进步教育常态化机制，将民族团结进步教育融入技能培训、政策宣讲、学校教学等各类学习教育全过程，做到课堂教学、社会实践、主题教育多位一体，引导各族干部群众树牢“四个与共”的共同体理念。实施“互联网＋民族团结”行动，综合运用新技术、新媒体打造实体化的有效宣传载体。

三是同增交融交心之情。主动收集、整理各民族交往、交流、交融、交心的历史事实和生动故事，制作微视频、小短片，加大宣传力度。推进建立相互嵌入式的社会结构和社区环境，积极创造各民族共居共学共事共乐的社会条件，引导各民族像石榴籽一样紧紧抱在一起。不断拓展“达孜·镇江”两地经济、文化、人才交流，精心组织代表团互访、干部双向挂职和学习，携手打造达孜学生去镇江、镇江学生来达孜的“手拉手”友爱路线，联合开展互动式夏令营活动，推动两地干部群众培养真挚感情、增进民族团结。

## 六、融入大局实现崛起发展

始终把“三个赋予、一个有利于”作为经济社会发展的出发点和落脚点，完整准确全面贯彻新发展理念，构建“中心引领、双核驱动、城乡融合、生态优先、民生为本”的发展布局，确保达孜全面融入拉萨发展大格局，在着力创建高原经济高质量发展先行区上率先当好排头兵。

一是打造新型城镇化建设示范区。把“融入”作为转型高质量发展核心，坚持以城区发展为引领，推进城市商业综合体建设，在交通物流、娱乐休闲、高端住宅等方面加快建设一批新地标、构建新业态。推动达孜西桥、滨河南路等重要市政道路建设，打通断头路、完善次干道和小街巷基础设施配套，着力构建“四纵四横”外畅内序的城市快速路网，建好管好达孜客运站、农贸市场等功能设施，推动区市两级救灾物资储备中心、应急救援通用机场、全民健身体育中心、群众文化艺术馆和康养综合服务中心等功能性项目，及扎叶巴康养小镇等有利于提升城市品质的项目落地，改造老旧管网、加强绿化亮化、清理卫生死角，持续推进文明城市、卫生城市创建，构筑适度超前、结构优化、功能完善、环境优美的现代基础设施体系，进一步提升城区的现代服务、总部创新、都市休闲功能，聚人气、聚产业、聚要素，实现与拉萨中心城区从“基础设施建设一体化”到“完善城市功能分工化”的全方位连接，融入拉萨城市圈，努力打造拉萨城市副中心。

二是打造产业集聚发展示范区。抢抓拉萨—山南一体化、中心城区产业转移等区域协调过程中所面临的发展机遇，围绕重点发展的“3+1”主导产业扩大有效投资，壮大实体经济、推动创新发展，着力构建“双核驱动、两轴延展、多点支撑”的产业发展布局。以工业园区为主要驱动核心，适时清理低效利用土地，建强众创空间等平台，科学有序推进工业园区内部基础配套和周边商业地产、居民住宅、公租房配套，积极招引吸纳一批科技型创新型企业和成长型中小企业，推动主导产业形成完整产业链，力促主导产业、高新产业加快集聚，形成以工业园区为核、带动周边发展的产城融合、创新发展轴；以农业产业园区为辅助驱动核心，做大做强做优现代农业，繁荣乡村旅游消费市场，在强化产业支撑、推动农业合作组织发展上展现新作为，形成以农业产业园区为核、城郊乡镇与中心城区联动发展的区域一体、生态活力轴。充分发挥各乡镇的节点支撑作用，提升藏香草种植、高标准奶牛养殖等特色种养殖基地产能，推广“农业＋物流＋电商”“网红直播带货”等现代营销模式，大力发展绿色有机农牧业、集中连片设施农牧业，努力把各乡镇分批次建设成为全市特色城镇。围绕解决“有产业高原、无产业高山”短板，创新产业链招商、以商招商、人才招商等方式，制定招商计划和指导目录，瞄准内地发达地区，组织一系列招商活动，着重招引朗热酒村这样有利于产业融合发展和群众就业的大项目，促进重大项目集聚，深化“放管服”改革，健全领导干部与企业结对包联制度，实行“全程代办、专班服务”，提高履约率和成功率，优化营商环境，进一步育龙头、建集群，力争规上工业增加值年均增长8.5%以上。

三是打造生态文化旅游示范区。把生态文化旅游业作为推进高质量发展的重要引擎，坚持国际化、全域化、精致化、智慧化、产业化方向，建设全域串联、各美其美、点面结合的全域特色旅游目的地，打造新的经济核心增长极。坚持统一谋篇布局，加大旅游业财政资金投入力度，集中打造拉萨河北岸集康养、人文历史观光、生态农业体验一体的体验旅游区，南岸集休闲娱乐、户外运动体验、工业文化品鉴于一体的休闲旅游区，形成景区联动、区域联合的一体化发展格局。以深化国家全域旅游示范区创建为抓手，推进扎叶巴旅游区、白纳沟旅游区、工业旅游区重点项目建设，完善核心景区、精品旅游线路基础设施配套，提升服务质量和安全保障水平，积极培育一批旅游龙头企业、引领项目。坚持创意驱动、文化点亮，进一步挖掘各领域优质资源、用好各类民俗节庆活动，着力构建食、住、行、游、购、娱一体的全产业链条，推动旅游业与商业、体育、康养等业态深度融合，树牢大市场、大营销观念，加快营销渠道建设，进一步提升“云上达孜”品牌影响力，力争让达孜成为拉萨周边旅游和市民休闲度假首选地，旅游接待人次、收入年均增长10%以上。

四是打造党建引领乡村振兴示范区。把乡村全面振兴作为高质量发展根本，坚持党建引领、产业支撑、基础保障，巩固拓展脱贫攻坚成果同乡村振兴有效衔接。党建引领方面，突出机制科学化，落实各级书记抓乡村振兴机制，加强乡镇党政领导班子和村级组织班子建设，开展组织振兴示范村创建活动，实施高素质农村实用人才培育“千人计划”、产业振兴带头人培育“头雁项目”，建立健全乡村人才培训、评价、激励、输出系列机制，大力培养一批

"田秀才""土专家",以组织振兴、人才振兴引领全面振兴。产业支撑方面,突出发展多元化,扎实推进高标准农田建设,积极发展特色经济作物种植和畜禽生态健康养殖,守住粮食安全底线、提升农牧业现代化水平;持续打造一批民俗文化和民居食宿精品,积极发展休闲采摘、农耕体验等乡村旅游新业态,统筹规划"林卡经济",避免行业内卷、无序发展,推动形成农牧业同旅游业融合发展新格局;坚持党委统筹、政府扶持,利用"村级+"合作经营、"企业+"生产基地发展模式,加快打造一批特色鲜明、前景广阔的村级集体经济实体,示范带动产业发展、群众增收。基础保障方面,突出服务精细化,科学编制乡村规划,扎实推进"美丽乡村·幸福家园"示范建设,大力实施农村人居环境综合整治提升工程,推进农村电网巩固提升、危房危桥改造、供水工程标准化改造等行动,建设一批"产业路""旅游路""资源路""生态路",实施一批乡村教师培训、乡镇卫生院远程医疗、村民运动场地、社区养老场所等保障项目,补齐乡村公共服务短板,以群众幸福生活为着眼点,彰显振兴水平。

五是打造改善民生凝聚人心示范区。围绕自治区"十大"民生工程,把更多的资金、更好的资源投入到民生领域,让城市更有温度、幸福更有质感、文明更有高度。就业富民上,健全劳动关系协调机制,完善城乡公共就业服务体系,推动高校毕业生、农牧民、易地搬迁群众等重点群体稳定就业,力争每年实现农牧民转移就业1.37万人次以上;积极稳妥开展幸福社区、德吉新村群众户籍管理、社会融入、教育引导工作,开展搬迁群众就业帮扶长期行动,指导做好产业扶贫项目后期管理,促使发挥效益。教育兴民上,抓好义务教育"双减"工作,加强新时代教师队伍建设和思政课建设,推进义务教育优质均衡发展和学前教育普及普惠发展,积极筹备推进达孜区第二小学建设项目,充分保障学位供给,义务教育入学率、巩固率保持100%。健康利民上,深化县域医疗卫生共同体建设,完善藏医药服务体系,发挥组团式医疗援藏优势,大力培养全科医生和住院医师,健全农村公共卫生委员会运行机制,制度化开展家庭医生签约服务、基层巡回诊疗及优质服务基层行,扎实推动相关项目落地,提升公共卫生服务均等化水平。保障为民上,着力构建"大保障""大救助"体系,健全覆盖城乡的基本养老、医疗、失业、工伤、生育等保险制度,到2025年实现养老服务驿站行政村级全覆盖。文化惠民上,升级用活三级新时代文明实践中心(所、站)文化阵地,办好农村、寺庙书屋,广泛开展文艺下乡、电影入村、全民健身、学雷锋志愿服务,以及"活力达孜""舞动达孜"等群众活动,维护主流价值和公序良俗,优化供给满足群众多样化精神文化需求。

## 七、高度负责建好绿色家园

始终树牢"绿水青山就是金山银山,冰天雪地也是金山银山"理念,坚定不移走生态优先、绿色发展之路,确保绿色成为达孜最靓丽的底色,良好生态成为各族群众最普惠的民生福祉,在着力创建国家生态文明高地上率先当好排头兵。

一是谋篇绿色转型发展新布局。围绕转型高质量发展,统筹推进产业和生产生活方式绿色转型,全面建设集约高效、宜居舒适生态新城。健全城市发展规划、土地利用规划等多规有效衔接,生态资金投入、产业准入、功能管控、考核评价、责任追究全链条覆盖的空间保护机制,依据资源承载能力科学实施产业布局、规模和结构的空间动态调整,加快形成绿色空间布局。落实党中央和自治区党委、拉萨市委关于"碳达峰、碳中和"部署要求,坚持"三高"企业和项目零审批零引进,推进工业园区绿色循环化改造,实施水资源、能源消耗以及建设用地总量和强度"双控"行动,提高清洁能源、可再生能源利用比例,实施化肥减量增效、农药使用零增长行动,提高畜禽粪污资源化利用率、农作物秸秆综合利用率,推动生产方式绿色转型、产业绿色发展;倡导绿色办公、绿色采购、绿色消费和绿色低碳出行,让生态文明理念深植人心。

二是展现生态环境治理新气象。持续打好污染防治攻坚战,全面建设天蓝、地绿、水净、城美"云上达孜"。聚焦空气质量优良,强化工业企业废气治理和运输车辆、建筑工地扬尘治理,深化"散乱污”企业整治，提升城市清洁作业水平，确保主要污染物和温室气体排放控制在国家核定范围内。聚焦水环境安全，严格执行河（湖）长制，强化河湖“清四乱”工作，健全乡镇污水处理收集管网和设施，整治黑臭水体，消除饮用水水源地环境安全隐患，确保拉萨河水源和地下水有效保护。聚焦土壤环境安全，完善垃圾分类处理和垃圾收集转运体系，开展农业产业园土壤监测，确保土壤环境持续安全。聚焦噪声污染整治，实施交通干线噪声治理工程，加强高噪声车辆和机动车非正常行驶管制，防止噪声扰民。

三是开创生态保护和修复新局面。立足创建生态文明高地，深入推进生态治理体系和治理能力现代化，描绘人与自然和谐共融的美丽画卷。把守好红线作为根本前提，健全“三线一单”生态环境分区管控体系，抓严森林督查、各级环保督察反馈问题整改，以“零容忍”态度整治“两违”乱象，科学稳妥治理耕地“非粮化”，加强野生动植物保护，从严管控生态环境；进一步严格黑颈鹤国家级自然保护区内设施修筑审批，合理申报调整核心区和缓冲区范围，依法保护、科学建设自然保护区。把构筑好绿色生态屏障作为关键核心，全面落实林长制，加强林草资源征占用管控和天然草地保护性利用，完善乡村园林和农田林网；深入实施南北山绿化造林、城乡沿路沿河区域植树造林，构建拉萨河两岸绿色长廊；加快桑珠林水库下游、章多乡、主西沟下游等水系连通，推进水土流失、荒漠化和地质灾害综合治理，加强唐嘎、巴嘎雪湿地保护，统筹推进山水林田湖草沙冰一体化保护和修复，确保生态系统稳定性。把生态富民作为主要目标，抓好“两山”实践创新基地申建和生态保护项目储备，落实生态就业岗位补贴，完善草原生态效益补偿、野生动物侵占草场资源补偿等机制，积极探索生态产品价值核算及转换等利益实现机制，切实让群众端上“绿饭碗”、吃上“生态饭”、走上致富路。

## 八、主动作为助力强边大局

始终坚持把有力支撑新时代固边兴边富民工作放在突出位置，深入贯彻习近平强军思想，胸怀“两个大局”，自觉把达孜发展融入拉萨建设“强边固边大后方”的大局，在着力创建国家固边兴边富民行动示范区上率先当好排头兵。

把开展国防教育、增强国防意识作为党员干部教育培训必须要素，不断巩固守土有责、守土负责、守土尽责的思想基础，把广泛宣传卓嘎、央宗等爱国守边模范先进事迹作为群众教育的重要内容，形成人人争当“神圣国土守护者、幸福家园建设者”浓厚氛围。加强基层武装工作基础建设，选优配强专武干部队伍，持续推进乡镇人武部标准化建设，提升人武部适应军队现代化、正规化建设水平。以练兵备战为目标，定期组织民兵开展集中轮训，加强实战化训练，提高民兵快速动员和遂行多样化任务能力，确保民兵关键时刻拉得出、用得上、起作用。加强征兵工作宣传，建立军地协同、上下衔接、顺畅高效的征兵工作机制，严把兵员入口关，全力保证和提升兵员征集质量。发扬好拥军优属、拥政爱民优良传统，加强军地共建工作，促进军民融合发展，夯实军政军民团结的根基，强化保障军人合法权益，落实军人子女上学、退役军人安置等优抚政策，健全退役军人工作体系和保障制度，形成关心国防、支持军队、尊崇军人的良好社会风尚。立足达孜自身的区位、交通、产业基础优势，积极向上级部门争取，主动加强与边境一线地区联系对接，为边境地区在拉萨发展“飞地经济”提供有力支持。

## 九、全面加强基层党的建设

始终坚定不移贯彻新时代党的建设总要求和新时代党的组织路线，坚决扛起全面从严治党主体责任，以“清源正本 忠诚正道”党员政治忠诚教育为总抓手，在全面加强党的建设上率先当好排头兵。

一是树立鲜明导向，建强过硬干部队伍。坚持党管干部原则，严格落实新时代好干部标准和民族地区“四个特别”政治标准，坚持凭能力用干部、以实绩论英雄，及时发现和使用各条战线、各个领域、各个行业经过实践锻炼和检验的干部，大力选拔培养优秀年轻干部，通盘考虑女干部和党外干部的培养使用，拓展基层干部晋升渠道和成长空间，进一步优化干部队伍结构。建立电子化干部政治体检档案、教育培训档案、工作实绩档案，以及轮岗交流信息库、专业领域人才库、干部培训师资库，制定“干部培养规划”，形成互为支撑的“三档三库一规划”干部管理培养科学体系。持续强化日常监管，坚持全方位“健康”评估、全过程“健康”监测、全员化“防疫”行动，注重干部八小时之内管理与八小时之外管理相统一；依托党校主阵地，深化养成式、体验式、互动式教育，办好政治素质和业务能[illegible]提升班，每年干部轮训全覆盖。健全崇尚实干、[illegible]进担当的正向激励体系，综合运用作风监测和平[illegible]考核、年终考核结果，畅通干部能上能下渠道，用好“三个区分开来”政策和容错纠错机制，为无私奉献[illegible]事创业的干部加油鼓劲，认真落实干部年度假[illegible]帮扶慰问、医疗保障、学习深造等各项政策，完善[illegible]干部管理机制，做精老干部管理服务，真情关怀[illegible]一线干部。深化组团式援藏工作，积极吸纳热[illegible]疆、扎根基层的急需紧缺人才，探索本级面向高[illegible]面向企业、面向对口支援地区自主招聘高端人[illegible]可行性办法。

二是[illegible]面强基固本，夯实党的执政根基。坚持大抓基层[illegible]抓基础鲜明导向，持续精准整顿软弱涣散基层[illegible]织，深化基层党组织“六个基本”建设，推动农[illegible]、机关、国企、事业单位、两新组织、寺管会、退休[illegible]组织等各领域基层党建提质增效，切实把基层党[illegible]建设成为铸牢中华民族共同[illegible]意识、带领群众[illegible]富、维护社会稳定、守卫边[illegible]土、开展反分裂[illegible]的坚强战斗堡垒。严把[illegible]高质量发展党员，积[illegible]开展“社区吹哨、党[illegible]到”活动，着手建立“正能[illegible]银行”积分制[illegible]管理，推动党员充分发挥先锋模[illegible]每一名党员都成为一面鲜红旗帜。针对现实存在的薄弱环节，重点狠抓网格和村民小组一级党支部建设，建立健全网格员和村民小组长的培养、选拔和监管机制，推行网格员、小组长全部由优秀党员担任，规范“四议两公开”工作法、完善议事协商机制，有效发挥村规民约作用，加快社区社会工作者职业体系建设，拓宽群众参与渠道，建造党组织领导下的协同力度更大、公众参与程度更深的基层治理网络。

三是坚持自我革命，加强作风纪律建设。“清源正本 忠诚正道”党员政治忠诚教育开展以来，问题清仓、流毒肃清、生态重塑工作取得明显成效，各级党员干部干事创业精气神为之一振，但我们切不可有一丝一毫松懈，“作风建设永远在路上”，必须一抓到底，不断深化改进作风狠抓落实工作，推进全面从严治党向纵深发展，全面营造和涵养风清气正的政治生态。坚持严的主基调，全面落实“两个责任”，不断深化“三不”一体推进，努力取得更多制度性成果和更大治理成效。聚焦党中央决策和自治区党委、拉萨市委部署，强化政治监督，突出日常监督，贯通人大、司法、群众、舆论、审计、统计等各类监督，加强对关键岗位特别是“一把手”的监督；创新实施廉洁达孜“七个一”工程，解决作风建设“八类人”问题；健全“常态化领导干部下基层大接访办实事”、“干部走访工作队定期深入群众”等刚性制度，推动乡镇“去机关化”，着力打通联系服务群众“最后一公里”；利剑高悬，保[illegible]有形有效全覆盖，村级党[illegible]乡带村带组”无盲区；深化“四种形[illegible]机制，加固中央八项规定堤坝，持续纠[illegible]风”，严查群众身边“微腐败”和重点领域[illegible]问题，深入整治违规收受礼品红包、私设[illegible]金库”及“工程欠薪”等问题，形成查处一[illegible]示一片、治理一域的强大震慑。

四是发展民主政治，巩固安定团结大局。坚持党的领导、人民当家作主和依法治国有机统一。支持人民代表大会及其常务委员会依法履行职责、提高监督水平、加强自身建设，更好汇聚民智、听取民意，确保党的路线方针政策和各项决策部署有力执行。支持人民政协围绕“团结和民主”两大主题，拓展协商内容、丰富协商形式、增加协商密度，认真履行政治协商、民主监督、参政议政职能，更加充分发挥民主协商作用。按照“长期共存、互相监督、肝胆相照、荣辱与共”基本方针，进一步做好新的社会阶层人士、非公有制经济人士和爱国人士的统战工作，加强党外代表人士队伍建设，有效发挥统一战线凝聚人心、汇聚力量政治优势。支持群团组织在依法依章程开展工作的同时，从党的百年光辉历史中汲取奋进力量，拓展服务职能、转变工作作风，眼睛向下、面向群众，持续提升动员组织服务群众能力，让各群体始终与党同呼吸、共命运、心连心。

各位代表，同志们！“仰观天宇，时间更加深邃；俯身耕耘，未来无限可能”，让我们更加紧密地团结在以习近平同志为核心的党中央周围，高举习近平新时代中国特色社会主义思想伟大旗帜，以迎接和学习贯彻党的二十大为主线，深入贯彻习近平总书记关于西藏工作的重要论述和新时代党的治藏方略，深入贯彻中央第七次西藏工作座谈会及自治区、拉萨市第十次党代会精神，在自治区党委、拉萨市委坚强领导下，振翼逐梦新时代，感恩奋进新征程，率先当好“七个排头兵”，为抒写“建设美丽幸福西藏、共圆伟大复兴梦想”的达孜壮丽诗篇而不懈奋斗。

# 拉萨市达孜区人民代表大会常务委员会工作报告

## ——在拉萨市达孜区第一届人民代表大会第六次会议上

拉萨市达孜区人大常委会主任 米 玛

（2022 年 1 月 18 日）

### 过去一年的主要工作

2021 年，在区委的坚强领导和拉萨市人大常委会的有力指导下，区人大常委会坚持以习近平新时代中国特色社会主义思想为指导，高举中国特色社会主义伟大旗帜，全面贯彻党的十九届六中全会、中央人大工作会议、中央第七次西藏工作座谈会和区市第十次党代会精神，坚决贯彻新时代党的治藏方略、习近平总书记“七一”重要讲话和视察西藏重要讲话精神，增强“四个意识”、坚定“四个自信”、做到“两个维护”、捍卫“两个确立”。坚持党的领导、人民当家作主、依法治国有机统一，发扬全过程人民民主，发挥人大制度优势，以建设“四个机关”为抓手，以服务全区中心工作大局为目标，忠实履行宪法和法律赋予的职责，从监督、调研、代表工作等环节发力，助力社会稳定、乡村振兴、民族团结、生态保护和经济社会发展，圆满完成了既定工作目标，取得了新进展新成效。

**一、始终坚持党的领导，彰显政治机关的绝对忠诚**

坚持党的领导，常委会始终把思想政治建设放在首位，切实担负起了推进人大工作和建设的政治责任、组织责任和领导责任。深刻认识人民代表大会制度的重大意义，在牢牢把握坚持党的全面领导这个最高政治原则、发展全过程人民民主这个重大理念、人民当家作主这个本质和核心、依法治国这个基本方略、民主集中制这个组织原则和活动准则上进一步统一思想、形成共识，不断增强做好新时代人大工作的责任感和使命感。认真组织开展党史学习教育、“三更三新”专题教育，扎实开展“我为群众办实事”主题活动，深入学习党的十九届六中全会、中央人大工作会议、中央民族工作会议精神、中央第七次西藏工作座谈会和自治区、拉萨市、达孜区重要会议精神。深刻认识坚持和完善人民代表大会制度在推进国家治理体系和治理能力现代化中的重要意义，从全局的高度把握形势、谋划工作、忠诚履职，确保达孜区委的决策部署在人大得到全面贯彻执行。

去年，在区委正确领导下，顺利完成乡（镇）人大换届选举工作，选举产生新一届乡（镇）人大代表 284 名，乡（镇）人大、政府班子成员 30 名，为各乡（镇）今后五年实现高质量发展提供坚强的群众基础和组织保障；顺利召开达孜区第一届人民代表大会第四次、第五次会议，审议批准《达孜区国民经济和社会发展第十四个五年规划和二〇三五年远景目标纲要》，选举达孜区出席拉萨市第十二届人大代表 15 名，为我区“十四五”期间建设团结和谐美丽健康幸福的新达孜建言献策；顺利举办自治区地（市）县（区）人大常委会主任培训会暨人大代表工作推进会达孜现场会，全面展示了达孜区各级人大今年工作特色亮点，得到了各级领导的一致好评。全年依法任免国家机关工作人员30人次，举行宪法宣誓4场次、15人次，召开常委会党组会议5次、理论中心组集中学习会议12次、专题研讨会议6次。

**二、始终坚持正确履职，彰显权力机关的使命担当**

一是聚焦助推高质量发展。听取审议国民经济和社会发展计划执行情况报告，围绕落实主要指标、重点任务强化监督，助推加快融入新发展格局。坚持开门问策、问计于民，开展巩固脱贫攻坚成果与乡村振兴有效衔接情况调研、"十三五"规划重大产业项目实施情况和"十四五"规划编制工作专题调研，听取审议脱贫攻坚产业发展、美丽乡村建设和"十四五"规划纲要编制情况报告，提出意见建议8条，为高标准、高水平编制好"十四五"规划凝聚合力，不断增强高质量发展新动能。

二是聚焦深化预决算审查。听取审议计划、预算、决算等报告，加强对财政资金使用绩效和政策实施效果的审查监督，稳步推进人大预算审查监督重点向支出预算和政策拓展，督促区政府及其工作部门严格执行财经法律法规，深入整改问题。积极对接预算联网监督平台建设，组织工作人员前往山南、林芝等地借鉴学习，为平台建设做好前期准备工作。

三是聚焦共建生态文明。听取审议达孜区人民政府2021年度生态环境保护目标完成情况专项工作报告，审议批准实施《西藏自治区拉萨市达孜区邦堆乡等5乡1镇生态文明建设示范乡镇创建规划(2021—2025年)》。结合中华环保世纪行活动，先后对《环境保护法》等法律法规贯彻执行情况、医疗废物处置、垃圾分类处理、企业污水处理等工作进行了监督视察，助力打好蓝天、碧水、净土三大保卫战，助推建设人与自然和谐共生的美丽达孜。

四是聚焦增进民生福祉。为确保学校"三包"经费规范使用，有效保障学生利益，组织代表赴各学校专项检查"三包"经费使用管理情况，听取和审议达孜区教育局专项工作报告，现场反馈整改意见建议3条。达孜区人民医院投入运行后，对人民医院日常运行管理进行了调研视察，提出人民医院创建"二甲医院"，不但要看"硬件"，更要看"软件"，着力培养和留住优秀医务人员，提升医院管理水平，满足群众就近就便就医的需求。开展政府行政审批事项"一门通办"专项检查，赴达孜区便民服务大厅实地调研各办理窗口，详细了解办事流程，对一些不便于群众办事的规定和事项现场提出建议，并进行跟踪督促整改。

五是聚焦社会公平正义。常委会班子成员带头学法用法，多次组织学习宪法、代表法、选举法、组织法、民法典等相关法律法规，印制《西藏自治区民族团结进步模范区创建条例》《西藏自治区生态文明高地建设条例》宣传册，举办宣讲活动10场次，执法检查3次。听取和审议达孜区人民法院、人民检察院、司法局工作报告，确保司法机关切实维护公平正义，并对下一步法治政府建设提出具体的意见建议。积极协助自治区、拉萨市先后对《中华人民共和国宪法》《中华人民共和国未成年人保护法》《中华人民共和国工会法》等法律法规在达孜的贯彻实施进行监督检查。

**三、始终坚持代表主体地位，彰显代表机关的为民本色**

一是提升代表履职水平。及时将人大刊物《人大代表履职手册》《人大公报》《西藏人大》《拉萨人大》等学习资料及时发放到基层，畅通代表知政渠道。按照"多层面、宽领域、走出去、求实效"原则，丰富代表闭会期间活动内容，重点针对产业发展、人大代表之家发挥作用、创新预算监督方式等方面组织代表视察调研，足迹遍布达孜区各乡(镇)，周边县(区)、周边地市。邀请自治区人大业务骨干、党校老师为新一届人大代表开展履职培训，重点讲授人民代表大会制度、人大代表权利义务、相关法律法规等，解读中央人大工作会议精神、习近平总书记"七一"重要讲话及视察西藏重要讲话精神等。全年开展各类监督调研8次，开办培训班10场次，宣讲会5场次，覆盖全区各级人大代表，选派人大干部和代表参加区市组织的各类培训6批次，30余人次。通过学习视察培训，各级人大代表对人民代表大会制度更加自信，眼界和思维更加开放，为民履职能力不断提升。

二是优化“两个联系”机制。按照便捷、畅通、高效的原则，充分发挥区、乡（镇）、村三级“人大代表之家（活动室）”平台作用，进一步优化了常委会联系代表、代表联系群众制度，规范群众意见的处理反馈机制，推动常委会组成人员、人大代表进“家”联系群众制度化，着力在联系代表、联系人民群众的主动性经常性上下功夫，真正发挥代表作为人民群众代言人的作用。全年人大常委会组成人员、人大代表开展联系选民活动30余场次，开展代表述职活动10场次，答复办理群众反映意见建议15条。

三是强化意见建议办理。持续加强代表批评、意见、建议办理力度，坚持常委会领导领衔督办重点建议，积极探索综合性建议领办机制，切实提高了建议办理质量和进度，今年，人大常委会领导前后3次前往意见建议承办部门进行现场跟踪调研，专题听取达孜区人民政府关于意见建议办理情况的阶段性报告。目前，区人大一届四次会议上人大代表提出的68件意见建议中，已经办理完成29件，占42.6%；正在办理和列入计划办理的19件，占27.9%；因政策限制，尚无法办理的20件，占29.4%，办复率100%。

**四、始终坚持强基固本，彰显工作机关的务实高效**

一是加强常委会自身建设。对标习近平总书记提出的人大要建设“四个机关”的指示要求，深入学习贯彻党的十九大精神、中央人大工作会议精神和习近平关于坚持和完善人民代表大会制度重要思想，扎实开展“党史学习教育”等活动。加强纪律作风建设，扎实做好各级巡视巡察反馈意见整改落实工作，认真履行全面从严治党主体责任和“一岗双责”，切实抓好意识形态工作，严格落实中央八项规定及其实施细则精神。

二是加大人大理论研究和新闻宣传。结合学习贯彻中央人大工作会议精神、中共十九届六中全会精神，开展理论研讨活动，认真总结提炼工作中的好经验好做法，注重更新新时代人大工作的新情况新问题。重视人大工作的宣传广度和深度，每逢区市领导赴达孜调研等重大活动，积极联系区电视台做好新闻采集和宣传报道，全年向市人大、区委宣传部、区电视台报送各类信息140余条，信息使用率位居全市、全区前列。

三是强化对外交流。把对外学习交流作为增强代表履职能力、开阔眼界思维的重要举措，做到“跳出人大看达孜”，通过对外学习交流，总结了许多好的经验与做法，进一步认清了与兄弟县区的差距，为更好发挥自身优势，促进人大常委会各项工作再上新台阶奠定了良好基础。全年组织人大机关干部和代表外出交流学习6次，重点交流学习人大业务、产业发展、小城镇建设、乡村旅游等。接待内地省市、兄弟县区人大代表学习考察团20多批次。

各位代表，这些成绩的取得，是在区委的坚强领导下，全区各级人大代表、常委会组成人员及机关工作人员扎实工作、履职尽责的结果，是区政府、区监委、区法院、区检察院和各乡（镇）密切配合、团结协作的结果，是全区人民充分信任、大力支持的结果。在此，我代表区人大常委会向大家表示衷心感谢和崇高敬意！

回顾过去一年的工作，对照新时代人大工作新要求、人民群众新期盼，常委会工作还有不少差距和不足。主要是：监督工作精准性和有效性还需进一步增强；代表参与监督工作的渠道还需进一步拓展；常委会及机关自身建设有待进一步深化；对基层人大工作的联系与指导还需进一步加强等。今后常委会将虚心听取各方面意见建议，自觉接受人大代表和人民群众的监督，不断改进我们的工作。

## 今后一年的工作安排

各位代表！

2022年是推动达孜高质量发展、建设现代化新达孜的关键一年。区人大常委会工作总体要求是：坚持以习近平新时代中国特色社会主义思想为指导，深入贯彻党的十九届六中全会精神，大力弘扬伟大建党精神，认真学习贯彻中央人大工作会议精神和《中共中央关于新时代坚持和完善人民代表

大会制度 加强和改进人大工作的意见》，以及自治区党委副书记、区人大常委会主任洛桑江村同志在全区地（市）县（区）人大常委会主任培训会暨人大代表工作推进会上的讲话精神，在区委的坚强领导下，紧紧围绕落实区、市第十次党代会确定的目标任务，紧盯“四个创建”，“四个走在前列”，切实抓好“四件大事”，落实“八大任务”，更好地聚焦区委中心大局，更好地依法履行职责，更好地发挥代表作用，更好地践行全过程人民民主，更好地把根本政治制度优势转化为治理效能，为建设团结富裕文明和谐美丽的社会主义现代化新达孜人大智慧和力量。

**一、强化政治引领，在聚焦中心服务大局上有新担当**

把深入学习贯彻党的十九届六中全会精神和中央人大工作会议精神作为重大政治任务，坚持以习近平新时代中国特色社会主义思想统揽人大工作，认真学习贯彻习近平法治思想和习近平总书记关于坚持和完善人民代表大会制度的重要思想，坚持把党的全面领导贯穿人大工作全过程，确保人大工作的正确政治方向。围绕区委中心工作和全区发展大局，严格落实重大事项请示报告制度，认真落实区委工作部署，进一步统一思想，把智慧和力量凝聚到全面建设现代化新达孜的奋斗目标上来，以高效能履职推进新时代人大工作高质量发展。严格贯彻落实中央、区市党委、达孜区委关于做好换届选举工作的决策部署，深入基层开展换届前的选举调研，严明工作纪律，做实代表资格审查，严把代表“入口关”，积极宣传人民代表大会制度及各项法律法规，努力营造风清气正的换届氛围。严格人事任免工作程序，确保党委意图、人民意愿顺利实现，加强对人大任免的国家机关工作人员的履职监督。

**二、强化监督重点，在正确有效依法监督上有新作为**

坚持服从服务区委中心工作，强化对“一府一委两院”的监督，准确发现问题，深入分析问题，督促解决问题，突出“七个围绕”。围绕发展、稳定、生态、强边四件大事，紧盯重大项目、重点工作中的关键环节，听取政府专项工作报告，组织开展视察调研，指出问题，提出意见，督促整改。围绕落实区委经济工作会议部署要求，聚焦推动全区产业升级，打好“稳增长、促发展”的人大监督组合拳。围绕统筹城乡建设，在推进“产业融合”“乡村振兴”“美丽乡村建设”等方面持续用功，推进改善城乡面貌，提升城市品位。围绕推进法治政府建设，加大对《西藏自治区民族团结进步模范区创建条例》《西藏自治区生态文明高地建设条例》等法律法规的执法检查力度，确保各项法律法规在达孜落地生根。围绕持续改善民生，瞄准“三农”、教育、医疗、社保、扶贫、环保等相关工作，大兴调查研究之风，充分反映民意，推进解决问题。围绕促进社会和谐进步，发挥人大制度优势，加强对社会治理的指导和监督。围绕“让人民群众在每一个司法案件中感受公平正义”，着力加大对普法工作的检查力度，加强司法监督，推进公正司法。

**三、强化履职服务，在更好发挥代表主体作用上有新举措**

始终坚持以人民为中心，充分发挥各级人大代表主体作用，推动人民群众广泛参与全过程人民民主实践。一是认真落实常委会组成人员联系代表、代表联系群众“两联系”制度，丰富联系群众的内容和形式。二是充分发挥人大代表履职平台作用，巩固和深化“人大代表之家”“代表小组活动室”建设成果，各级人大代表重新编组“进家入室”，推动代表依法履职常态化制度化。三是充分发挥人大代表接地气、察民情、聚民智的桥梁纽带作用，真正深入基层一线，把准群众脉搏，回应人民关切，助力解决实际问题。四是高度关注人大代表建议、批评和意见办理工作，建立健全跟踪问效制度，切实提高办理实效。五是加强代表履职监督，健全完善代表履职管理制度。2022 年，通过“走出去、请进来”工作模式，针对各级人大代表、人大系统干部开展系统培训，着力提升代表综合素质，提高代表依法履职能力水平。

**四、强化自身建设，在引领做表率走在前上有新气象**

对标人大要建设“四个机关”的工作要求，强化党建引领，切实加强常委会及机关政治、思想、组织、作风、纪律等建设,并将制度建设贯穿其中,提高制度执行力,以更高标准、更严要求、更实举措加强人大系统干部队伍建设。更加注重调查研究,更加凸显开拓创新,找准工作的切入点和着力点,推进人民代表大会制度理论和实践创新。深化人大宣传工作,讲好人大故事,传播人大声音,推进人大传播媒体融合发展,充分展示人民代表大会制度在达孜的生动实践。加强对乡(镇)人大工作的联系和指导,健全完善监督和代表工作等方面的协同机制,尊重基层首创精神,及时总结推广基层人大创新经验,评选和表彰优秀人大代表,提高全区人大工作整体水平。

各位代表!

百年风华激荡人心,千秋伟业催人奋进。让我们更加紧密地团结在以习近平同志为核心的党中央周围,在达孜区委的坚强领导下,和全区人民一道,视发展为使命、寓监督于支持,牢记嘱托、奋勇争先,以更加坚定的理想信念、更加深厚的为民情怀、更加强烈的使命担当,凝心聚力促发展,砥砺奋进谱新篇,自觉扛起人大工作新使命,以优异成绩迎接党的二十大胜利召开,为建设团结富裕文明和谐美丽的社会主义现代化新达孜不懈奋斗。

# 政府工作报告

## ——在拉萨市达孜区第一届人民代表大会第六次会议上

拉萨市达孜区人民政府区长 刘代红

（2022 年 1 月 18 日）

### 一、2021 年工作回顾

2021 年是中国共产党成立 100 周年、西藏和平解放 70 周年，也是“十四五”开局之年。在以习近平总书记为核心的党中央的亲切关怀下，在区市党委、政府的坚强领导下，在江苏省特别是镇江市的无私援助下，在区人大、区政协的监督支持下，区人民政府坚持以习近平新时代中国特色社会主义思想为指导，贯彻落实十九大和十九届历次全会精神，贯彻落实第七次西藏工作座谈会和习近平赴西藏调研考察时的讲话精神，锚定“稳定、发展、生态、强边”四件大事，坚持以人民为中心的发展理念，始终紧扣长治久安和高质量发展总目标，主动适应发展新形势，统筹好疫情防控和经济社会发展工作，扎实做好“六稳”工作，全面落实“六保”任务，团结带领各族干部勇挑重担、真抓实干、砥砺前行，交出了一份合格的答卷。

（一）社会大局和谐稳定。严密防范分裂破坏活动，保持违法犯罪高压严打态势，深入开展政法队伍教育整顿，推进扫黑除恶斗争常态化。全面铸牢中华民族共同体意识。广泛开展“遵行四条标准争做先进僧尼”主题教育，积极引导藏传佛教与社会主义社会相适应。化解各类矛盾纠纷 300 余起，全年无较大以上安全生产、食品药品事故发生，全面保障了建党 100 周年、70 周年大庆的和谐稳定，社会治安形势持续向好。

（二）经济发展稳步前行。全年完成地区生产总值 20.73 亿元，同比增长 9%；一般公共财政预算收入 4.48 亿元，同比增长 21.99%；税收收入完成 14.21 亿元，同比增长 33%；农村居民人均可支配收入 20058 元，同比增长 16%；全社会固定资产投资同比下降 25.6%；规模以上工业增加值同比增长 95%；社会消费品零售总额同比增长 7.8%，实现“十四五”良好开局，与全国一道全面建成小康社会。

（三）项目建设有序实施。全区各类固定资产投资项目 130 个，总投资 114.5 亿元，年内开（复）工项目 92 个，开复工率 70.8%，完工项目 69 个，完工率 68.3%。招商引资项目 21 个，实际到位资金 14.46 亿元。尊木采水泥厂项目已正式运营，达孜区白纳沟生态旅游、佳禾·阳光绿洲、扎叶巴康养小镇等项目有序推进。项目带动 4753 人增收 6138.34 万元。

（四）城乡建设日趋完善。投资 2.35 亿元建设 800 套保障性住房，完善 370 户棚户区配套设施，稳步推进城区供暖入户、车管所、幸福路、工业园区管委会道路提升改造工程，完成 1263 户农村卫生厕所改造。实施农村公路养护工程 10 个，维修养护农村公路 4.37 千米。全力推进文明城市创建工作，深入开展市容整治，清运生活及建筑垃圾 1.28 万吨，新增城区绿化面积 22 亩，城市品质持续提升，城乡面貌焕然一新。

（五）乡村振兴稳步推进。全面巩固拓展脱贫攻坚成果同乡村振兴有效衔接，建立健全防止返贫动态监测和帮扶机制，建档立卡脱贫户人均可支配收入达16547.76元，同比增长17.85%。投入2.69亿元实施25个财政衔接推进乡村振兴补助资金项目，实现产业分红1686.3万元，完成白纳村、叶巴村、克日村、唐嘎村4个试点村庄“美丽乡村·幸福家园”整村推进项目的规划编制任务，推进危房改造15户。新建幸福社区产业用房和组织活动场所，不断完善搬迁群众后续帮扶工作。白纳村荣获全国脱贫攻坚先进集体荣誉称号。

（六）产业基础更加夯实。建成高标准农田1.86万亩，完成粮食播种面积5.77万亩，粮食产量达2.34万吨，新增家庭牧场7个，新型经营主体不断壮大。工业经济不断脱虚向实，现有实体型企业55家，高新技术企业5家，新增自治区级专精特新企业2家，新认定自治区级绿色产品设计企业1家、市级绿色发展企业2家，完成园区总产值7亿元，同比增长55.6%。健全双创基地配套设施，孵化小微企业52家，营收16.79亿元，解决就业1250人次。紧抓“全域旅游”发展契机，完成白纳沟景区、拉北环线产业扶贫交流中心暨“云上达孜”电商创业基地项目建设，旅游景区基础配套设施不断完善，创建文化产业示范基地10家，全年旅游接待44.5万人次，实现旅游收入2067.82万元，同比增长20.7%。

（七）改革创新纵深推进。投资4982.51万元建成达孜区政务服务中心，推进线上线下融合发展，认领、编制、规范实施清单819项，承诺时限平均压缩84%，网上四级标准办理深度达82%，即办件占比提升71%，平均跑动次数压缩至0.19，各类审批材料精简至60%以上，审批服务更加便捷高效。进一步加强国企监管和改革力度，开展预算管理一体化改革，深化财税金融体制改革，共计减税降费1.2亿元，全面推行全程电子化商事登记，新增市场主体706户，便民利民服务水平持续提升。

（八）民生保障稳步提升。教育教学质量持续提升，32名达孜籍中小学生上线内地西藏班，顺利通过自治区首批学前教育普及普惠评估认定，总投入1926.72万元维修绿化中小学校园、完善消防设施、实施中小学及幼儿园采暖等工程，基础设施不断完善，落实“三包”及“营养改善”计划资金2256.3万元，兑现822名大学生资助金425.6万元，实现控辍保学动态清零。医疗卫生健康水平不断提升，打通城乡居民跨省异地就医渠道，完成城乡居民基本医疗保险系统结算，实现县乡“一站式”结算，顺利通过自治区级健康促进县（区）评估。扎实做好常态化疫情防控，实现新冠疫苗免费接种58712剂次。实现农牧民转移就业1.06万人，新增城镇就业1160人，应届高校毕业生就业率达99.69%，就业社保水平持续增强。设立2个“留守儿童快乐之家”，兑现城乡低保金及残疾人各项补贴315.04万元；临时救助6户23人5.3万元；发放特困人员供养金124.58万元。

（九）生态质量持续优良。重点实施“先造后补”植树造林工程，新增造林绿化面积3792.9亩，绿化率达31.94%，全面消除海拔4500米以下无树村、无树户。深入开展“两违”整治，拆除违法建设3宗，处置违法乱占乱建行为15起。县乡村三级“河长”实现全覆盖，投资308.83万元实施农村供水维修养护工程，主要河流湖泊、城乡集中饮用水源地水质达标率100%，污水处理厂日处理污水4126方，累计处理污水134.25万方，符合1级A水质标准，空气、土壤质量双达标、双安全。积极创建白纳村“绿水青山就是金山银山”实践创新基地。

（十）对口支援不断深化。总投资1.9亿元实施援藏项目11个，建成章多乡便民服务中心，顺利推进叶巴民宿、林卡经济提升及推广等项目，实现新增就业520余人。协助引进洋河拉萨基地、达孜丹阳眼镜城、南农大高原菊花基地等8个项目，总投资超过12亿元。推进消费援藏，打造“达孜优品”区域品牌，在内地建设3个净土产品展销馆，推广销售20余种特色产品，增收1300万元。开展“组团式”教育、医疗援助，组织50余名教师异地交流、跟岗，诊疗1200余人次，有效提升教育教学和医疗卫生水平。

过去一年，我们深入开展党史学习教育、“三更”专题教育，“三新”大学习大讨论和“我为群众办实事”活动，累计解决群众急难愁盼问题300余件。严格落实“三重一大”制度，依法规范行政决策行为。主动接受人大法律监督、政协民主监督、审计监督和社会监督,办理人大建议、政协提案 109 件,答复率 100%,满意率 95% 以上,处理“12345”市民服务热线投诉 151 件,办结率 100%,综合满意率 95.56%,一般性支出和“三公”经费分别下降 14.97%、2%。公开政务信息 302 件,实行“阳光”政务。同时,妇女儿童、科学技术、粮食安全、消防和武装等工作取得了较好成绩,为全区经济社会发展做出重要贡献。

这些成绩的取得,根本在于以习近平同志为核心的党中央的掌舵领航,根本在于习近平新时代中国特色社会主义思想的科学指引,离不开区市党委、政府和区委的正确领导,离不开区人大和政协的有效监督,离不开镇江市的无私援助,离不开各级各部门和全区人民的奋力拼搏。在这里,我代表区人民政府,向全区广大干部群众,向大力支持政府工作的各位人大代表、政协委员,离退休老同志、各人民团体和社会各界人士,向驻县部队、武警官兵、全体政法干警、驻村、驻寺干部,向镇江市以及所有关心、支持、参与达孜建设发展的朋友们表示衷心的感谢,并致以崇高的敬意!

在看到成绩的同时,我们更要清醒地看到,与新阶段、新形势、新要求相比,与人民群众的期待相比,我们的工作还存在很多的问题和不足:一是农牧业受制于自然和市场因素影响较大,产品结构单一、同质化严重,参与市场竞争能力较弱;二是工业园区龙头实体企业占比少、发展后劲不足,小微企业孵化周期较长,发展新动能仍然不足;三是城区基础设施不够完善,公共服务供给能力不足;四是区域发展受限,一定程度上阻碍产业规模化发展;五是干部队伍综合能力有待提高,作风不够扎实,主动担当作为不足,服务意识不强,缺乏开拓创新、敢为人先的精神。这些问题和不足,我们必须高度重视、综合施策、鼓足干劲、迎难而上,积极主动加以解决。

## 二、2022 年总体要求

2022 年是党的二十大召开之年,是全面实施“十四五”规划的重要之年,也是贯彻落实区、市第十次党代会精神开局之年,做好今年的工作,任务艰巨、意义重大。

今年政府工作的总体要求是:以习近平新时代中国特色社会主义思想为指导,全面贯彻党的十九大和十九届历次全会精神以及中央第七次西藏工作座谈会精神,深入贯彻习近平总书记关于西藏工作的重要论述和新时代党的治藏方略,坚持“三个赋予、一个有利于”的基本原则,紧紧围绕区市第十次党代会确定的目标任务,严格落实各级经济工作会议以及自治区党委进一步改进作风狠抓落实工作会议精神,在区、市党委、政府和区委的坚强领导下,坚决捍卫“两个确立”、增强“四个意识”、坚定“四个自信”、做到“两个维护”,锚定“四件大事”,落实“八项任务”,在“四个创建”“四个走在前列”上担当作为、率先有为,在落实“十大民生工程”上谋划更加科学,措施更加得力,持续统筹疫情防控和经济社会发展,统筹发展和安全,稳扎稳打全力做好“六稳”“六保”工作,保持平稳健康的经济环境、国泰民安的社会环境、风清气正的政治环境。

今年经济社会发展主要预期目标是:地区生产总值增长 8% 以上;一般公共预算收入保持平稳;全社会固定资产投资增长 11% 以上;规模以上工业增加值增长 10%;社会消费品零售总额增长 10% 以上;农村居民人均可支配收入增长 13% 以上;城镇调查失业率控制在 5% 以内。

## 三、2022 年重点任务

做好今年各项工作,要紧扣区市第十次党代会精神,按照市委十届二次全会和区委一届七次全会要求,努力推动达孜经济社会高质量发展,全力抓好以下八个方面工作。

### (一)聚焦三产融合,着力打开产业发展新局面

坚持优化一产、壮大二产、提升三产,做大做强特色优势产业,构建现代产业体系。

一是推动净土健康产业快速发展。培育壮大青稞、牦牛、奶牛、生猪、藏鸡等现代农畜产品精深加工及基地建设,延伸产业链,推进产业振兴,实现

产业兴旺。大力推动高原设施农业发展，充分利用工厂化智能型育苗育种基地，建设特色产业设施蔬菜基地和水果采摘点，发挥现代农业产业园的技术资源优势，深入实施农业生产“三品一标”提升行动，实现食用农产品合格证全覆盖，从卖“资源”走向卖“产品”、卖“品牌”。

二是推动工业发展提档升级。坚持抓好“四个必须”，引导园区向“一轻、二高、三新”目标发力，纵深推进“脱虚向实”转型战略，确保规模以上工业增加值增长10%。筑巢引凤，充分实现双创基地的标准化运作，为园区微型经济发展注入新活力。依托地理信息产业园奋力构建“园中园”经济圈，打造新业态项目收容大本营；依托工业旅游一、二期项目和邻里中心，集合当地特色禀赋，创建工业旅游示范区；依托高原生物医药医疗产业，持续推进产业补链发展，全面缔造绿色可持续、民族有特色、创新惠民生的工业示范区和宜商宜居宜业的经济先行区。

三是推动文化旅游融合发展。聚焦“圣城拉萨·云上达孜”全域旅游发展定位，充分挖掘达孜特色自然资源、民俗文化潜力，把“颜值”变为“价值”，完善乡村旅游服务设施和林卡经济体系，包装达孜精品旅游线路，强化“云上达孜”品宣效应，筹办“镇江—达孜周”系列活动，开发西藏民族文化及地域色彩的工业旅游伴手礼，推动乡村旅游、文化旅游和工业旅游融合发展。积极创建国家级全域旅游示范区，申报叶巴村地质文化第一村。

（二）聚焦项目建设，着力激发有效投资新动能

投资是拉动经济发展的主动力，项目是支撑有效投资的主载体，抓项目就是抓发展，抓项目就是抓民生。

一是狠抓项目建设。本年度确定实施项目80个，总投资95.77亿元，计划投资25.44亿元。各乡（镇）、各单位要始终把项目建设摆在重要位置，坚持目标导向，对今年各类项目进行全面梳理、逐一分析、细化分工、挂图作战，建立完善项目前期工作联动机制，加快推进洋河拉萨基地、扎叶巴康养小镇、盛世未来城、“美丽乡村·幸福家园”整村推进等重点项目及其配套设施建设，以项目带动投资，力争固定资产投资增长11%以上。

二是狠抓招商引资。充分发挥拉萨“东翼”区位优势，把招商引资作为推动经济社会发展的第一要事，依托援藏资源积极吸纳优质投资，用好用活用足本地优惠政策，以“雪顿节”“藏博会”和全国各地招商引资推介活动为载体，探索组团式招商模式，实施招商引资百日行动，为投资企业“吃定心丸”“打强心剂”，推动协议投资“存量”转化为实际到位资金“增量”，不断优化产业布局，加快区域经济高质量发展，力争完成招商引资到位资金16亿元。

三是狠抓城市建设。提升城市发展品质，补齐城市基础设施短板，加快实施城区供暖入户及配套燃气管网工程、保障性住房建设两件民生实事，新建10个城区公共厕所，全面完成棚户区改造，建成达孜区车辆管理所、二级客运站，配合推进S5快速通道建设，加快达孜西桥项目前期工作，力争开工建设，不断完善交通路网，促进城乡统筹发展。深入开展“两违”、河湖“清四乱”专项整治，巩固深化“四化”整治成果。

（三）聚焦乡村振兴，着力助推农业农村新发展

持续巩固拓展脱贫攻坚成果，激发内生动力、释放发展活力、挖掘巨大潜力，筑牢乡村振兴根基。

一是巩固拓展脱贫攻坚成果同乡村振兴有效衔接。严格落实“四个不摘”要求，强化防止返贫动态监测和帮扶机制，紧盯动态出现的薄弱环节，落实具体帮扶措施，坚决守住不发生规模性返贫底线。计划投入2.08亿元实施15个财政衔接推进乡村振兴补助资金项目，持续完善易地搬迁基本公共服务、基础设施及党群服务，加快易地扶贫搬迁拆旧复垦，合理规划幸福社区产业用房发展方向，让搬迁群众真正搬得出、稳得住、能致富。

二是持续完善村庄基础设施。开工建设4条“四好农村路”、6个水利设施、1个搬迁点附属设施提升项目，持续完善农牧区道路交通、防洪灌溉、环境整治等基础设施建设。扎实开展“美丽乡村·幸福家园”整村推进项目，深入推进8个村庄人居环境整治工作，争取建设4个乡镇污水处理设施工程，建立农村环境保护与监管长效机制，农村户用卫生厕所覆盖率达85%以上，有效提升乡村治理能力和

水平，建设乡风文明、宜居宜业美丽乡村。

三是加快推进农业农村现代化。做好农村集体产权制度改革“后半篇”文章，有序推动产权交易平台设立。新建高标准农田1万亩，加强良种推广和种植，切实提高粮食产量。探索推广综合集成技术，加快青稞生产托管服务试点建设。适度扩大饲草作物种植面积，提高经济作物产出。大力培育新型生产经营主体，提升合作社带动作用。

（四）聚焦改革创新，着力激发市场发展新活力

进一步深化改革、扩大开放、加强创新，激发市场活力和社会创造力，优化营商环境，促进经济高质量发展。

一是深化“放管服”改革。提高政务服务大厅运行质量，持续优化办事流程、精简办事材料、压缩审批时限，完善电子证照便利化应用，让“数据多跑路、群众少跑腿”，实现“零跑动”事项占比达85%以上。保障“跨省通办”“区内通办”工作成效，促进单位自建系统和政务服务一体化电子平台深度融合，提升服务透明度，加大服务监管力度，打通信息壁垒，营造有温度、有速度、有力度的营商环境。

二是落实财税制度改革。积极发挥政府宏观调控，政策上减税降费，行动上纾困解惑，减轻小微企业负担，让纳税人充分享受到改革带来的红利，助力市场主体轻装上阵、激发市场活力。探索建立“一单两库一细则”制度，强化公平竞争审查，为市场营造公平公正营商环境。推动实施绩效预算、零基预算、预算管理一体化“2+1”财政综合改革，优化财政支出结构，防范化解重大金融风险。

三是推动国有企业改革。完成国资国企改革三年行动任务，探索推进国有企业职业经理人任用制和契约化管理，大力推动创新驱动，结合达孜实际细化薪酬体系制度，探索国企财务总监外派制度，自上而下铺开重点领域“改革大网”。健全国有企业绩效考核、全面审计、预算管理等多主体监督机制，不断完善监管体系，提高国有资本运营质量和效益。

（五）聚焦民生改善，着力满足人民美好生活新期待

民生是人民幸福之基、社会和谐之本，坚持把改善民生、凝聚人心作为经济社会发展的出发点和落脚点，认真贯彻落实自治区“十大民生工程”，尽力而为、量力而行，不断增强各族群众获得感、幸福感、安全感。

一是持续提高基本民生保障水平。坚持老有所养，幼有所育，扎实推进“一老一小”工程，推进养老育幼服务业健康发展。积极争取农家幸福院项目，持续推进居家养老和日间照料中心养老，切实解决老人接送问题。以邦堆乡为点，面向雪乡、唐嘎乡推广居家养老服务试点模式。积极建设儿童友好型城市，充分发挥留守儿童快乐之家作用，营造全社会共同参与留守儿童、困境儿童关爱救助行动的良好氛围，积极争创“未成年人保护示范县”。争取县级残疾人综合服务中心项目，扎实推进残疾人家庭无障碍改造，提高残疾人生活质量，全面加强社会救助体系建设。

二是有序提升健康达孜建设水平。坚持人民至上、健康至上，扎实开展全民免费标准化健康体检，逐步开展13—14岁在校女生免费HPV疫苗接种，持续推进新冠疫苗、流感疫苗接种，继续做好常态化疫情防控工作，将优质医疗资源逐步下沉，加快推进医共体建设，合理优化配置资源，落实分级诊疗制度，提高县域就诊率。逐步实施海拔3500米以上县城、乡（镇）供氧工程，推广普及健康茶。依托我区藏医院硬件设施和医疗设备优势，力争打造藏医学院学生规培基地。积极推进异地就医门诊费用直接结算工作，严格审核医疗费用报销和医保基金拨付，保障医疗保险基金安全运行。

三是巩固提升教育教学发展水平。坚持教育优先发展，坚持办好人民满意的教育，推进达孜中心小学分校建设及乡村幼儿园改造提升项目，加大校园及周边的治安综合治理和传染性疾病防控力度，创建“平安校园”，坚持不懈抓好“三支队伍”建设和思政教育，全力以赴做好迎接国家学前教育普及普惠评估认定工作，深入推进义务教育优质均衡发展和学前教育普及普惠发展，不断提高教育教学质量。

四是全面提高就业创业保障水平。坚持就业为本，加强农牧民转移就业培训力度，精准安排“以

工代训”“订单定向”培训，依托产业带动就业，加大岗位对接力度，城镇调查失业率控制在5%以内，重点解决高校毕业生就业问题，推进高校就业服务信息化，拓宽就业渠道，高校毕业生就业率保持在98%以上，确保农牧民转移就业1.37万人次以上，通过保就业来保民生，实现就业服务提质增效。

（六）聚焦生态保护，着力打造绿色发展新高地

坚持把生态文明建设摆在更加突出的位置，牢固树立“绿水青山就是金山银山、冰天雪地也是金山银山”理念，持续加强山水林田湖草沙冰一体化保护和系统治理，提高绿色发展水平，坚定不移走生态优先、绿色发展之路。

一是提高生态文明建设水平。增强城区生态、景观、休憩等功能，力争全年改造和新增城市绿地100亩，开展绿色机关、绿色家庭、绿色社区、绿色出行创建行动，建设达孜新城垃圾转运站，提升生活垃圾分类收集处理能力，引导企业进行低碳改造，形成绿色生产模式，推进产业绿色化发展，同时注重引进绿色环保企业的多样化，实现生态资源开发和环境保护的“双赢”。以优异成绩迎接中央环保督察考核。

二是实施生态保护修复治理。严守“三线一单”，把好准入门槛，坚持高耗能、高排放、高污染项目零引进、零审批，积极引进新能源、新科技、数字经济和绿色生态产业项目，为高新、生态产业发展注入源源不断的活力。加强生态环境保护与修复，推动河湖“清四乱”专项行动常态化、制度化，加强雅江黑颈鹤国家级自然保护区监督管理，实施国土绿化提升行动，积极配合拉萨市实施南北山造林绿化工程，广泛开展“先造后补”、乡村“四旁”植树造林工程，力争植树28万株以上，提高整体绿化率。教育引导广大群众树立绿色生活观念，大力倡导文明健康绿色环保生活方式，以高质量绿色发展实现高水平生态安全。

（七）聚焦边境保护，着力展现支边强边新作为

深入贯彻“治国必治边、治边先稳藏”的战略思想，把达孜工作摆进兴边固边强边的大局中统筹谋划，确保边防稳固、边境安全。积极探索“边境地区—达孜”和“达孜—重点援藏省市”“飞地”经济模式。加大粮食和物资基础设施建设力度，围绕部队基地需求做好农副产品供应和劳务输转等保障。全面支持国防和军队现代化建设，推进民兵训练基地建设，提高国防后备力量建设水平，继续做好国防动员、国防教育、民兵预备役工作，推进军民融合深度发展。着力解决人民子弟兵“三后”工作，加快推进乡村退役军人服务中心建设，积极创建全国示范型服务站，军民同心共筑牢不可破的国家安全屏障。争做神圣国土守护者，幸福家园建设者。

（八）聚焦稳定团结，着力建设和谐团结新达孜

稳定团结是推动高质量发展的前提和根本，我们要始终把维护稳定作为第一位工作任务，主动应对各类风险挑战，确保国家安全、社会和谐、宗教和顺、民族和睦、人民幸福。旗帜鲜明地反对分裂。不断加强反分裂斗争思想教育，教育引导群众自觉参与反分裂斗争，凝聚维护团结稳定、反对分裂的思想共识，保持对分裂破坏活动的高压严打态势，确保反分裂斗争全战全胜。扎实做好民族宗教工作。切实把铸牢中华民族共同体意识这条主线贯穿民族工作全过程各方面，持续开展“五观”“两论”、民族团结教育，促进各民族交往交流交融。依法加强宗教事务管理，积极引导藏传佛教与社会主义社会相适应，推进藏传佛教中国化。深化平安达孜建设。投资640万元建设“雪亮工程”总平台和综治分平台，纵深推进网格化管理和“双联户”工作。深化扫黑除恶专项斗争，加大矛盾纠纷和信访问题的化解力度，重点解决好“双拖欠”问题。制定实施《达孜区应急总体预案》，提高防灾减灾救灾能力，强化重点领域安全监管，坚决防止重特大事故发生。坚决落实“四个最严”要求，筑牢食品安全防线，建成“明厨亮灶＋互联网＋智慧监管”平台，不断提升食品健康水平。

各位代表！治人者，必先自治；责人者，必先自责；成人者，必先自成。要完成好今年的各项目标任务，关键要坚持党的全面领导，聚焦政府自身建设，不断提升政府治理能力和行政服务效能。永葆忠诚本色。始终把政治建设摆在首位，坚持更高的政治标准，弘扬伟大建党精神，不断提高政治判

断力、政治领悟力、政治执行力，不折不扣贯彻落实好党中央、区市党委、政府以及区委的各项决策部署，确保政令畅通、令行禁止，以实际行动践行对党绝对忠诚。严格依法行政。加强法治政府建设，健全科学民主依法决策机制，认真执行民主集中制、“三重一大”集体决策制度，全面推进“八五”普法，自觉接受人大、政协以及群众监督，提高行政权力运行的透明度和公信力。勇于担当作为。深入开展“转变作风、狠抓落实”活动，持之以恒纠治“四风”，不折不扣做好“六个表率”，以作风建设促进效能建设，坚持马上就办、真抓实干，打通抓落实的“最后一公里”。守牢清廉底线。坚决落实全面从严治党主体责任和“一岗双责”，严守党的政治纪律和政治规矩，认真执行中央八项规定及其实施细则，深刻汲取身边发生的腐败典型案例教训，一体推进不敢腐、不能腐、不想腐体制机制建设，健全防腐促廉长效机制。牢固树立“政府过紧日子，群众过好日子”的思想，严控“三公”经费和一般性支出，努力打造廉洁、高效、人民满意的政府。

各位代表！乘风破浪潮头立，扬帆起航正当时。让我们更加紧密地团结在以习近平同志为核心的党中央周围，坚持以习近平新时代中国特色社会主义思想为指导，在区、市党委、政府和区委的坚强领导下，全面贯彻新时代党的治藏方略，牢记初心使命，坚定理想信念，坚持真抓实干，奋力开拓进取，在新时代新征程上展现新气象、实现新作为、作出新贡献，为谱写雪域高原长治久安和高质量发展新篇章、建设团结富裕文明和谐美丽的社会主义现代化新达孜而不懈奋斗，以优异成绩迎接党的二十大胜利召开。

名词解释

1.“六稳、六保”:“六稳”，稳就业、稳金融、稳外贸、稳外资、稳投资、稳预期;“六保”，保居民就业、保基本民生、保市场主体、保粮食能源安全、保产业链供应链稳定、保基层运转。

2.“专精特新”企业：具有专业化、精细化、特色化、新颖化特征的中小企业。

3.“三包”：在免费接受义务教育的基础上，对农牧民子女实行包吃、包住、包学习费用的“三包”政策，对城镇困难家庭子女实行同等标准的助学金制度和财政补助政策。

4.“两违”：违法用地、违法建设。

5.“三更”：政治标准要更高，党性要求要更严，组织纪律性要更强。

6.“三新”：立足新发展阶段、贯彻新发展理念、构建新发展格局。

7.“三重一大”：重大事项决策、重要干部任免、重要项目安排、大额资金的使用，必须经集体讨论做出决定的制度。

8.“三公经费”：因公出国(境)经费、公务车购置及运行费、公务招待费。

9.“三个赋予一个有利于”：所有发展都要赋予民族团结进步的意义，都要赋予维护统一、反对分裂的意义，都要赋予改善民生、凝聚人心的意义，都要有利于提升各族群众获得感、幸福感、安全感。

10.“两个确立”：确立习近平同志党中央的核心、全党的核心地位，确立习近平新时代中国特色社会主义思想的指导地位。

11.“四个意识”：政治意识、大局意识、核心意识、看齐意识。

12.“四个自信”：道路自信、理论自信、制度自信、文化自信。

13.“两个维护”：坚决维护习近平总书记党中央的核心、全党的核心地位，坚决维护党中央权威和集中统一领导。

14.“四个创建、四个走在前列”：着力创建全国民族团结进步模范区、努力做到民族团结进步走在全国前列，着力创建高原经济高质量发展先行区、努力做到高原经济高质量发展走在全国前列着力创建国家生态文明高地、努力做到生态文明建设走在全国前列，着力创建国家固边兴边富民行动示范区，努力做到固边兴边富民行动走在全国前列。

15.“十大民生工程”：就业创业工程、教育优先工程、文化惠民工程、健康西藏工程、住房保障工程、社会保障工程、“一老一小”工程、社会救助工程、安全生产工程、疫情防控工程。

16. 四化：城市绿化、亮化、净化、美化。

17.“四好农村路”：把农村公路建好、管好、护好、运营好。

18.“放管服”：简政放权、放管结合、优化服务。

19.“一单两库一细则”：“一单”，随机抽查事项清单；“两库”，市场主体名录库、执法检查人员名录库；“一细则”，规范“双随机”抽查工作细则。

20.“三线一单”：生态保护红线、环境质量底线、资源利用上线和生态环境准入清单。

21.“三后”：部队官兵后路、后院、后代问题。

22.“五观、两论”：“五观”，国家观、民族观、宗教观、历史观和文化观；“两论”，唯物论和无神论。

23.“雪亮工程”：以县、乡、村三级综治中心为指挥平台、以综治信息化为支撑、以网格化管理为基础、以公共安全视频监控联网应用为重点的群众性治安防控工程。

24.“四个最严”：用“最严谨的标准、最严格的监管、最严厉的处罚、最严肃的问责”，确保广大人民群众“舌尖上的安全”。

25.“四风”：形式主义、官僚主义、享乐主义、奢靡之风。

26.“六个表率”：坚持对党绝对忠诚，带头做坚定践行“两个维护”的表率；要坚持群众路线，带头做勤政为民的表率；要坚持求真务实，带头做勇于担当的表率；要坚持民主集中制，带头做团结干事的表率；要坚持怀德自重，带头做清正廉洁的表率；要坚持从严治党，带头做管党治党的表率。

# 中国人民政治协商会议拉萨市达孜区委员会常务委员会工作报告

## ——在政协第一届拉萨市达孜区委员会第五次会议上

拉萨市达孜区政协副主席 赵建中

（2022 年 1 月 17 日）

### 2021 年政协工作回顾

2021 年，是中国共产党成立 100 周年和西藏和平解放 70 周年，也是政协达孜区第一届委员会认真履职、迈出坚实步伐的重要一年。一年来，在中共达孜区委的坚强领导下，区政协常委会紧紧依靠和团结带领全体政协委员，坚持以习近平新时代中国特色社会主义思想为指导，学习贯彻党的十九大及十九届历次全会精神，学习贯彻中央第七次西藏工作座谈会精神，学习贯彻习近平总书记“七一”重要讲话及在西藏考察调研时的重要讲话精神，学习贯彻习近平总书记关于加强和改进新时代政协工作的重要论述等，围绕团结和民主两大主题，充分发挥协商民主重要渠道和专门协商机构作用，紧扣区委、区政府决策部署，在建言资政和凝聚共识上双向发力，务实协商议政，戮力建言献策，广泛凝心聚力，政协履职迈出新步伐，政协工作展现新作为，政协事业呈现新气象。

一、在党的创新理论武装上精准发力，政治思想基础不断巩固

以党的政治建设为统领，坚持用习近平新时代中国特色社会主义思想统揽政协各项工作，强化政治引领，广泛凝聚共识。按照党中央、自治区党委、市委决策部署，扎实开展党史学习教育、“三更”专题教育、“三新”大学习大讨论活动，取得良好成效。完善以党组理论学习中心组为引领的学习制度体系，不断推动常委会学习常态化机制化；采取党组理论中心组学习（扩大）会、党组（扩大）会、党员学习交流会、撰写心得体会、讲党课、专题培训、线上线下结合等有效方式，及时组织各级委员学习党的十九大和十九届历次全会精神、中央第七次西藏工作座谈会精神、中央政协工作会议精神，学习自治区、市第十次党代会精神，认真学习习近平总书记“七一”重要讲话及在西藏考察调研时的重要讲话精神，系统学习《习近平谈治国理政》、“四史”及西藏和平解放 70 年的革命建设史等等。不断教育引导各级各界委员把思想和行动统一到党中央决策部署上来、习近平总书记系列重要讲话精神上来，牢记“两个确立”、树牢“四个意识”、坚定“四个自信”、做到“两个维护”，提高政治判断力、政治领悟力、政治执行力，在政治上思想上行动上与党中央保持高度一致。持续在学用贯通、知行合一上下功夫，坚定理想信念、勇于担当作为、创新政协工作新业绩。年内，召开政协党组理论中心组学习、党组（扩大）会议、主席会议、全委会 21 次；开展委员专题培训 4 次；举办一次全体委员参加的十九届六中全会、区市第十次党代会集中学习培训会 1 次；组织专题党日和党员集中学习活动 13 次；岁末安排 3 名政协副主席积极参加市委党校举办的“学习贯彻党的十九届六中全会精神及区市第十次党代会

精神研讨班”；领导干部参加在线学习超过40学时；领导干部人均撰写理论文章和心得体会6篇以上，一般党员干部人均撰写理论文章和心得体会3篇以上。

二、在服务高质量发展上精准发力，协商民主精准有效

常委会聚焦专门协商机构职能定位，紧紧围绕区委、区政府中心工作，敏锐洞察经济、社会发展中出现的新情况、新问题，适时开展民主协商，议良策促进决策优化、聚共识促进部署落实。

聚焦经济社会发展谋良策。围绕疫情对民营企业复工复产、经营销售、盈利收入等方面的影响，对达孜工业园区几家龙头企业开展调研，形成专题调研报告，提出对策建议4条，协助企业纾难解困；聚焦脱贫攻坚工作，集中建言巩固脱贫成果、减少和防止贫困人口返贫，推进脱贫攻坚与乡村振兴有效衔接，形成“发展特色产业，促进农牧民持续增收”专题调研报告，提出对策建议4条。开展维护稳定、巩固脱贫成果、群众思想引领、大学生就业等专题调研，形成专题报告上报区委，为区委决策提供参考。

聚焦民生改善建真言。定期召开社情民意信息征集工作会议，积极引导委员关注民生、反映民意、撰写社情民意信息，实时跟踪、及时反馈信息办理情况，促使群众普遍关注、社会反响强烈的相关问题得到及时解决。全年共收集报送社情民意信息1条，其中，《关于德庆镇六组国道边拆除围墙建议》得到党政领导及有关部门的重视和关注，相关部门积极作为，已经完成拆除工作。社情民意信息办理逐步成为了区委、区政府及其有关部门倾听群众意见、回应群众呼声、高效解决发展难题的重要渠道。

聚焦提案协商办理促和谐。制定提案办理实施细则，健全提案征集引导、联合交办、办理协商、答复反馈机制，并坚持把协商贯穿提案提、立、办、督全过程，强化办前提前协商、办中跟踪协商、办后运用协商。加大主席会议督办重点提案力度，强化带案视察、重点督办和办理评议。2021年，共收到提案52件，立案24件，作为意见建议处理17条，其中有12件内容相同的提案并案处理为4件，撤案处理3件，办复率100%，委员满意率保持较高水平。在提案办理过层中主席班子成员带队组成3个组先后深入提案承办单位开展跟踪督办工作，极大提高了提案办理实效。

聚焦加强民主监督促成效。优化民主监督小组和人员配置，明确监督原则和方向，把握监督的节奏和力度，树立“监督就是服务、监督就是支持”的理念，力求在监督中加强交流、沟通协商、促进工作。年内，常委会班子成员多次带队，组织委员深入乡镇、村居、寺庙，突出“创建文明城市”工作加强民主监督，委派民主监督员对我区创城工作开展监督指导；抢抓党史学习教育有利时机，及时组织召开委员意见会，推动基层党组织整改提高见实效。

三、在强化责任担当上精准发力，履职成效实现新提升

委员管理呈现新气象。习近平总书记明确要求“把事业放在心上，把责任扛在肩上，认真履行委员职责”。一年来，不断强化委员守初心践使命教育，注重发挥各级委员在政协履职中的主体作用。完善体制机制、改善履职条件，积极引导各级政协委员珍惜荣誉、担当作为。今年，新成立乡级委员联络室2个；建立完善《委员履职档案》；加强委员履职考核评价，将委员每年提交提案、报送社情民意情况以及参加学习培训、撰写外出视察调研的心得体会、参与委员活动频次等列入履职考核重点内容。科学评价、量化考核，调动委员履职积极性。

文明城市创建显身手。党政有所呼，政协有所应。在全国文明城市创建工作中，及时组织开展“全国文明城市创建，政协委员在行动”主题活动，向全体委员印发《达孜区政协委员创建全国文明城市倡议书》，发动委员迅速行动，积极助力达孜全国文明城市创建工作。70余名政协委员，结合自身联系界别实际，分头行动，进社区宣讲创文知识、入集市清理白色垃圾、上路口维修存在安全隐患的井盖等，用实际行动参与和支持全区打赢“创文”攻坚战，为全面提升达孜区群众文明素质、全面提升达孜区城市文明程度、全面提升达孜区人民幸福感和获得感贡献了政协力量。

维护稳定不当局外人。常委会班子始终将维护稳定视作第一任务，切实履行维护稳定第一责任。一年来，按照区委决策部署，政协党组班子成员全年参加区国安指挥部带班和面上巡察工作；重要节日重要节点下沉包乡（镇）、村（居）维稳巡察督导，深入相关寺庙、乡（镇）、村（居）、学校和企业联系指导工作，不断为我区民族团结、宗教和睦、社会稳定的良好局面尽心尽力。

助推乡村振兴走在前。在脱贫攻坚后续巩固成效期，政协党组班子成员主动赴各自的包抓联系乡（村）开展脱贫攻坚后续督战，与基层干部群众同吃、同住、同劳动、同谋划，梳理发展、排解发展难题，补短板、强弱项，着力打牢乡村振兴基础。

加强视察考察拓视野。通过多种途径和不同渠道，加强与社会各界的广泛联系，宣传区委区政府重大决策部署，倾听意见，解疑释惑，增强合力。积极参加自治区、拉萨市政协组织的调研考察活动；做好内蒙古呼伦贝尔市、甘肃甘南州卓尼县、阿里地区、那曲申扎县、昌都八宿县等区县政协来达孜考察交流接待工作，加强与兄弟市县政协的联谊联系，联络了感情、开阔了视野、推介了达孜；组织委员走出达孜，到林周、尼木两县开着宗教领域工作考察学习，交流工作经验，启发工作思路，提升工作本领。同时，加强与工商联、社会团体、党外人士的合作交流，扩大与社会各界以及达孜籍在外人士的沟通联系，多形式为达孜创新发展凝心聚力。

区政协机关建设不断加强。因人制宜、扬长避短，科学安排政协党组班子成员分工，强化班子领导合力。在年度协商计划和工作重点责任分解中，将协商调研课题及专题协商会议交由各副主席牵头承担承办。一年来，分管主席分别联系组织界别委员，按照年度工作重点开展调研视察，承办专题协商会，工作活力得到激发。深入开展党史学习教育、“三更”专题教育活动，开好机关党支部专题组织生活会，整改提升机关党建水平；组织机关党员干部开展丰富多彩的红色教育活动，引导党员干部学党史、悟思想、办实事、开新局；组织上级政协领导及班子成员在基层委员中广泛开展党课活动，教育引导基层委员站稳政治立场，坚定跟党走的信心和决心，勠力同心建设幸福美好家园。

各位委员、同志们，岁月不居，时节如流。总结经验，我们步履更坚；展望未来，我们信心倍增。过去的一年，区政协取得骄人的业绩，主要得益于中共达孜区委的坚强领导，得益于自治区、拉萨市政协的精心指导，得益于区人大、区政府的大力支持，得益于区直各部门以及社会各界的密切配合，更是政协参加单位、全体政协委员团结协作、拼搏奋斗的结果。在此，我代表政协达孜区第一届常务委员会向为全区政协事业发展付出辛勤汗水和智慧的广大委员，向所有关心、支持政协工作的领导同志和各界人士，表示衷心的感谢和崇高的敬意！

在总结成绩的同时，我们也应该清醒看到，常委会工作同新时代新任务的要求相比、同人民群众的期待相比，仍然存在一定差距：政协党建虽然做了一些工作，但党建任务依然很重；协商民主得到有效开展，但协商质效还需进一步提高；委员履职活力得到激发，但为委员履职服务、发挥其主体作用还需不懈努力等，我们将在今后工作中认真研究、切实予以解决。

## 2022 年工作思路

2022 年是我区实施“十四五”规划的关键一年，是党的二十大胜利召开之年，做好各项政协工作意义重大。区政协工作的总体要求是：坚持以习近平新时代中国特色社会主义思想为指导，深入贯彻党的十九大及十九届历次全会和中央第七次西藏工作座谈会精神，深入贯彻自治区、拉萨市第十次党代会精神，按照中央、自治区和拉萨市政协工作会议部署，在达孜区委的坚强领导下，突出团结和民主两大主题，围绕区委、区政府中心工作，继续在发挥专门协商机构作用上展现新作为、在凝聚共识上进行新探索、在完善工作机制上实现新突破，不断提高政治协商、民主监督、参政议政水平，奋力谱写新时代达孜政协工作新篇章。

### 一、强化政治引领，保证政协事业正确方向

区政协将进一步强化政治引领，把旗帜鲜明讲政治体现在政协工作全过程各方面，保证政协事业

方向不偏、立场不移。

在党的创新理论武装上下功夫，坚定政治立场。深入学习习近平总书记关于加强和改进人民政协工作的重要思想、在中央政协工作会议暨人民政协成立 70 周年大会上的重要讲话，将其融会贯通，准确把握精神实质，牢记“两个确立”、增强“四个意识”、坚定“四个自信”、做到“两个维护”。要健全以党组理论学习中心组为引领，主席会议专题学习、常委会会议集体学习、委员培训集中学习相配套的学习制度体系，做到学习“时间、内容、成效”三落实，巩固提升党史学习教育、“三更”专题教育成果。在学用结合上下苦功，创新工作举措。围绕落实党的十九届六中全会精神及区、市第十次党代会精神，以及《中共中央关于新时代加强和改进人民政协工作的意见》，研究制定《达孜区关于新时代加强和改进人民政协工作的具体措施》。确保党对政协工作的全面领导，全面加强政协建设，不断提高履职能力，为更好落实区委决策部署，服务全区发展大局，助推实现我区社会治理能力现代化发挥更大作用。

二、发挥职能作用，提升政协协商民主能力

发挥好专门协商机构的作用，是新时代赋予人民政协新定位。区政协将把开展协商作为主要工作，把“搭台”作为主要工作方式，把双向发力作为工作主旨，进一步提升协商民主能力。

选准协商议题。全面落实区委全委会和经济工作会精神，精准选题；实行区委、区政府“点题”制，广泛征求各方面意见建议，确保协商议题选准选深，“供需”对路。完善协商机制。加强政协协商与区委区政府中心工作的有效衔接，健全区委、区政府、区政协制定年度协商计划制度，政协年度协商计划由区委办、区政府办和区政协办联合下发，共同推动计划落实、成果转化。完善协商于决策之前和决策实施之中的工作机制，充分协商交流、主动民主监督、宣传政策法规、深化思想沟通，广集良策、广聚共识。搞好调查调研，坚持先调研后协商，不调研不协商。优化协商主体构成，邀请群众代表、基层工作者、行业代表参与协商，努力营造既畅所欲言又理性有度的协商氛围。拓宽协商渠道。健全完善以政协全体会议为龙头，以专题议政性常委会会议、主席专题协商会议、专题协商座谈会等为重点的政协协商议政格局。建立健全区委书记、区长与政协委员协商平台，区委常委、副区长与政协委员协商平台，区有关部门与政协委员协商平台，政协委员与基层群众协商平台。要构建科学有序的协商议事运行机制，推动“党委领导、政府支持、政协搭台、各方参与、服务群众”的基层协商民主建设，把政协制度优势转化为参与基层治理的效能。要搭建提案有关各方共同参与的协商平台，就区领导领办督办的重点提案，邀请区领导、承办单位与提案人面对面协商，提升提案办结率。要推动政协协商与民主监督相融合，充分发挥会议、视察、提案、专项监督和评议监督等载体作用，让协商成为开展监督的有效平台，让监督成为协商取得实效的有力保障。提升协商实效。要培育协商文化，坚持“有事好商量，众人的事情由众人商量”，培育与倡导平等、有序、真诚的协商文化，形成“有事多商量、遇事多商量、做事多商量”的良好协商氛围；要提高协商能力，以改革思维、创新理念、务实举措大力推进协商能力建设，提高政治把握能力、调查研究能力、联系群众能力、合作共事能力；要加强成果转化，坚持“谁调研、谁跟踪”的原则，完善调研成果和协商议政成果跟踪问效机制。区政协办、各分管主席要及时收集、反馈区委、区政府领导对调研报告的批示及相关部门采纳落实情况，及时跟踪协商议政成果转化情况，切实提高协商议政的质效。

三、加强自身建设，树立政协队伍良好形象

要不断加强自身建设，进一步提高委员履职能力和机关服务水平，展现政协良好形象。组织开展学习培训，落实习近平总书记“懂政协、会协商、善议政，守纪律、讲规矩、重品行”的十八字要求，加大委员和政协机关干部的学习教育培训投入。将学习培训列入区政协今年工作重点和协商计划，组织委员和政协机关干部赴红色革命教育基地、经济发达省区市县开展专题教育培训；开办“政协讲堂”，引导委员和政协机关干部强化责任担当，提高政治素质和业务水平。广大政协委员要广泛学习各方面知识，积极参加区政协的学习教育培训，把握履职的方式方法，全面增强履职本领，提高建言建到需要时、议政议到点子上、监督监到关键处的水平，自觉做区委区政府决策部署的执行者、群众利益的维护者和社会稳定的促进者。强化委员服务管理。尊重和支持委员履行职责，为委员履职提供服务保障。要健全和完善委员联络机制，创新委员活动方式，密切与委员的经常性联系，健全走访看望委员、专委会联系界别委员制度，把联系服务融入视察调研、协商履职活动之中。推动服务创新，搭建更多履职平台，多元拓宽委员履职渠道。用好用活激励约束机制，建立健全委员履职档案、委员履职情况统计、常委提交履职报告和委员履职考核等制度，定期做好委员履职评估，半年通报一次履职情况，年终开展优秀委员评选活动，真正将“委员既是荣誉，更是责任”要求落到实处。加强机关队伍建设。要紧紧围绕政治建设、思想建设、组织建设、作风建设、纪律建设、制度建设，全面加强“三个表率，一个模范”政协机关建设。推动机关党建和履职服务融合发展，压实党建工作责任，提高机关服务质量，推进政协整体工作进一步提质增效。

各位委员、同志们，履职因有为而精彩，使命因担当而荣光。人民政协揽八方俊才，集各界精英，我们一定能不辱使命、不负重托，积极投身达孜改革发展大潮。让我们紧密团结在以习近平同志为核心的党中央周围，坚持在中共达孜区委的坚强领导下，不忘初心、牢记使命，忠诚履职、团结奋进，为建设富强、民主、文明、和谐、美丽的现代化新达孜而努力奋斗，以优异的成绩迎接党的二十大胜利召开。

# 大事记

## 1月

5日　西藏自治区水利厅地市交叉督导检查组一行到达孜区检查指导工作。

7日　西藏自治区妇儿工委办一行到达孜区开展“两规”实施摸底调研。

8日　拉萨市人大常委会副主任、市村（社区）“两委”换届工作领导小组办公室副主任达瓦一行到达孜区德庆镇检查指导村（社区）“两委”换届工作。

11日　西藏自治区总工会一行到达孜区慰问执勤一线民辅警。

13日　西藏自治区旅发厅副厅长红卫一行到达孜区白纳沟调研。

14日　中国奶业协会专家评估组一行到达孜区高标准奶牛养殖场进行学生奶奶源基地现场评估。

19日　拉萨市医疗保障局副局长唐小君一行到达孜区对定点医药机构开展专项检查。

26日　拉萨市委副书记、组织部部长庄红翔到达孜区德庆镇检查指导2021年村（社区）“两委”换届工作。

同日　拉萨市委副书记、政法委书记马军到达孜区章多乡尊木采村调研。

同日　拉萨市林草局一行到达孜区检查指导森林草原防火安全工作。

27日　拉萨市教育局局长中楚成到达孜区检查指导教育工作。

28日　拉萨市民政局党组书记詹晓圣一行到达孜区特困集中供养服务中心检查指导工作。

同日　拉萨市政协副主席张勤到达孜区扎叶巴寺开展督导检查和慰问活动。

同日　拉萨市委常委、常务副市长占堆一行到达孜区检查指导春季开学准备工作。

## 2月

22日　拉萨市副市长张永林一行到达孜区调研。

23日　拉萨市雅江保护区管理局一行到达孜区组织召开提高野生动物肇事补偿标准协调会。

## 3月

2日　西藏自治区人社厅副厅长、农牧民转移就业专项推进组办公室副主任次仁达娃一行到达孜区检查指导工作。

3日　拉萨市教育局督导组一行到达孜区开展2021年春季开学工作专项督导。

4日　拉萨市经信局党组书记、副局长索群到达孜区调研。

8日　拉萨市副市长张永林到达孜区雪乡检查

指导工作。

14日 西藏自治区政协副主席、西藏自治区教育厅党组书记、副厅长杜建功一行到达孜区中心小学调研。

15日 拉萨市村（社区）“两委”换届工作指导检查组一行到达孜区开展村（社区）“两委”换届验收工作。

16日 拉萨市人大常委会副主任张慧到达孜区章多乡开展“领导干部下基层大接访办实事”调研活动。

17日 拉萨市委常委、统战部部长阿努次仁到达孜区雪乡开展“领导干部下基层大接访办实事”调研活动。

同日 拉萨市人大常委会党组成员、副主任张慧到达孜区塔杰乡开展“领导干部下基层大接访办实事”活动。

18日 拉萨市委常委、统战部部长阿努次仁到达孜区唐嘎乡开展“领导干部下基层大接访办实事”调研活动。

19日 住建部一行到达孜区调研城乡生活垃圾污水治理工作。

22日 拉萨市教育局党组书记、副局长樊锋旭到达孜区教育局调研教育工作。

23日 拉萨市第三考察组一行到达孜区章多乡开展干部考察工作。

24日 西藏自治区旅游发展厅二级巡视员周荣到达孜区扎叶巴景区调研。

25日 拉萨市政协党组副书记、副主席张勤到达孜区考察学校开学及新冠肺炎疫情防控工作。

29日 西藏自治区宣讲团一行到达孜区开展纪念西藏民主改革62周年宣讲报告会。

31日 西藏自治区政法队伍教育整顿领导组派驻拉萨市第一督导组副组长胡顺成到达孜区检查指导工作。

## 4月

1日 西藏自治区政协副主席、妇联主席江措拉姆一行到达孜区幸福社区调研异地扶贫搬迁点情况。

2日 江苏省对口支援西藏拉萨市前线指挥部副总指挥、拉萨市副市长刘广民，市委组织部副部长张戴到达孜区慰问江苏镇江援藏医生。

6日 拉萨市退役军人事务局副局长昌拉、服务中心主任周强一行到达孜区调研指导退役军人服务中心（站）建设工作。

9日 拉萨市农业农村局副局长王小军、政改科科长边仓一行到达孜区检查督导农村集体产权制度改革工作。

13日 西藏自治区政协机关党组成员、副秘书长布嘎到达孜区督查自治区政协工作会议精神贯彻落实情况。

14日 西藏自治区政协常委、教科卫体委员会主任尼玛扎西到达孜区围绕“公共体育设施建设与大力发展群众性体育活动”主题开展调研。

同日 拉萨市副市长陆从福到达孜区调研矿区生态环境保护工作落实情况。

20日 拉萨市委常委、常务副市长毛东军到达孜区调研农牧业特色产业发展情况。

23日 西藏自治区政法队伍教育整顿驻点指导组组长达瓦一行到达孜区人民检察院督导检查政法队伍教育整顿工作开展情况。

同日 拉萨市政协副主席岳国红一行到达孜区督导检查换届工作。

## 5月

6日 西藏自治区林草局党组书记次成甲措、拉萨市林草局局长闫恒功一行到达孜区开展2021年先造后补项目调研工作。

10日 西藏自治区人大常委会党组副书记、副主任维色一行到达孜开展《中华人民共和国旅游法》《西藏自治区旅游条例》专题调研。

11日 拉萨市行政审批和便民服务局局长李英春一行到达孜区调研“互联网+政务服务”工作。

13日 西藏自治区司法厅副厅长张宏发带队，

拉萨市农业农村局、四川省农科院技术人员一行到达孜区邦堆乡林阿村调研农村集体产权制度改革工作。

17 日　西藏自治区林草局党组书记次成甲措一行到达孜区甘丹寺检查指导造林绿化项目相关工作。

同日　拉萨市统计局党组副书记黄树春一行到达孜区统计局检查指导统计相关工作。

18 日　拉萨市农业农村局党组副书记、局长郭万军到唐嘎乡调研有机青稞种植工作。

20 日　拉萨市监委委员、三级调研员肖华平一行到达孜区检查指导。

26 日　拉萨市水利局局长韩云栓、市水利勘测设计院院长达杰次仁一行到拉萨河达孜城区段水毁应急除险加固工程现场检查指导工作。

28 日　西藏自治区民政厅勘界办四级调研员喻晋美一行到达孜区调研行政区划变更后勘界工作。

## 6月

8 日　内蒙古自治区政协常委、副秘书长，民革内蒙古自治区委副主委、呼伦贝尔市委主委，呼伦贝尔市政协副主席戴强一行到达孜区考察学习“脱贫后稳定脱贫成果”。

同日　西藏自治区人民政府办公厅法规处处长米玛罗桑一行到达孜工业园区调研。

21 日　拉萨市副市长郑卫国一行到达孜区五保集中供养服务中心（拉萨市老年人日间照料中心）调研老年人日间照料中心运营以及社会救助体系建设整体工作情况。

22 日　拉萨市政协副主席岳国红、拉萨市巡回指导第三组一行到达孜区督导检查党史学习教育和“三更”专题教育工作。

23 日　西藏自治区党委组织部二级巡视员平措旦增，拉萨市委组织部副部长、二级调研员杨栋章一行到达孜区督导检查“三更”专题教育工作。

27 日　西藏自治区驻拉萨第一指导组副组长胡顺成带队到达孜区对政法队伍教育整顿总结环节工作进行复评。

30 日　拉萨市教育局党组副书记、局长、二级巡视员普琼一行到达孜区检查西藏初中班（校）达孜考点各项考务工作开展情况。

## 7月

2 日　拉萨市应急管理局副局长次仁尼玛带队到达孜区检查、指导“双庆”期间安全生产工作开展情况。

14 日　西藏军区副司令员昂旺索南带领国防动员处检查考评组一行对达孜区民兵整组工作和达标建设工作进行检查考评。

同日　西藏军区副司令员昂旺索南一行到达孜区调研退役军人事务工作。

21 日　日喀则市江孜县卡麦乡人大代表一行到达孜区就特色产业及非物质文化遗产发展情况开展交流学习。

28 日　拉萨市旅游发展局局长陈常军一行到达孜区调研乡村旅游发展情况。

同日　拉萨市农业农村局副局长白玛德吉一行到达孜区调研畜牧业生产指标任务完成情况。

29 日　西藏自治区林业和草原局党组书记次成甲措、拉萨市林业和草原局党组书记次达一行到达孜区开展 2021 年营造林“先造后补”工程建设调研工作。

## 8月

3 日　团中央青年志愿者行动指导中心副主任熊剑一行到达孜区走访看望西部计划志愿者。

4 日　西藏自治区旅游发展厅党组书记、副厅长黄永清一行到达孜区白纳村调研乡村旅游振兴项目。

同日　西藏自治区财政厅农业农村处、拉萨市财政局农业农村科一行到达孜区调研农田建设补助资金绩效评价工作。

19日 拉萨市教育局一行到达孜区开展秋季开学督导工作。

23日 西藏自治区高级人民法院二级高级法官邹湘江、拉萨市司法局局长邱秀兰、市司法局副局长伍玉梅、市中级人民法院三级高级法官尚永业一行组成的自治区法治政府建设督察组到达孜区开展法治政府建设督察工作。

同日 拉萨市中级人民法院党组书记、院长李世蓉一行到达孜区人民法院调研指导人民法庭工作。

24日 西藏自治区乡村振兴局二级巡视员刘峰一行到达孜区调研财政衔接补助资金支出进度情况。

同日 江苏省援藏前方指挥部总指挥、拉萨市委副书记、常务副市长沈海斌一行到达孜区调研美丽乡村及援藏项目建设情况。

25日 全市人大代表之家提档升级工作交叉考察组一行到达孜区塔杰乡考察交流。

27日 西藏自治区人大代选工委主任徐非，拉萨市人大常委会党组副书记、副主任达瓦到达孜区调研《西藏自治区实施宪法宣誓制度办法》和“人大代表之家”建设工作。

31日 拉萨市市场监督管理局计量科科长贡布次仁一行到达孜丹阳眼镜城检查指导工作。

同日 西藏自治区交通运输厅建管处副处长次仁桑珠、拉萨市交通运输局副局长许羣、拉萨市交通局养护处处长达瓦次仁一行到达孜区考察调研公路交通标志标线优化提升专项工作。

同日 拉萨市乡村振兴局副局长、“三岩”片区搬迁负责人皮志帅一行到达孜区幸福社区调研搬迁后续工作。

## 9月

1日 西藏自治区疫情防控及院感防控交叉督导组一行到达孜区督导检查疫情防控、院感防控工作。

同日 拉萨市第一次全国自然灾害综合风险普查办一行到达孜区德庆镇白纳村指导自然灾害普查工作。

同日 西藏自治区农业农村厅农村社会促进处处长格桑罗布带队、日喀则市农业农村局工作人员组成的农牧业建设项目交叉检查小组一行到达孜区检查指导“十三五”农牧业建设项目运行情况。

2日 青藏科考队一行到达孜区调研。

5日 江苏省镇江市句容市委副书记贾云亮带队，句容市副市长张德超、茅山风景区管委会主任桑学军、句容市人社局局长蔡家红、句容市行政审批局局长杨金国、句容市宝华镇镇长金宇、句容市发展和改革委员会副主任李云鹏一行到达孜区章多乡慰问考察。

9日 江苏省镇江市句容市人民法院考察团一行到达孜区人民法院调研考察并召开座谈会。

同日 贵州省总工会党组成员、副主席刘同才，浙江省总工会基层工作部部长詹利军，西藏自治区总工会党组成员、经审委主任徐俊琴，拉萨市政协副主席、市总工会主席张勤一行到达孜区西藏藏缘青稞科技有限公司调研厂务公开民主管理工作。

10日 拉萨市委常委、宣传部部长吴亚松一行到达孜区督导检查党史学习教育并开展宣讲工作。

13日 林周县人大常委会副主任洛桑云旦、普布旺堆、米玛、郑杰及林周县各乡（镇）党委书记、人大主席、人大专干一行到达孜区，就达孜区“人大代表之家”提档升级工作开展交流学习。

13—15日 由西藏自治区农业农村厅选派的高标准农田建设抽验组一行到达孜区验收检查2019—2020年高标准农田建设项目。

14日 国家统计局财务司司长、督察组常务副组长刘恒带队的国家统计局第六督察组一行到达孜区开展统计督察工作并召开沟通对接会议。西藏自治区统计局党组副书记、局长索朗扎西，自治区统计局党组成员、副局长蔡岷，自治区统计局统计执法监督处处长周路春，自治区统计局执法监督处副处长张海燕，拉萨市委常委、常务副市长毛东军，市委副秘书长晁祥利，市统计局党组书记、副局长、二级巡视员仓琼，市统计局党组副书记、局长旺堆罗布陪同调研。

15日 江苏省总工会权益保障部部长董明伟，徐州市总工会党组书记、副主席王子华，镇江市总工会党组书记、副主席刘正泰一行到达孜区总工会对接援助并慰问企业困难职工。

16日 拉萨市人大常委会党组副书记、副主任达瓦，市人大常委会副主任林生，市人大常委会秘书长张长祥一行到达孜区调研指导“人大代表之家”提档升级工作。

同日 林芝市波密县人大考察学习组一行到达孜区就全区人大工作、“人大代表之家”运行及产业发展情况开展交流学习。

同日 农业农村部政策与改革司一级巡视员赵长保，西藏自治区农业农村厅二级巡视员米玛次仁、政策改革处处长益西欧珠，拉萨市农业农村局副局长晋美一行到达孜区调研农村集体产权制度改革工作。

23日 中央第十四督导组徐永胜一行到达孜区指导检查政法队伍教育整顿工作。

24日 拉萨市经济和信息化局党组书记、副局长索群一行到达孜区调研工业经济运行情况和发展态势。

25日 江苏省镇江市润州区人大常委会主任范永放带队，润州区委常委、区政府常务副区长陈秋明，润州区人大常委会副主任易丽娟等相关领导一行到达孜区唐嘎乡考察交流。

27日 西藏自治区统计局普查中心副主任龙友敏一行到达孜区开展数据质量核查工作。

28日 西藏自治区副主席江白，自治区林业和草原局党组书记次成甲措、局长吴维，拉萨市副市长扎西白珍，拉萨市林业和草原局党组书记次达，自治区林规院院长普布顿珠一行到达孜区，对达孜区2021年生态修复“先造后补”、城区绿化及2022年南北山造林绿化工作进行调研。

## 10月

3日 拉萨市委副书记、政法委书记马军，副市长、市委国安办主任、市公安局党委副书记、局长代利刚一行到达孜区公安局检查指导政法队伍教育整顿问题整改工作。

11日 由拉萨市尼木县人大常委会党组书记、主任尼玛次仁，尼木县人大办专职委员、四级调研员多布啦带队的尼木县人大考察团一行到达孜区，就“人大代表之家”提档升级工作开展交流学习。

同日 西藏自治区司法厅律师工作处处长、区律师行业党委副书记、区律师协会副会长兼秘书长倪建文，自治区司法厅公共法律服务管理处处长、区公证协会会长陈健坤一行到达孜区调研指导公共法律服务管理工作。

13日 江苏援藏前方指挥部领导一行到达孜工业园区调研“十四五”援藏项目推进情况。

同日 昌都市民政局党组成员、副局长岳莉蓉一行到达孜区五保集中供养服务中心考察学习。

14—15日 拉萨市卫健委副主任李宁一行到达孜区开展督导检查工作。

20日 拉萨市人大常委会党组成员、副主任林生一行到达孜区德庆镇调研人大代表之家的运行和建设工作。

25日 江苏省援藏前方指挥部总指挥、拉萨市政府党组副书记陈静一行到达孜区调研。

26日 由西藏自治区党委统战部一处（民族工作处）处长石岩带队的民族工作调研组一行到达孜区调研民族工作。

## 11月

1日 那曲市聂荣县副县长尼玛德吉一行到达孜区政务服务中心调研“互联网+政务服务”工作。

2日 阿里地区政协党组成员、副主席卫东带领阿里地区考察团一行到达孜区，围绕大学生创业创新方面的做法进行考察学习，交流经验。

同日 拉萨市妇联党组书记叶海缨到达孜区唐嘎乡穷达村检查指导驻村工作。

8日 拉萨市副市长扎西白珍带队，市发展改革委、市农业农村局、市人社局、市国家调查大队、市增收办等组成的市增收调研组一行到达孜区调研增收工作。

10日 拉萨市人大常委会党组书记、主任人选贺鹏,党组副书记、副主任达瓦一行到达孜区调研指导人大工作。

15日 拉萨市行政审批和便民服务局党组书记、副局长向巴彩喜一行到达孜区政务服务中心调研指导政务服务工作开展情况。

17日 拉萨市委副秘书长陈礼到达孜区检查指导新冠疫肺炎情防控工作。

24日 拉萨中级人民法院党组成员、三级高级法官尚永业一行到达孜区人民法院开展审务督察、司法巡查工作。

29日 西藏自治区人大代选工委主任委员徐非一行到达孜区检查指导人大工作。

## 12月

1日 墨竹工卡县人大常委会副主任刘登贵、普桑带队组织墨竹工卡县各乡(镇)人大主席、人大专干一行到达孜区就全区"人大代表之家"建设情况和代表工作开展情况、乡村振兴特色产业等方面的工作开展交流学习。

同日 西藏自治区人大常委会副主任王峻,自治区人大常委会秘书长刘光旭,拉萨市人大常委会党组书记、主任贺鹏一行到达孜区检查指导人大工作。

3日 拉萨市广电局党组副书记、局长格桑次仁一行到达孜区广播电视台调研指导工作。

6日 西藏自治区人社厅二级巡视员洛旦带队的检查组一行到达孜区开展冬季根治欠薪专项检查工作,并召开座谈会。

8日 拉萨市委巡察办主任平措旺堆、拉萨市委巡察二组组长谢永杰、市委巡察办副主任才华道吉一行到达孜区就巡察工作和对软弱涣散村组织市县联动巡察开展情况进行调研。

9日 西藏自治区生态文明建设示范区创建现场复核专家组组长苏正安一行到达孜区开展现场复核工作。

10日 西藏自治区纪委常委,拉萨市委常委、纪委书记、监委主任王洪勇到达孜区德庆镇桑珠林村宣讲中共十九届六中全会和自治区、市第十次党代会精神。

13日 西藏自治区宣讲团一行到达孜区开展中共十九届六中全会、自治区第十次党代会精神集中宣讲。

同日 西藏自治区卫健委人口和优生优育宣教中心主任卓玛一行到达孜区对健康促进县(区)建设工作进行评估。

13—14日 西藏自治区普查办联合拉萨市教育局、统计局、卫健委对达孜区自然灾害综合风险普查工作进行现场核对、检查。

16日 拉萨市委常委、常务市长占堆,市政府副秘书长尹培凤,市发展改革委副主任孙金成一行到达孜区调研重点民生项目工作。

31日 拉萨市广电局副局长格桑顿珠一行到达孜区广播电视台调研。

# 区情概览

【概况】 达孜区总面积 1360 平方千米，耕地面积 5645.88 公顷。森林覆盖率 31.94%，林业绿化率 41.3%，林地面积 61532 公顷。共辖 5 个乡、1 个镇，21 个行政村，1 个居委会，131 个村民小组，总人口 9332 户、3.188 万人，其中农村人口 2.9185 万人。辖区内有中小学校各 1 所、幼儿园 20 所、县级人民医院 1 所、乡镇卫生院 5 所、五保老人集中供养中心 1 所。县域境内共有寺庙、日追拉康 14 座，其中始建于公元 15 世纪初、已有 600 多年历史的藏传佛教格鲁派六大寺之首的甘丹寺，其宗教、建筑、艺术等方面的成就在区内外享有盛誉，1961 年被列为全国重点文物保护单位；始建于公元 7 世纪、至今已有 1500 多年历史的扎叶巴寺，其建筑风格独特，被誉为“隐修圣地”。

【地理位置】 达孜，藏语意为“虎峰”。达孜宗初建于元至正十四年（1354）。1959 年民主改革后，原达孜宗、德庆宗合并成立达孜县。2018 年 2 月 1 日撤县设区，隶属拉萨市。地理坐标为北纬 29.40°—29.667°，东经 91.21°—91.35°。达孜区地处拉萨河两岸河谷平原地区，西与拉萨市城关区毗邻、北与林周县相连、东靠墨竹工卡县，南接山南市的扎囊县，318 国道贯穿而过，距离拉萨城区仅 20 千米，素有拉萨“东大门”之称，交通便利，战略位置十分重要。

【经济发展】 2021 年，完成地区生产总值 22.75 亿元，增速 8%；一般公共财政预算收入 4.48 亿元，同比增长 21.99%；税收收入完成 14.21 亿元，同比增长 33%；农村居民人均可支配收入 20058 元，同比增长 16%；全社会固定资产投资同比下降 25.6%；规模以上工业增加值同比增长 104.2%；社会消费品零售总额同比增长 7.8%，实现“十四五”良好开局，与全国一道全面建成小康社会。全区各类固定资产投资项目 130 个，总投资 114.5 亿元，2021 年开（复）工项目 92 个，开复工率 70.8%，完工项目 69 个，完工率 68.3%。招商引资项目 21 个，实际到位资金 14.46 亿元。工业经济不断脱虚向实，现有实体型企业 55 家，高新技术企业 5 家，新增自治区级专精特新企业 2 家，新认定自治区级绿色产品设计企业 1 家、市级绿色发展企业 2 家。

【气候】 达孜区属高原温带半干旱季风气候。全区平均海拔 4100 米，河谷最低海拔 3730 米，年平均气温 7.5℃，年平均日照 3065 小时，平均降雨量 450 毫米。空气稀薄，气温低，日温差大，冬春干燥，多大风，年无霜期 130 天左右。年降水量 444 毫米，80%—90% 集中在夏季，多夜雨。自然灾害主要有旱灾、涝灾、山洪、泥石流、冰雹、霜灾、虫灾等。

【地貌】 达孜区地势南北高、中间低，北部和南部分别是东西横贯的恰拉山、郭嘎拉日山，中间为拉萨河谷地，是典型的“U”形地貌，全区平均海拔

4100 米,河谷最低海拔 3730 米。

【旅游资源】 达孜旅游覆盖生态、人文、产业三方面,以历史文化型(藏民族传奇人物阿古顿巴出生地)、宗教文化型(千年古寺甘丹寺、扎叶巴寺、桑阿寺)、休闲度假型(白纳村生态林卡、章多“网红”林卡等)、徒步旅游(甘丹寺—桑耶寺徒步旅游、主西沟—桑耶寺徒步旅游、白纳村—桑耶村徒步旅游)、生态观光型(巴嘎雪湿地、唐嘎乡湿地、白纳沟)为主。依托“全域旅游”发展契机,大力发展旅游产业项目,旅游市场稳步拓展。罗占、玉佤仓、卓玛、优格仓、吞柏古等文化产业品牌不断壮大,创办“藏鹤仙子”品牌,成功开发出 43 个系列“达孜有礼”特色文化旅游产品。主要旅游景点有甘丹寺、扎叶巴景区、白纳沟景区、主西村徒步营地以及优敏芭古藏香文化产业园区(AA 级景区)。有全国乡村旅游重点村 2 个,分别为白纳村及扎叶巴村。2021 年接待游客人数 44.5 万人次,旅游收入 2067.82 万元。林卡经济发展取得新突破,以章多“网红”林卡、白纳林卡为代表,成功打响了达孜林卡知名度,全区有林卡 30 余处,年收入达 799.93 万元,带动农牧民增收 2196 人次。

(杨 蒙)

# 中国共产党达孜区委员会

## 综述

【概况】 2021年，达孜区坚持以习近平新时代中国特色社会主义思想为指导，贯彻落实中共十九大和十九届历次全会精神，贯彻落实第七次西藏工作座谈会和习近平到西藏调研考察时的讲话精神，锚定“稳定、发展、生态、强边”四件大事，坚持以人民为中心的发展理念，始终紧扣长治久安和高质量发展总目标，主动适应发展新形势，统筹好疫情防控和经济社会发展工作，扎实做好“六稳”工作，全面落实“六保”任务，团结带领各族干部勇挑重担、真抓实干、砥砺前行，交出了一份合格的答卷。深入开展党史学习教育、“三更”专题教育，“三新”大学习大讨论和“我为群众办实事”活动，社会大局和谐稳定，经济发展稳步前行，项目建设有序实施，城乡建设日趋完善，乡村振兴稳步推进，产业基础更加夯实，改革创新纵深推进，民生保障稳步提升，生态质量持续优良，对口支援不断深化，依法规范行政决策行为。

【项目建设】 年内，达孜区各类固定资产投资项目共计129个，总投资114.5亿元，2021年计划投资40.2亿元。其中续建项目22个，总投资33.32亿元；新建项目107个，总投资81.18亿元。全区开（复）工项目共计88个，开复工率64.28%（续建项目复工21个，取消项目1个，复工率为95.5%；新建项目开工66个，开工率为61.7%）。

【新冠肺炎疫情防控】 年内，持续巩固防控成果，落实新冠肺炎疫情防控各项工作要求，开展重点人群核酸检测以及疫苗接种工作，共检测10740人次，疫苗接种全人口覆盖率达86.9%。持续管好进口冷链食品、快递（包裹），对经营冷链食品的企业（商超），快递分流点等部门开展专项检查300余次，“外防输入、内防反弹”坚固防线持续筑牢。

【就业创业】 年内，坚持就业优

2021年6月15日，达孜区委书记张干（右二）到群众家中调研脱贫工作

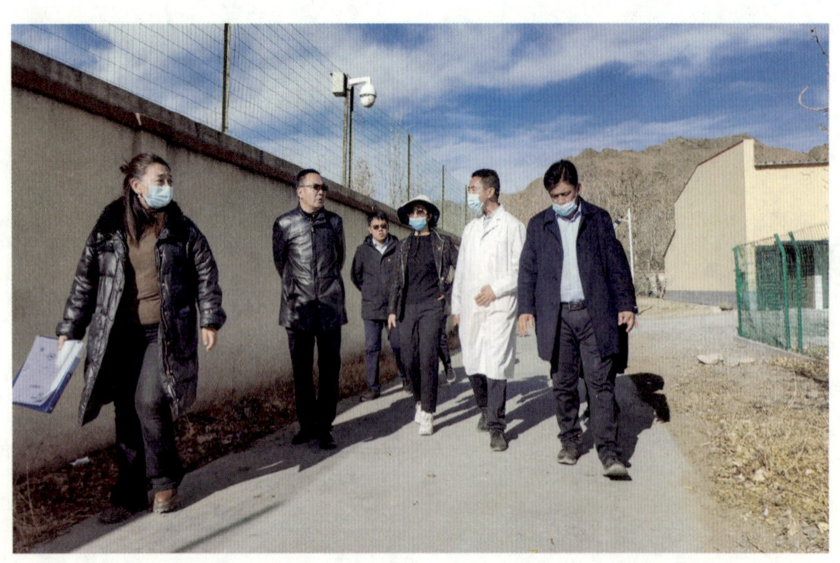

2021年12月25日，达孜区委书记索朗次仁（左二），区委副书记、区长刘代红（右三）一行考察藏鸡养殖产业

先战略和积极就业政策，实现城镇新增就业1160人，农牧民转移就业10635人，转移就业创收10563.37万元；开展职业技能培训48期1659人。高校毕业生实现初次就业317人，就业率达99.69%，兑现高校毕业生创业补贴99人次327.53万元。

【医疗卫生】 投资2.06亿元的达孜区卫生系统整体搬迁项目投入运营。城乡居民基本医疗报销8304人378.9万元，大病保险报销54人45.73万元，医疗救助332人15.15万元，完成城乡居民基本医疗保险系统结算工作服务，实现县乡"一站式"结算。开展"组团式"医疗援藏义诊活动10次，诊疗1000余人次。

【教育事业】 年内，将"三个培养"（培养什么人、怎样培养人、为谁培养人）贯穿教育教学全过程，突出抓好思政教育，高标准、高质量落实"五项管理""双减"工作，全区教育水平显著提升，小考成绩位居全市前列。兑现"三包"及营养改善计划资金2203.92万元，落实"三包"助学金2004.71万元，投资1172.35万元实现达孜区各类学校全面供暖，投资573.41万元实施基建项目3个，基础设施建设不断完善，教育资源布局持续优化。

【乡村振兴】 年内，保持攻坚态势，坚持尽锐出战，高效有序推进乡村振兴工作。2021年建档立卡脱贫人口人均可支配收入16573.06元，同比增长18.03%，连续5年没有出现返贫现象。建档立卡脱贫户医疗保险参保率达100%，全面完成85户危房改造任务，开工率100%，改造合格率100%，入住率100%。健全防止返贫动态监测和帮扶机制，消除致贫、返贫风险的脱贫不稳定户11户43人、边缘易致贫户1户5人；统筹整合财政扶贫资金2.69亿元，实施各类项目25个，兑现农村低保金62.87万元、城镇低保金171.58万元、临时救助资金5.3万元。建档立卡户实现就业849户1433人。持续推进"美丽乡村·幸福家园"建设行动计划，涉及农牧民群众1270户5045人，住房新建703座、改造311座。

【社会治理】 年内，坚持继承和发扬新时代"枫桥经验"，统筹党组织、网格化、双联户、人民调解组织等基层力量，实现被动管理到主动治理，教育服务群众面对面，化解矛盾纠纷面对面，持续深化交通、安全生产、食药、消防等领域安全管理，实现各领域重特大安全事故"零发生"。2021年，达孜区雪乡被评为全国乡村治理示范村。

【生态环境】 年内，制定《拉萨市达孜区生态文明建设示范乡镇创建规划（2021—2025年）》《达孜区德庆镇白纳沟"绿水青山就是金山银山"实践创新基地建设实施方案（2021—2023年）》，深入实施蓝天、碧水、净土保护工程，大力实施一批生态环境综合治理、水土流失治理、防沙治沙等工程建设，强力推进西藏营造林先造后补建设造林工程、"四旁"植树行动、义务植树造林等工作，造林近40万株，达孜区森林覆盖率达30.38%、林业绿化率达41.3%。受理群众环境信访或举报案件7件，办结率、满意率均达100%，行政处罚企业1家，处罚金额14.88万元。

【大型活动】 年内,认真组织庆祝中国共产党成立100周年和西藏和平解放70周年系列活动,开展主题宣讲100场次、受众4.65万人次,举办各类文艺活动300余场次,参与人数1.5万余人次,播放农村公益电影363场,受众7200余人次,组织448名干部群众参加庆祝西藏和平解放70周年大会。

【党建工作】 年内,始终把党员干部政治教育和理论武装作为党的政治建设的基石,严肃认真开展"党史学习教育"等主题教育,深入开展"清源正本 忠诚正道"党员忠诚教育和"饮水思源 感恩思进"群众教育实践活动。依托各级学习阵地开展常态化教育培训,教育引导党员干部增强"四个意识"、坚定"四个自信"、做到"两个维护"。

截至年底,共计开展区委理论学习中心组集中学习14次,带动各级基层党组织专题学习共1629场次;各级党组织书记和领导干部开展讲党课260余场次,其中县级干部带头讲专题党课33场次;组织县级干部开展16次专题研讨,交流发言48人次。举办专题宣讲21场次覆盖2000余人;举办"五史"培训班14期1160余人;开展"送教下乡"活动45场次覆盖3000余人。认真落实"两新"组织结对联系指导党建工作机制,持续选派23名党建指导员联系26家非公有制企业,大力推行"两新"组织"两个覆盖"攻坚行动,达孜区符合"三有"标准非公有制企业22家党组织覆盖率达100%,社会组织覆盖率达到100%。选派66名驻村干部入驻22个村(社区),帮助所驻村(社区)理清发展思路26条,制订、完善、实施经济发展规划40项,引导23名农牧区高校毕业生参与大众创业、万众创新。

开展"铭记党的恩情""移风易俗、破迷信、改陋习""我们的节日"等内容丰富的"五好"活动80余场次,农牧民群众参与达1万余人次。开展"四讲四爱"和"讲村史谈变化颂党恩"群众教育活动386场次,其中宣讲206场次,实践活动180场次,农牧民群众参与46800余人次。新发展党员97人。其中女性48人,少数民族44人。

(薛 玉)

2021年10月15日,达孜区委副书记齐斌(左二)一行到德庆镇调研

【机构领导】

区委书记

张 干(11月免)

索朗次仁(藏族,11月任)

区委副书记、区长

刘代红(女,11月任)

区委常务副书记、常务副区长

罗小兵(江苏援藏)

区委副书记

巴桑顿珠(藏族)

齐 斌(5月任)

## 办公室工作

【概况】 2021年,达孜区委办公室深入学习贯彻落实中共十九大,十九届二中、三中、四中、五中、六中全会,习近平总书记系列重要讲话精神,切实增强"四个意识"、坚定"四个自信"、做到"两个维护",进一步提高服务工作能力和水平,面对改革发展的机遇挑战,面对中心工作的繁重任务,坚持"追随核心,突出重心,服务中心,凝聚人心",在服务保障中举要发力,在建强自身中树威立信,各项工作有序展开、有力推进、有效落实。

【综合文稿】 年内，达孜区委办公室作为区委的“智库”和领导的“智囊”，切实履行参谋职能，发挥助手作用，为领导科学决策提供有价值、有见地的决策依据。高标准、高质量完成区委常委会及其他以区委名义召开的专题会等重要文稿、重要文件的起草、送审、签发工作，制定区委重要工作、重大活动方案，高效收、转、发各种材料，确保信息畅通。年内，先后组织区委全委会、常委会、全区经济工作会等各类会议40余场，各类会议纪要24份。

【信息服务】 年内，发挥党委信息主渠道作用，积极探索“大信息”机制，坚持及时、准确、全面原则，以区委中心工作为主线，围绕改革、发展、稳定中的大事、要事，围绕领导和群众关注的热点、难点问题，将信息收集和编报任务安排给专人负责。截至年底，共上报信息1800余篇，采用50余篇。

【办文办会】 年内，把抓落实作为转变作风的重点，提高工作效率，精简工作程序，减少办事环节，坚决整治形式主义和官僚主义，切实让基层减负落到实处。开展解决形式主义为基层减负工作以来，达孜区委办公室严控发文数量，规范会议数量和规模，2021年共计发文110份，同比下降2.7%。全区各单位发文数量较2020年均有所减少。

【统筹协调】 年内，充分发挥承上启下、联系左右的职能作用，及时准确传达上级和达孜区委的决策部署，全面做好与区人大办、政府办、政协办等各区直部门的沟通协调工作，使各级各部门第一时间全面掌握区委决策部署，实现上下同心、同向；及时准确反馈下级贯彻落实情况，促使各级各部门聚焦区委工作大局，唱好“一台戏”、下好“一盘棋”，形成围绕中心、服务大局、步调统一、相互配合的良好局面，共同推动达孜社会经济高质量发展。

主动加强联系，及时就区级各大班子的重大决策部署和需要协调的问题进行沟通，取得理解与支持。以化解矛盾、加强协作、凝聚人心、聚合力量为目的，经常与部门交流情况，协调处理好各部门间的关系，推动全区形成团结一致求发展、齐心协力抓落实的良好氛围。利用发文、电话、会议等各种形式，及时把区委各个阶段的重大决策和重要部署传达到基层，把基层的工作情况、意见建议反映给区委，并就有关事项根据领导的意见认真给予答复。

2021年3月28日，达孜区委办党支部参加“3·28”西藏百万农奴解放日合唱活动

【督促检查】 年内，始终坚持把推动达孜区委、区政府重大决策的落实作为督查工作的出发点和落脚点，区委办对全委会、经济工作会等重要会议决策部署贯彻落实情况和重点工作进行督查，准确把握，真督实查，确保各项决策部署不折不扣贯彻执行。对扶贫、环保、民生等领域加大跟踪督查力度，及时掌握工作进度，特别是对进展缓慢的事项，第一时间向区委、区政府领导汇报，加强协调督办，推动各项重点工作按序时进度实施到位。

坚持批必办、办必果、果必报，对领导的批示件和交办事项，及时与相关部门和乡（镇）对接，明确承办单位、办结期限、落实责任主体，实行定期催办、跟踪督办，并对办理结果进行归档，确保件件有落实、事事有回音。年内，共办理领导批示、上级部门交办

2021年5月17日，中共达孜区委办党支部联合拉萨市达孜区民政局党支部开展主题党日活动组织党史学习教育观影

和通知事项50余件。开展督查40余次，编辑《督查专报》20余期。

【规范管理】 年内，完成达孜区保密普查登记，共有涉密单位51家，涉密机146台。积极开展保密培训和检查工作，及时学习贯彻落实上级业务部门各类文件精神，强化涉密人员保密安全意识，确保达孜区保密工作有序运行。将"零失误"作为工作信条，严格执行机要文件处理工作制度，严格遵循文件传阅程序，没有发生贻误、漏发、错办现象；依法履行保密行政管理职能，严格把控区直各部门机要秘书政审过程并对各单位机要秘书进行培训，提升各单位的保密意识，规范机要文件的传阅。

认真做好上级下达入库任务，过细做好档案管理，共接收档案资料8653卷（册）75200件次，接收档案案卷67卷、案卷目录94本、归档文件目录79本，提供查阅约181卷次约150件次，进一步完善硬件设施，提高档案的利用率。

【转变作风】 年内，认真学习贯彻习近平新时代中国特色社会主义思想、中共十九大精神和自治区市党委相关会议精神，持续巩固"不忘初心、牢记使命"主题教育成果，推进主题教育制度化、长效化。共组织全体党员领导干部开展21次集体学习，开展2次党风廉政教育，并采取"走出去"的方式，派干部到江苏省、拉萨市进行培训和跟岗学习，使办公室人员的整体素质得到提升。

进一步建立健全值班制度、信息报送、会议组织、保密工作等各项规章制度，细化办文、办会、办事工作流程，切实做到分工明确，任务具体，各尽其职。在思想认识上，讲团结、讲进取、讲奉献，简单为人，阳光处事，互相补台不拆台；在工作落实上，全体人员充分发扬敬业精神，埋头苦干；在日常生活中，全体人员互相关心、互相帮助，进一步营造和谐友爱、团结进取的浓厚氛围。

（文生生）

【机构领导】

主　任

陈剑煌

副主任

胡勇志

德　央（女，藏族）

## 援藏工作

【概况】 年内，江苏省镇江市第九批援藏工作组在镇江市委、市政府的领导支持下，在省援藏前方指挥部的指导部署下，始终牢记初心使命，持续、科学、精准推进援藏工作，为达孜区脱贫攻坚积极贡献镇江力量，产业援藏、消费援藏、小组团援藏等工作走在全省前列，工作组荣获"全省脱贫攻坚先进集体"称号。

【队伍建设】 年内，工作组更加注重加强团队建设，致力于提升科学援藏、精准援藏能力。认真抓学习，结合学党史及自治区党委"三更"专题学习、拉萨市"领导干部下基层大接访办实事"活动，认真学习中共十九届五中全会、六中全会及中央第七次西藏工作座谈会、习近平总书记视察西藏时重要讲话精神，学习省、市对口支援工作相关要求，学习西藏干部工作方式方法，坚守援藏初心使命，把牢援藏工作方向。

积极抓调研，主动"跑起来、

走下去”，走遍6个乡镇、22个村（社区）、200多家大小企业，了解达孜发展状况，找准援藏工作突破点、发力点，以谋划实施援藏项目为抓手，不断提升援藏工作的精准度和质效。

严格抓队伍，坚持严管与厚爱相结合，加强工作组阵地建设，建成江苏镇江援藏文化展示厅；注重团队建设，坚持集体研究、会商、决策，定期召开支部会议、工作组会议，把握好工作节奏和重点；开展“不忘援藏初心 开创援藏新路”集体政治生日活动，组织到全国援藏展示馆、“两路”精神纪念馆、西藏百万农奴纪念馆、廉政警示教育馆等开展学习活动，提升政治规矩意识和援藏工作能力。

【理念援藏】 年内，工作组依托江苏城市发展、产业发展先发优势，聘请江苏城市规划设计院、南京大学城市规划研究院等，编制达孜新区规划及控制详规，推动“两岸三区、东部新城”规划建设，占地约200万平方米、总投资200亿元的一期整体开发已完成征地拆迁。结合中央对西藏的新定位、达孜现阶段发展的新需求，聚焦东部新城建设、产业升级、乡村振兴等，超前谋划、深入调研、反复论证，科学编制达孜“十四五”援藏规划，“十四五”期间计划实施援藏项目25个、4.5亿元，充分发挥援藏资金的杠杆撬动作用，加快推动基础设施建设，补齐达孜发展和民生短板。主动转变援藏方式方法，积极开展“小组团”援藏，推进两地园区共建、资源共享、组团作战，助推达孜工业园区提档升级、白纳沟乡村振兴示范建设，实现援藏工作由“单兵作战”向“组团攻坚”转变。

【产业援藏】 年内，工作组坚持和发扬产业援藏优势，以产业援藏、项目建设为突破，有效助推达孜产业升级、乡村振兴。以“补供应链、强产业链”为抓手，推进援藏项目建成达效。2021年共实施援藏项目11个，总投资1.9亿元，当年投资7900万元，总投资3600万元美丽乡村、3600万元叶巴民宿、1000万元林卡经济等项目顺利推进，拉长了产业链，提升了价值链，新增就业520余人。

以“脱虚向实、项目招引”突破，推动工业园区转型升级。针对达孜工业园区产业发展所需、所困、所急，积极组织赴南京、广州、成都等地推介达孜投资环境、资源优势，加大项目招引力度，帮助引进洋河朗热酒村、达孜丹阳眼镜城、南农大高原菊花基地、瀛尚律师事务所等8个项目，总投资超过12亿元；投资1600万元，推进工业旅游一期、二期建设，促进达孜工业园区产品升级和销售，壮大了园区实体经济，提升了园区品质和形象。

以“宣传推介、消费扶贫”为支撑，加快旅游净土产业发展。投资1370万元，大力扶持林卡经济，推广旅游净土产品，在全国举办“圣洁拉萨·云上达孜——共享地球第三极”旅游推介会12场次、参会人数1500余人；推进消费援藏，打造“达孜优品”区域品牌，建设广州、拉萨、镇江3个净土产品展销馆，帮助达孜20余种特色产品销售，销售额达1300多万元。

【民生援藏】 年内，工作组始终把改善民生、凝聚人心作为援藏工作的出发点和落脚点，补短板、强弱项、打基础，不断提升达孜农牧民的获得感和幸福感。集中资金向基层民生倾斜。针对农牧区基础设施薄弱的现状，继续坚持“两个80%”（确保80%以上的援藏资金用于民生领域、用于基层和农牧区），把援藏资金重点投向基层、民生，总投资2900万元邻里中心、1800万元集中供暖、1700万元村级污水处理等项目，有效改善达孜区农牧民生产生活条件。

坚持需求导向，有针对性选派5名援藏医生，参与医院门诊诊疗1600人次、手术80余台，组织5次义诊活动，覆盖达孜区各乡（镇），诊疗1200余人次，积极帮助达孜区人民医院创“二甲”、新院区搬迁；加强两地教师交流，分3次邀请江苏教育专家21人次进藏，开展初中学科教学交流活动，组织50余名教师异地交流、传授经验、跟岗学习，提升中小学办学、教学水平。

积极争取计划外资金、社会资源对口支援，争取苏拉产业资金400余万元，支持江苏籍企业壮大发展，帮助解决220多名农牧民在家门口就业；争取句容宝华镇对口支援220万元，建成章多乡便民服务中心，让群众少跑路、好办事；积极争取慈善总会、青商会、爱心企业等社会资源，组织明月镜片西藏公益捐赠系列活动，为江苏援藏干部人才、达孜中小学师生及交警、消防一线人员捐赠眼镜3000余副、价值400万元。

【智力援藏】 年内，工作组坚持加强沟通协调，促进镇江、达孜两地之间高层互访、党政交流、民间交往、民族交融，拓展交流交往的广度和深度，落实常态化、制度化交流交往交融工作机制。推动镇江6个县区、1个经济开发区与达孜6个乡镇、1个园区建立帮扶协作关系，开展紧密型对口支援，捐赠资金360万元。年内，镇江、达孜两地共有31批次、280余名干部人才开展互访交流。

针对达孜发展需求、干部人才紧缺，围绕党性教育、乡村振兴、换届后新班子建设等，通过“走出去”“请进来”等方式，组织3批、120多名干部到井冈山、镇江开展“定制化”培训，引进园区规划、乡村振兴等26名干部人才进藏，开展“师带徒、传帮带”接续培养工作，提升达孜干部人才专业能力，留下一支带不走的干部队伍。

组织达孜区“两代表一委员”观摩援藏项目，对话援藏干部人才，展示援藏产业成果，感受镇江援藏工作对达孜发展的重要作用；开展苏拉两地青年代表团互访、少年儿童手拉手夏令营等活动，让两地青少年同上民族团结实践课，铸牢中华民族共同体意识。

（马长松）

## 组织工作

【概况】 2021年，达孜区共有党组织242个，其中党委25个，党总支11个，党支部184个，党工委4个，党组18个。党员3849人，其中女性党员1406人，占党员总数的36.5%；少数民族党员3412人，占党员总数的88.6%；大专及以上学历党员1296人，占党员总数的33.7%。2021年，共发展党员90人，其中女性党员46人、少数民族党员61人、大专及以上学历党员55人、非公从业人员党员10人。完成乡村换届后，共有村（社区）“两委”班子成员136名（不含12名选派干部），均为中共党员；6个乡（镇）党委领导班子共计54人，其中大专以上学历54人，占比100%；每个乡选举出纪委书记1名，纪委副书记1名，纪委委员1—3名。

2021年，达孜区委组织部认真学习宣传贯彻习近平新时代中国特色社会主义思想，深入贯彻党的十九大和十九届历次全会、中央第七次西藏工作座谈会、中央民族工作会议精神和习近平总书记视察西藏重要讲话精神，贯彻落实新时代党的建设总要求和新时代党的组织路线，坚持新时期好干部标准和民族地区干部“四个特别”政治标准，不断拓宽选人用人视野，进一步畅通干部交流渠道，大力培养选拔优秀年轻干部，不断优化科级领导班子结构，积极打造忠诚干净担当和适应高质量发展需要的干部队伍。按照市委总体安排部署，以“党建工作提升年”为抓手，不断推动党的建设工作向纵深发展，夯实党在达孜的执政基础。

【政治建设】 年内，坚决贯彻落实党中央和区市党委各项决策部署，牢牢把握西藏工作的着眼点着力点和出发点落脚点，教育引导、组织发动和严格督促全体党员干部以实际行动自觉践行“两

2021年3月16日，区委常委、组织部部长吴小兵（左一）一行到邦堆乡克日村调研

个维护”，捍卫“两个确立”。

牢固树立总体国家安全观，年内各重要节点期间，各级党委（党组）将反分裂斗争教育作为理论学习中心组重要学习内容，切实增强各级领导干部和广大党员干部的忧患意识、底线思维、斗争精神。

达孜区委坚持谋长远之策、行固本之举，持续推进民族团结进步教育，深化国家通用语言文字推广和民族团结示范创建。采取区委党校集中培训和乡镇干部、驻村工作队与村（社区）干部结对帮学、农牧民夜校等形式，注重“听说”联动、“学用”结合，推动国家通用语言文字高质量推广普及，实现村（社区）干部国家通用语言文字应用能力全达标。借助援藏项目举办达孜·镇江“民族交往交流交融”培训班2期，坚持把“三交”工程打造成民族团结工程，引领全区各族党员干部树牢正确“五观”、增强“五个认同”（对伟大祖国、中华民族、中华文化、中国共产党、中国特色社会主义的认同），持续深化共居共学共事共乐交往交流交融交心，切实铸牢中华民族共同体意识。

严格执行《中国共产党问责条例》，年内共组织开展各类专项监督检查100余次，共对38名党员领导干部进行问责，组织全区党员干部签订《政治纪律政治规矩承诺书》300余份。

2021年11月4日，中共拉萨市达孜区委组织部支部委员会开展主题党日活动

【理论武装】 年内，始终在丰富形式、创新载体上聚力用劲，让党史学习教育“实”起来、“活”起来、“火”起来，积极为各级党员干部思想上“造血”、精神上“补钙”、行动上“施力”，为党史学习教育添“鲜味”。

年内，紧扣深入学习贯彻习近平新时代中国特色社会主义思想主题主线，把党史学习教育与“三更”专题教育、“三新”大学习大讨论、党员政治教育和“做合格党员、当先锋模范”教育有机结合起来。采取“领导示范带头学、专题培训集中学、互相交流深入学”模式，切实增强党的创新理论武装。抓住关键少数，发挥区委理论学习中心组龙头作用，组织县级干部集中学习研讨17场次，交流发言48人次；其他各级党委（党组）专题学习、交流研讨156场次；各级党组织集中学习1629场次。以区委党校为主要平台、各乡镇微型党校为补充，先后举办各类政治理论学习教育培训班14期，覆盖1300余人次。开展“党课开讲啦”活动776场次，县级干部讲专题党课33场次。

【组织建设】 年内，优化党组织设置，在13家政府单位中设立党组，加强党对政府机关工作的领导。认真落实习近平总书记在中央和国家机关党的建设工作会议上的重要讲话精神，扎实推进中共十九届六中全会、习近平总书记在中国共产党成立100周年大会上的重要讲话和视察西藏重要讲话、自治区市第十次党代会精神学习贯彻，组织200余名机关党员参加西藏和平解放70周年庆祝活动，以党员“组团式”联系服务群众为载体，深化“321”结对帮扶工作机制，结合党史学习教育组织党员干部围绕经济发展、民生保障、社会稳定、组织建设、意识形态、生态环境六大领域持续推进机关党员帮扶农牧民群众解难题40件。

继续深化“1+3”专干工程和新时代干部驻村工作，持续选派“1+3”专干88名、驻村干部66名充实村（社区）工作力量，逐步实现基层工作力量交叉进入、融为一体，助推乡村振兴。村（社区）“两委”班子换届期间，严格落实政治审查制度和班子成员离任审查制度；拓宽来源渠道，注重从党员致富带头人、乡村振兴专干、返乡高校毕业生、复转军人、技术能手、优秀“联户长”、民族团结家庭成员、文明家庭成员、外出务工经商返乡人员中选拔55名高素质高技能人才，新一届村（社区）“两委”班子成员136人均为政治过硬，群众认可的优秀党员，为村级干部队伍注入能人强人血液。结合扫黑除恶专项斗争，扎实开展村（社区）“两委”换届工作“回头看”，坚决防止受过刑事处罚、村霸、涉黑涉恶和涉及宗教宗族势力等人群进入村（社区）“两委”班子。健全村（社区）后备干部和党员致富带头人信息库，现有后备干部152名，党员致富带头人84名，实现每村最少有2名党员致富带头人。

组建国有企业联合党支部，加强党员教育管理，发挥政治核心作用，全面推进国有企业党建40项重点任务落实落地，国有企业“三重一大”决策程序进一步规范，国有企业党建工作要求写入公司章程全覆盖，党的领导和公司治理实现有机统一，推动国企党建工作迈上新台阶。

“两新”党工委坚持“三三工作法”，在做到“三个到位”（即组织覆盖到位、工作指导到位、责任落实到位）、建强“三支队伍”（推进党组织书记“能人化”、党务工作者“专职化”、党员职工“人才化”）、强化“三项服务”（服务企业、服务员工、服务社会）上持续发力，着力构建健全完善的“两新”党建工作管理体系。认真落实“两新”组织结对联系指导党建工作机制，选派23名党建指导员联系26家非公有制企业，全区22家符合“三有”标准非公有制企业和社会组织党组织覆盖率达100%。

深入推进寺管会党建工作规范化制度化，经常性开展思想政治教育和政治监督。年内，组织寺管会干部开展各类学习教育47次，主题党日48次，谈心谈话6次；深入各寺管会支部指导工作28次，有效提高寺管会领域党建工作水平。根据自治区藏传佛教寺庙财税监管工作要求，按照6个步骤14项重点任务，严格落实达孜区5个财税监管试点各项工作。年内，已完成重点任务的30%。

持续推进离退休党支部标准化建设，引导退休党员继续发挥离岗不离党、退休不褪色，不断强化离退休党员思想政治教育，利用每月学习例会开展集中学习23次，召开党史学习教育专题研讨会12场次，举办文艺会演、主题实践等各类活动30余场次，实现退休干部职工老有所乐。

**【队伍建设】** 年内，在选优配强乡镇领导班子和村（社区）“两委”班子成员过程中，突出政治考察，严格“六必”（考察谈话必问、民主测评必测、征求意见必听、政治素质档案必核、考察材料必写、任前谈话必谈）和“四步走”（按个人检、群众议、领导评、组织审的程序对全体干部进行“日常体检”）体检程序，严格落实“凡提四必”、好干部标准和民族地区干部“四个特别”政治标准，建立健全领导干部政治素质识别和评价机制，在政治素质上设置“五看十三问”（在政治忠诚上聚焦“四个意识”，重点看践行“两个维护”以及对达赖集团的态度；在政治定力上聚焦“五观”，重点看干部践行宗旨意识；在政治担当上聚焦担

2021年7月4日，塔杰乡主西村农牧民党员开展“我与党旗合影”活动

当作为，重点看关键时刻、急难险重一线的表现；在政治能力上聚焦敏锐力、鉴别力和执行力，重点看把方向指全局，抓落实求实效；在政治自律上聚焦敬畏之心，重点看严守政治纪律政治规矩。反向指标紧扣对党忠诚、政治站位、政治敏锐性和鉴别力等方面，逐项对照列出13类典型问题，作为反向测评主要内容）指标体系；注重将“政治体检”的结果运用到选拔程序上，做到坚持原则不动摇、执行标准不走样、履行程序不变通，切实把敢于担当、清正廉洁、实绩突出的干部选出来、用起来。大力选拔熟悉乡镇工作或具备乡镇工作经验的干部38名；将长期在乡村一线工作表现优秀的21名干部交流到区直机关任职，将区直机关中想干事有想法的14名年轻干部选派进乡镇领导班子；结合“五类人员”选拔工作，将2名事业干部、1名村党组织书记和18名具备第一书记或驻村工作经历的干部选拔进入乡镇领导班子，推动干部交流机制落地增效。年内，乡镇换届完成后，五乡一镇领导班子中，具备2年以上乡镇经历的干部38名，占69.1%；35岁以下干部43名，占78.2%；12名“90后”干部进入乡镇领导班子，5名“85后”干部担任乡镇党政正职。同时，各乡镇均保留3—4名原班子成员继续留任，确保让老班子走得放心、新班子接得安心，新老班子工作不断层，有效衔接。

年内，加大柔性引才力度，围绕拉萨青稞提质增效专家工作站，加强与中国科学院地理研究所拉萨站、扬州大学农学院等科研院校的合作，推动引进生态农业、园区建设、城市规划、市政管理等领域人才，为达孜乡村振兴提供人才和智力支撑；深化组团式援藏工作，采取“一对一”“一对多”相结合的方式，组织5名援藏医疗专家与本地6名医务人员开展“师带徒”活动，提高本地医务人员的专业能力素养。

2021年11月16日，达孜区委组织部党员先锋志愿队一行到塔杰乡开展志愿服务活动

【教育引导】 年内，邀请区内知名专家教授开展习近平总书记“七一”和视察西藏重要讲话精神及铸牢中华民族共同体意识、“五史”等专题集中宣讲21场次，覆盖2000余人。县级干部开展中共十九届六中全会和区市第十次党代会精神宣讲25场次；组织区委党校教师开展“四讲四爱”暨“送教下乡”和“讲村史、谈变化、颂党恩”活动45场次，覆盖3000余人。深化“四讲四爱”“遵行四条标准、争做先进僧尼”等教育实践活动，整合10支基层宣讲员队伍，进机关学校、进田间地头、进寺庙僧舍、进企业车间，发挥“喉舌”作用实地宣讲60余场次。扎实开展“十个一”（走一趟红色之旅、写一篇党史感悟、赛一场主题演讲、过一次组织生活、讲一段入党故事、办一次知识竞赛、唱一曲红色之歌、学一堂专题讲座、看一系列爱国电影、读一套指定书籍）系列活动，各级党组织结合主题党日，积极开展系列活动680余次，参与人次1.5万余人次。

【驻村工作】 年内，达孜区22个驻村工作队，紧紧围绕干部驻村“七项职责”（推动习近平新时代中国特色社会主义思想扎根铸魂，铸牢中华民族共同体意识，维护社会稳定，建强村党组织，推进乡村振兴，加强乡村治理，为民办事服务），本着找准基层突出问题，解决实际困难的原则，采取走访群众、入户调查、查阅资料等多种方式了解村情民情，以创新工作方式方法、以不怕苦不怕累的精神为支撑，克服重重困难，全力开展调研工作，切实了解群众困难，摸清村级经济现状，谋划发展思路。

年内，达孜区各驻村工作队，用藏语和汉语向群众宣讲习近平新时代中国特色社会主义思想、中央第七次西藏工作座谈会、中央民族工作会议精神、习近平总书记视察西藏时重要讲话精神和新时代党的治藏方略以及党的利民惠民政策，开展宣讲活动 659 场次，其中“四讲四爱”宣讲 150 次、中共十九大宣讲 105 次、普法宣讲 88 次、巩固拓展脱贫攻坚与乡村振兴有效衔接政策宣讲 88 次、新冠肺炎疫情防控宣讲 109 次，其他政策宣讲 119 次，宣讲覆盖率达到 100%。严格执行维稳值班工作制度，明确工作队员和村“两委”班子成员维稳职责，组织村“两委”干部、驻村工作队、村小组成立巡逻队，开展维稳安全巡逻 1000 余次，矛盾纠纷排查 389 次，专项检查 115 次，解决群众“愁难急盼”问题 260 余件，进一步拉近驻村干部和群众之间的距离，为乡村平安建设、社会和谐稳定做出积极贡献。

【乡村振兴】 年内，全面优化村（社区）组织活动场所功能，深化拓展新时代文明实践中心（所、站）建设推进乡村振兴，严格落实“四个不摘”要求，制定《达孜区关于实现巩固拓展脱贫攻坚成果同乡村振兴有效衔接的实施方案》，积极引导各村（社区）在“村级组织＋合作社（企业）＋农牧民”方式的基础上，统筹整合各类资源，形成“产业带动、资产盘活、入股分红、借地生财、服务创收”5 种集体经济发展模式，44 个村集体经济项目收益达 1100 万余元；22 个村（社区）集体经济中，收入 20 万—50 万元的有 10 个，50 万元以上的 7 个，年收入最高的村集体经济达 125 万元。对白纳村、克日村实施“美丽乡村·幸福家园”整村推进项目。初步实现从“被动输血”向“自我造血”有效衔接的乡村振兴局面。按照精简精准、符合村情原则，修订完善各村（社区）村规民约和居民公约，做到以制度规范村民日常行为，大力促进乡风文明。充分挖掘各村尊老爱幼、团结邻里、勤劳致富、夫妻和睦、勤俭持家等先进典型，建立现（退）役军人、文明家庭、民族团结家庭、党员先锋户、脱贫致富模范、“三八”红旗手、自主创业大学生等名人榜，用好村级道德大讲堂，以身边人身边事教育引导群众。大力丰富群众文化，以满足群众精神文化需求为出发点，开展“铭记党的恩情”“移风易俗、破迷信、改陋习”“我们的节日”等内容丰富的“五好”活动 80 余场次，农牧民群众参与达 1 万余人次。开展“四讲四爱”和“讲村史、谈变化、颂党恩”群众教育活动 386 场次，其中宣讲 206 场次，实践活动 180 场次，农牧民群众参与 46800 余人次。持续发挥村（社区）群众文艺队作用，认真编排文艺舞蹈和话剧，积极配合各级宣讲团开展宣教工作，丰富群众精神文化生活，推进移风易俗。年内，各村（社区）文艺演出队开展文艺演出 360 余场次。

年内，突出党组织政治功能，充分发挥党员“三包”和“组团式”联系服务群众的纽带作用，全面推行“五个一”（一名党组织主要负责人牵头、一个党员群体负责、一套工作措施、一抓到底服务、一线解决问题）工作模式，建立健全“村级事务共商、乡风文明共管、党员群众共治”机制，构建

2021年10月27日，达孜区委组织部组织老干部疗养团到日喀则市江孜县疗养

党组织领导的自治法治德治共治相结合的乡村治理格局。不断拓宽党组织和党员收集社情民意渠道，努力通过“三化”（工作体系化、联系常态化、处理高效化）实现“三零”（零障碍、零盲区、零搁置）的目标，切实提升为人民服务的能力水平。设置群众参与治理登记站、社情民意收集汇总站22个，共收集社情民意262条，其中普通社情民意261条，社会关注度高社情民意1条，已全部解决。以“领导干部下基层大接访”“我为群众办实事”实践活动为抓手，推动党员领导干部深入基层围绕人居环境整治、道路交通建设、劳动就业保障、群众致富增收、排查化解纠纷等12个方面进行接访109次，形成调研报告28篇，调解群众合理诉求43起件，特别是“四大班子”主要领导帮助调解矛盾纠纷18起。县级干部和乡（镇）、区直机关企事业单位列出办实事清单，着力解决群众问题。年内，累计下基层为民办实事800人次，收集问题72条，解决问题62条；办实事40余件，涉及资金1620万余元，受众1.8万余人次，提升农牧民群众获得感幸福感安全感。

【新冠肺炎疫情防控】 年内，根据区委始终坚持把人民群众生命安全和身体健康放在第一位、把疫情防控作为重大政治任务的要求，切实贯彻落实上级部门疫情防控各项工作。年内，各级党组织组织党员干部参与疫情常态化防控工作15000余人次；累计配合组织重点人群核酸检测和疫苗接种10740余人次，全区疫苗接种人口覆盖率达86.9%；进一步规范进口冷链食品、快递（包裹）派送要求，对经营冷链食品的企业（商超）、快递分流点等部门开展专项检查300余次，“外防输入、内防反弹”坚固防线持续筑牢。

【自身建设】 年内，按照习近平总书记建设“讲政治、重公道、作风好、业务精”模范部门重要要求，以“讲党性、重品行、做表率，树组工干部新形象”活动为抓手，组工干部积极赴自治区博物馆、西藏百万农奴解放纪念馆、拉萨廉政警示教育基地、谭冠三纪念馆、西藏民主改革第一村克松村、山南烈士陵园等爱国主义教育基地参观学习。利用主题党日活动，组织观看《建党伟业》《长津湖》《永不消失的电波》《1921》《布德之路》等红色影片，赓续红色血脉，传承红色基因。借助组织生活会，切实用好用活批评和自我批评这个“武器”，开展党史学习教育专题组织生活会，对照党史学习教育要求深入开展自查剖析和整改，撰写自查报告，检视发现整改自身问题。以深入开展党史学习教育、“三更”专题教育、“三新”大学习大讨论活动为主线，突出抓好组工干部思想政治建设，教育引导组工干部自觉加强党性修养，坚定理想信念，增强“四个意识”、坚定“四个自信”、做到“两个维护”。

（田献振）

【机构领导】

区委常委、组织部部长

吴小兵

常务副部长

杨俊杰

## 宣传工作

【概况】 2021年，达孜区委宣传部内设6个办公室：宣传部办公

2021年9月24日，达孜区召开区委理论学习中心组2021年第十二次集中学习暨“中国共产党为什么能、马克思主义为什么行、中国特色社会主义为什么好”专题研讨（扩大）会议

2021年8月27日，达孜区新时代文明实践中心举办庆祝西藏和平解放70周年党史学习教育知识竞赛获奖人员合影

室、文明办、网信办、广播电视台、新闻出版局、达孜区政府新闻办公室。区委宣传部（互联网评论中心）编制9人，实有人数16人。广电系统原有编制11人，实有人数28人。其中事业人员8人，聘用14人，工勤人员3人，公益性岗位3人。

**【理论武装】** 年内，组织县级干部认真学习领会习近平总书记在中央民族工作会议上的重要讲话和在《求是》杂志发表的《党的伟大精神永远是党和国家的宝贵精神财富》等系列文章精神，围绕“把握新发展阶段达孜怎么看、贯彻新发展理念达孜怎么办、构建新发展格局达孜怎么干”“三个为什么”“学党史、谈大事、话未来”“经验方法大家谈”“习近平总书记‘七一’重要讲话和视察西藏重要讲话精神”“中共十九届六中全会和自治区、拉萨市第十次党代会精神”等主题开展集中学习研讨17场次交流发言56人次，带动其他各级党委（党组）专题学习、交流研讨144场次。

利用“三会一课”、主题党日、组织生活会等载体，各级党支部开展集中学习1813场次，开展“党课开讲啦”活动123场次，特别是县级干部示范讲专题党课33场次。及时向县级干部、各单位发放“三更”专题教育和《论中国共产党历史》书籍600册及党史学习教育笔记本2000册。同时，组织39名县级干部、乡（镇）党政正职和748名普通党员干部共计787人次参与“西藏组工”线上答题，合格率98.6%；综合利用共产党员网、党史学习教育官网、拉萨干部学习教育在线、“学习强国”等平台，推动各级党员干部读原著、学原文、悟原理。

**【外宣工作】** 年内，围绕全区重点工作、重大主题宣传，制定宣传工作方案，对在各领域做出突出贡献的先进个人进行发掘，全年各类媒体及自治区、市电视台、报刊对达孜区全方位报道180余次，本级媒体报道600余次。

**【网络宣传】** 年内，举办互联网新闻信息能力提升班，达孜区各单位60余名新媒体从业人员参加。10月11—17日，组织开展“网络安全为人民，网络安全靠人民”主题网络安全宣传周活动，通过LED显示屏滚动播放、农牧民宣讲、现场集中宣传等方式进行，直接受益群众800余人，发放宣传手册3000余份。2021年共受理舆情10起，已完成处置并上报。“网信达孜”2021年发布新闻指令1000余条，“e讯达孜”2021年发布各类新闻3800余条，年浏览量共计43万余次。截至年底，达孜区共有政务微信公众号20个、微博1个、客户端1个、抖音号2个；网站备案注册型企业32家、实体企业4家。

**【党史学习教育】** 年内，组织参观学习13场次，观看爱国影片820余场次；召开干部警示教育大会、观看《西藏自治区违纪违法干部忏悔录选编》等警示教育片，向县级干部发放自治区、拉萨市纪委监委编印的忏悔录32本。抓好专题民主生活会和组织生活会，广泛征求意见建议1254条，开展谈心谈话1325次，查找突出问题865条，检视问题3241条，开展批评和自我批评4251人次，除立行立改问题外，提出整改措施1852条。

邀请自治区、市、县三级党校知名教师16名，开设党史专题培训班17期培训1567人次,举办读书班专题培训,培训县级干部等140余人。选派19名县级干部、党委部门副职到市委党校参加党史专题培训。用好"学习+基层宣讲"模式,邀请区党委、市委宣讲团举办党史专题宣讲报告会7场次,在各行业各系统举办各类宣讲报告会23场次,开展"讲村史、谈变化、颂党恩"宣讲30余场次、"四讲四爱"送教下乡28场次,覆盖2.7万余人次,广泛开展乡村应急广播宣讲、"田间课堂"等宣讲活动;各级党组织举办"在党50周年纪念章"颁发仪式为70多名老党员颁发纪念章,并向中青年党员讲入党故事和为党工作的历程;结合"四讲四爱""遵行四条标准、争做先进僧尼"等教育实践活动,整合县级干部、农牧民基层宣讲员等10支宣讲队伍开展宣讲。用好"学习+测试竞赛"模式,开展知识测试与知识竞赛209场次。发挥"党建+互联网"优势,开辟专栏,推送党史百年天天读、老西藏故事、数风流人物等内容,每月参与学习人数达200余人次。

2021年7月9日,拉萨市达孜区互联网新闻信息能力提升班开班仪式举行

各级各部门累计为民办实事573件,涉及资金1.2亿余元。开展"宣讲+帮扶+N""党员奉献日""献礼西藏和平解放70周年·千人共建幸福家园""学党史、强宣讲、送健康、美家园、暖人心"等志愿活动410余场次,受众达8600余人次。扎实开展领导干部下基层大接访活动,进行接访109次,形成调研报告28篇,调解帮助群众解决合理诉求43起。始终把改善民生、凝聚人心作为"我为群众办实事"实践活动的着眼点和落脚点,列出三大民生工程8项民生实事清单。确定25户为居家和社区养老服务对象,高效推进居家和社区养老服务改革试点工作;抓好农村特困人员供养工作,2021年,辖区共有133名农村特困人员(分散供养为33人、集中供养为100人),按照分散特困人员供养标准每人每年7590元、集中特困人员供养标准为每人每年14196元,共发放供养金165万余元。投资1172万余元用于解决18所幼儿园在内的辖区学校冬季电采暖、自来水管道等问题。开展"党史教育践初心、为民办事献真情"辅助器具发放活动,及时兑现农村低保金近47.3万元,覆盖249人、城镇低保金近142.5万元,覆盖168人;投入救助资金4.5万元,临时救助17人,投入救助资金2万余元医疗救助建档立卡贫困户192人;兑现4名事实无人抚养儿童生活补贴1.86万元、46名重点关爱对象生活补贴20.9万元、32名残疾儿童生活补贴3.86万元、16名老年人两项补贴0.8万元;兑现122名重度残疾人护理补贴近14.7万元、123名困境残疾人生活补贴7.3万余元。着力解决群众衣食住行等问题,划出270个车位解决群众车辆乱停乱放、占道停车等问题,投入5045万元打通辖区"断头路"、改造升级人行道,投入39万余元实施幸福社区雨排水工程,投入1583万元解决修建防洪堤、汛期除险加固等水利问题,投入217万元对辖区83处农村供水点进行维护;扎实推进"美丽乡村·幸福家园"建设和农村"厕所革命"农村户用卫生厕所改建行动,解决农牧区群众住房及公共配套设备不到位问题;深入推进虎峰大道318国道沿线等主干道占道经营、喷涂和乱贴小广告、建筑渣土运输车辆遗撒泄漏等影响市容市貌专项整治,大力维护井盖、人行道、路灯等基础设施,

提高城区绿化面积（投资4050万余元实施中心小学绿化建设完善项目），打造宜居宜业环境，让广大群众真切感受到党史学习教育带来的新变化新成效。促进创业就业办实事。坚持更加积极的就业政策，实现城镇新增就业968人次，失业人员再就业325人次，城镇登记失业率控制在3%以内；推动农牧民转移就业10635人次，实现转移就业收入1.056亿余元；举办职业技能培训班39期培训1344人次，实现初次就业504人次。抓实高校毕业生创业就业，引导辖区320名高校毕业生初次就业288名，就业率90%以上；受理99人次高校毕业生申报就业创业资金，共兑现创业补贴近328万元；通过订单定向式培训、聘用编外人员、援藏招商引资（达孜丹阳眼镜城）、对接企业开发岗位等途径，实现56名高校毕业生成功就业。优化营商环境办实事。投资4982万余元建成近6900平方米县级政务服务中心并投入使用，持续深化"放管服"改革，探索"1+2+3+N"的"综窗受理"模式，日均接待办事群众达200余人次；全面梳理、动态调整27个部门的行政职权10个大类3068项，承接下放行政审批事项497项，下放27项。

**【新时代文明实践中心建设】** 年内，建立新时代文明实践中心（所、站）"三级"组织框架，成立志愿者服务总队和13支分队，6个乡（镇）、22个行政村参照中心做法，分别组建志愿服务分队、小队，全区志愿者人数达到1509名。建立规章制度6项，"一个目标""四个定位""八项工作""三个到位""六种能力"的总要求已落到实处。

年内，开展志愿服务活动1000余场次，参与志愿者9000余人次，受众11万余人次，其中，依托每月5日"西藏新时代文明实践推动日"开展"宣讲+帮扶+N""党员奉献日""献礼西藏和平解放70周年·千人共建幸福家园""学党史、强宣讲、送健康、美家园、暖人心"等大量创新型、特色型志愿服务活动，多个活动被人民网、《西藏日报》、《拉萨日报》等区市媒体采纳推广。

**【精神文明建设】** 年内，举办"永远跟党走"庆祝中国共产党成立100周年文艺会演，以"我们的节日"为载体开展"品味端午·传承文明""同话民族团结进步·共筑美丽幸福家园"中秋文艺演出、"苏拉一家亲·共圆复兴梦"江苏文艺小分队到西藏惠民演出暨文化交流活动等群众性文化活动60余场次，进一步铸牢中华民族共同体意识，丰富群众精神文化生活。

**【"书香拉萨"创建活动】** 年内，达孜区各机关、学校、企业、乡村充分运用各类学习会、读书会、党建活动日等活动开展各类读书活动100余场次。中小学校通过征文赛、古诗文诵读赛、读书演讲赛等活动，使广大师生养成良好阅读习惯，营造书香校园，构建独特的校园阅读文化。各乡（镇）、村（居）均已完成标准化图书阅览室建设，"互联网+"线上线下阅读正在全区推广，2021年开展各类读书活动1000余场次，参与5000余人次。9月13日，江苏凤凰出版传媒股份有限公司在达孜区举办助力"书香拉萨"工程图书捐赠仪式。

**【迎创文明城市】** 年内，制定《达

2021年9月13日，江苏凤凰出版传媒股份有限公司助力"书香拉萨"工程图书捐赠

2021年10月11日，达孜区委宣传部组织开展网络安全宣传活动

孜区2021年文明城市创建工作任务分解表》《达孜区城市环境综合整治工作方案》，召开推进会、现场办公会、培训会等100余次推动创城工作，迎检期间，达孜区600余名志愿者全时段在主要路口开展交通引导志愿服务，完成拉萨市派发整改任务197条，完成率达到100%，完成拉萨市文明城市"复牌"及迎检工作的达孜任务。

【广播电视】 年内，在全体采、编、播人员的共同努力下，共制作播出新闻451条；播放公益宣传片15条；制作专题报道29篇；访谈节目1期、制作党史知识问答3期、制作快闪1期、制作"我为群众办实事"新闻报道6篇。全年实现无重大安全播出事故。

推进广播电视"户户通"直播卫星接收设备升级改造试点工程的建设，对达孜区375户进行升级改造。全年共维修维护"村村通"500余户，保持工程运行完好率99%，保证惠民工程长期通、永久通。公益电影放映任务超额完成。全年共完成全区农村公益电影放映任务370余场，观众人数达11000余人次。数字影院正常运营。年内，达孜鼎盛数字电影院总放映场次为50场，总观众人数1235人，总票房收入31200元。应急广播有序推进。2021年县（区）平台应急广播终端在线率可达到80%以上，在县级平台共播报100多场。

【达孜区融媒体中心建设】 11月，完成挂牌，达孜区融媒体中心建设项目本级财政拨付资金480万元（中央拨付资金80万元、本级财政拨付400万元）。

【文化市场管理】 年内，开展"清源""固边""净网""护苗""秋风"五大专项行动，共组织市场执法检查42车次、85人次，检查文化经营单位25家次，发出整改通知书3份，发放宣传册4万余册；责令停业整顿网吧1家。

（央　拉　朱鹏举）

【机构领导】

区委常委、宣传部部长

徐　远（6月免）

冀　罡（6月任）

副部长、网信办主任、四级调研员

胡朝辉

副部长

刘　芸（女，6月免）

二级主任科员

李　勇

互联网评论中心主任

土　旦（藏族）

四级主任科员

扎西群培（藏族）

广播电视台副台长

孙　田（女）

## 统一战线

【概况】 2021年，达孜区共有14座宗教活动场所，其中9座寺庙、2座拉康、3座日追：德庆镇桑阿寺、玛尼拉康、色龙日追；邦堆乡查叶巴寺、贡崩拉康、贡康日追；雪乡雪寺；章多乡拉木寺、次色日追、尊木采寺；唐嘎乡帕木寺、帕尔寺、罗寺、穷仓寺。按照西藏自治区、拉萨市、达孜区委、区政府统一安排部署，于2011年11月共成立5个寺管会和6个专职管理特派员机构。

根据中共拉萨市达孜区委员会办公室关于印发《中共拉萨市达孜区委员会统一战线工作部、拉萨市达孜区民族宗教事务局职能配置、机构设置和人员编制规定》，中共拉萨市达孜区委员会统一战线工作部（以下简称达孜区委统战部）是区委主管统一战线工作的职能部门，为正科级，统一领导民族宗教工作，统一管理侨务工作。拉萨市达孜区民族宗教事务局（以下简称达孜区民宗局）为区政府工作部门，与达孜区委统战部合署办公。达孜区委统战部（民宗局）人员编制 9 名。科级领导职数 4 名：达孜区委统战部科级领导职数 2 名（不含兼职）；达孜区民宗局科级领导职数 2 名。

**【“遵行四条标准、争做先进僧尼”活动】** 年内，常态化推进“遵行四条标准、争做先进僧尼”教育实践活动。为进一步加深教育实践活动，把教育活动做到家喻户晓，人人皆知，在各寺管会和寺庙院内及 318 国道沿线悬挂横幅 20 余条，贴宣传海报 200 多张，制作并发放相关“遵行四条标准、争做先进僧尼”宣传物品，大力营造爱党、爱祖国、爱社会主义的浓厚氛围。

年内，先后组织达孜区所属各寺管会（专职特派员）、各召开动员部署会和集中培训，陆续组织开展各类宣讲 155 次。其中书记讲 11 次，涉宗干部讲 110 次，专家学者讲 4 次，高僧大德讲 3 次，“三老”人员讲 27 次。达孜区委统战部组织辖区僧尼到西藏博物馆参观西藏百万农奴解放专题展，让达孜区僧尼感受在党和政府的领导下西藏日新月异的变化，激发僧尼拥护党的领导、忆苦思甜、珍惜当下、创建美好未来的决心。

**【民族团结进步宣传】** 年内，紧紧围绕“民族团结一家亲”的民族工作主题，开展民族团结进步宣传教育“九进”活动，使干部群众对进一步加强民族团结进步创建工作的思想有了更深刻的认识，民族团结的意识得到进一步增强，并深入开展 9 月民族团结进步宣传月活动 7 场次、发放宣传资料及宣传品 1000 余份，受益群众 1200 余人次，此项宣传活动得到达孜区委、区政府的高度重视和大力支持，各乡镇、区直各部门和社会各界积极参与宣传月活动，更加关注民族团结工作，民族团结工作社会化进程通过宣传月活动的开展得到了有效推进。

2021年12月23日，西藏大学教授次顿到达孜区为僧尼深入讲授习近平总书记视察西藏时的重要讲话精神

**【新冠肺炎疫情防控】** 年内，达孜区统战民宗部门积极协调乡镇、卫生防疫部门解决消毒防疫设备，对寺庙公共区域内接触频繁的物品和设施进行定期消毒，加强食品和饮水安全管理。增强忧患意识，坚持以防为主，认真做好僧尼的每日体温测量，特别是僧舍的消毒、检查情况、把疫情防控工作做深做细做实，确保疫情第一时间发现、第一时间报告、第一时间处置。要求干部“一对一”在寺庙及僧舍每日进行检查并采取消毒、通风、防护等安全措施，僧尼外出佩戴口罩、勤洗手，保持卫生；做好登记，做到底数清、情况明。

年内，达孜辖区内 14 座寺庙（拉康、日追）做到对僧舍、主殿、大门以及重要部位每日早晚检查及消毒，累计消毒次数达 920 余次。为全力做好新冠肺炎防控工作，达孜区委统战部（民宗局）购买疫情防控物资（口罩、84 消毒液、免洗洗手液、消毒片）等发放至辖区 14 座寺庙（拉康、日追）及在拉萨的 2 座分寺，使疫情防控物资得到保障。

【寺庙消防安全】 年内，与16座寺庙、拉康和日追（含2座分寺）管委会、专职管理特派员（机构）签订寺庙消防安全工作责任书。定期对寺庙用电、用气、用火、用油、酥油灯、千盏灯房、烧香点、挂幡处、电线线路使用情况进行专项检查，定期对寺庙房屋结构、周围水渠、道路交通安全及消防设施进行检查，定期邀请应急处置消防大队、在寺庙僧尼和驻寺干部中开展宣传寺庙防火防灾安全知识，救火灭火应急演练。

按时配齐寺庙消防设施设备，配齐消防桶、消防应急照明灯、消防疏散标志、灭火毯子、灭火土碱、消防栓水袋和钳子等部分消防基本设施设备。在各座寺庙、拉康和日追熏香处、烧香点、挂幡点按时开展大面积的规范和整改活动，以减少各类社会安全事故的发生。按时检查主殿、护法神殿、僧舍、厨房、千盏灯房是否存在私拉乱接电线，不规范安装插板插座情况发生，检查寺庙院内、周围是否集中堆放木料、木柴、牛粪等易燃物品，检查厨房、僧舍液化气灶、气筒过期损坏，是否软管老化开裂漏气、开关滑丝、脱落损坏情况发生，排查护法神殿酥油灯周围是否摆放纸币、哈达、油脂等易燃易火物品。

2021年12月26日，达孜区委统战部组织僧尼参观“西藏民主改革第一村”——山南市乃东区克松村

【第三期藏传佛教教职人员教育培训】 年内，结合西藏自治区藏传佛教教职人员教育培训五年规划要求，组织27名教职人员参加为期12天的第三期藏传佛教教职人员培训班，通过30个学时的课程培训，使僧尼们政治上更加坚定、思想上更加清醒、素质上全面提升。

（德吉央宗）

【机构领导】

区委常委、统战部部长、政协党组书记

拉巴顿珠（藏族）

统战部副部长、民宗局局长

普　琼（藏族，4月免）

副部长

次旺朗杰（藏族）

民宗局副局长

黄文彬

## 巡察工作

【概况】 中共达孜区委员会巡察工作领导小组办公室（以下简称区委巡察办）是中共达孜区委员会巡察工作领导小组办事机构，为正科级，列区委工作机关序列。根据《中国共产党章程》《中国共产党巡视工作条例》《中共西藏自治区委员会关于市县党委巡察工作实施办法》，区委巡察办的主要职责是贯彻落实自治区、市党委、达孜区委和区委巡察工作领导小组的决策部署，向市委巡察工作领导小组办公室和区委巡察工作领导小组报告工作情况并负责。统筹、协调、指导巡察组开展工作。承担巡察工作制度建设、服务保障等工作，组织起草区委巡察工作规划、年度计划和年度工作总结等重要材料，负责全区巡察工作会议筹备、组织等工作。

区委常设2个巡察组，主要职责是对辖区各级各部门落实全面从严治党主体责任和监督责任等情况进行监督、了解并收集意见，着力发现党的领导弱化、党的建设缺失、全面从严治党不力等问题，如实将发现和了解的重要情况及时向区委巡察工作领导小组报告，并提出处理意见和建议，以及办理区委巡察工作领导小组授权或交办的其他事项。

2021年5月8日，一届达孜区第十轮巡察区委巡察领导小组副组长吴小兵（左一）与区委巡察二组组长宗吉（右一）签订履职尽责承诺书

区委巡察办和2个常设巡察组行政编7名。巡察办科级领导2名，每个常设巡察组正科级组长1名。2021年配备6名干部，其中：办公室主任1名、副主任1名、专职巡察组长2名、办公室专职人员1名、专职巡察组员1名。

【巡察工作领导小组】 年内，达孜区委高度重视管党治党、全面从严治党工作，重视巡察的政治显微镜和探照灯作用。区委书记主动担负起第一责任人职责，调整充实区委巡察工作领导小组，区委书记任领导小组组长，并把责任传导给所有班子成员，层层压实工作职责，确保责任落到实处。在全面从严治党工作上，牢牢抓住主体责任这个“牛鼻子”。截至年底，区委多次召开常委会和专题会研究部署巡察工作和人员配备，同时召开4次领导小组会议、2次巡察工作动员部署会，进一步强化全区领导干部的使命感和责任感。

【政治学习】 年内，多措并举采用参加培训、集体学习、个人自学、交流研讨等方式持续学习习近平总书记最新重要讲话及上级巡视巡察机构重要文件和会议精神，组织全体巡察干部深入学习中共十九届历次全会和中央第七次西藏工作座谈会精神；按照学习提高、查摆整改、总结巩固“三段法”在系统内开展政治纪律教育，在不间断学习和查摆整改中坚定政治信仰、把准政治方向。

截至年底，共组织学习活动30余次、书记讲党课2次，召开组织生活会2次，通过学习不断增强“四个意识”、坚定“四个自信”、做到“两个维护”，全面贯彻巡察工作方针，坚守政治巡察定位。

【巡察工作】 年内，达孜区委巡察办加强统筹安排，并参照拉萨市委巡察工作计划，科学确定时间频次，通过采取巡视巡察上下联动、推磨式交叉巡察、成立专项巡察组、合理安排巡察工作人员、授权任职新提拔优秀科级领导干部担任临时巡察组组长等方式，有序开展一届达孜区委巡察收尾工作，全年共抽调16人次并开展2轮巡察，派出巡察组3个，巡察党组织6个，单位6家，发现并反馈问题90个，移交问题线索12件17人。同时，区委巡察办按照《关于做好县（区）巡察向村（社区）党组织延伸工作的通知》要求，将村（社区）巡察纳入达孜巡察工作整体规划，以“巡乡带村”方式推动巡察向22个村（社区）党组织延伸。年内，已对其中2个村级党组织开展单独巡察，发挥巡察的政治显微镜和探照灯作用，进一步强化达孜区委一届巡察“全覆盖”。

【巡视、巡察整改】 年内，为进一步严明整改工作纪律，要求被巡察单位在整改工作中坚持“四见”原则，即见人、见事、见结果、见责任追究；坚持“四个不放过”原则，即问题原因查找不准确、不透彻的不放过，整改责任不明确、不落实的不放过，整改措施不切实际、没有力度的不放过，整改效果不明显、群众不满意的不放过，从而形成责任倒查机制，确保整改工作有深度、有力度，更有人民群众的满意度。

扎实推进巡察“后半篇文章”，建立运用自治区党委、拉萨市委、达孜区委三级巡视巡察反馈问题总台账，督促被巡察党组织第一责任人和班子成员切实履行整改责任，确保巡察整改成效。截至年底，一届达孜区委巡察共发现问题330个，立行立改问题108个，反馈问题330条，完成整改313条，约谈整改不到位的党组织负责人1人，追回各类资金398.58万元，收缴违纪资金57.4万元；移交问题线索31件39人，已办结30件38人（其中1人属市管干部移交市纪委监委），其中诫勉谈话7人、约谈2人、立案14人，党纪政务处分6人。同时，达孜区委巡察办结合一届达孜区委总体巡察情况，紧盯反馈问题整改，制定《达孜区委巡察工作领导小组关于开展巡察反馈意见整改情况督查的建议方案》，确定对达孜区42家单位开展巡察反馈意见整改情况“回头看”，切实做到有形有效覆盖相统一。

【创新巡察工作】 年内，达孜区始终突出重点、聚焦扶贫领域和民生问题，注重把发生在基层群众身边败坏党的形象、吃拿卡要、优亲厚友、以权谋私等侵害群众利益的不正之风问题，以及贪污、挪用、套取惠民资金、涉农补贴等“微腐败”问题列为重中之重。对延伸巡察行政村党组织采取印证式、点穴式、调研式等方式开展巡察，从而实现巡察工作全覆盖。

【自身建设】 年内，达孜区委巡察办始终坚持以构建巡察长效科学的人才培养机制为导向，积极会同纪检监察、组织人事、政法、财务、审计、信访、乡（镇）以及涉农系统或部门，强化精准履职，充实巡察力量。

年内，区委巡察办共选派2人到自治区纪委监委、自治区巡视办跟岗学，先后选派6名干部参加拉萨市委交叉巡察，圆满顺利地完成对当雄县纳木湖乡色德村、公塘乡冲嘎村2家党组织的巡察任务，再次证明达孜区巡察干部自身素质能力。同时，区委巡察办不断充实人才库建设，在原有46名人员入库的基础上再次进行优化充实，现有在册巡察精干力量98名，其中：组长库26人（组长13人、副组长13人），人才库72人。经过多方式多途径参加上级党委巡视、巡察，达孜区巡察干部政治业务水平持续提高，特别是在编的巡察干部在巡察时发现问题及线索能力进步明显。

（郭佳林）

2021年5月8日，一届达孜区委第十轮巡察工作动员部署会召开

【机构领导】

主　任

唐　清

副主任

郭佳林（满族）

区委巡察一组组长

勾九龙

区委巡察二组组长

宗　吉（女，藏族）

## 党校

【概况】 中共达孜区委员会党校于2015年10月20日挂牌成立，由中共达孜区委员会组织部代管，有核定事业编制9名。2021年，达孜区委党校配备校长1名，由区委常务副书记兼任，有副校长1名，共有在岗教师8名。

【校风学风建设】 年内，贯彻落实《中共中央关于加强党的政治建设的意见》。严格执行《关于新形势下党内政治生活的若干准则》，严肃党内政治生活。认真落实“三会一课”、主题党日、党员领导干部过双重组织生活、谈心谈话等制度。以《中国共产党章程》为根本遵循，区纪委通报的典型案例为反面典型，持续推进“反腐

2021年10月20日，达孜区委党校举办村“两委”班子成员学习习近平总书记视察西藏重要讲话精神暨国家通用语言文字培训

倡廉”警示教育，持之以恒正风肃纪。严格执行“三重一大”制度，严明教学科研和管理纪律，严肃外出宣讲授课政治纪律。加强学风建设，严格执行考勤考核、生活管理等制度。加强党校与组织部、学员派出单位的协调配合，形成严格调训、严格管理、严格监督的制度和机制。

【理论学习】 年内，突出抓好对习近平新时代中国特色社会主义思想的学习、“五史”学习、习近平总书记在庆祝中国共产党成立100周年上的重要讲话精神，特别是视察西藏重要讲话精神。截至年底，全年开展理论学习15场。

【干部教育】 年内，达孜区委党校紧密对接中央、省、市和区委、区政府重大决策部署，注重提升干部的党性修养、政策水平和执行力、落实力。严格按照《中国共产党党校（行政学院）工作条例》开设班次，同时主动协调好党校教学与有关中心工作的关系。截至年底，党校共开展集中培训轮训21期，下乡宣讲11场，共计1600余人次党员干部参加，农牧民党员共计820人次参加。

【理论宣讲】 年内，紧紧围绕稳定、发展、生态、强边这四件西藏大事，突出抓好习近平新时代中国特色社会主义思想为中心的理论教育，完善课程体系，规范课程设置，强化党章党规党纪和党史、新中国史、改革开放史、社会主义发展史、西藏地方与祖国关系史教育，习近平总书记在庆祝中国共产党成立100周年上的重要讲话精神，特别是视察西藏重要讲话精神，确保理论教育和党性教育这两类主课占到总课时的70%以上，切实保障用习近平新时代中国特色社会主义思想这一马克思主义中国化最新成果武装党员干部的头脑。

【广大干部群众教育引导】 年内，坚持以习近平新时代中国特色社会主义思想为指导，教育引导党员干部群众牢牢把握“分裂动乱是祸，团结稳定是福”，牢固树立稳定压倒一切的思想，掌握反分裂斗争主动权，维护好西藏和谐稳定的局面。通过农牧民党员的教育辐射作用，引导群众要理性对待宗教，要把信教和坚持党的领导、坚持社会主义、增进“五个认同”结合起来，消除宗

2021年12月15日，达孜区委党校举办第一期十九届六中全会精神和自治区、拉萨市第十次党代会精神暨各行政村基层宣讲员示范培训

2021年6月15日，达孜区委党校举办第一期入党积极分子和党员发展对象党性提升暨党史教育培训

教的消极影响，过好今生幸福生活。发展是党执政兴国的第一要务，没有发展，就没有人民的美好生活。注重引导群众明白：西藏各族人民的群众的生活越过越红火。要摈弃等靠要的落后思想，把“要我富”积极转变成“我要富”，只有靠自己勤劳的双手，才能有更美好的生活。同时要认识到，党的惠民政策才是惠民的根源，勤劳奋斗才是通往幸福的道路。教育引导广大党员干部群众坚持生态红线和底线，牢固树立“绿水青山就是金山银山”“冰天雪地也是金山银山”的理念。尊重自然、保护自然、顺应自然是造福千秋万代的大事。在农区牧区，要保护好野生动物，杜绝食用野生动物，养成健康的生活习惯等。

【西藏地方与祖国关系史教育】 西藏地方与祖国关系史是学习“四史”教育的重要基础，当西藏各族群众对国家有了认同，对“四史”学习能有更深刻的认识。西藏地方与祖国关系史作为重要专题内容纳入培训体系，采用汉语和民族语言分别向区直机关（企）事业单位干部、农牧民党员群众进行培训教育。

【教材建设】 年内，结合宣讲培训现场效果和走访调研情况，发现广大农牧民、党员群众以及基层党员干部在理论学习中对于汉语和藏语两种语言教材的需求。自2016年起，达孜区委党校教师着手筹备编撰具有本土特色、图文并茂，易于阅读的系列汉语和藏语两种语言教材，成果丰富。截至年底，共编撰9本教材，包括2016年《达孜县“藏汉双语口语”学习培训教材》《农牧民群众需要知道的综合知识》、2017年《达孜县“四讲四爱”综合学习手册》、2018年《决胜全面小康　共创美好生活》、2019年《中华人民共和国70周年大事略计》、2020年《重温红色记忆　感悟初心使命》《疫情防控工作有关的法律法规》、2021年《党恩道不尽　幸福更绵长》《达孜区国家通用语言文字双语教材》等乡土教材。

【推广国家通用语言文字】 年内，先摸底，掌握村“两委”班子成员的汉语水平；前期编写汉语和藏语两种语言的学习辅助教材；聘请工作经验非常丰富的汉语藏语教师进行专题授课；向每一位农牧民党员发放汉语藏语学习辅助教材，并联合村“两委”监督他们勤学、常学、深学，并在一段时间后进行集中测试，取得良好效果。

【结对帮扶】 年内，达孜区委党校全体人员把帮助贫困户看成一项重要的政治任务。不定时看望结对户，给他们带去慰问金、慰问品，带去党的惠民政策，解决他们的就医、就学、就业困难，使他们感受到党的温暖。

（何　佼）

【机构领导】

区委副书记、党校校长
　　巴桑顿珠（藏族）

副校长
　　普　琼（藏族）

# 达孜区人民代表大会

## 综述

【概况】 2021年，达孜区人大常委会共召开人民代表大会2次、人大常委会会议5次、主任会议6次、党组会议5次、理论中心组集中学习会议12次、专题研讨会议6次，服务保障市人民代表大会2次；作出有关重大事项的决议决定12件；听取审议12个专项工作报告，检查3件法律的实施情况，开展2项专题调研，跟踪检查32件代表意见建议办理情况；依法选举任免国家机关工作人员30人次，举行宪法宣誓仪式4次。

2021年6月11日，达孜区人大常委会党组书记、主任米玛（中）为新任职人员颁发任命书

【区一届人大四次会议】 1月31日至2月2日，达孜区第一届人民代表大会第四次会议召开。会议应出席代表91人，出席75人，符合法定人数。会议听取和审议达孜区人民政府工作报告，审查和批准达孜区国民经济和社会发展“十四五”规划和二〇三五年远景目标纲要，审查和批准达孜区人民政府关于2020年国民经济和社会发展计划执行情况与2021年国民经济和社会发展计划草案的报告，审查和批准达孜区人民政府关于2020年财政预算执行情况与2021年财政预算草案的报告，审议达孜区人民政府关于达孜区第一届人民代表大会第三次会议代表议案建议批评意见办理情况的报告，听取和审议达孜区人民代表大会常务委员会工作报告、达孜区人民法院工作报告、达孜区人民检察院工作报告。会议经表决，通过《达孜区第一届人民代表大会第四次会议关于政府工作报告的决议》《达孜区第一届人民代表大会第四次会议关于达孜区国民经济和社会发展“十四五”规划和二〇三五年远景目标纲要的决议》《达孜区第一届人民代表大会第四次会议关于达孜区2020年国民经济和社会发展计划执行情况与2021年国民经济和社会发展计划的决议》《达孜区第一届人民代表大会第四次会议关于达孜区2020年财政预算执行情况和2021年财政预算的决议》《达

孜区第一届人民代表大会第四次会议关于达孜区人民代表大会常务委员会工作报告的决议》《达孜区第一届人民代表大会第四次会议关于关于达孜区人民法院工作报告的决议》《达孜区第一届人民代表大会第四次会议关于达孜区人民检察院工作报告的决议》。

【区一届人大五次会议】 11月6—7日，达孜区第一届人民代表大会第五次会议召开。会议应出席代表91人，出席82人，符合法定人数。会议选举达孜区出席拉萨市第十二届人民代表大会代表15人。

2021年12月17日，达孜区人大常委会党组书记、主任米玛（主席台）到幸福社区宣讲党的十九届六中全会、区市第十次党代会精神

【旗帜鲜明讲政治】 年内，达孜区人大常委会坚持以习近平新时代中国特色社会主义思想为指导，高举中国特色社会主义伟大旗帜，全面贯彻中共十九届六中全会、中央人大工作会议、中央第七次西藏工作座谈会和自治区市第十次党代会精神，坚决贯彻新时代党的治藏方略、习近平总书记“七一”重要讲话和视察西藏重要讲话精神，增强“四个意识”、坚定“四个自信”、做到“两个维护”、捍卫“两个确立”。以建设“四个机关”为抓手，以服务全区中心工作大局为目标，忠实履行宪法和法律赋予的职责，从监督、调研、代表工作等环节发力，助力社会稳定、乡村振兴、民族团结、生态保护和经济社会发展。

【思想政治建设】 年内，党组理论学习中心组学习12次，坚持学习习近平总书记重要讲话、重要指示批示精神，及时传达学习重要会议、文件精神，切实增强贯彻落实的政治自觉、思想自觉、行动自觉。党史学习教育、“三更”专题教育、“三新”大学习大讨论活动扎实开展，贯通党的百年奋斗史、人民代表大会制度发展史、西藏和平解放70年发展进步史，组织党员干部、人大代表到红色教育基地学习，参观“中国共产党成立100周年、西藏和平解放70周年”主题展览，做到学史明理、学史增信、学史崇德、学史力行。

【坚持党的领导】 年内，达孜区委高度重视人大工作，及时研究解决人大工作中的重大问题，区委主要领导多次到人大指导工作，并作出具体批示4份，支持和保证区人大依法行使职权。区人大常委会紧扣区委重大决策部署，确定人大工作思路和工作重点。坚持请示报告制度，按季度向区委报告全面工作，就重要会议、重大活动、重要工作共向区委请示11次，确保党的领导贯穿人大工作的全过程各方面。积极发挥党组把方向、管大局、保落实作用，召开常委会党组会议5次。坚持党管干部原则与人大依法任免有机统一，依法任免国家机关领导人员，组织宪法宣誓，实现党委重要人事安排意图。

【服务大局】 年内，达孜区人大常委会班子成员按照区委的统一安排部署，在扎实做好本职工作的同时，积极参与民族宗教、维护稳定、农业农村、乡村振兴、新冠肺炎疫情防控等工作一线，在促进达孜长治久安和高质量发展中彰显人大作为。

【助推高质量发展】 年内，听取审议国民经济和社会发展计划执行情况报告，围绕落实主要指标、重点任务强化监督，助推加快融入新发展格局。坚持开门问策、问计于民，开展巩固脱贫攻坚成果同乡村振兴有效衔接情况调研、“十三五”规划重大产业项目实施情况和“十四五”规划编制工作专题调研，听取审议脱贫攻坚产业发展、美丽乡村建设和“十四五”规划纲要编制情况报告，提出意见建议8条，为高标准、高水平编制好“十四五”规划凝聚合力，不断增强高质量发展新动能。

【深化预决算审查】 年内，听取审议计划、预算、决算等报告，加强对财政资金使用绩效和政策实施效果的审查监督，稳步推进人大预算审查监督重点向支出预算和政策拓展，督促区政府及其工作部门严格执行财经法律法规，深入整改问题。积极对接预算联网监督平台建设，组织工作人员前往山南、林芝等地借鉴学习，为平台建设做好前期准备工作。

【共建生态文明】 年内，听取审议达孜区人民政府2021年度生态环境保护目标完成情况专项工作报告，审议批准实施《西藏自治区拉萨市达孜区邦堆乡等5乡1镇生态文明建设示范乡镇创建规划（2021—2025年）》。结合中华环保世纪行活动，先后对《中华人民共和国环境保护法》等法律法规贯彻执行情况、医疗废物处置、垃圾分类处理、企业污水处理等工作进行了监督视察，助力打好蓝天、碧水、净土三大保卫战，助推建设人与自然和谐共生的美丽达孜。

【增进民生福祉】 年内，组织代表到各学校专项检查“三包”经费使用管理情况，听取和审议达孜区教育局专项工作报告，现场反馈整改意见建议3条。对人民医院日常运行管理进行调研视察，提出人民医院创建二甲医院，不但要看“硬件”，更要看“软件”，着力培养和留住优秀医务人员，提升医院管理水平，满足群众就近就便就医的需求。开展政府行政审批事项“一门通办”专项检查，到达孜区便民服务大厅实地调研各办理窗口，详细了解办事流程，对一些不便于群众办事的规定和事项现场提出建议。

【保障社会公平正义】 年内，印制《西藏自治区民族团结进步模范区创建条例》《西藏自治区生态文明高地建设条例》宣传册，举办宣讲活动10场次，执法检查3次。听取和审议达孜区人民法院、人民检察院、司法局工作报告，并对下一步法治政府建设提出具体的意见建议。积极协助自治区、拉萨市先后对《中华人民共和国宪法》《中华人民共和国未成年人保护法》《中华人民共和国工会法》等法律法规在达孜的贯彻实施进行监督检查。

【乡（镇）人大换届】 年内，坚持党的领导、充分发扬民主、严格依法办事，有序推进选民登记、选区划分、代表名额分配、代表候选人提名推荐等各环节工作，依法选举284名乡级人大代表，乡（镇）人大、政府班子成员30名。

【办理代表建议】 年内，落实重点督办机制，以实地查看、承办单位和代表面对面座谈交流等方式，督办道路桥梁水渠建设、户籍管理、村干部待遇等代表建议办理情况。达孜区人大一届四次会议上人大代表提出的68件意见建议中，已经办理完成29件，占42.6%；正在办理和列入计划办理的19件，占27.9%；因政策限制，尚无法办理的20件，占29.4%，办复率100%。

2021年10月22日，达孜区人大常委会班子领导一行检查指导乡（镇）人大工作

2021年10月28日，达孜区人大常委会党组专题学习研讨中央人大工作会议精神暨达孜区人大党组2021年度第十次集中学习会议召开

【落实“双联系”制度】 年内，进一步优化常委会联系代表、代表联系群众制度，规范群众意见的处理反馈机制，推动常委会组成人员、人大代表进“家”联系群众制度化，着力在联系代表、联系人民群众的主动性经常性上下功夫，真正发挥代表作为人民群众代言人的作用。全年人大常委会组成人员、人大代表开展联系选民活动30余场次，开展代表述职活动10场次，答复办理群众反映意见建议15条。

【代表履职能力建设】 年内，邀请自治区人大业务骨干、党校老师为人大代表开展业务讲座5场次，开办培训班10场次，宣讲会5场次，覆盖全区各级人大代表，选派人大干部和代表参加区市组织的各类培训6批次、30余人次。通过学习培训，各级人大代表对人民代表大会制度更加自信，眼界和思维更加开放，为民履职能力不断提升。

【纪律作风建设】 年内，严肃党内政治生活，严格执行民主集中制，认真召开民主生活会，党组成员以普通党员身份主动参加党支部活动。严格执行中央八项规定及其实施细则精神，坚决反对和纠正“四风”。坚持以案明纪、以案为戒，强化党员干部日常管理监督。扎实开展“下基层大接访办实事”调研活动，形成调研报告5篇，协调解决问题10条，及时回应群众期盼，有效解决了群众面临的难题。

【新闻宣传】 年内，结合学习贯彻中央人大工作会议精神、中共十九届六中全会精神，开展理论研讨活动，认真总结提炼工作中的好经验好做法，注重更新新时代人大工作的新情况新问题。重视人大工作的宣传广度和深度，全年向市人大、区委宣传部、区电视台报送各类信息140余条。

【对外交流】 年内，组织人大常委会机关干部和代表外出交流学习6次，重点交流学习人大业务、产业发展、小城镇建设、乡村旅游等。接待其他省市、兄弟县区人大代表学习考察团20多批次。

（余 江）

【机构领导】

党组书记、主任

米 玛（女，藏族）

副主任

唐 忠（女，藏族）

普 多（藏族）

李 君（6月免）

张世杰（11月任）

## 办公室工作

【概况】 2021年，达孜区人大常委会办公室积极围绕全区中心工作、全面认真落实党史学习教育要求，引导党员干部以理论滋养初心、以理论引领使命，增强“四个意识”、坚定“四个自信”、做到“两个维护”，坚持以人民为中心，坚持实事求是的思想路线，树立正确的政绩观，勇担职责使命，不断改进工作方式方法，创新工作思路，有力保障了区人大及其常委会依法履职。

【旗帜鲜明讲政治】 年内，始终把维护习近平同志党中央的核心、全党的核心地位，维护党中央权威和集中统一领导作为最高政治原则和根本政治规矩，始终在政治立场、政治方向、政治原则、政治道路上同以习近平同志为核心

2021年3月16日，达孜区人大办党支部书记余江（左二）讲党史党课

的党中央保持高度一致。把维护祖国统一、加强民族团结作为各项工作的着眼点和着力点，坚定不移反对分裂，持之以恒教育引导干部职工铸牢中华民族共同体意识，严守党的政治纪律和政治规矩在大是大非问题上始终做到旗帜鲜明、立场坚定、行动坚决，自觉做政治上的明白人。

【党史学习教育】 年内，始终把政治建设放在基层党建的首位，认真开展党史学习教育，自觉用习近平新时代中国特色社会主义思想武装头脑，增强“四个意识”、坚定“四个自信”、做到“两个维护”，时刻保持政治定力，激发创造力和活力。充分利用“三会一课”和“每月学习日”等会议时间认真组织全体党员干部学习党史、新中国史、改革开放史、社会主义发展史，党风党纪教育及党的相关理论的学习，组织干部职工到谭冠三纪念馆、西藏和平解放70周年纪念馆、林周县党员党性教育基地开展现场教学，重温入党誓词，感悟党的光辉历程。把学习成果转化为工作实践，在学习中深化认识，在学习中解放思想，进一步深化对区情、发展机遇与挑战、发展的目标定位和战略的再认识、再深化，把思想认识凝聚到区委的各项决策部署上来。促进人大干部调整工作思路，提高工作水平，找准人大工作的切入点，积极开展工作，依法履行职责。

【作风建设】 年内，不断修改完善人大常委会议事规则和工作制度，坚持民主集中制原则，注重探索创新，坚持依法决策、民主决策、科学决策，促进人大工作的制度化、法治化和规范化。进一步改进工作作风，认真开展调研走访活动，拓展调查研究的广度和深度，坚持深入基层、广泛听取人大代表和人民群众的意见建议，掌握实情，形成高质量的调研报告，为常委会决策提供依据。注重发挥“三服务”职能作用，加强同“一府一委两院”对口部门的联系，不断提高工作效率。

【发挥参谋助手作用】 年内，围绕全面深化改革、推进转型发展等重点工作进行监督，提出年度监督工作要点，把区委的重大决策部署落到实处。坚持党管干部原则，做好常委会会议人事任免事项准备工作。

年内，依法任免干部30人次，督促任命干部树立正确的事

2021年2月17日，达孜区人大办党支部召开2021年度组织生活会

2021年9月20日，达孜区人大办党支部开展党史学习教育暨主题党日活动

业观、权力观、政绩观，不断提高为人民服务的能力和水平。深入开展对政府依法履职、依法办事等工作情况的监督，为推进依法行政、加快法治政府建设出谋划策。依靠全区人民和全体人大代表，切实加强和改进人大工作，更好地坚持和完善人民代表大会制度，努力推进达孜区的民主法治进程。

【会务保障】 年内，按照“精、严、细、实”的要求，周到服务“三会”，针对会议规模、时间、议程等事项，周密安排部署，规范会务规则，做好各类会议的组织、服务工作。截至年底，共筹办区人民代表大会 2 次、常委会会议 5 次、主任会议 6 次，会议质量不断提高，服务保障市级人民代表大会达孜团工作 2 次。

【文稿服务】 年内，紧扣人大工作大局，聚焦求新、求深、求实、求精要求，把精品意识贯穿到每篇文稿的起草中，高质量完成人大常委会年度工作要点和工作计划、年度工作报告、领导讲话等综合性文稿起草任务。用好党政信息网，提升办文效率。加强和改进档案管理和保密工作，增强涉密安全教育，严格执行保密工作条例。

【加强和改进代表工作】 年内，指导各乡（镇）人大及社区、村按照“六有”（有场所、有牌子、有制度、有台账、有资料、有设备）目标和“六规范”（场地建设规范，资料管理规范；代表信息规范、管理机制规范；代表活动规范，考核屏蔽规范）要求完善代表阵地建设，共有 6 个代表工作室，20 个代表活动室建设达标，为代表履职提供平台。建立健全《人大代表联系选民制度》《人大代表履职管理办法》等代表活动制度，为代表有效履职提供制度保障。完善代表履职评价机制，制定出台《达孜区人大代表履职评价办法》，对代表年度履职情况进行量化赋分，调动代表履职的积极性。及时向代表通报常委会和“一府一委两院”重要工作情况，保障代表的知情权和意见表达权，广泛征求对常委会工作的意见和建议，扩大代表对监督工作的参与，发挥代表在监督工作中的作用。

【新冠肺炎疫情防控】 年内，传达学习各级新冠肺炎疫情防控工作方案、防控指南，以及防疫期间违法犯罪案例，教育引导干部认清当前严峻的疫情防控形势，切实提升其新冠肺炎防控知识，并养成自觉的防控行为，进一步筑牢群防群控的严密防线。在办公室准备好口罩、洗手液、消毒剂等防疫物资，为有序开展疫情防控工作提供有力的物资保障。

（余　江）

【机构领导】

主　任

余　江

副主任

索郎曲珍（女，藏族）

次仁多杰（藏族）

# 达孜区人民政府

## 综述

【概况】 2021年，达孜区坚持以习近平新时代中国特色社会主义思想为指导，贯彻落实十九大和十九届历次全会精神，贯彻落实第七次西藏工作座谈会和习近平到西藏调研考察时的讲话精神，锚定“稳定、发展、生态、强边”四件大事，坚持以人民为中心的发展理念，始终紧扣长治久安和高质量发展总目标，主动适应发展新形势，统筹好疫情防控和经济社会发展工作，扎实做好“六稳”工作，全面落实“六保”任务，实现“十四五”良好开局，与全国一道全面建成小康社会。

2021年，达孜区人民政府始终把政治建设摆在自身建设的首位，深入开展党史学习教育、“三更”专题教育，“三新”大学习大讨论活动，主动接受人大法律监督、政协民主监督、审计监督和社会监督，扎实推进各项工作有序开展。建成达孜区政务服务中心，尊木采水泥厂正式运营，稳步推进城区供暖入户、车管所、幸福路、工业园区管委会道路提升改造工程，白纳沟生态旅游、佳禾·阳光绿洲、扎叶巴康养小镇等项目有序推进。白纳村荣获全国脱贫攻坚先进集体荣誉称号；顺利通过自治区级健康促进县（区）评估。

2021年12月28日，区委副书记、区长刘代红（左一）一行慰问老干部

【经济发展】 年内，完成地区生产总值22.75亿元，增速8%；一般公共财政预算收入4.48亿元，同比增长21.99%；税收收入完成14.21亿元，同比增长33%；农村居民人均可支配收入20058元，同比增长16%；全社会固定资产投资同比下降25.6%；规模以上工业增加值同比增长104.2%；社会消费品零售总额同比增长7.8%，实现“十四五”良好开局，与全国一道全面建成小康社会。

【特色产业】 年内，发展绿色工业，着力打造园中园产业发展模式，积极推进自治区首家地理信息产业园、达孜首家环保产业园、绿色新动能产业园。做大做强达孜特色产业，重点培育藏缘青稞酒、赛牦岗牦牛绒、第三极羊绒、春光食品、阿佳农副产品、宏发盛桃芫根饮品、吉顺青稞醋、圣天源牦牛肉干等企业，构建园区净土健康产业品牌；培育华草堂药业、北草地药业、天圣医药、德仁祥医疗器械等企业为高原生物医药医疗行业领导者；培育罗占锻铜、卓玛藏毯、优格仓藏香、吞柏古拉姆拉绰唐卡等企业成为民族手工业产业领头羊；达孜区高标准良种奶牛养殖中心、西藏唐嘎原种藏鸡养殖基地运营良好，规模化畜牧养殖不断发展壮大。工厂化智能型育苗育种基地逐步建成，持续推广无土栽培技术，农业产业园承载能力和示范带动作用不断增强。

2021年7月29日，区委常务副书记、常务副区长罗小兵（右七）一行慰问达孜区驻军部队

【项目建设】 达孜区各类固定资产投资项目130个，总投资114.5亿元。年内，开(复)工项目92个，开复工率70.8%，完工项目69个，完工率68.3%。招商引资项目21个，实际到位资金14.46亿元。尊木采水泥厂项目已正式运营，达孜区白纳沟生态旅游、佳禾·阳光绿洲、扎叶巴康养小镇等项目有序推进。项目带动4753人就业，增收6138.24万元。

【城乡建设】 投资2.35亿元建设800套保障性住房，完善370户棚户区配套设施，稳步推进城区供暖入户、车管所、幸福路、工业园区管委会道路提升改造工程，完成1263户农村卫生厕所改造。实施农村公路养护工程10个，维修养护农村公路4.37千米。全力推进文明城市创建工作，深入开展市容整治，清运生活及建筑垃圾1.28万吨，新增城区绿化面积22亩，城市品质持续提升，城乡面貌焕然一新。

【农牧业发展】 年内，落实总播种面积8.94万亩，其中粮食作物种植面积5.99万亩，经济作物种植面积1.37万亩，饲草作物种植面积1.58万亩。良种统供率、种子精选率、包衣率分别达100%，粮食产量达2.34万吨，牲畜总存栏达7.547万头(只)，肉、蛋、奶产量达2.53万吨。新型经营主体不断壮大，有国家级示范社2家、自治区级示范社2家、市级示范合作社11家、百家示范农牧民合作社15家、新型农牧业经营主体培育19家。

【工业经济】 年内，工业经济不断脱虚向实，有实体型企业55家，高新技术企业5家，新增自治区级专精特新企业2家，新认定自治区级绿色产品设计企业1家、市级绿色发展企业2家，完成园区总产值7亿元，同比增长55.6%。健全“双创”基地配套设施，孵化小微企业52家，营收16.79亿元，解决就业1250人次。

【旅游产业】 年内，紧抓“全域旅游”发展契机，完成白纳沟景区、拉北环线产业扶贫交流中心暨“云上达孜”电商创业基地项目建设，旅游景区基础配套设施不断完善，创建文化产业示范基地10家，与江苏、山东、浙江、广东等省市电台合作开展线上推介会，在拉萨、扬州、镇江、广州开设线下体验馆，完善直播产业链，促进电商消费扶贫，找准定位，积极创建国家全域旅游示范区。全年旅游接待44.5万人次，实现旅游收入2067.82万元，同比增长20.7%。

【改革创新】 投资4982.51万元建成达孜区政务服务中心，推进线上线下融合发展，认领、编制、规范实施清单819项，承诺时限平均压缩84%，网上四级标准办理深度达82%，即办件占比提升71%，平均跑动次数压缩至0.19，各类审批材料精简至60%以上，审批服务更加便捷高效。进一步加强国企监管和改革力度，开展预算管理一体化改革，深化财税金融体制改革，共计减税降费1.2亿元，全面推行全程电子化商事登记，新增市场主体706户，便民利民服务水平持续提升。

【教育事业】 年内，教育教学质量持续提升，32名达孜籍中小学生上线其他省市西藏班，顺利通过自治区首批学前教育普及普惠评估认定，总投入1926.72万元维修绿化中小学校园、完善消防设施、实施中小学及幼儿园采暖等工程，基础设施不断完善，落实“三包”及“营养改善”计划资金2256.3万元，兑现822名大学生资助金425.6万元，实现控辍保学动态清零。

【医疗卫生】 投资2.06亿元的达孜区卫生系统整体搬迁项目投入运营，顺利完成城乡居民基本医疗征缴工作，城乡居民参保28868人。城乡居民基本医疗报销8304人378.9万元，大病保险报销54人45.73万元，医疗救助332人15.15万元，打通城乡居民跨省异地就医渠道，完成城乡居民基本医疗保险系统结算工作服务，实现县乡“一站式”结算。积极做好传染病及地病防治防控工作，无传染病死亡病例；开展“组团式”医疗援藏义诊活动10次，诊疗1000余人次，现场医疗保障及疫苗接种点异常反应应急8次。顺利通过自治区级健康促进县（区）评估。扎实做好常态化疫情防控，实现新冠疫苗免费接种58712剂次。

【文化事业】 年内，深入开展“我们的中国梦”文化进万家、达孜区2021年春节藏历新年暨行政村文艺会演、“3・28”西藏百万农奴解放等文艺演出60余场次。达孜区虎峰艺术团在拉萨市第五届县（区）艺术团文艺调演中荣获二等奖、优秀组织奖的好成绩。举办庆祝中国共产党成立100周年“永远跟党走”文艺会演、“达孜人民永远跟党走”庆祝中国共产党成立100周年、西藏和平解放70周年主题文艺晚会，各乡（镇）、各单位同步开展庆祝活动300余场，农村公益电影放映362场，观众人数达12000余人次。组建县乡村三级宣讲团，开展宣讲212场次，受众46546人次，组织党员干部参观爱国主义教育基13场次，观看爱国主义影片820余场次，组织参观西藏和平解放70周年成就展12场次，各级党组织开展学习活动300余场次。制作《达孜人民永远跟党走》《我想对党说》等系列报道，制作快闪《心中歌儿献给党　再唱山歌给党听》，在全区营造“两个大庆”的浓厚氛围。全面完成辖区9处88尊石窟寺（摩崖造像）的专项调查及系统录入工作。推荐申报第六批拉萨市级非物质文化遗产项目3个（桑阿寺坛城、叶巴次曲、唐嘎卓谐）。开展辖区8个“非遗”项目的拍摄记录、建档造册工作，建立“非遗”名录档案，保护优秀文化遗产。

【生态环境】 年内，重点实施“先造后补”植树造林工程，新增造林绿化面积3792.9亩，绿化率达31.94%，全面消除海拔4500米以

2021年5月11日，区委常务、副区长许俊超（中）主持召开援藏项目推进会

下“无树村、无树户”。深入开展“两违”整治，拆除违法建设3宗，处置违法乱占乱建行为15起。县、乡、村三级“河长”实现全覆盖，投资308.83万元实施农村供水维修养护工程，主要河流湖泊、城乡集中饮用水水源地水质达标率100%，污水处理厂日处理污水4126立方米，累计处理污水134.25万立方米，符合一级A水质标准，空气、土壤质量双达标、双安全。积极创建白纳村“绿水青山就是金山银山”实践创新基地。

【乡村振兴】 年内，全面巩固拓展脱贫攻坚成果同乡村振兴有效衔接，投入2.69亿元实施25个财政衔接推进乡村振兴补助资金项目，实现产业分红1686.3万元，完成白纳村、叶巴村、克日村、唐嘎村4个试点村庄“美丽乡村·幸福家园”整村推进项目的规划编制任务。深入开展乡村卫生整治，完成户用卫生厕所改造1263户。开展“美丽乡村·幸福家园”试点村庄人居环境整治工作，建立村庄清洁、整洁庭院评比活动长效机制，进村入户宣传教育150余场次，发放资料3000余份，累计清理生活及白色垃圾5000余吨。

【脱贫攻坚】 2021年12月动态调整后，达孜区“十三五”建档立卡户1067户4242人，已全部实现脱贫退出，无返贫户，建档立卡脱贫户人均可支配收入达16547.76元，同比增长17.85%。健全防止返贫动态监测和帮扶机制，易致贫返贫户(监测对象)18户72人，通过实施各类帮扶措施，消除致贫、返贫风险12户50人。建档立卡户实现就业1433人，就业率达99.3%。完善搬迁后续扶持工作，新建幸福社区产业用房和组织活动场所，满足搬迁群众日常所需；全面完成2020年度85户危房改造任务，改造合格率、入住率均达100%。加快推进2021年15户危房改造任务。实现4类重点对象住房安全鉴定全覆盖，消除住房存量安全隐患；完成290余户原宅基地拆旧复垦协议。建档立卡户报销116人56.14万元，大病保险报销2人0.77万元，医疗救助116人7.51万元。四个季度落实生态岗位7710个，兑现生态补偿岗位补贴674.625万元。白纳村获得“全国脱贫攻坚先进集体”荣誉称号。

【就业社保】 年内，实现农牧民转移就业1.06万人，新增城镇就业1160人，应届高校毕业生就业率达99.69%，兑现高校毕业生创业补贴99人次327.53万元，新认定农牧民转移就业基地4家，吸纳本地就业142人，就业社保水平持续增强。设立2个“留守儿童快乐之家”，兑现城乡低保金及残疾人各项补贴315.04万元，临时救助6户23人5.3万元；发放特困人员供养金124.58万元。

【社会治理】 年内，严密防范分裂破坏活动，保持违法犯罪高压严打态势，深入开展政法队伍教育整顿，推进扫黑除恶专项斗争常态化。全面铸牢中华民族共同体意识。广泛开展“遵行四条标准、争做先进僧尼”主题教育，积极引导藏传佛教与社会主义社会相适应。化解各类矛盾纠纷300余起，全年无较大以上安全生产、食品药品事故发生，全面保障中国共产党成立100周年、西藏和平解放70周年大庆的和谐稳定，社会治安形势持续向好。

2021年10月14日，区委常委、副区长徐远（右二）一行到达孜区人民医院督导检查工作

2021年4月6日，副区长次吉卓玛（左一）一行到德庆镇调研人居环境整治项目

【援藏工作】 总投资1.9亿元实施援藏项目11个，建成章多乡便民服务中心，顺利推进叶巴民宿、林卡经济提升及推广等项目，实现新增就业520余人。协助引进洋河拉萨基地、达孜丹阳眼镜城、南农大高原菊花基地等8个项目，总投资超过12亿元。推进消费援藏，打造"达孜优品"区域品牌，在其他省市建设3个净土产品展销馆，推广销售20余种特色产品，增收1300万元。开展"组团式"教育、医疗援助，组织50余名教师异地交流、跟岗，诊疗1200余人次，有效提升教育教学和医疗卫生水平。

【自身建设】 年内，深入开展党史学习教育、"三更"专题教育，"三新"大学习大讨论和"我为群众办实事"活动，累计解决群众急难愁盼问题300余件。严格落实"三重一大"制度，依法规范行政决策行为。主动接受人大法律监督、政协民主监督、审计监督和社会监督，办理人大建议、政协提案109件，答复率100%，满意率95%以上，处理"12345"市民服务热线投诉151件，办结率100%，综合满意率95.56%，一般性支出和"三公"经费分别下降14.97%和2%。公开政务信息302件，实行"阳光政务"。

（杨　蒙）

【机构领导】

区委副书记、区长

刘代红（女，11月任）

区委常务副书记、常务副区长

罗小兵（江苏援藏）

区委常委、副区长

许俊超（江苏援藏）

徐　远（6月任）

边　次（藏族）

副区长

次旺多杰（藏族，6月免）

王　刚

次吉卓玛（女，藏族）

陈　伟

王　震

## 办公室工作

【概况】 达孜区人民政府办公室是达孜区人民政府组成部门，负责协助达孜区人民政府领导处理区人民政府日常工作，坚持以习近平新时代中国特色社会主义思想为指引，紧紧围绕经济社会发展大局，充分发挥参谋助手和中枢协调作用，主动适应新常态，全力以赴谋发展，履职尽责搞服务，聚精会神抓落实，较好地完成了领导交办的各项工作任务。自2019年机构改革后，下设达孜区外事办公室、达孜区行政审批和便民服务局以及后勤服务中心，职能定位进一步优化。

【中心工作】 年内，进一步改进文风，准确把握领导意图，集中研究讨论，切实提升文稿的思想性、针对性和指导性。其中，年初完成政府工作报告、廉政会议报告、达孜区经济工作会议报告等重要文字材料，年中完成半年工作总结、季度性经济运行情况分析报告等重要文稿百余篇，撰写文字逾50万字；筹备政府常务会议、专题会议、党组会议、民主生活会议等各类会议50余次；同时，加强公文处理规范化建设，严把发文起草关、审核关、发送关、时效关，对不符合办理程序和要求的文稿坚决退文重办，对印发文件差错情况进行月度通报，对受理的文稿进行盘点清理，做到不拖、不压、不遗漏，不断提高办文效率。累计签收、登记、流转或办理上级和本级部门下发的各类文件1000余件。此外，达孜区还认真编纂《拉萨达孜年鉴（2021）》，并于2022年1月初出版发行。

【政务督查】 年内，全面分解落实拉萨市《政府工作报告》中的各项工作任务，对市、区领导交办事项进行严督实查，狠抓领导批示件的督促落实，切实做到领导批示件“批必办，办必果，果必报”，共办理市政府督办事项12件，实地督查30次，下发政务督查通知21期，上报督查专报33期，报告重点工作落实情况35次，县级领导批示督办件10余期次，以扎实举措全面强化跟踪督办，创新督察方法，落实决策部署。在抓好建议提案办理方面，积极协调各承办部门，认真办理自治区、市、区人大建议和政协提案，完善跟踪督办工作机制，对建议提案办理进度、质量进行专项督查，加强对建议提案办理的催办、督办和检查，切实推动提案及时办理，不断提升办理水平和质量。75件人大代表建议、59件政协委员提案均在规定时限内办理完毕，办复率达100%。

2021年7月1日，达孜区政府办工作人员观看庆祝中国共产党成立100周年大会直播

【信息报送】 年内，抓好信息服务决策，全面提升信息服务水平，规范信息编报流程，将达孜区委、区政府中心工作列入信息报送重点，加强建议类、问题类信息的收集和报送。累计编发政务信息300余期，专报48期，组织收集各类政务信息2000余条，向达孜区人民政府门户网站、拉萨市人民政府办公系统（OA）、自治区党政信息网、自治区农经网上传各类信息500余条，及时研究制定强化政务信息工作、赶超升位的具体办法措施，全年信息工作在全市各县区中位列前茅。

进一步畅通和规范公众参与渠道，及时受理、认真办理群众诉求，充分利用政府门户网站与“12345”政府服务热线等互动平台，妥善解决群众反映的热点和难点问题，根据《拉萨市达孜区人民政府办公室关于“12345”政府服务热线工单承办工作规则》，进一步完善群众工单统一受理、分类处理、办理答复、反馈上报、协调督办的工作流程，狠抓工作细节，加快办理进度，2021年累计处理“12345”市民服务热线投诉151件，办结率100%，综合满意率95.56%。

【协调工作】 年内，将抓好新冠肺炎疫情防控、重要经济指标、重点项目、重要工作的调度作为各项工作的重中之重；积极发扬“五加二”“白加黑”的过硬工作作风，全情投入、乐于奉献、不怕吃苦，以顽强拼搏的实际行动，高效完成各类急难险重任务。勇于担当，协调服务，及时准确收集、研判、报送信息。加强政府门户网站维护，及时参加市政府组织的各项政府门户网站实操培训，定期更新政务公开栏，在政务网上及时公开区政府的重大决策及重要事项，及时向拉萨市政府门户网、西藏农经网等发送达孜政务实时信息。拉萨市人民政府内部办公系统（OA）、自治区县乡党政信息网、乡乡通视频会议系统等运行良好，基本做到与市、区、乡的三级网络协同办公。

【依法行政】 年内，为切实提高政府依法行政能力，推进依法治区，建设法治达孜，与泰和泰法律事务所签订协议，组建达孜区委、区人民政府法律顾问团队，充分发挥政府法律顾问在制定重大行政决策、推进依法行政、建设法治

2021年7月1日，达孜区政府办开展“十个一”清洁卫生活动

政府中的积极作用，为达孜区委、区政府提供全方位法律服务。法律顾问对政府事务参与度不断增强，单位部门法律顾问意见的重视程度逐渐增强。

严格按照《达孜区政务公开工作制度（试行）的通知》进一步加强电子政务、政府网站建设，建成政务信息公开平台，完善政府门户网站，完善信息公开制度，网上公开政务信息302件。积极邀请人大常委会成员、区纪委参加区政府常务会议，主动接受人大及其常委会法律监督、工作监督和政协民主监督。

持续推进简政放权，深化“放管服”改革工作。投资4982.51万元建成达孜区政务服务中心，推进线上线下融合发展，认领、编制、规范实施清单819项，承诺时限平均压缩84%，网上四级标准办理深度达82%，即办件占比提升71%，平均跑动次数压缩至0.19，各类审批材料精简至60%以上，审批服务更加便捷高效。

【学习教育】 年内，达孜区人民政府办公室始终把思想政治教育摆在各项工作的首位，坚持把学习习近平总书记系列重要讲话精神作为一项重要的政治任务抓紧抓好，通过召开支部专题学习会、书记讲党课、专题研讨等形式，制订详细的学习计划，深入学习贯彻中共十九大、十九届历次全会精神以及中央第七次西藏工作座谈会精神，学习次数达20余次。持续拓展“主题党日”载体活动，将活动载体与重要节日节点深度融合，坚持不懈用习近平新时代中国特色社会主义思想教育引导党员干部，引导办公室全体干部职工深学、深思、深悟，不断提升秘书工作的自律意识、服务意识和责任意识。

【制度建设】 年内，严格执行重大决策“公众参与、专家论证、风险评估、合法性审查、集体讨论决定”5项必经程序，严格按照《拉萨市达孜区人民政府工作规则》筹办各类会议，推进区人民政府工作的制度化、规范化，依法规范行政决策行为，确保决策规范化、科学化、民主化。

【党风廉政建设】 年内，大力加强政府系统廉政建设，强化重点领域和关键岗位廉政风险防控，不断加大从源头上预防和治理腐败的力度。不断优化食堂服务水平，严格执行政府采购，规范管理公务用车，加强机关物业管理，避免资金浪费和隐形支出。健全责任落实机制，召开专题会议研究党风廉政建设相关工作，传达学习中央有关党风廉政建设的方针政策，以及自治区市党委、政府出台的相关重要文件精神，研究部署办公室贯彻落实工作。细化责任分解，把党风廉政建设和反腐败工作任务落实到每个党员干部，做到责任主体明确、责任范围明确、责任内容明确。

实行首问责任制、服务承诺制、一次性告知制、限时办结制等效能建设制度，完善政务大厅和窗口集中服务机制，健全行政效能投诉受理机制，切实解决单位效率低下、办事推诿等问题，形成用制度管权、按制度办事、靠制度管人机制，促进干净干事。

（杨　蒙）

【机构领导】

副主任

成　超

白丽达（女，藏族）

## 应急管理

【概况】 2021年，达孜区应急管理局始终坚持“落实安全责任，推动安全发展”的方针，以开展“安全生产达孜行”活动为载体，以“强化执法年”为抓手，突出工作任务，着力提升企业主体责任落实，确保全区安全生产形势持续稳定。

2021年，达孜区有自治区级工业园区1家，63家实体企业，非煤矿山2座，13家危险化学品企业，重点建筑施工领域3处。2021年，达孜区生产安全事故1起（1起建筑施工领域生产安全事故），死亡1人，无人员伤亡，直接经济损失103万元，无较大事故发生，无群死群伤事件。2021年，达孜区应急管理局在编干部4人，机构级别为正科（局）级，编制总数6名，行政编制4名、事业编制2名。

【目标管理】 年内，达孜区委、区政府主要领导多次在全区大会上强调安全生产工作是事关社会经济发展的大事，率先把安全生产责任扛在肩上、时刻把安全生产工作抓在手上。各部门和单位主要领导亲力亲为，深入一线督导检查，确保各项措施不折不扣地落到实处。

年内，达孜区应急管理局与监管对象层层明确目标任务、执法清单，构建横到边、纵到底的安全生产监管网络，确保安全生产责任制得到有效落实。继续实施安全生产目标管理，把安全生产作为全局性重点工作纳入全区目标综合考核，使安全生产工作责任得到进一步细化、落实。

【法治建设】 年内，达孜区应急管理局的安全生产监督管理工作逐步走上规范化、制度化、法治化的轨道，为依法规范安全生产行为、加强安全监管提供了法律和政策保障。深入贯彻实施国务院《中华人民共和国安全生产法》，进一步加大生产安全事故调查处理力度，建立和完善各项规章制度，依法追究事故责任，起到较好的警示作用。

2021年5月11日，拉萨市应急管理局副局长次仁尼玛（左二）一行到达孜区普雄矿业检查指导工作

【安全监管】 年内，以安全生产标准化、安全生产月、安全生产达孜行等活动为载体，分别对危化品、非煤矿山、工贸企业、建筑施工、道路交通、宗教领域、烟花爆竹经营场所、学校以及人员聚集场所开展深入细致的联合检查和专项执法活动，开展全方位、多层次的安全生产大检查，切实加强节日期间安全生产监管，加强重点时段安全监管，特别加大汛期安全检查力度，有效促进各级安全生产责任落实。

【安全大检查】 年内，检查生产经营企业185次，发现隐患378条，现场整改301条，限期整改77条。责令停产停业整顿1家，行政处罚45万元。检查危化品56次，发现隐患174条，现场整改143条，限期整改31条，对辖区内的工贸企业和建筑施工单位开展4次抽样式安全生产大检查，共发现隐患42条，现场整改24条，限期整改18条，交通领域方面组织专项行动6次，出动执法人员28人次，下达执法文书10份，消除安全隐患89处；对达孜区14座寺庙（日追、拉康）进行2次隐患排查工作，共发现隐患58条，截至年底，已整改48条。

【隐患治理】 年内，“两节”前后，

2021年4月20日，区委常务副书记、常务副区长罗小兵（右三）一行到藏缘青稞酒业有限公司调研

结合烟花爆竹定点销售工作的开展，对达孜区烟花爆竹销售市场进行执法检查，重点打击无证销售和非法经营行为，规范了达孜区烟花爆竹市场秩序；组织开展特种设备安全隐患排查整治专项行动，持续动态排查消除各类安全隐患，确保所使用设备的安全运行；进一步规范电器产品，提高群众电气火灾防范意识；开展危化行业安全专项整治，加强危化品安全监督检查，重点加大对危险化学品生产、销售、储存、运输过程中的监管力度，严防事故发生；开展粉尘防爆和涉氨制冷行业专项整治。紧盯各类作业场所，认真开展大检查和隐患治理，消除重大事故隐患，有效遏制和防范事故发生；实施道路交通安保工程建设，持续开展道路隐患集中排查整治行动，有效防范道路交通事故发生。

【建立应急救援管理机制】 年内，大力加强安全生产监督检查工作，坚持定时检查与重点抽查相结合，全面排查全区的各类安全生产事故隐患，抓好安全事故隐患排查管理制度。坚持日常巡查和单位自查相结合，推进监管关口前移，加强安全源头隐患排查，根据达孜区的实际情况，着力建立健全安全生产应急管理机构和应急救援队伍，制定达孜区生产安全事故救援应急预案，不断完善救援体系，有效防范各类重特大事故的发生，确保安全生产工作落实到实效。

【安全教育】 8月18日，达孜区应急管理局联合园区管委会安监局以邀请专家的形式，组织工贸企业负责人和企业安全管理人员64名在园区管委会开展业务知识培训。随后为了充分发挥属地管理原则，提升监管人员的业务知识水平，达孜区应急管理局订购《安全生产标准》《安全生产学习手册》及安全生产须知卡发放给各乡镇、辖区各派出所，同时，在日常检查工作当中，达孜区应急管理局专门联系乡（镇）安监专干或者分管安全生产领导一同前往现场进行实地教学。

【自然灾害普查】 年内，为深入贯彻落实习近平总书记关于自然灾害防治和防治减灾救灾的重要论述精神。组织开展西藏自治区第一次全国自然灾害综合风险普查，获取达孜区地震灾害、地质灾害、气象灾害、水旱灾害、森林和草原火灾等主要自然灾害的致灾因子信息，重要承灾体信息、历史灾害灾情信息，掌握自然灾害重点隐患情况，查明区域减灾能力，根据西藏自治区普查办要求，此项工作由应急管理部门牵头，达孜区共涉及8家单位。截至年底，达孜区应急管理局完成总工作量100%（西藏自治区普查办已质检），区农业农村局、区交通局、区住建局、区水利局、区林草局完成总工作量100%（待西藏自治区普查办质检），自然资源和生态环境部门由上级部门统筹协调。

【安全宣传】 年内，为进一步强化安全生产红线意识，提升全社会安全文明素质，切实提高企业落实安全生产主体责任的能力和水平，达孜区紧紧围绕“全面落实企业安全生产主体责任”这一主题，结合安全生产宣传教育“八进”活动，集中开展一系列内涵丰富、形式多样、群众喜闻乐见的安全生产宣传教育活动，普及安全知识，提高全民安全意识和安全素质，推动企业安全生产主体责任落实。

2021年4月9日，达孜区应急管理局局长索朗次仁（右二）一行到天圣医药消毒有限公司检查新设备运行情况

性牢牢把握深入学习贯彻习近平新时代中国特色社会主义思想这个根本任务，坚持推进"两学一做"学习教育常态化，与党员政治教育结合起来，采取领导示范带头学、丰富载体推动学、邀请专家辅导学、红色教育感染学的"四学模式"，分领域抓好学习教育，引导广大党员干部增强"四个意识"、坚定"四个自信"、做到"两个维护"，组织领导干部开展理论学习。

（扎 桑）

各乡（镇）、区直各部门、各企业以"防风险、除隐患、遏事故"为原则，通过电视、微信公众平台、专版专栏、悬挂张贴安全生产标语（横幅），播放安全生产警示教育片等形式，营造浓厚的安全生产月活动宣传氛围，共粘贴标语86幅，悬挂横幅89张。

6月16日，各乡（镇）在政府门口开展安全咨询日活动，达孜区安委办在虎峰佳苑组织开展"安全生产宣传咨询日"活动，活动当天设立咨询台，通过发放宣传资料、设立宣传展板、现场解答问题等多种手段向企业职工和社会公众传播安全生产理念、思路、措施和行为规范，共发放以安全生产政策法规、安全科普常识、应急处置、自救互救方法为内容的彩色宣传单5000份、安全读本500本。

各乡（镇）、区直有关部门、各企事业单位共播放安全生产教育警示片3部，组织观看安全警示教育片35场次，观看人数达6000余人次。

区直有关部门深入重点企业开展安全生产法律法规宣讲、部门负责人与企业召开座谈会、典型经验观摩、安全文化进校园等活动。通过上述活动的开展，进一步增强了企业职工和农牧民群众的安全意识、法治意识，营造"人人关注安全"的良好氛围。

**【自身建设】** 年内，达孜区应急管理局党支部有正式党员4名，经上级党组织批准升格为党委。局领导班子按照"举旗帜、抓班子、带队伍、促发展"的要求，切实加强局机关党建工作切实加强思想政治建设。加强基层组织建设，深入实施"三会一课"制度，积极开展党员"不作为、慢作为、形式主义、官僚主义"突出问题的党员政治纪律教育活动，充分发挥局党支部的战斗堡垒作用，加强思想政治工作，开展理想、信念、宗旨教育，确保上下政令畅通，激发了干部职工工作的积极性和主动

**【机构领导】**

局 长

索朗次仁（藏族）

副局长

李 翔 实

## 消防救援

**【概况】** 2021年，达孜区消防救援大队有指战员27人，包括干部6人、消防员6人、政府专职队员14人，消防文员1人。达孜区消防救援大队是全区以政府专职队员为主的单位。

**【车辆装备】** 年内，达孜区消防救援大队有消防执勤车辆4辆，其中25吨水罐消防车1辆，3吨泡沫5吨水罐联用消防车1辆，抢险救援车1辆，3吨泡沫5吨水罐多功能城市主战消防车1辆，行政车5辆。大队主要有破拆、堵漏、救生、防化、侦检、照明、水域和地震救援等1546件（套）消防装备器材。

【行政区划】 达孜行政区域面积为1360平方千米，总人口29150人，下辖5个乡1个镇、21个村民委员会、1个居委会、131个村民小组组成，达孜区消防救援大队负责监管33家消防安全重点单位，辖区共有14座寺庙，88个市政消火栓；达孜区是以农业为主的半农半牧型经济，国道318线（川藏线）及拉林高速横穿全区，是拉萨通往林芝、山南、昌都等地的主要通道，是进入拉萨的重要门户之一，素有"拉萨东大门"之称。

【党建工作】 年内，达孜区消防救援大队党支部严格按照党建工作相关要求，做好年初党建工作谋划，认真组织落实党支部党内政治生活和加强支部党员教育管理工作。所有的重大问题决策、重大项目投资决策、大额资金使用均经大队党支部集体讨论做出决定，同时，坚持把学习作为提高党员干部素质的重要手段，以建党百年为契机，以党史学习教育为抓手，确保大队工作稳步进行，学习教育成效明显。对队伍管理、训练、廉政、教育、基建、经费等进行研究部署，进一步强化大队党组织规范化建设，实现党支部统领队伍全面工作。2021年，达孜区消防救援大队荣获西藏消防救援总队颁发的"先进基层党组织"奖；达瓦江村被拉萨市评为庆祝中国共产党成立100周年活动表现突出个人。

【思想政治建设】 年内，达孜区消防救援大队紧紧围绕中国共产党成立100周年、西藏和平解放70周年的重要节点，深入学习贯彻习近平总书记授旗训词、中共十九届六中全会精神，组织全体指战员扎实开展学党史学习教育，撰写学习心得体会，开展交心谈心，全力做好基层消防救援队伍思想政治工作。此外，在春节、藏历新年、中秋节等节日期间，积极开展困难党员慰问和走访帮扶辖区困难群众活动。

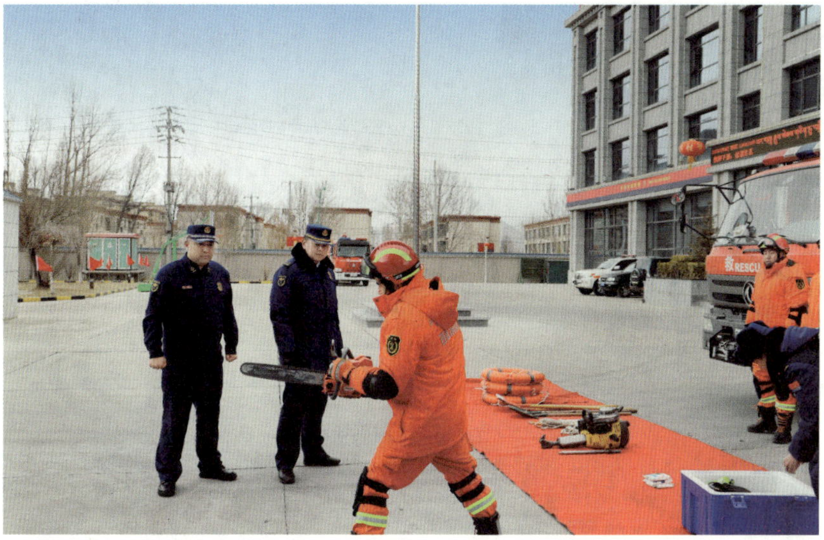

2021年12月30日，拉萨市消防救援支队副支队长旺扎（左二）一行到达孜区消防救援大队检查指导工作

【党风廉政建设】 年内，为深入贯彻落实中央八项规定要求，严肃党风廉政建设有关纪律，达孜区消防救援大队支部委员会结合自身实际，采取多项措施，全面做好党风廉政教育工作，大力提升廉政建设水平，着力打造风清气正、廉洁建队的工作新格局。大队将党风廉政建设工作与党史学习教育实践活动紧密结合，坚定落实两个责任，狠抓队伍反腐倡廉建设，聚焦监督执纪问责，不断提高队伍水平，确保党风廉政建设和各项工作取得实效。

【执勤战备训练】 年内，达孜区消防救援大队"坚持从严治党，打造过硬队伍"的方针，把队伍管理和安全防事故工作提上重要议事日程，严格执行条令条例和各项安全管理规定，认真分析当前队伍管理和安全工作形势，及时发现并解决各类事故隐患和苗头，狠抓"两个经常性"工作，"条令条例学习月"等活动，严抓"人、车、酒、网、电、密"等重点环节，进一步规范队伍"四个秩序"，2021年大队未发生行政责任事故及安全事故。大队围绕"基层安全万里行"活动，坚持把安全工作紧紧围绕"火灾形势与队伍形势双稳定"这一工作目标，将安全工作视为"前沿工程"，不断健全安全管理组织、制度，强化安全风险分析评估，加大问题隐患整改力度，探索建立长效防患机制，为队伍"安全万里行"打下良好的安全环境。

年内，达孜区消防救援大队共接出警31起，出动人员231人

2021年11月17日，达孜区消防救援大队召开冬季火灾防控部署会

次、车辆47台次。其中火灾8起，抢险救援4起，社会救助2起，勤务安保16起，增援1起，熟悉演练32次，夜间演练17次，检查市政消火栓88个，制作和修订灭火预案36份，开展实战演练29次。

【管酒治酒】 年内，达孜区消防救援大队全体指战员严格执行消防救援局提出的管酒治酒“十个严禁”，进一步强化饮酒报备制度，切实提高遵纪守法的自觉性、主动性，坚决树起管酒治酒的高压线，严格落实饮酒报备、酒精检测制度，把节日期间管酒治酒工作抓紧、抓实、抓出成效。全体指战员和消防文员要充分认识违规饮酒和酒驾问题的危害，时刻严守消防救援局从严管酒治酒“十个严禁”要求，确保队伍高度稳定。

【社会火灾防控】 年内，组织开展夏季消防安全大检查、今冬明春火灾防控等消防安全专项整治活动，切实消除一大批火灾隐患，圆满完成“三节”、两会、辖区“叶巴次久”展佛等重大消防安保任务。同时，大队在日常工作中注重与公安、应急、文物等相关部门建立信息沟通、联合执法、联合监管的消防工作长效机制，切实加强对消防安全的齐抓共管工作力度，积极拓宽微型消防站建设和消防安全宣传培训工作。年内，加强对拉萨市木材加工市场消防安全监督管理工作，配合完成拉萨国家级战备仓储库建设评审工作，率先召开2021年度达孜区消防工作会议，及时“落实消防责任、防范安全风险”“119”消防宣传活动，开展夏季消防安全检查，完成“三节”、两会、萨嘎达瓦等重要节点和重大消防安保勤务的火灾防控任务，确保达孜区“三个稳定”“三不出”。

年内，共检查各类单位场所439家次，督促整改火灾隐患180处，下发责令改正通知书52份，行政处罚5家，罚款45500元，联合辖区公安派出检查13次，指导辖区派出所检查并填写指导单8份，联合各职能部门检查15次。对辖区14座寺庙进行专项检查和整改并对每一个寺庙制定整改清单，组织所有寺庙、寺管会消防安全管理人进行集中约谈，向社会单位及个人宣传消防安全知识867次，受教人员12530余人次。

【消防宣传】 年内，达孜区消防救援大队认真谋划、精心组织，以

2021年6月24日，达孜区消防救援大队对公安和“九小场所”负责人进行监督检查培训

综治宣传周、安全生产月、“119”消防宣传月等活动为契机，通过讲解消防安全常识、教授一般火灾扑救方法、组织应急疏散演练、指导开展火灾隐患自查自改等方式，开展内容丰富、形式多样的宣传活动，大力开展消防宣传“五进”活动，大队先后深入辖区乡镇、学校、企业等各行业开展消防宣传40余次，受教育人数达1万余人次。

【经费保障】 年内，达孜区消防救援大队争取业务经费300万元，正规化建设专项经费43万元，消防车辆及随车器材装备800万元，共计1143万元，消防经费投入创历史新高。年内，达孜区消防救援大队还率先出色完成全区消防救援队伍正规化建设试点工作，得到总队、支队党委充分肯定。

年内，达孜区消防救援大队分别投入46万元和2万余元，继续为15名政府专职消防员和厨师购买“五险一金”和阜康医院健康体检，努力营造“拴心留人”的良好氛围。

（刘　楠）

【机构领导】
政治教导员
　张　鹏
大队长
　达瓦江措（藏族）

## 信访工作

【概况】 2021年，达孜区共办理（接待）群众来信来访86批（件）113人次，同比分别增长82.98%、50.67%，涉及资金12154.46万元，化解86（批）件113人次，化解资金12154.46万元，化解率100%，集体访2批（件）10人次，重复访8批（件）9人次，其中，本级登记信访事项55批（件）79人次，国家、区、市信访局转交办31件34人次，妥善解决本级信访事项55批（件）79人次，化解率100%；妥善解决国家、自治区、市信访局转交办信访事项22批24人次，化解率100%。工程领域“双拖欠”信访事项71批（件）97人次，占总量的82.56%，同比下降8.94%，涉及资金5150.51万元；化解工程领域“双拖欠”信访事项61批（件）84人次，化解资金5150.51万元，化解率100%。

【领导干部接访下访】 年内，达孜区委、区政府主要领导听取信访工作汇报12次，带案下访5次，针对3起信访疑难案件作出指示批示，高位推动信访工作。

年内，达孜区召开信访个案及矛盾纠纷专题协调会23次，全区召开信访工作会议2次，信访联席会议2次，并针对10件信访事项及矛盾纠纷落实12名县级领导包案。

【党建工作】 年内，达孜区信访局党支部牢固树立以人民为中心的执政理念，深入推进全面从严治党，抓好党建工作、党风廉政建设工作，不断改进工作作风，切实提高工作效率，增强凝聚力、战斗力，为实现党建工作与重点工作、业务工作紧密结合、相互促进、共同发展，推进各项工作有序开展提供坚强的纪律保障。

达孜区信访局结合“三新”、“三更”、党史学习教育建立健全党支部学习计划，加强全局干部职工政治思想学习，突出政治建设，并要求全局干部职工深入学习贯

2021年4月1日，区委常委、政法委书记、公安局局长索朗群培（主席台左二）主持召开拉萨市达孜区2021年第一季度信访工作联席会议暨网上信访系统培训会议

2021年9月10日，拉萨市信访局党组书记、副局长、一级调研员张尚福（左三）一行到达孜区信访局检查指导工作

彻中共十九大，十九届三中、四中、五中、六中全会精神及习近平新时代中国特色社会主义思想。

【党风廉政建设】 年内，达孜区信访局主要负责人对党风廉政建设工作做到亲自部署、协调、督办，班子成员认真抓好职责范围内的党风廉政建设，确保“一岗双责”落实到位，并层层传导责任压力，确保责任明确、履责有依、问责有据，同时，制定廉政约谈制度，严格落实廉政约谈制度，在全局形成“一把手”负总责、负全责，班子成员对分管科室负全责，科室负责人具体负责，一级抓一级，层层抓落实的工作格局。

【矛盾纠纷排查】 年内，达孜区信访局以“信访矛盾化解攻坚”活动为载体，坚持重要节点期间每周排查一次，常态化坚持每月排查2次的矛盾纠纷排查制度，在辖区内全面排查摸底，积极开展横向到边、纵向到底的各类信访矛盾纠纷排查化解工作，对辖区内重点问题、重点领域、重点群体开展深入摸排。2021年，达孜区信访局联合人社局劳动监察等相关部门对五乡一镇，22个行政村（社区）深入排查各类矛盾纠纷47次，共排查出15起矛盾纠纷，并交由相关责任单位（部门）处理，已全部化解。

【解决突出问题】 2021年，达孜区信访局共梳理重点矛盾纠纷1件，均已落实包案领导、责任单位、责任人。联合公安、劳动监察处理恶意讨薪事件6件7人次。

【创建信访“人民满意窗口”】 年内，达孜区信访局通过抓信访形势分析研判、抓信息交流沟通、抓基层组织作用发挥等措施，持续强化源头预防化解工作。通过采取信访联席会议，定期进行汇总梳理，分析信访矛盾集中区域、成因趋势和存在的主要问题，有针对性地提出意见建议，有效掌握该辖区、该领域信访工作情况，为达孜区委、区政府决策部署提供了重要依据。

（索朗尼玛）

【机构领导】

负责人

尼玛扎西（藏族）

## 藏语言及编译工作

【概况】 根据拉萨市机构编制委员会《关于调整各县（区）部分事业机构的通知》，2017年4月14日经县编委会议研究同意，将达孜县藏语委办（编译局），原达孜县编译室更名为达孜县藏语文工作委员会办公室（编译局），达孜区藏语文工作委员会办公室（编译局）为区政府直属事业单位，正科级建制，核定科级领导职数2名、事业编制5名。工作人员5名，其中正科级1名、副科级1名、科员3名。

【宣传活动】 年内，为进一步提高干部群众的规范用字的重要性，必要性，达孜区藏语文工作委员会办公室（编译局）充分利用法治宣传日、民族团结进步日、百万农奴解放纪念日等时间节点，向全区各族群众积极宣传《中华人民共和国宪法》《中华人民共和国民族区域自治法》《中华人民共和国国家通用语言文字法》《西藏自治区学习、使用和发展藏语文的规定》《拉萨市社会用字管理办法（试行）》等相关法律法规，确保全区藏语文社会用字管理依法有序开展。在2021年宣传活动中，共发放宣传物品100个、手册80本。

2021年5月6日，达孜区编译局局长尼玛珍嘎（左一）组织干部召开会议传达上级会议精神

【社会用字规范化】 年内，为切实规范达孜区藏语文使用环境，达孜区藏语文工作委员会办公室（编译局）始终抓牢规范使用这一手段，先后组织开展8次社会用字规范化检查活动，对街面各类店铺招牌、公路沿线提示牌、旅游景点、公共服务领域用语用字发现一个问题就督促落实一个问题，对易改的即改、对难改的限改。采取现场提供翻译服务、下发整改通知书、口头教育、现场指导和宣传政策等措施进行整治。

截至年底，共检查各类牌匾、交通路标、广告、标语横幅等300个，问题整改率达98.7%以上，进一步净化了藏语言文字环境。在中国共产党成立100周年、西藏和平解放70周年、习近平总书记在西藏视察、全国两会等重大活动前期，集中专项检查社会用字情况，为全区各类重要节庆活动营造健康和谐的语言文字环境。

【骨干人才培养】 年内，为进一步提高达孜区藏汉翻译队伍能力水平，加强达孜区翻译人员理论水平和翻译技能，充分发挥各级各部门在宣传党的各项方针政策，服务中心工作，特别是广大农牧民了解和掌握国家的有关政策中的特殊作用。在区委、区政府的高度重视下，举办达孜区第一期汉语藏语翻译培训班，此次培训邀请自治区、市级汉藏翻译相关专业老师对人大、政协、检察院、法院、宣传、电视台、编译部门各乡镇（村居）翻译人员共37人进行培训，培训效果显著。

2021年11月24日，拉萨市藏语委办（编译局）二级调研员多吉次仁（左二）一行到达孜区检查指导社会用字工作

【藏汉翻译工作】 年内，为全力做好业务工作，达孜区藏语文工作委员会办公室（编译局）紧扣全区中心工作，围绕区第十次党代会、两会、换届工作会议等重大会议和党史学习教育开展大量的翻译工作。全年共翻译文字材料100余份，翻译字数达15万余字。完成“四大班子”、涉宗涉农、科教文卫、重点民生及其他领域的材料50份；主持词、领导讲话、公告、承诺书、感谢信等材料36份；各县直单位、个体工商户翻译门牌、横幅、公章、红头、宣传标语400多条，并把2021年的这些翻译成果整理成册以便以后资料查阅提供了便捷。

2021年8月5—6日，达孜区编译局工作人员对区域内所有林卡开展社会用字检查

【为基层办实事】 年内，为广大群众提供便利，从源头治理用字环境，达孜区藏语文工作委员会办公室（编译局）始终高度重视为广大藏语文受众服务工作，随时为广告店提供横幅标语等类的校审翻译服务。截至年底，翻译和校审的横幅、标语、广告牌、门牌等150多条，从源头上控制了社会面因翻译不准确而造成的用字不规范问题。

【地名文化释义工作】 年内，为推进拉萨市地名文化释义工作进程，达孜区藏语文工作委员会办公室（编译局）根据拉萨市藏语委办（编译局）关于编纂地名历史文化释义推进会议及《拉萨市地名文化释义》编写范本要求，积极协调民政、民宗、文旅等相关部门，征求各单位的意见建议。经过调查、咨询、搜集、更正、整理编纂等一系列工作，已完成5个乡1个镇行政村、自然村的地名文化释义和各寺庙、拉康、日追、佛塔、名胜古迹、旅游景点、河流等地名文化释义，并邀请西藏大学历史文化领域较为权威的专家对其藏语汉语版进行最终的审核校对。

（益西曲珍）

【机构领导】

主　任

尼玛珍嘎（女，藏族）

副主任

格桑措姆（女，藏族）

# 中国人民政治协商会议达孜区委员会

## 综述

【概况】 2021年,政协达孜区委员会委员共75名,机动委员3名,共设7个界别:中共界、工商界、农牧科技界、民族宗教界、教育界、医卫界、军警界。其中主席1名、副主席4名,常务委员13名。

【政协一届五次全会】 1月16—19日,中国人民政治协商会议第一届达孜区委员会第五次会议在达孜召开。会议应到委员75人,实到60人,符合政协章程。会议听取审议《政协第一届拉萨市达孜区委员会常务委员会工作报告》《政协第一届拉萨市达孜区委员会第四次会议以来提案工作情况的报告》;列席第一届拉萨市达孜区委员会第五次会议、听取并讨论政府工作报告、"两院"工作报告和其他有关报告;增选政协第一届拉萨市达孜区委员会主席;审议通过一届五次会议《常委会工作报告决议》《提案审查情况报告》《政治决议》;学习中共十九届六中全会,中央第七次西藏工作座谈会,习近平总书记在中央政协工作会议暨庆祝中国人民政治协商会议成立70周年大会上的讲话,自治区党委九届八次、九次全会及区党委政协工作会议,市委九届六次、七次全会及市委政协工作会议精神等。

2021年2月8日,达孜区政协党组书记、主席赵彩娥(右三)一行到雪乡慰问基层一线干部

【理论学习教育】 2021年是中国共产党成立100周年和西藏和平解放70周年,也是政协达孜区第一届委员会认真履职、迈出坚实步伐的重要一年。以党的政治建设为统领,坚持用习近平新时代中国特色社会主义思想统揽政协各项工作,强化政治引领,广泛凝聚共识。按照党中央、自治区党委、市委决策部署,扎实开展党史学习教育、"三更"专题教育、"三新"大学习大讨论活动,取得良好成效。完善以党组理论学习中心组为引领的学习制度体系,不断推动常委会学习常态化、机制化;采取党组理论中心组学习(扩大)会、党组(扩大)会、党员学习交流

会、撰写心得体会、讲党课、专题培训、线上线下结合等有效方式。

年内，达孜区政协常委会紧紧依靠和团结带领全体政协委员，认真组织委员和机关干部深入学习贯彻习近平新时代中国特色社会主义思想，学习中共十九大及十九届历次全会精神，学习中央第七次西藏工作座谈会精神，学习习近平总书记“七一”重要讲话及在西藏视察调研时的重要讲话精神，学习习近平总书记关于加强和改进新时代政协工作的重要论述，系统学习《习近平谈治国理政》、“四史”及西藏和平解放70年的革命建设史等。不断教育引导各级各界委员把思想和行动统一到党中央决策部署上来、习近平总书记系列重要讲话精神上来，牢记“两个确立”、增强“四个意识”、坚定“四个自信”、做到“两个维护”，提高政治判断力、政治领悟力、政治执行力，在思想上、政治上行动上与党中央保持高度一致。召开政协党组理论中心组学习、党组（扩大）会议、主席会议、全委会21次；开展委员专题培训4次；举办一次全体委员参加的中共十九届六中全会、区市第十次党代会集中学习培训会1次；组织专题党日和党员集中学习活动13次；安排3名政协副主席积极参加市委党校举办的“学习贯彻中共十九届六中全会精神及区市第十次党代会精神研讨班”；领导干部参加在线学习超过40学时；领导干部人均撰写理论文章和心得体会6篇以上，一般党员干部人均撰写理论文章和心得体会3篇以上。

2021年3月28日，政协拉萨市达孜区委员会庆祝西藏民主改革62周年暨“3·28”西藏百万农奴解放纪念日座谈会

【能力建设】 年内，习近平总书记明确要求“把事业放在心上，把责任扛在肩上，认真履行委员职责”。不断强化委员守初心践使命教育，注重发挥各级委员在政协履职中的主体作用。完善体制机制、改善履职条件，积极引导各级政协委员珍惜荣誉、担当作为。

年内，新成立乡级委员联络室2个；建立完善委员履职档案；加强委员履职考核评价，将委员每年提交提案、报送社情民意情况以及参加学习培训、撰写外出视察调研的心得体会、参与委员活动频次等列入履职考核重点内容。科学评价、量化考核，调动委员履职积极性。

【紧扣民意民生建言】 年内，定期召开社情民意信息征集工作会议，积极引导委员关注民生、反映民意、撰写社情民意信息，实时跟踪、及时反馈信息办理情况，促使群众普遍关注、社会反响强烈的相关问题得到及时解决。全年共收集报送社情民意信息1条。其中，《关于德庆镇六组国道边拆除围墙建议》得到党政领导及有关部门的重视和关注，相关部门积极作为，已经完成拆除工作。社情民意信息办理逐步成为区委、区政府及其有关部门倾听群众意见、回应群众呼声、高效解决发展难题的重要渠道。

【着眼经济发展谋策】 年内，围绕疫情对民营企业复工复产、经营销售、盈利收入等方面的影响，以及企业发展面临的困难和问题，对达孜工业园区几家龙头企业开展调研，形成专题调研报告，提出对策建议4条；聚焦坚决打赢脱贫攻坚战，组织委员到林芝市、山南市分别进行为期5天的学习考察调研，集中建言巩固脱贫成果、减少和防止贫困人口返贫，推进脱贫攻坚与乡村振兴有效衔接，形成“发展特色产业，促进农牧民持续增收”专题调研报告，提出思考建议6条。2篇专题调研报告均得到达孜区委、区政府的重视和肯定，区委书记张干作出批示，指出“区政协履职担当，为区委科学决策提供依据，工作值得肯定”。

【民主监督】 年内，进一步优化民主监督小组和人员配置，明确监督原则和方向，把握监督的节奏和力度，树立“监督就是服务、监督就是支持”的理念，力求在监督中加强交流、沟通协商、促进工作。主席班子成员多次带队，组织委员到乡镇、村(居)、寺庙，围绕“禁白”、扫黑除恶专项斗争开展民主监督，助推环境保护和扫黑除恶专项斗争扎实深入开展。委派21名民主监督员驻区人社局、区生态环境局、区市场监督管理局等19家区直行业部门，以有利于助推派驻单位工作为监督标准，适时适当提出意见建议。推荐10多名委员参与区人民法院、区检察院举办的案件庭审会、征求意见会、“检察开放日”等活动，民主监督形式更加灵活多元、富有成效。

【提案办理】 年内，制定提案办理实施细则，健全提案征集引导、联合交办、办理协商、答复反馈机制，并坚持把协商贯穿提案提、立、办、督全过程，强化办前提前协商、办中跟踪协商、办后运用协商。加大主席会议督办重点提案力度，强化带案视察、重点督办和办理评议。

截至年底，共收到提案52件，立案24件，作为意见建议处理17条，其中有12件内容相同的提案并案处理为4件，撤案处理3件，办复率100%，委员满意率保持较高水平。在提案办理过层中主席班子成员带队组成3个组先后深入提案承办单位开展跟踪督办工作，极大提高了提案办理实效。

【新冠肺炎疫情防控】 年内，充分发挥政协组织和政协委员智力密集、联系广泛的优势，全力为抗击新冠肺炎疫情贡献政协力量。在组织委员认真学习疫情防控知识的基础上，第一时间发出藏语汉语版《抗击疫情、人人有责、致全区政协委员的倡议书》，号召广大政协委员上下一心、众志成城，挺身而出、战斗在前，为做好疫情防控工作发挥作用。委员们积极响应，各条战线上的政协委员主动放弃休息，立足各自岗位，积极参与疫情筛查、稳产稳岗、保障供应、纾解情绪等工作，以实际行动展示责任担当。在这场疫情防控战中，达孜区30余名政协委员、2名主席班子成员和1名机关干部冲在疫情防控最前线。同时，广大政协委员、机关干部还积极发扬“一方有难，八方支援”的光荣传统，“急疫情所急，帮防控一线所需”，主动扛起社会责任，踊跃捐赠防控物资，用真情义举驰援防疫一线，共计募捐现金28100元，捐赠牛奶、方便面、饮料等物资折合人民币8180元。政协班子心系抗疫一线工作人员，多次带队到乡镇、村(居)、寺庙等防疫卡点和达孜派往城关区协助疫情防控点关心慰问，并为一线工作人员送去生活必需品。

2021年7月3日，达孜区政协组织政协委员开展重温百年党史不忘初心使命专题党课学习

【创文工作】 年内，在全国文明城市创建工作中，及时组织开展“全国文明城市创建，政协委员在行动”主题活动，向全体委员印发《达孜区政协委员创建全国文明城市倡议书》，发动委员迅速行动，积极助力达孜全国文明城市

创建工作。70余名政协委员，结合自身联系界别实际，分头行动，进社区宣讲创文知识、入集市清理白色垃圾、上路口维修存在安全隐患的井盖等，用实际行动参与和支持全区打赢“创文”攻坚战，为全面提升达孜区群众文明素质、全面提升达孜区城市文明程度、全面提升达孜区人民幸福感和获得感贡献了政协力量。

【“五大关系”和谐】 年内，通过多种途径和不同渠道，加强与社会各界的广泛联系，宣传达孜区委、区政府重大决策部署，倾听意见，解疑释惑，增强合力。积极参加自治区、拉萨市政协组织的调研考察活动；做好内蒙古呼伦贝尔市、甘肃甘南州卓尼县、阿里地区、那曲申扎县、昌都八宿县等区县政协来达孜考察交流接待工作，加强与兄弟市县政协的联谊联系，联络了感情、开阔了视野、推介了达孜；组织委员走出达孜，到林周、尼木两县开展宗教领域工作考察学习，交流工作经验，启发工作思路，提升工作本领。同时，加强与工商联、社会团体、党外人士的合作交流，扩大与社会各界以及达孜籍在外人士的沟通联系，多形式为达孜创新发展凝心聚力。

【开展公益活动】 年内，广大政协委员在积极参政议政、为区域经济发展建言献策的同时，还致力扶贫济困、关心关爱弱势群体，踊跃投身社会公益活动，让人民群众从委员身上不仅感受到政协的温暖，而且感受到党和政府的温暖。联合达孜区卫健委、区人民医院，发动医卫界政协委员，在幸福社区“三岩”安置点和德吉社区扶贫易地搬迁集中安置点开展“义诊进社区，服务暖民心”活动，宣传健康生活理念，接诊群众达200余人次，受到群众的广泛好评。工商界委员拉巴赤列、龙日加措、马吉锋主动捐资共1.5万元用于购买义诊药品。同时，工商界委员创业有成，致富不忘回报社会，委员拉巴赤列和马吉锋心系困难群众，每年分别出资60万元和30万元用于建档立卡贫困户产业分红；委员童嘎次仁每年拿出6000元资助困难大学生，彰显了政协委员社会担当。

2021年7月1日，达孜区政协组织政协委员开展重温入党誓词活动

【凝聚社会共识】 年内，因人制宜、扬长避短，科学安排政协党组班子成员分工，强化班子领导合力。在年度协商计划和工作重点责任分解中，将协商调研课题及专题协商会议交由各副主席牵头承担承办。

年内，分管副主席分别联系组织界别委员，按照年度工作重点开展调研视察，承办专题协商会，工作活力得到激发。深入开展党史学习教育、“三更”专题教育活动，开好机关党支部专题组织生活会，整改提升机关党建水平；组织机关党员干部开展丰富多彩的红色教育活动，引导党员干部学党史、悟思想、办实事、开新局；组织上级政协领导及班子成员在基层委员中广泛开展党课活动，教育引导基层委员站稳政治立场，坚定跟党走的信心和决心，勠力同心建设幸福美好家园。

【坚持团结联谊】 年内，围绕疫情对民营企业复工复产、经营销售、盈利收入等方面的影响，对达孜工业园区几家龙头企业开展调研，形成专题调研报告，提出对策建议4条，协助企业纾难解困；聚焦脱贫攻坚工作，集中建言巩固脱贫成果、减少和防止贫困人口

2021年4月28日，拉萨市达孜区政协召开提案办理协商座谈会

返贫，推进脱贫攻坚与乡村振兴有效衔接，形成“发展特色产业，促进农牧民持续增收”专题调研报告，提出对策建议4条。开展维护稳定、巩固脱贫成果、群众思想引领、大学生就业等专题调研，形成专题报告上报达孜区委，为区委决策提供参考。主动与自治区、拉萨市政协对接，开展拉萨市“编制‘十四五’规划”和“精准扶贫产业后续发展”“河长制”工作开展情况、“民族传统手工艺发展”“民营企业发展中存在的困难和问题”“特色种养殖业合作社发展状况”等调研。扩大与区内外政协的联谊交流。

年内，组织委员围绕“企业复工复产”“发展优势产业，巩固脱贫攻坚成果”“有效加强湿地环境保护”“提升巩固脱贫攻坚成果，推进脱贫攻坚与乡村振兴有效衔接”等主题外出考察调研4批次。接待区内外政协考察团4批70余人次到达孜区考察交流学习，积极讲好达孜故事，扩大达孜对外影响力。

【经常性工作】 年内，开展文史工作，继续跟进对《虎峰忆往——达孜史话》整理编纂工作，积极推进资料终审校对、排版设计等事宜。在庆祝拉萨市政协成立60周年征文活动中，组织委员踊跃投稿，用文艺振奋民族精神、引领社会风尚。活动中收集、整理、修改上报委员稿件5篇，市政协采用3篇。以此为契机，将上报稿件作为“三亲”资料进行整理归档，为编撰达孜本土的“三亲”文史书籍打下基础。

（何春琴）

【机构领导】

党组书记、主席

赵彩娥（女，5月免）

党组成员、副主席

伦珠次仁（藏族）

赵建中

副主席

洛桑西热（藏族）

桑林·才旦旺姆（女，藏族）

拉巴顿珠（藏族）

巴　珠（藏族）

普布旺堆（藏族）

次杰巴珠（藏族）

达瓦拉姆（女，藏族）

次旺朗杰（藏族）

拉巴赤列（藏族）

## 办公室工作

【概况】 2021年，达孜区政协办公室坚持以习近平新时代中国特色社会主义思想为指导，围绕中国共产党成立100周年、西藏和平解放70周年工作全区发展大局，凝聚共识，汇聚力量，建言献策，为全面深化改革，加快建成面向主城区打造东大门城市和全面建成小康达孜做出新贡献。深入学习贯彻习近平新时代中国特色社会主义思想和中共十九大及十九届三中、四中、五中、六中全会精神，中央第七次西藏工作座谈会精神，中央政协工作会议精神，《中共中央关于新时代加强和改进人民政协工作的意见》，自治区和拉萨市政协工作会议精神，自治区市党委和达孜区委重要会议精神等，深刻把握人民政协的地位作用、目标任务、职责使命。紧紧围绕区市党委、达孜区委重大工作部署，紧扣达孜区政协重点工作，充分发挥参谋助手和中枢协调作用，主动适应新常态，全力以赴谋发展，履职尽责搞服务，聚精会神抓落实，较好地完成各项工作任务。

2021年7月30日，达孜区政协机关党支部组织集中学习

【学习教育】 年内，把学习作为提高素质、搞好服务的重要前提，采取有效措施，常抓不懈，组织开展各类学习活动20场次。。

采取集体学与自学相结合、定期学与平时学相结合、专题讨论与主题辅导相结合等方式，激发干部的学习热情。通过制订学习计划、保障学习时间、检查学习心得等措施，办公室内部学理论、学业务蔚然成风，工作人员整体素质不断提高。

【办好公文】 年内，达孜区政协办公室起草的文字材料，坚持认真拟稿，精益求精，严格审核，仔细修改，力求准确到位。所有文件材料必须经领导签发后，再对其进行仔细校核，确保格式、内容均准确无误。

截至年底，达孜区政协办公室所撰写的汇报材料、领导讲话等共计75篇，质量均较高，确保政协各项工作及时、准确地安排部署。对各类来文做到及时登记、签批、传阅，应该保存的文件及时整理归档。

【调研视察】 年内，达孜区政协办公室始终将组织好调研视察作为办公室工作的重点，每年年底办公室就开始酝酿来年的调研题目。截至年底，组织委员围绕“企业复工复产”“发展优势产业，巩固脱贫攻坚成果”“有效加强湿地环境保护”“提升巩固脱贫攻坚成果，推进脱贫攻坚与乡村振兴有效衔接”等主题外出考察调研3批次。此外，还认真做好自治区、拉萨市以及区内外政协到达孜区视察调研的服务工作，先后接待拉萨市“编制‘十四五’规划”和“精准扶贫产业后续发展”、“河长制”工作开展情况、“民族传统手工艺发展”、“民营企业发展中存在的困难和问题”“特色种养殖业合作社发展状况”等调研；接待区内外政协考察团5批80余人次到达孜区考察交流学习，积极讲好达孜故事，扩大达孜对外影响力。同时，扩大与区内外政协的联谊交流。

【搞好协调】 年内，充分发挥主观能动性，预先安排工作，做到事前勤沟通、事后多反馈，确保工作准备充分，衔接紧密。坚持原则性与灵活性相结合，及时向主席汇报情况，统筹安排主席的活动，使各位主席之间的工作联结成一个有机整体。加强与达孜区委办、

2021年6月15日，达孜区政协机关党支部开展主题党日活动

2021年7月1日，达孜区政协机关党支部组织开展重温入党誓词活动

人大办、政府办之间的沟通协调，主动加强联系，及时进行沟通，取得理解与支持。经常与部门交流情况，协调处理好各部门间的关系。

【机关效能】 年内，召开机关党风廉政建设会议，把机关党建工作与政协履职同谋划、同部署、同落实、同考核，基层党组织的政治功能不断显现。把纪律和规矩挺在前面，建立健全机关集体学习、干部职工管理、办文办会办事等各类规章制度，机关管理层级化、规范化、制度化持续推进。成立机关支部委员会，配齐配强支委会成员，力促机关党建工作水平再上新台阶。达孜区委重视政协干部队伍建设，双向培养、使用、交流2名机关干部，机关干事创业的精气神不断提升。

（何春琴）

【机构领导】

主　任

旦增罗布（藏族）

副主任

何 春 琴（女）

# 纪律检查(监察)

## 综述

【概况】 中共达孜区纪律检查委员会和达孜区监察委员会合署办公,下设4个科室:综合办公室、纪检监察一室(党风政风监督室)、纪检监察二室、信访案审综合室。区纪委监委核定行政编制12个,实有13人,下属事业单位纪检监察信息中心,核定事业编制3个,实有2人。

【政治监督实现具体化、常态化】 年内,紧紧围绕贯彻落实新时代党的治藏方略,紧盯稳定、发展、生态、强边等重大决策部署跟进监督、精准监督,特别是加大对中央第七次西藏工作座谈会精神贯彻落实、换届风气情况、"十四五"规划项目推进、巡视巡察反馈问题整改等重点工作的监督检查力度,以实际行动推动中央、区市各项重大决策部署落实落地。以党史学习教育为契机,组织全区党员干部签订《政治纪律政治规矩承诺书》。以开展党内政治生态分析研判、建好政治监督"活页"为重要抓手,加强对新形势下党内政治生活若干准则执行情况的监督检查,成立3个工作组深入各乡(镇)、各单位开展谈心谈话40余人次,重点分析研判领导班子、领导干部廉政情况,全面了解"树木"和"森林"状况,反馈整改问题11个,政治生态持续修复。

【"两个责任"走深走实】 年内,明确纪委监委协助党委推进全面从严治党职责定位,始终在区委的领导下开展工作,聚焦监督执纪问责,把政治标准作为根本检验标尺,协助新任区委、区政府主要领导全面查找党风廉政建设和反腐败工作中存在的问题和不足,深挖细查"四风"问题隐形变异种种表象,持续整治群众身边的腐败和作风问题,做到尽职不越位、协助不包办、帮忙不代替。持续强化政治监督,加强对党的路线方针政策、党中央重大决策部署贯彻落实情况的监督检查,从讲政治高度集中整治形式

2021年7月1日,达孜区委常委、纪委书记、监委主任冯琳开展"书记讲党史专题党课"活动

主义、官僚主义，确保政令畅通；做实做细日常监督，聚焦“六稳”、“六保”、疫情防控等重点工作，认真落实监督责任，全年共开展各类监督检查200余组次，发现问题200余条，移交问题线索2件，监督检查收效显著。在决策层面提供建议参考，对上级纪委作出的重大决策、重大安排等及时向区委汇报，提出贯彻落实意见建议；在部署层面协助进行责任分解，细化工作目标，压实各级党组织政治责任；在执行层面督促落实落地，运用约谈、述责述廉、巡察等方式，确保管党治党各项工作有部署、有检查、有落实；在效果层面加强考核问责，对全面从严治党“两个责任”履行不力的加大问责力度，倒逼责任落实，全年共问责党员领导干部38名，释放“失责必问、问责必严”的强烈信号。

2021年3月12日，达孜区纪委监委一行到邦堆乡开展违纪资金退还群众活动

【纠“四风”树新风】 年内，抓住重要时间节点，通过加大典型案例通报曝光力度、重申纪律要求、实地明察暗访等方式，一锤接着一锤敲，一个事项接着一个事项盯，一个节点接着一个节点抓，持之以恒做好正风肃纪工作。扎实开展作风专项治理收尾工作，督促整改违反中央八项规定精神问题108条；深入开展“三公”问题专项整治，梳理公务加油卡使用记录3万余条，检查全区各乡（镇）、各单位餐费开支账目、公函往来情况100余条，累计反馈“吃公函”问题17个。

年内，达孜区党员干部因违反中央八项规定及其实施细则精神，给予党纪政务处分1人，诫勉谈话4人，约谈和谈话提醒50余人次，收缴违纪资金140余万元，顽瘴痼疾得到有效治理，党风政风社风焕然一新。加强会风会纪、日常内务管理，处置违反上下班纪律和会风会纪问题17个，清理办公用房超标准问题6项，张贴公车“二维码”156张；坚持预防为主，针对酒驾醉驾问题开展提醒监督，处理党员和公职人员酒驾问题线索3件。

【惩治腐败】 年内，制定《关于对全区2016年以来已建成扶贫产业项目开展监督检查工作的实施方案》，督促相关部门对扶贫产业项目建设运营情况全面摸排；成立2个调研组，深入辖区乡（镇）、工业园区产业扶贫项目点调研扶贫产业项目68个，发现共性问题20余条、个性问题4条。

截至年底，共处置扶贫领域问题线索1件，诫勉谈话和约谈5人。对政法队伍教育整顿工作开展专项监督检查，安排专人参与整治整改工作，复核“涉黑涉恶”问题线索2批次，为政法干警作廉政辅导4次，累计处置政法干警问题线索2件，助推教育整顿工作取得实效；坚持实地踏查、现场抽查、调阅资料、走访询问相结合，持续推进“两违”整治工作，督促整改“两违”问题6条，排查参与“两违”党员7人，处置问题线索1件；深度开展社保基金管理风险排查工作，通过走访调研、现场取证、每月跟进，清理重复参保、重复领取待遇42人，退缴违规发放社保资金110余万元。坚持做好执纪审查“后半篇文章”，组织召开违纪资金集中返还会2次，返还侵害群众利益资金18万余元；主动协同区人民法院、白纳村村党组织开展支部共建，集中宣讲信访举报流程和注意事项，协调有关部门解决各类群众“急难愁盼”问题2个，督促兑现群众利益资金2000余万元。

【"三不"体制机制】 年内，准确运用监督执纪"四种形态"，坚持严管和厚爱结合、激励和约束并重。坚持对受处分人员进行回访教育，促进受处分人员思想转化。因人、因岗分类开展廉政风险防控工作，督促全区55家单位排查廉政风险点315个，制定风险防控措施635条。进一步完善廉政意见回复办法，健全信访案管、党风、巡察联合审核机制，有效防止问题党员干部"过关"。

2021年9月10日，中共拉萨市达孜区纪委监委巡察办党支部组织参观西藏军区军史馆

达孜区委、区政府进一步修改完善"三重一大"议事规则和《公务车辆配备使用管理办法》等制度，防腐内控机制越发健全。进一步加大警示教育力度，征订并下发《严以治家清风传家》读本200余册，组织全区党员干部开展家风建设、换届纪律等专题警示教育6场次，纪委书记、纪委副书记讲廉政党课5场次；各级党组织常态化开展学通报、看警示教育专题片、观廉政警示教育基地等活动，党员干部拒腐防变思想防线越筑越牢。

【市县巡察一体化】 年内，按照"政治过硬、本领高强"要求，选派多名巡察干部到区市纪委和巡察机构跟岗学习，不断增强斗争本领。从组织、政法、财政、审计等部门选配优秀党员干部42名纳入巡察人才库，并加强与有关单位的协调配合，形成联动监督、整体推进的工作合力。采取巡视巡察上下联动、推磨式交叉巡察、授权任职临时巡察组组长等方式，有序开展一届区委巡察收尾工作，以"巡乡带村"方式对新仓村、雪普村党组织开展单独巡察，完成对当雄县纳木湖乡色德村、公塘乡冲嘎村交叉巡察任务，打通基层权力监督"最后一公里"。采取"监察+巡察"紧密协作模式，常态化开展巡察反馈问题整改落实情况监督检查。聚焦民生领域和政法队伍教育整顿，对4家单位整改落实情况开展"回头看"，反馈往轮巡察整改不到位问题19个、发现新问题2个，建立问题反馈清单逐一跟进，确保整改取得实效；以一届区委总体巡察情况为主要依据，制定《巡察反馈意见整改情况督查建议方案》，通过实地走访、查阅资料、问询民意，对42家单位巡察反馈整改情况进行复核，认真对标对表，巡察工作成效显著提高。

2021年8月4日，达孜区纪委监委组织全体干部观看警示教育片《欲望的囚徒》

【锻造纪检监察铁军】 年内，常态

2021年7月2日，达孜区纪委监委巡察办党支部组织人员参加中国共产党成立100周年红歌会演

化开展全员培训，不断提高纪检监察干部理论知识水平，拓展工作思路，共选派16人参加中央、区市纪委业务培训，完成乡镇纪检干部跟案学习7人次；选派25名纪检巡察干部赴镇江市纪委开展交流学习，通过参观红色教育基地、历史文化遗迹、基层党建活动阵地等方式铸牢纪检监察干部中华民族共同体意识。科学调整职能部门和岗位分工，明确工作例会制度，制定《拉萨市达孜区纪委监委机关工作规则（试行）》，强化内部监督制约机制；2021年取消或退出参与议事协调机构3个，保留或继续参与议事协调机构15个，各乡镇纪委同步对参与议事协调机构进行清理调整，由平均11个精简至8个，精简幅度达27.3%；建立与司法机关有序对接制度机制，召开反腐败协调领导小组会议2次，逐步健全对内对外工作流程。年内，接受司法机关移交问题线索11条。共提拔晋升纪检监察干部6人，进一步使用1人，交流到系统外2人；签订纪检监察干部“限酒禁赌”承诺书30余份，深入开展系统内“双述”、约谈、家访各项工作，完成纪检监察干部家访3人次，约谈纪检监察干部2人，调离纪检监察系统2人，严防“灯下黑”。

年内，达孜区纪委监委团结带领全体纪检监察干部深入学习领会习近平新时代中国特色社会主义思想，统筹“协助”与“监督”两项职责，积极主动为区委履行主体责任提供有效载体、当好参谋助手，使“两个责任”贯通协同、形成合力，精准有效发挥监督保障执行、促进完善发展作用，纪检监察工作取得新成效，实现了“十四五”良好开局。

（陈世伟）

【机构领导】

区委常委、纪委书记、监委主任

扎西泽姆（女，藏族，6月免）

冯　琳（女，6月任）

纪委副书记、监委副主任

刘　军

郭馨蔓（女，5月任）

纪委常委、监委委员、监察一室主任

杨永宾

纪委常委

兰春红（女，5月任）

纪委常委、综合办公室主任

郭　驰（5月免纪委常委、12月免综合办公室主任）

纪检监察二室主任

平措列旦（藏族）

# 人民团体

## 工会

【概况】 2021年,达孜区总工会带领全区各级工会组织高举中国特色社会主义伟大旗帜,深入贯彻落实中共十九大、中央第七次西藏工作座谈会精神,围绕中国工会十七大目标任务,积极发挥工会组织的桥梁纽带作用。达孜区总工会编制2人,配备人员4人,其中主席1人,副主席1人,二级主任科员1人、四级主任科员1人。

2021年,加强工会基层组织建设,开展并按时完成村(社区)基层工会换届工作。为发挥好工会作用提供保障,达孜区已建立3个工会联合委员会;54个工会委员会(其中乡镇6个,村级工会委员会22个、非公有制企业22个、国有企业4个);工会小组46个(机关事业单位43个,合作社3个),达孜区实名制系统录入会员总数为6515人。按照区、市委组织部和达孜区委、区政府关于“两新”组织非公有制经济组织和社会组织建会入会工作的部署要求,深入开展企业建会入会工作,“两新”组织建会率达到99%。

【规章制度】 年内,进一步建立完善内部各项规章制度和长效机制。制定完善出台首问负责制、限时办结制、责任追究制、岗位责任制、帮扶中心工作制、开展“送温暖”活动实施办法、学习制度、考勤、值班制、服务承诺制,办公室规章制度等制度汇编,促进机关内部管理逐步走上了制度化、规范化。

【党建工作】 年内,持续开展党史学习教育和“三更”专题教育,工会、团区委联合党支部组织党员干部开展庆祝中国共产党成立100周年系列活动,收看党的百年华诞盛况及习近平总书记在中国共产党成立100周年大会上的重要讲话实况和支部党员进行重温入党誓词、“我和党旗合个影”活动,表达为党的事业奋斗终身的决心和愿望。

以支部主题党日活动为契机,多次组织全体干部职工参观

2021年9月15日,江苏省总工会权益保障部部长董明伟(后排右三)一行慰问西藏藏缘青稞有限公司困难职工

市廉政警示教育基地、西藏百万农奴解放纪念馆、朗孜夏陈列馆、清政府驻藏大臣衙门旧址陈列馆、根顿群培纪念馆等红色教育基地，观看西藏和平解放70周年大庆直播，以及《紧急救援》《榜样5》《悬崖之上》《布德之路》等爱国影片。进一步统一思想、深化认识，不断增强“四个意识”、坚定“四个自信”、做到“两个维护”，为全体干部职工树立正确的人生观、价值观奠定政治基础。达孜区总工会内部积极组织学习《中华人民共和国工会法》《中国工会章程》等工会业务相关知识，并积极参加区、市工会组织开展的各类业务培训共计3次。通过参加业务培训，使干部职工业务水平有了较大的提高，工会工作整体水平得到进一步提升。

2021年9月26日，拉萨市总工会党组书记、副主席索朗罗布（右一）一行到西藏藏缘青稞有限公司为“拉琼劳模创新创业工作室”授牌

【职工群众思想政治引领】 年内，在企业邀请达孜区党校副校长普琼老师开展党的十九届六中全会精神专题宣讲，达孜区国有企业（城投、旅投）和非公企业职工40余人参加学习；在达孜区塔杰乡塔杰村开展“五送”活动，活动上由全国劳模获奖者拉巴围绕深入领会习近平总书记关于党史的重要论述以及新旧西藏对比，向广大职工宣讲中国共产党百年奋斗的光辉历程和历史性贡献；在企业以开展安康杯活动为契机，由全国劳模获得者拉琼向企业职工宣读“五个争做”活动的倡议书。

以新时代文明实践职工志愿活动、“五送”活动、“3·28”西藏百万农奴解放纪念日、国家安全教育日、综治宣传月、周为抓手，深入企业、深入基层，向广大职工群众发放《工会会员手册》《法律援助条例学习材料》《中华人民共和国工会法》《中华人民共和国社会保险法》《做新时代雪域高原文明职工》《学习宣传贯彻中央第七次西藏工作座谈会精神》《中华人民未成年人保护法》《禁毒预防教育宣传单》《如何防范合成毒品》《安全生产法律法规文件汇编》《做新时代雪域高原文明职工倡议书》《民族区域自治法》《拉萨市民族团结进步条例》《中华人民共和国安全生产法》《农民工援助服务手册》《中华人民共和国国家安全法》等宣传册及慰问品。

【送温暖活动】 年内，为新冠肺炎疫情防控一线送温暖，为积极贯彻落实“工会为职工群众办实事”工作，开展疫情防控一线和基层防疫站点慰问活动，为区医院（发热门诊）、卫健委、疾控中心、村级警务室、寺管会、行政村、乡（镇）人民政府及卫生院、驻村工作队、行审局等70个站点，送去共14万元慰问金。通过慰问把党和政府的关心、关怀送到疫情防控一线和基层工作人员的心坎上。

开展“三大节日”送温暖活动，关爱职工，看望慰问区指挥中心、区卫健委及驻村工作队等50家单位，开展送温暖慰问活动，共发放慰问金10万元，使广大干部职工切实感受到党和政府的关怀、温暖。

为及时贯彻落实“工会为职工群众办实事”工作，组织区委宣传部、团区委、区妇联、区委统战部（民宗局）、区应急管理局、区人民医院、区司法局、塔杰乡派出所等单位，在塔杰乡开展“五送”活动，参与职工群众200余名，各单位结合本单位职能、业务向职工群众共发放3000余份宣传册和宣传品、30余种药品，并对10名基层职工代表进行慰问，共发放1万元慰问金。

【劳动模范服务】 年内，向达孜区全国、自治区、市级劳动模范和先进工作者16人，发放8000元慰问品。为庆祝中国共产党成立100周年，开展慰问劳动模范活动，走访慰问全国、自治区、市三级劳动模范11人，每人慰问标准1000元，共计11000元，把党和政府对广大劳动者的关怀落到实处。为大力弘扬劳模精神、工匠精神，发挥劳模创新创业工作室在示范引领、技能传承、培育工匠精神的作用，在拉萨市总工会指导和帮助下，经实地调研劳模创新创业工作室场地、劳模及先进人物带动作用和企业产品推销等情况后，结合企业实际成立达孜区第一个劳模创新创业工作室（拉琼劳模创新创业工作室），并于9月26日完成授牌工作。

【安全生产】 年内，为确保达孜区中国共产党成立100周年、西藏和平解放70周年期间安全生产形势稳定，联合安委会成员单位到园区各企业进行安全生产综合检查，开展检查工作共计3次涉及企业13家。

达孜区总工会联合应急管理局在西藏藏缘青稞有限公司开展安康杯知识技能竞赛活动，活动上由区应急管理局工作人员向职工们讲解安全生产相关知识并对现场职工进行提问和解答，并开展消防演练、安全生产知识抢答、叉车司机操作技能竞赛、设备焊接技能竞赛、码垛技能竞赛、工装穿戴竞赛。

达孜区总工会协助相关单位，参与1次事故调研工作，加强工会对查处职工伤亡事故的监督检查，维护伤亡和受职业侵害职工的安全生产的合法权益，保护更多职工免受伤害。

【工会福利】 3月12—13日，达孜区总工会为全区1222名会员干部职工按职工自身需求发放电压力锅和微波炉。4月29日，为全区1222名干部职工会员发放当地产业食用油、鸡蛋、藏香等扶贫产品。在中秋、国庆节期间，为全区1461名干部职工会员发放青稞胚芽、青稞醋、牛肉干等扶贫产品。在元旦来临之际，为全区1461名干部职工会员发放生日蛋糕券。

【维护女职工合法权益】 年内，开展“三八”国际妇女节慰问基层女职工活动，慰问全区村级工会女职工22人，共计送去价值6600元的慰问品。开展女职工产假等权益专项执法工作，区人力资源社会保障局牵头，积极配合进企业开展女职工产假等权益专项执法行动，围绕企业女职工产假、休息休假、保险缴纳等权益落实情况进行检查，进一步调动广大女职工的积极性和创造性，促进劳动关系和谐稳定，营造关心关爱女职工的良好氛围。

【职工群众帮扶】 年内，对达孜区28户市级困难职工每人1000元的标准进行慰问，共计帮扶资金28000元整。9月15日，到2家非公有制企业（西藏藏缘青稞有限公司、西藏圣信工贸有限公司）对10名困难职工进行慰问，送去对口援藏的真切关心关怀。按照《拉萨市总工会2020年脱困职工帮扶救助金拨款通知》要求，12月13日，为15名2020年脱困职工发放帮扶救助金，每人标准1000元，共计发放15000元。按照上级工会要求开展“金秋助学”统计申报工作，对达孜区2020年和2021年符合资助条件的2名困难职工子女开展兑现仪式，发放助学金10932

2021年3月8日，达孜区总工会主席宗吉（右一）一行慰问村级工会女职工

元和 12000 元，送去党和政府及工会组织的关心关怀和温暖。

【关心职工生活】 年内，为切实推进各级工会联合会发挥职能作用，进一步丰富活跃干部职工的文化生活，促进职工身心健康、体育健身和业余生活需求，工会牵头，公安局系统工会主办开展第二届“激情达孜”足球比赛。教育体育局牵头，工会协助开展全民健身运动会。

【文明城市创建】 年内，积极开展爱国卫生月和新时代文明实践活动之环境卫生清理志愿活动，不断提高工会干部职工健康意识，不断改善环境卫生面貌，使工会干部职工积极参与到达孜区环境卫生整治中。按照创建文明城市相关要求，工会干部职工积极参与交通疏导员工作，开展党员志愿者在 318 国道进行交通引导和疏导等工作。

【工会统计年报】 年内，按照上级工会关于统计年报工作要求，高度重视，做好各乡镇、机关企事业单位工会信息采集统计上报工作。

【高原职工氧吧便携式制氧机发放】 西藏地处青藏高原，高寒缺氧的环境严重影响广大职工身体健康，为缓解高海拔地区供氧难题，切实帮助改善职工的工作休息条件，进一步贯彻落实总工会对口援藏工作会议精神，扎实深入开展好党史学习教育，并转化成“我为群众办实事”的实践活动，在邦堆乡叶巴村扎叶巴寺管会举行“高原职工氧吧”项目便携式制氧机发放工作，缓解高海拔地区供氧难题，切实改善职工的工作休息条件。

2021年4月28日，达孜区总工会慰问劳模

【产业工人队伍建设】 年内，为深入学习贯彻习近平总书记关于产业工人队伍建设改革的重要指示精神，根据上级工会关于成立达孜区新时代产业工人队伍建设相关文件要求，结合达孜区工作实际，制定《新时代达孜区产业工人队伍建设实施方案（征求意见稿）》，向涉及的各责任单位进行征求意见建议，且按照涉及责任单位意见建议对方案内容进行修改，并按照上级工会要求以达孜区委名义印发《新时代达孜区产业工人队伍建设实施方案》至各相关单位。

2021 年新时代达孜区产业工人队伍建设各责任单位按照各自职工和任务分工，积极开展各项工作，产业工人队伍党建工作方面，为加大在生产一线工人队伍中发展党员力度，把技术能手、青年专家、优秀工人吸收到党组织中来，不断加强产业工人队伍的思想引领；产业工人队伍组织建设工作方面，坚持党建带工建，按照应建尽建原则和区市委组织部和达孜区委、区政府关于“两新”组织非公有制经济组织和社会组织建会入会工作的部署要求，深入开展对未建立工会组织的“两新”组织进行建会前期宣传和建会工作，2021 年达孜区“两新”组织非公有制经济组织 26 家和社会组织 2 家已全部建立工会组织，非公有制企业会员人数为 447 人。

（罗　增）

【机构领导】

主　席

宗　　吉（女，藏族）

副主席

达瓦措姆（女，藏族）

## 共青团

【概况】 2021年,共青团达孜区委员会核定行政编制2人,实有在职人员5名,其中团区委书记1名、副书记1名、四级主任科员2名、志愿者1名。正式干部4人均为党员。

2021年,达孜区共有共青团员1088名,青年9052人,团青比例12.02%,团干部93名,其中专职团干部4名,兼职团干部89名。下属团组69个,其中乡镇团委6个,中学团委1个,区直各单位团支部4个,学校领域团支部8个,村(社区)团支部22个,乡镇机关团支部2个,企业团支部18个、合作社团支部2个,流动团员团支部6个,2021年度新发展团员70人。

【团组织建设】 年内,坚持"覆盖全面、亮点突出、措施到位"的工作方针,根据换届的需要,分别组织专人赴各乡镇,对乡村团干部进行业务培训,为全区团的工作顺利开展奠定了基础。换届后,为进一步激发基层团支部的活力,将德庆镇德庆村团支部、邦堆乡邦堆村团支部定为达孜区基层团支部示范点,加大投入,持续打造,为全区基层团支部树立标杆,营造"比学赶超"的良好氛围。在激发"先进"的同时,帮助"后进"。联合党校和学教办多次到"三岩"片区搬迁点开展主题宣讲活动,切实提升了幸福社区团干部的业务水平,稳步推进社区团员发展和推优入党工作,切实加强幸福社区"三岩"搬迁点团支部建设。在非公有制企业团支部建设上,实现具备条件的企业团组织全覆盖,覆盖率达57%。

9月,到达孜区26家非公有制企业开展"学党史、强信念、跟党走"主题宣讲活动,学习宣传习近平总书记"七一"重要讲话精神、在西藏视察时的重要讲话精神,强化了基层阵地。12月17日,为持续推动基层团组织规范化建设,增强基层团组织的组织力和战斗力,达孜团区委组织召开2021年度达孜区各乡(镇)共青团组织述职评议会。

2021年11月24日,共青团达孜区委员会书记于记伟(主席台右三)到区中学开展"书记讲团课"活动

【共青团改革】 年内,将共青团改革与基层团组织换届有力结合,高质量选配基层团干部,将社会影响力大、团员人数多的企业负责人列入县级团的委员会候选人名单,为下一步县级团的代表、委员的选举奠定基础。将青年活动、"青年之家"建设与新时代文明实践活动有机融合,切实提升服务职能。多渠道拓展共青团影响力,在政务服务大厅开创"党史团史"文化长廊。建立健全青年工作联席会议机制,制定《青年工作联席会议机制》。

4月12日,拉萨市达孜区青年工作联席会议2021年第一次全体会议顺利召开。11月1日,召开共青团拉萨市达孜区教育工作委员会成立大会暨第一次全体会议,加强对教育系统共青团工作和青年工作直接指导;11月24日,挂牌成立中学团校,并开展团校第一课,将逐渐完善团校基础设施和组织架构,规范化、常态化开展团校工作。

【推进"三会两制一课"】 年内,紧紧跟随党的步伐,按时保质开展支部大会、支部委员会、团小组会;严格执行团员教育评议制度、团员年度团籍注册制度;县、乡、村三级书记带头讲团课。11月24日,到达孜区中学开展"书记讲

2021年11月1日，中国共产主义青年团拉萨市达孜区教育工作委员会成立大会暨第一次全体会议在区教体局召开

团课”活动，深入浅出地讲解中共十九届六中全会精神，并就学生团员该怎样学习落实好全会精神做了详细要求，引导学生团员高举党的思想旗帜、汲取百年经验启示、自觉担当起党的助手和后备军，60多名学生团员及入团积极分子参加学习。年底，对习近平总书记在中国共产党成立100周年大会上的讲话精神、习近平总书记在西藏视察时讲话精神、十九届六中全会精神等专题进行宣讲52场，覆盖全区青少年，受众达2万余人次。

【开展活动】 年内，依托区直各单位优势资源，主动联络相关单位，努力破除“编制少、资金少、活力不足”的工作瓶颈。如与宣传部对接，一道开展“新时代文明实践活动”，将“青年之家”“志愿者之家”设立在新时代文明实践中心，实现“场地共用、资源共享、工作同频”的“双赢”。依托“3・28”西藏百万农奴解放日、“10・13”少先队建队日、“9・16”民族团结示范日等节点，大力开展团日、队日活动，教育引导青少年树牢民族共同体意识，做遵纪守法的新时代新青年。

与人大、政协、检察院等单位加强联系，多种渠道开展关心下一代活动，截至年底，共开展各类关爱未成年活动36次。积极开展县、市、自治区三级青年文明号、青少年维权岗、青年安全生产示范岗等品牌评选工作，考察推荐达孜区消防为拉萨市青年文明号，考察推荐国网达孜区供电公司为自治区青年文明号；考察推荐达孜中石油、西藏天圣医药为拉萨市青年安全生产示范岗。努力促进青年就业创业，联系人社局、工业园区、众创空间，依托虎峰创业联盟，多渠道帮助有志青年创业，多方面帮扶100余名困难青年就业。

【少先队组织建设】 年内，健全少先队组织领导机构，各学校先后召开学校少代会，选举产生学校第一届少工委。4月22日，中国少年先锋队拉萨市达孜区第一次代表大会召开，选举产生达孜区第一届少先队领导机构，完善达孜区少先队组织建设工作。定期组织各类主题队日活动，到林周县党员党性教育基地等教育基地参观学习，组织各类文体活动等等；完善各学校少先队阵地建设，规范落实中小学少先队室建设。

【志愿者队伍建设】 年内，成立志愿者协会，将志愿者工作逐步正规化、常态化，协助筹办“达孜区庆祝建党百年文艺晚会”等大型活动；充分发挥青年志愿者的作用，积极参与到达孜的建设发展上来，全年共开展志愿活动60余次，得到一致认可。成立达孜区“河小青”志愿行动队，常态化开展“‘河’我一起，保护母亲河”活动。6月4日，团区委联合达孜区志愿者协会、达孜区中学开展以“轻松备考・与你同行”为主题的中考减压活动。6月1日，达孜团区委联合拉萨市志愿者服务指导中心与市少年儿童活动中心（市少年宫），在达孜区金叶养老院开展“六一”小手拉大手 关爱老人亲子志愿服务主题活动等等。

8月1日，团中央青年志愿者行动指导中心副主任熊剑一行到拉萨市达孜区走访看望西部计划志愿者，深入了解西部计划志愿者的生活、工作、学习状况，调研达孜项目办现行政策落实、日常管理服务情况。

（李 康）

2021年6月1日，达孜区团委联合拉萨市志愿者服务指导中心在达孜区金叶养老院开展"六一"小手拉大手 关爱老人亲子志愿服务活动

【机构领导】

书　记

于记伟

副书记

玉　珍(女,藏族)

## 妇联

【概况】 2021年,达孜区共有妇联组织29个,妇委会47个("两新"组织妇委会15个、机关妇委会31个、尼姑寺妇委会1个),"妇女之家"30个,家长学校17家,巾帼夜校21所,妇女儿童维权岗10个,合议庭1个,婚姻调解室1个,巾帼志愿者461人,国家级"儿童快乐家园"1个、县级"儿童快乐之家"1个。区妇联有干部6人,同时承担妇女儿童工作委员会的工作。

【党建工作】 年内,达孜区妇女联合会党支部经过前期筹备,广泛向党员征求意见,经组织批准,从工青妇群团组织党支部中单设为妇联党支部,7月1日召开会议选举支部书记、副书记2名。

3月17日,达孜区工青妇群团组织党支部召开2020年度组织生活会,会议由党支部书记次旦卓玛主持,支部全体党员和群众代表参会。

5月26日,达孜区妇女联合会党支部以深入贯彻落实习近平新时代中国特色社会主义思想,围绕"不忘初心、牢记使命"主题教育,开展以"守纪律、强作风"为主题的参观西藏百万农奴解放纪念馆、重温入党誓词等主题党日活动。

6月30日,达孜区妇女联合会干部积极参与达孜区"永远跟党走"庆祝中国共产党成立100周年文艺会演。达孜妇联党支部与住建、团委、工会、退役军人事务局、党校等支部合唱红色歌曲《歌唱祖国》。

年内,达孜区妇女联合会党支部先后3次组织党员干部学习习近平在庆祝中国共产党成立100周年大会上的讲话、习近平同志《论中国共产党历史》——"知史爱党,知史爱国""学习党史、国史是坚持和发展中国特色社会主义的必修课";组织干部集中观看爱国主义电影《1921》《长津湖》《布德之路》《永不消逝的电波》,礼赞百年风华、传承红色基因,汲取奋斗力量。

2021年12月17日，拉萨市妇联党组书记叶海缨（后排中）一行到达孜"妇"字号基地授牌并发放扶持金

【宣传活动】 年内，为进一步加大禁毒宣传教育力度，提高公民自觉抵制毒品的能力，预防和减少毒品违法犯罪活动，保护公民身心健康、促进社会和谐稳定，分别于1月15日和6月24日，在达孜区德庆镇桑阿寺沿街开展禁毒宣传活动。发放各类宣传资料600余份，受教育群众300余人，同时发放印有宣传标语的纸杯、水杯及手提包等宣传品，价值500余元。

2021年12月20日，拉萨市达孜区妇联主席次旦卓玛（中）到章多乡组织基层妇联干部能力建设培训

3月29日，达孜区妇联在桑阿寺沿街集中开展“综治宣传月”活动。发放《中华人民共和国反家庭暴力法》宣传材料400余份，并向群众讲解如何预防和制止家庭暴力的知识，号召每一户家庭、每一位成员都积极投身到反对家庭暴力活动中，共同倡导文明，做反对家庭暴力的宣传者，为平安建设工作添砖加瓦。

6月28日，达孜区妇联根据达孜区统一安排在德庆镇桑阿寺沿街开展主题为“平安建设为人民，建设平安靠人民，平安成果惠人民”的宣传活动。发放自治区妇联、拉萨市妇联、达孜区妇联印制《民法典——护航美好生活之婚姻家庭篇》《儿童自我保护知识读本》《中华人民共和国反家庭暴力法——宣传手册》300余份，受教群众200余名。

6月29日，达孜区妇联与总工会等多家单位和部门开展的“五送”下乡活动在塔杰乡塔杰村举行，让每名村民都得到实实在在的实惠。此次“五送”活动受到广大群众的热烈欢迎，当天区妇联共发放宣传资料200余份，活动的开展切实增强了农村妇女群众的法律意识，从而引导广大妇女共创和谐家庭，共建幸福家园，共促社会和谐。

为切实发挥妇联组织在非法集资宣传教育中的作用，引导广大妇女和家庭远离非法集资，共同守护美好生活，为中国共产党成立100周年和西藏和平解放70周年营造和谐稳定的氛围，达孜区妇联联合德庆镇妇联在德庆镇桑阿寺附近开展主题为“远离非法集资、拒绝高利贷诱惑”活动。向过往群众讲解如何防范非法集资，发放防范非法集资宣传资料100余份，同时发放印有宣传标语的纸杯、水杯及手提包等宣传品，价值300余元，受教群众100余名。

9月16日，达孜区妇联积极开展“9·16”平安西藏宣传日暨民族团结宣传活动。悬挂藏语汉语“中华民族一家亲、同心共筑中国梦”的横幅，向过往群众发放《中华人民共和国反家庭暴力法》宣传手册。

10月11日，达孜区妇联开展“网络安全为人民，网络安全靠人民”主题宣传活动。此次宣传活动，共计发放宣传单200余份，宣传包和一次性纸杯各100个。通过此举进一步增强了广大居民群众的网络安全意识，认清不法分子的诈骗伎俩，促进网络安全建设发展。

11月2日，拉萨市妇联特邀家庭教育讲师次达瓦老师，在西藏藏缘青稞有限公司开展家庭教育进企业活动。通过此次家庭教育专题讲座，进一步提高企业员工科学育子理念，使广大家长再次清醒地认识到家庭教育的重要性，同时也掌握一些教育子女的方法和技巧，为形成全社会共同保护未成年人健康成长的良好氛围奠定坚实基础。共有60余名人员参加讲座。

为深入学习贯彻习近平新时代中国特色社会主义思想和中共十九届六中全会精神，做好党史学习教育，结合开展“我为群众办实事”实践活动，达孜区委党校党支部联合妇联党支部到塔杰乡开展《中华人民共和国民法典》知识宣讲，进一步提高妇女对法律知识的了解和运用。此次结合党史学习教育深入基层针对妇女开展《中华人民共和国民法典》宣讲培训，其目的不仅是让妇女更深刻了解《中华人民共和国民法典》，更重要的是通过对婚姻家庭篇的讲解，引导妇女尊法、学法、守法、用法，让妇女更清楚要怎样运用法律保护自己的合法权益，同时发放有宣传标语围裙、杯子及手提袋子、反家庭暴力法宣传手册。

【关爱行动】 年内，在春节和藏历新年来临之际，为使广大贫困妇女儿童感受到党和政府的亲切关怀，达孜区妇联对区内 104 名贫困家庭、残疾妇女、孤残儿童、大病妇女以及表现优异或条件较困难的村级执委等妇女儿童群体进行关爱慰问，每人发放 700 元的慰问金，共计 72800 元；1 月 11 日，达孜区妇联向全区 51 名女警致以节日慰问，并发放价值 18000 余元的慰问品。

2 月 8 日，在“两节”来临之际，达孜区妇联干部到塔杰乡、章多乡走访慰问结对户 8 户，送去慰问金 1700 元。

3 月 28 日，达孜区妇联邀请达孜区人民医院对辖区内的 3 个尼姑寺庙开展上门送医送药和健康义诊服务。此次义诊共为尼姑们提供藏医、西医和 B 超三项服务，大夫为她们号脉、测血压、做 B 超同时耐心地解答她们的疑问，有问必答，并根据她们的身体情况，对她们的日常用药进行指导。此次活动免费发放价值 13000 余元的常备药，送药过程中，医务人员对每位患者病情进行了详细记录备案，详细讲解药品功能性质以及用药规范，同时向她们宣传健康保健知识。

3 月 29 日，达孜区妇联为达孜区中学和中心小学送去图文并茂的藏语汉语版《儿童自我保护知识读本》共计 4000 余册。该读本共有“毒品千万不可碰”“小心，别进网吧”“遇到坏人勒索怎么办”等 19 章，科普从“危险经历”“自护方法”“这样做有危险”三方面入手，通过案例入手，进行正确处理方法和错误处理方法对比，帮助少年儿童提高自我保护意识和能力，保护未成年人合法权益，促进未成年人健康成长。

3 月 30 日，经达孜区妇联牵线的嘉信高科（天津）汽车制造有限公司联系上海乐华科技网络有限公司、上海乐支影视传媒有限公司爱心助学、向教育事业做贡献的定向捐赠仪式，在达孜区中心小学举行，爱心企业向达孜区中心小学捐赠电子钢琴、手风琴、羽毛球拍、乒乓球拍等价值 7 万余元的文体用品。

在“六一”国际儿童节来临之际，达孜区妇联及妇儿工委办带领“三岩”片区 33 名儿童组织系列“六一”活动。首先开展“我向党旗敬个礼”活动；其次是达孜区妇儿工委办带领这 33 名儿童到西藏科技博物馆进行参观学习；最后，向 33 名儿童赠送价值 1782 余元的儿童保温杯，人手一个。

为切实加强儿童教育，保护儿童权益，关心儿童健康成长，达孜区妇儿工委成立唐嘎乡穷达村“儿童快乐之家”，并于 6 月 3 日举行挂牌仪式。建设“儿童快乐家园”是促进儿童健康成长的重要举措，是关注和改善儿童成长环境的具体行动。仪式上区妇联还为 13 名老师和 32 名小朋友发放

2021年5月14日，拉萨市达孜区妇女儿童工作委员会联络员会议召开

3668元的水杯。

为积极响应中国儿童发展规划（2021—2030）中“坚持儿童优先原则，更加注重家庭、学校、社会和网络对儿童的全方位保护”的原则，同时为推进新时代文明实践中心工作，在拉萨市妇联、妇儿工委办的大力支持下，11月5日，达孜区妇儿工委办开展2021年“护蕾行动”儿童自护系列活动。此次“护蕾行动”共开展1场基层妇联主席场、2场学生场、2场家长场和3次个案心理筛查，覆盖142名学生、50名家长、28名基层妇联主席以及3名个案。

为进一步关怀和支持西藏自治区妇女工作，中国妇女发展基金会特向西藏妇女捐赠隔离霜7200支（公益价值总计50.688万元），达孜区分配数为54支（价值3801.6元）。区妇联根据分配的数量将所有隔离霜发放至五乡一镇妇联主席和22个村级妇联主席。

在全市深入贯彻落实中共十九届六中全会精神和自治区第十次党代会精神之际，拉萨市妇联于12月17日在达孜区雪乡雪普村雪梅朵增美妇女纺织专业合作社，举行2021年度“妇”字号基地挂牌及合作社扶持资金10万元发放仪式。

【学习培训】 年内，开展“巾帼夜校”学习共139场次，参与学习妇女3189人次。组织妇女群众观看“阿佳讲堂”2次，内容为《西藏和平解放70周年来的变化》《习近平总书记在西藏视察时的重要讲话精神解读》，此次共有586名妇女观看讲堂。

2021年7月1日，达孜区妇联干部开展庆“七一”活动

年内，拉萨市妇联主办的2021年拉萨市实用技能人员培育民族手工艺品缝纫高级培训班于6月18日在雪乡雪普村开班，历时60天，于8月20日举行结业仪式，周边建档立卡户、边缘户及贫困户15人参加培训；6月25日，拉萨市妇联主办的2020年拉萨市实用技能人员培育工程手工氆氇编织培训班正式完成180天的学习内容，学员为唐嘎乡30名农牧民妇女；11月16日，自治区妇联和自治区就业局举办的妇女编织培训班在唐嘎乡开班，唐嘎乡30名妇女参加培训班；承接培训任务的西藏卓番林文化有限公司表示，将与培训期间出勤率高、技能上表现优秀的学员进行签约采购协议，将优秀的学员正式纳入卓番林手艺库中，成为卓番林手艺库中的一员。

【季度主席联席会】 年内，巩固基层妇联组织改革成果，定期每季度召开主席联席会，听取五乡一镇妇联主席工作汇报，并对下一季度妇联工作进行安排。每半年召集一次村级妇联主席参与联席会，听取工作开展情况，部署下半年工作安排，听取了解基层妇女群众呼声。

【妇女儿童发展规划实施】 年内，《达孜县妇女发展规划（2016—2020年）》和《达孜县儿童发展规划（2016—2020年）》“两规”实施的终期验收年，为确保达孜“两规”实施终期验收圆满达标，1月7日，由自治区妇联二级巡视员拉巴卓玛带队的自治区“两规”实施摸底调研组来到达孜进行摸底检查指导。

4月8日，拉萨市妇联党组成员四级调研员洛桑玉珍、四级调研员白玛琼达等一行到达孜开展“两规”实施情况摸底调研。

5月14日，达孜区妇儿工委召开“两规”成员单位联络员会议。会上，首先书面传达自治区妇儿工委办公室主任会议精神及拉萨市妇儿工委工作座谈会精神；其次解读西藏自治区人民政府妇儿工委办《关于印发“两规”实施情况终期评估赴地市督导工作流程的通知》，并就全区妇女儿童发展规划统计监测报表进行解说，从四个方面部署了妇儿工委工作。

【信息报送】 年内，共编写妇联简报76期、妇儿工委简报9期；印发妇联红头文件13件，及时把妇联工作情况上传下达。

（徐金梅）

【机构领导】

主　席

次旦卓玛（女，藏族）

副主席

拉巴曲措（女，藏族）

## 工商联

【概况】 2021年，达孜区工商业联合会紧紧围绕区委、区政府中心工作和“两个健康”主题，以服务会员、服务发展为己任，充分发挥桥梁纽带和助手作用，完成各项工作任务。2021年，达孜区工商业联合会走访达孜区落地投产企业，积极吸纳未入会的非公企业加入工商联会员队伍。同时，推荐社会贡献大、发展前景好的会员企业经济人士为达孜区人大代表或政协委员，共计7人。2021年，工商联共有会员企业35家，个体会员11家，个人会员7人。

【非公党建工作】 年内，达孜区非公企业中成立党支部5家，党员51名，入党积极分子7名，预备党员1名。年内，达孜区委、区政府拨付公共经费15万元，非公党工委党建经费10万元；积极协助非公企业开展好党史学习教育主题活动，提高非公有制企业党员的思想政治素质。工商联组织干部职工、党员参加党史学习教育动员会议，并为10家非公有制企业制作党建宣传栏和发放党史学习书本资料共计1.5万余元，为活动的有序开展奠定了良好基础。

抓好非公党支部的学习，建立学习制度，将每周五定为集中学习日，学习由非公党支部负责。要求各非公党支部制订实施方案、学习计划，成立领导小组，由各非公党支部安排学习内容，撰写学习笔记和心得体会，党支部书记上党课，确保学习的针对性；抓落实，确保活动成效。结合“四讲四爱”和“三严三实”专题教育实践活动找出的问题和不足，及时整改，力求实效。建立完善“三会一课”学习制度，足额收缴党费。建立完善各项规章制度，保障各项工作正常有序地开展。

【提升服务质效】 年内，达孜区工商业联合会组织西藏玫瑰生物科技发展有限公司、西藏吉顺生物科技有限公司、西藏罗占民族手工艺有限公司、西藏玉雄建筑安装有限公司、西藏阳光庄园农牧资源开发有限公司等非公企业高管参加区、市工商联组织的各类培训。以推动非公有制经济健康发展为着力点，积极组织引导非公企业申报扶贫项目资金。年内，共为非公有制企业争取相关扶持资金达500余万元。

【招商引资】 8月27日，达孜区工商业联合会第二届招商接洽会在达孜工业园区举行。此次活动是达孜区工商联副主席解士远经多方协调，在区委常委、统战部部长拉巴顿珠的大力支持下，在江

2021年4月19日，达孜区工商联副主席解士远（右二）到西藏优格仓工贸有限公司检查指导工作

2021年6月13日，达孜区工商联副主席解士远（右）到西藏圣信工贸有限公司检查指导工作

苏省工商联的协调和帮助下成功举行的。这次接洽会由江苏省工商联党组成员、副主席郭东升带领7名工商界企业家到达孜区考察洽谈相关事宜，使达孜区工商联的工作步入新征程，并实地考察西藏阳光庄园农牧资源开发有限公司、西藏优格仓工贸有限公司、西藏吉顺生物科技有限公司，西藏玫瑰生物科技有限公司对企业的制作工艺给予高度评价，并对企业的发展给予充分肯定。

【走访调研】 年内，多次深入非公有制企业走访调研，发现非公有制企业融资渠道不畅、融资难、企业专业人才缺乏等问题，并对这些问题进行详细梳理，形成汇报材料，向达孜区委、区政府和上级部门及分管领导做汇报，并同区相关部门进行沟通。

【开展慰问活动】 7月，组织西藏天圣医药贸易有限公司、西藏优格仓工贸有限公司、西藏罗占民族手工艺品发展有限公司、西藏国吉顺生物科技有限公司、西藏千圣藏医药科技有限公司、西藏菜都农业科技有限公司、西藏阳光庄园农牧资源开发有限公司、西藏玫瑰生物科技有限公司等企业为全区150户贫困户捐赠财物共计价值15万元，并由企业亲自发放到贫困户手中。

【精准扶贫、精准脱贫】 年内，按照区、市精准扶贫工作会议精神及市工商联“百企帮百村”的具体要求。3月7日，召集民营企业组织召开精准扶贫、精准脱贫行动座谈会。制定“百企帮百村”实施方案，成立工作领导小组；在市工商联大力支持和达孜区工商联的努力下，截至年底，6家民营企业结对6个贫困村进行帮扶，并签订帮扶协议，同时帮助企业复工复产。

【引导非公经济人士参政议政】 年内，达孜区工商业联合会把增强非公经济人士的参政议政能力作为工商联工作的重要职责，引导非公经济人士代表不断提高自身政治思想素质，提高非公经济人士参政议政水平。年内，达孜区非公经济人士人大代表3人、政协委员4人，达孜区非公经济人士代表的政治地位和社会影响力不断提高。

（解士远）

【机构领导】

主　席

赤列卓嘎（女，藏族）

副主席

解 士 远

# 军 事

## 人民武装

【概况】 2021年,达孜区人民武装部(以下简称区人武部)深入学习贯彻习近平新时代中国特色社会主义思想和习近平强军思想,全面推进军事训练、民兵整组、兵员征集、国防动员潜力数据调查和人武部基础设施建设等各项工作,完成上级赋予的各项任务。

【政治工作】 2021年,区人武部把学习贯彻习近平新时代中国特色社会主义思想作为首要政治任务,坚持党对军队绝对领导,坚持全面从严治党,坚持聚焦备战打仗,紧紧扭住查改突出问题不放手,全面提高政治教育和党的建设工作质效,推动单位全面建设高质量发展。定期全面分析思想政治教育形势,找准政治教育的短板弱项和发力点,统筹开展党委中心组理论学习、党史学习教育、主题教育专题学习、"七一"重要讲话精神学习和专题警示教育,引导官兵学习掌握基本观点、领会精髓要义,增进政治认同、理论认同、思想认同、情感认同,强化官兵传承红色基因、担当强军重任的行动自觉。注重发挥党委书记关键性主导性示范性作用,从规范组织工作抓起,从严肃组织生活抓起,从强化组织管理抓起,严把教育引导关、指导帮带关、班子团结关,切实提高党组织自建能力,提高党委正副书记把方向、统班子、带队伍的能力素质。深刻领悟习近平主席"党要管党、从严治党"的政治训诫,突出政治整训把方向、突出纪律教育抓预防、突出执纪监督正风气,深入开展党风廉政教育和自查自纠,常态开展警示教育,引导官兵知敬畏存戒惧守底线,进一步传导压力、压实责任、凝聚共识。

【军事工作】 2021年,区人武部按照习近平主席"能打仗、打胜仗"的要求,深入学习习近平主席关于备战打仗的重要论述,坚决贯彻训令训词精神,强力推进新时代练兵备战工作,练就过硬本领。

2021年12月17日,达孜区委书记索朗次仁(右二)一行到区人民武装部检查新质民兵分队授旗仪式准备工作

2021年10月15日，区委常务副书记、政府常务副区长罗小兵（中）主持召开“双考”工作部署会

主动向达孜区委、区政府汇报上级国防动员工作部署和市委议军会精神，提出区委议军会召开建议，提报基层人武部建设和应急应战物资补充事宜。在上级业务部门的指导下，充分利用现役部队人才优势和科技练兵成果，邀请作战部队干部骨干，指导新质民兵分队开展专项训练，使新质民兵分队支前保障能力稳步提升。协调地方企业开展装备操作培训，制作多媒体训练教案1套，编建装备训练示范班1个，培养一批会操作、会应用、会管理、会维修的“四会”技术人才。

【保障工作】 2021年，区人武部深刻把握军区达标建设和警备区“示范人武部”建设决策部署，及时开展工程建设项目和物资采购工作，突出抓好国防动员分中心建设和民兵训练中心配套设施的完善，进一步提升后勤保障能力。

按照区议军会议精神和区政府常务会议决定，投入经费用于采购民兵装备、完善民兵训练中心附属设施，投入经费升级改造各类库室和基础设施。按照“仗怎么打，兵怎么练，后勤就怎么保障”的要求，始终坚持一切向战斗力聚焦原则，更新完善后勤战备保障预案，协同政府有关部门健全完善战时动员支前和民兵遂行应急任务的后勤保障机制。坚持用规章制度规范和约束经费物资活动，坚持党委审批制度，强化党委理财观念，严格经费报销手续，科学编制预算，严格执行预算，杜绝超预算办事、超标准花钱的现象。

【西藏县(区)人武部建设达标考评】 2021年，区人武部坚决贯彻落实自治区党委、政府和军区关于“双考”工作的部署要求，协助达孜区委、区政府研究部署民兵调整改革检查考评工作，逐条对照检查考评细则查漏补缺，共完善民兵调整改革资料50余份、人武部达标建设资料90余份。同时，由达孜区人武部主官带队先后6次对基层人武部建设情况进行实地检查，3次组织召开基层人武部建设工作部署会和协调会，指导乡(镇)人武部规范库室设置，配齐物资器材。10月，以综合排名第一的成绩高标准完成自治区、军区人武部达标建设考评，被评为全面建设先进人武部。

（谢斌强）

## 武警达孜中队

【概况】 2021年，武警达孜中队官兵始终保持和发扬人民军队优良传统，以苦为乐、以队为家、牢记职责、不辱使命，高标准完成以执勤处突为中心的各项任务。中队官兵紧紧扭住“听党指挥、能打胜仗、作风优良”的强军目标，紧随改革强军步伐，把党的先进理论积极投身于多样化军事任务实践，完成上级赋予的各项任务。

【政治工作】 2021年，武警达孜中队紧跟时代前沿、紧贴形势任务、紧扣思想脉搏开展思想政治教育，牢固树立政治工作首位意识，着力培育“四有”革命军人。扎实开展“传承红色基因，担当强军重任”主题教育，认真组织课后讨论，教唱革命歌曲，培塑身边典型，引导官兵坚定理想信念，争当强军先锋。注重用习近平主席讲话精神武装头脑，用上级党委决策明确方向，着力夯实忠诚精锐的思想根基。坚持把学习贯彻中共十九大精神和习近平强军思想作为首要任务，进一步强化“听习主席的话、做习主席的好战士”的政治自觉，有力推动了党的创新理论在基层扎根。

【执勤训练】 2021年，武警达孜中队聚焦执勤战备工作，紧盯中心任务，狠抓常态执勤，加强实战化训练，提高履职执勤能力。武警达孜中队严格落实《执勤规定》《执勤设施建设标准》《中华人民共和国人民武装警察法》，坚持以从严治勤为切入点，狠抓执勤制度的落实，坚持每周组织方案演练，增强中队官兵执勤战备处突能力，确保中心任务圆满完成。教育官兵牢固树立“危险就在身边，战斗随时打响”的意识，修订完善战备方案，落实战备制度，完成全年战备执勤工作。深入贯彻执行《新军事训练与考核大纲》和《武警部队军事训练“八落实”标准》，坚持按纲施训，科学组训，正规训练秩序，有效提高训练水平。

【严格管理】 2021年，武警达孜中队以贯彻习近平主席依法治军从严治军指示要求为根本，持续开展以“贯彻落实新条令、塑造军队好样子”为主题的“条令年”活动，利用抓部队作风、抓礼节礼貌、抓生活秩序、抓军容风纪等手段稳步提升正规化、精细化管理水平，打牢建队基础。狠抓经常性基础性工作的落实质量，对大到库室设置，小到穿衣戴帽，细到物品摆放都进行具体规定、量化标准、细化要求，提升中队内涵式发展水平。

【后勤保障】 2021年，武警达孜中队始终以官兵是否满意为工作的出发点和落脚点，围绕服务大局、服务中心开展工作，不断提升后勤保障综合效益，狠抓后勤制度，搞好后勤经费物资管理，落实账目及财务公开，树牢“小而精”的理念。结合中队人员饮食习惯，精心调剂，每周定期收集伙食意见，不断改善伙食，更新口味，做到粗菜细做、细菜精做，力求官兵最高满意率。严格静态枪弹管控，落实每日检查、每周擦拭保养、每月专题分析等制度，结合“装备安全大检查”活动，盘点装备器材，查找安全隐患，逐条逐项抓好问题整改，确保枪弹和装备器材不失管失控。

（向 瑞）

# 法 治

## 政法委及综治

【概况】 2021年，坚持以习近平法治思想为引领，认真贯彻落实《中国共产党政法工作条例》。紧紧围绕习近平新时代中国特色社会主义思想、法治思想，社会主义核心价值观、铸牢中华民族共同体意识等内容，通过个人自学、支部学习、实践活动、“我为群众办实事”等多种形式开展学习教育活动，不断深入推进全区政法队伍思想政治建设，为努力打造过硬政法队伍迈出坚实的第一步。

2021年7月16日，达孜区政法队伍教育整顿评优选先表彰大会召开

【政法队伍教育整顿】 年内，达孜区政法各单位累计核查顽瘴痼疾涉及267件373人次，全部引用第一种形态了结处理，个人作深刻书面检讨，问题线索见底清仓；持续完善建章立制工作，形成阶段性分析总结报告42篇，区委政法委累计建立14项机制、检察院建立45项机制、公安局建立25项机制，司法局建立20项机制，法院建立25项机制；彻查“私车公养”专项治理涉及政法干警违纪违法线索3人，追缴违纪资金14890.06元。

10月9日，中央第十四督导组副组长徐永胜，拉萨市委副书记、市委政法委书记马军，拉萨市副市长、公安局局长代利刚等市委领导对达孜区政法队伍教育整顿工作给予全面肯定。

【扫黑除恶专项斗争】 年内，区直各单位及五乡一镇共计开展扫黑除恶宣传36次，设立扫黑除恶专项斗争举报箱78个。共计悬挂横幅共计43条，LED投屏宣传共计60余次。

【市域社会治理现代化试点工作】 年内，严格按照“谁主管、谁负责；谁经营、谁负责；谁受益，谁管理”的原则，全力实施市域社会治理现代化试点工作，把社会治安综合治理融入其中，落实到基层、落实到部门、落实到户、落实到人成效明显。

将社会治安综合治理、加强

和创新社会治理工作和平安建设工作纳入经济社会发展总体规划和年度目标管理之中，加强领导，精心部署。贯彻落实市域社会治理现代化相关要求，针对平安创建、维护社会稳定、扫黑等工作做出明确要求。以便民服务、维稳处突为基本职能，建立健全网格化服务管理机制，强化信息录入、法制宣传、备勤处突等各项职能，发挥好网格化管理工作的作用。对辖区五乡一镇、22个村(居)，重新划分为114个网格，配备268名兼职网格员，达孜区网格化已实现全覆盖。各村(居)以第一书记兼任网格中心主任，党建引领推进网格建设，助力乡村基层治理，凝心聚力提升治理水平。全区县乡村三级综治中心建成率达到100%。建成县、乡、村三级综治视联网，覆盖面为五乡一镇以及21个行政村、1个居委会；再次投入640万元建设“雪亮工程”综治分平台与总平台，内容包括共享总平台、综治分平台和社会资源接入平台的建设；二类、三类社会资源的纳入和综治大屏、电子沙盘、会议室、机房、安全系统的建设。

【平安达孜建设】 年内，立足建设更高水平的平安达孜建设，持续深化网格化、“双联户”的社会治理模式，健全完善点线面结合、人防、物防、技防结合、打防管控结合的立体化、信息化社会治安防控体系，确保社会治理过程群众参与、成效群众评价、成果群众共享。

把“双联户”工作作为“平安创建”和“民主法制示范村”评先活动的工作载体，全面落实各项社会管理工作措施，有效增进邻里情感交流，融洽社会关系，切实做到把各类社会问题“预防在先、发现在早、处置在小”，实现联户单位内家庭和人员管理、在联户内部化解矛盾纠纷，实时动态掌握外来人员，及时上报情报信息。为有效推进网格化和“双联户”在党的领导下开展工作，达孜区委政法委积极组织各乡(镇)主要负责人召开网格化工作动员部署会议，第一时间传达区市关于“双联户”、网格化工作的指示精神，明确“双联户”是网格化工作的延伸，是群众自发组织形成的基层治理体系，开展工作主要靠教育引导。网格化工作则依托乡镇综治中心建立网格指挥中心，实现“吹哨报到”工作，网格员负责辖区人、地、事、物、情、组织等基本要素的信息采集和报送工作。

（刘　潞）

2021年10月6日，达孜区政法队伍教育整顿廉政报告会召开

【机构领导】

区委常委、政法委书记、公安局局长

索朗曲培(藏族)

专职副书记

蒋金伟

副书记

刘　潞

## 公安

【概况】 达孜区公安局下设治安大队、刑警大队、交警大队、国保大队、网安大队、法制督察大队、科信大队、看守所、政工科、办公室、警务保障室、指挥中心、扎叶巴公安检查站、邦堆乡派出所、塔杰乡派出所、唐嘎乡派出所、德庆镇派出所、雪乡派出所、章多乡派出所、德庆镇便民警务站、镇江中路便民警务站、工业园一区便民警务站、工业园二区便民警务站。

2021年，达孜区公安局坚持以习近平新时代中国特色社会主义思想为指导，坚持增强“四个意识"、坚定"四个自信"、做到"两个维护",紧紧围绕中国共产党成立100周年和西藏和平解放70周年安保活动主题主线,严格按照全市公安工作总体工作思路,全力开展维护稳定各项工作,确保2021年度达孜区社会治安总体平稳有序。

【打击刑事违法犯罪】 年内,达孜区公安局始终保持严打方针不动摇,扎实开展"1123""122"专项工作,深入推进"猎狐""昆仑""断卡"、打击电信网络诈骗犯罪、非法集资、网络传销等专项行动,聚焦"黑拐枪""盗抢骗""黄赌毒""食药环"等群众反映强烈的突出违法犯罪,强化整体打击、专项打击、精准打击,坚决把犯罪分子的嚣张气焰打下去。

截至年底,刑警大队共立刑事案件67起,破案28起,依法抓获犯罪嫌疑人35人(含7名未成年人),依法追回被盗佛像4尊(非文物)、钻头1个、钢管112根、藏袍1件、电动车3辆、手机1部、现金6.3万元,追回并返还电诈资金6万元,向检察院移送起诉12起14人。开展各类法治宣传55场次,宣传指导辖区群众、机关单位干部职工下载安装"国家反诈中心"App2100人。开展"7·2"专案文物返还工作,在自治区文物局、拉萨市人民检察院、拉萨市公安局等单位的见证下,达孜区公安局将"7·2"专案追缴的76件套文物全部移交西藏自治区博物馆,为"7·2"专案工作圆满画上句号。

2021年6月19日,达孜区委常委、政法委书记、公安局党委书记、局长索朗曲培(右二)一行到加油站检查消防安全工作

【打击治安违法犯罪】 年内,达孜区公安局坚持整体谋划和阶段分步推进相结合,加强对重点区域、目标、部位的管控,依法打击各类治安违法犯罪行为。截至年底,各乡(镇)派出所共接报各类治安案件29起,调解1起,不予受理1起,立案27起,依法行政拘留13人,罚款30人,拘留并处罚4人,免于处罚4人。

【道路交通管理整治】 年内,达孜区公安局紧紧围绕增强人民群众安全感和努力维护社会局势稳定的总要求,在以维稳工作为重心的前提下狠抓道路交通安全管理工作,深入开展"减量控大"、酒驾夜查整治、农村道路交通违法整治和"一盔一带"等专项行动,全面开展预防重特大道路交通事故工作,确保达孜区道路交通安全形势总体平稳。

截至年底,交警大队共接警交通事故442起,立案19起,经济损失66万余元;共伤7人,死亡8人;共检查过往车辆88620辆次,共查处各类交通违法行为1916起,依法行政拘留8人;共排查道路安全隐患29处;共办理车管业务4525项,开展超标两轮电动车免费上牌业务1141起;共开展交通安全法治宣传46次,展出各类展板80块,发放宣传材料4000余份,受教育群众5000人次,张贴酒驾宣传海报60张,悬挂宣传横幅20条,进一步提高了广大驾驶人员的交通安全意识,取得了良好的社会效果。

【户籍及居民身份证管理】 年内,为进一步落实便民、利民、为民措施,更好地为广大群众提供高效便捷的服务。达孜区公安局积极推进"互联网+政务服务",立项创新、破解难题,结合工作实际对照梳理各类审批事项,本着便民利民为民的原则,精简审批材料,能取消的坚决全部取消,全面缩短办理时限,为群众提供更加便捷的服务。

截至年底，共办理出生入户361人、死亡注销150人、重户注销8人、迁入199人、迁出214人、补录8人。办理第二代身份证共3090张，指纹采集3083人、采集人像3090人，办理临时身份证72张。受理256名群众的异地身份证办理，受理1098名群众的身份证挂失业务。收缴异地过期、损坏身份证150余张。共办理老年人无指纹身份证7张，开展送证上门20余次。

**【"护城河"源头防控】** 年内，达孜区公安局突出抓好"护城河"检查盘查，源头杜绝输入性安全隐患，坚持"严管严处、秉公执法"的原则，严格落实"五逢必查"工作要求，从严查处过往车辆、人员、危险物品，始终把不安定性因素隔离在拉萨城外，以此确保全市乃至全区的稳定大局。截至年底，扎叶巴公安检查站共检查过往车辆121412辆、人员256247次、物品67414件；查获1名公安部通缉的在逃人员，移交日喀则市刑警支队。

**【政法队伍教育整顿】** 年内，按照全国和自治区、拉萨市政法队伍教育整顿工作部署要求，根据《拉萨市政法队伍教育整顿实施方案》总体安排，达孜区公安局坚持问题导向，坚持"当下治"与"长久立"相结合，进一步推动建章立制，实现教育整顿长效常治，坚持实践检验、群众评价标准，切实加强和改进公安工作作风，真正让人民群众看到变化、获得实惠。按照"自查从宽、被查从严"的要求，达孜区公安局共自查各类问题141人222件，涉及"六大顽瘴痼疾"问题民警均按照监督执纪"第一种形态"进行处理。

**【扫黑除恶专项斗争】** 年内，达孜区公安局继续在线索摸排、精准打击上下功夫，常态化开展涉黑涉恶案件的查处、黑恶势力的惩处、非法组织的打击、重点领域行业突出治安问题的整治等工作。同时，注重打伞破网，注意发现和收集"保护伞"的线索和证据，共召开扫黑除恶专项斗争推进会4次。通过深入开展重点整治，使各类突出治安问题得到有效治理，治安状况混乱的地区、部位和场所面貌有明显改观，社会治安环境得到进一步净化。

2021年5月20日，拉萨市达孜区公安局队伍教育整顿以案促改专题会召开

**【新冠肺炎疫情防控】** 年内，根据达孜区疫情防控办和拉萨市公安局疫情防控办总体部署，达孜区公安局持续向辖区广大人民群众宣传国家政策、卫生常识和防疫知识，提醒广大群众做好个人防护，降低疫情传播风险。同时，交警大队碧水卡点、扎叶巴公安检查站达孜大桥卡点根据疫情风险等级全力配合区卫健部门开展疫情设卡盘查工作。

**【"三岩"扶贫工作】** 年内，达孜区公安局德庆镇派出所幸福社区警务室以及区公安局驻村工作队，以面对面、点对点解决难题和唠家常的方式经常性开展入户走访，及时排查和化解各类纠纷隐患，及时解决社区群众的实际困难。截至年底，共入户走访312次，共排查经济纠纷、交通事故纠纷32起，邻里、家庭等纠纷12起，及时开展调处工作。集中开展国家政策法规、普法知识、安全教育等宣教活动119次。配合居委会开展医疗保险政策宣传，顺利完成2022年医疗保险费用收缴工作，参保率100%。协助搬迁群众开展年度医疗报销、临时救助等相

2021年5月25日，达孜区公安局开展“7·2”涉案文物返还仪式

关工作，报销金额84万余元。配合区人社局安排搬迁群众223人开展保安、厨师、保洁和驾驶技能等培训工作，为搬迁群众实现转移就业奠定了坚实基础。

【思想政治建设】 年内，达孜区公安局突出思想政治教育，坚持以学习教育为先导并贯穿始终，持续开展学习中共十九大和十九届历次全会精神，以习近平新时代法治思想为指导，始终保持队伍高昂的斗志和积极向上的状态。开展系列专题讨论扩大会，开展唱红歌、组织参观林周红色基地、以案说法等教育大会，共开展集中学习240余次，开展专题研讨会40次，集中组织观看警示教育片6次，开展党委书记讲党课13次，培养入党积极分子12人；开展实战大练兵轮值轮训7期，培养市级教官2人。通过“达孜公安警讯”“e讯达孜”微信公众号平台，大力宣传公安机关在日常警务工作中的先进事迹和先进个人，以宣传增强公安工作的影响力、不断增进公安机关的威慑力，通过宣传来体现人民警察为人民的本质，扩大宣传声势和范围，共推送相关内容600余条。

【队伍管理与职级晋升】 年内，达孜区公安局党委以全面深化公安改革和做实城乡社区警务工作为契机，坚持重心下移、警力下沉、保障下倾，建起小机关、大基层的实战格局，达到做精机关、做优警种、做强基层、做实基础。通过大部门、大警种整合，从机关科室和便民警务站向派出所和社区警务室下沉警力26名，有效提升城乡社区治安治理和服务水平，为公安基层基础工作筑牢根基。同时，按照《中共中央组织部、公安部关于调整建立公安机关执法勤务、警务技术职级序列的通知》要求，持续抓好两个职级序列新调整政策的落实。经达孜区委常委会研究审议通过，对达孜区公安局符合警务晋升标准的执法勤务一级警长和警务技术一级主管以下的75名民警进行了职级晋升，共晋升一级警长16人、三级警长54人、警务技术三级主管4人、四级警长1人。

（赵 阳）

【机构领导】

区委常委、政法委书记、公安局党委书记、局长

索朗曲培（藏族）

党委副书记、副局长

格 平（藏族）

苟宝玲（7月免）

## 检察

【概况】 达孜区人民检察院设5个内设机构，办公室、案件管理办公室、控告申诉检察科、公诉侦查监督科、刑事执行检察科。专项编制19人，实有干警22人。检察长1名，副检察长3名；检察官8人，检察官助理1人，书记员9人，司法行政人员1人，法警1人，工勤人员2人；研究生学历1人，大学本科学历18人，专科学历3人；男干警9人，女干警13人；藏族16人，汉族6人；院党组成员5人（其中男性1人，女性4人；汉族2人，少数民族3人），支部党员19人。

2021年，达孜区人民检察院坚持以执法办案为中心，认真履行检察职能，把打击刑事犯罪维护稳定作为推进社会平安建设的重要手段。共受理刑事案件24件30人，其中受理审查逮捕案件

4件6人(1件2人为未成年人案件),批准逮捕2件3人,不批准逮捕2件3人;受理审查起诉案件20件24人(3件3人为未成年人案件),提起公诉案件11件15人,不起诉案件2件2人,正在审查起诉6件6人,公安机关撤案1件1人。办案中,达孜区人民检察院依法适用认罪认罚从宽制度,认罪认罚使用率100%。

【党对检察工作绝对领导】 年内,始终坚持以习近平新时代中国特色社会主义思想为指导,增强"四个意识"、坚定"四个自信"、做到"两个维护"。始终坚持把政治纪律和政治规矩摆在前面,毫不动摇地坚持党对检察工作的绝对领导,以领导班子建设带动队伍建设,牢固树立正确的世界观、人生观、价值观,保证检察工作科学发展的方向。召开党组理论中心学习(扩大)会11次,检察长及领导干部上党课6次。

【党组织战斗力建设】 年内,认真落实党内民主生活制度,坚持民主集中制。领导干部带头表率,带头执行和落实各项措施,促进了执法公信力及检察机关作风形象的提升。严格落实"三会一课"制度,开展党建述职评议1次,召开班子民主生活会和支部组织生活会2次,召开政法队伍教育整顿专题民主生活会和组织生活会4次,召开区委巡察反馈问题整改专题民主生活会1次。

【党风廉政建设】 年内,始终坚持民主集中制,落实党内组织生活制度,严格执行中央八项规定,加强"三公"经费的管理使用,制定干警"八小时以外"行为监督管理制度,树立检察人员在社会中的良好形象。持续抓实从严治检,抓住落实"三个规定"不放松,防范检察干部的违法违纪、过问干预插手办案等情况的出现,确保严格公正执法。重大事项填报系统填报11次、237人次,无违反"三个规定"情况。同时牢牢掌握意识形态工作责任制,结合院各职能部门工作实际,召开党风廉政建设大会,与院内各部门层层签订党风廉政责任书,将"一岗双责"落实到人。召开2021年上半年党风廉政建设暨意识形态工作会议1次。严格执行"三重一大"决策机制和民主集中制,召开党组会议28次。

2021年10月27日,达孜区人民检察院在巴嘎雪湿地举行"西藏雅鲁藏布江中游河谷黑颈鹤国家级自然保护区检察公益诉讼保护区"警示宣传牌揭牌仪式

【党史学习教育】 年内,达孜区人民检察院坚持把党史学习教育、政法队伍教育整顿与"三更"专题教育、"三新"大学习大讨论活动有机结合同步推进,全面正风肃纪、整治顽瘴痼疾,切实加强队伍建设,努力打造党和人民信得过、靠得住、能放心的检察队伍。各项教育活动中,召开推进会6场次,召开专题研讨会9场次,召开开门纳谏及反馈会议4次,政策解读会6场次,撰写心得体会263份,填写个人事项自查报告表4轮次64份,签订承诺书70份,开展红色教育活动8次。同时,坚持以刀刃向内的勇气,认真开展"六大顽瘴痼疾"查纠整改工作,在加强各类专项教育的同时,还认真积极开展党员政治教育培训和业务培训工作,全力提高检察队伍综合素质和执法办案水平。

【关爱守护未成年人】 年内,落实拉萨市"五县二区"(除城关区外)的所有涉未成年人刑事案件集中统一办理的规定,为保护未成年人身心健康,保障未成年人合法权益,有效预防未成年人犯

2021年8月24日，达孜区人民检察院组织全体党员干警参观拉萨市人民检察院党建厅、检史厅

罪，开展未成年人心理疏导工作4次，定制未成年人检察宣传卡通玩偶和未成年人检察商标，制作未成年人强制报告制度告知牌，并向学校、幼儿园、诊所、宾馆等发放告知牌，要求按照相关制度履行职责。为切实做到法治进校园，院领导担任区中学法治副校长，开展法治讲座3次，并发放未成年人法律宣传手册、宣传物品。组织开展以“检爱同行，共护未来”为主题的检察开放日活动。

【民事行政检察】 年内，以贯彻实施《中华人民共和国民法典》为契机，对同级人民法院2018—2021年的民事裁判及执行案件42件进行审查，办理民事监督案件32件，同比增长9.7倍。其中对生效裁判文书进行立案审查5件，民事执行立案审查25件。为更好地保护弱势群体的合法权益，办理支持起诉2件，其中：吴某某追偿工程款一案，我院依法支持起诉并多次联系双方当事人，在进入诉讼程序前帮其追回工程款4.1万元。卓某和巴某追偿交通事故赔偿金一案，依法向同级法院支持起诉，最终帮助当事人获得2.7万余元的赔偿，以能动司法，体现检察温度。行政检察有效突破。共办理行政检察案件10件，同比增长100%。根据《中共中央关于加强新时代检察机关法律监督工作的意见》（中发28号）关于检察机关开展行政违法监督的要求，调阅相关行政机关处罚案件24卷，其中对10件进行立案，发现相关行政部门在办理行政案件中，存在行政处罚程序违法、适用法律错误、文书制作不符合规定等情况，向相关行政部门发出检察建议3份，为推进法治政府、法治达孜建设提供检察智慧。

【公益诉讼检察】 年内，深化“双赢共赢”监督理念，对执法办案活动开展融入式监督。共摸排各类公益诉讼案件线索169件，同比增长15.9倍，立案调查103件，同比增长9.3倍，立案率为61.7%。其中，生态环境和资源保护领域98件，食品安全领域42件，安全生产领域2件，医疗废物领域8件，未成年人权益保护领域17件，文物保护领域1件，向行政部门发出行政公益诉讼诉前检察建议19份，提起刑事附带民事公益诉讼1件。我院在巩固脱贫攻坚、助力乡村振兴中，充分发挥公益诉讼职能，办理案件28件，清理建筑垃圾和生活垃圾1705吨。为进一步贯彻落实河（湖）长制，我院与水利、公安部门联合制定《“河湖长+检察长+警长”关于协同推进河湖长制工作的意见》，全面助推河湖长协作机制在我区的落实见效。

【监督检察】 年内，对同级人民法院2018年至今的财产执行情况监督18件。审查1990年至今的“减假暂”案件5件5人。侦查活动监督1件，立案监督2件，发出检察建议2份。对发现的社区矫正交付执行文书错误和刑事案件法律文书未及时送达问题，向同级人民法院制发《纠正违法通知书》2份，同时对校园安全管理、寺庙日常管理等存在的隐患共发出检察建议2份。

【检察服务】 年内，坚持以人民为中心的发展思想，积极探索为人民服务的途径和手段，延伸检察工作服务触角。结合政法队伍教育整顿工作，深入开展“我为群众办实事”实践活动42次，开展“领导干部下基层大接访办实事”3

2021年4月15日，达孜区人民检察院干警开展国家安全日法治宣传活动

次，广泛收集社情民意，主动了解当地未化解疑难信访，切实把全心全意为人民服务的宗旨落到实处，让群众和社会不断感受到检察队伍新变化。

达孜区人民检察院建立来信、来访、来电“三位一体”的群众诉求表达机制，积极做好“检警联系点”涉法涉诉信访案件线索排查工作，耐心听取群众诉求，引导群众通过不同救济途径维护合法权益，实现法律监督触角向基层派出所延伸。

年内，开展检察长接待日 7 次。针对达孜区五乡一镇存在的农村宅基地买卖、未成年人保护、公益诉讼等问题，开展“法律顾问”进村活动 11 次。共办理涉法涉诉信访案件 10 件 10 人，其中 8 件已办结，2 件正在办理中，从而提升人民群众对检察工作的满意度。

【精准化普法】 年内，始终重视法律知识的宣传工作，结合“七五”普法和政法队伍教育整顿工作，按照“谁执法谁普法”的主体责任，达孜区人民检察院开展“法律七进”活动，以发放宣传资料、法律讲座、现场答疑的形式，积极开展法律咨询和宣传活动。截至年底，深入村（居）、学校、寺庙开展法治宣传 18 次，发放宣传资料 1 万余份、宣传物品 2500 余份，受教育群众达 1300 余人，着力提高了群众的法律意识和干警依法办事的能力。

【队伍专业化】 年内，进一步积极整合人力资源，创新工作模式，重新对业务部门进行职责划分，分成两个办案团队，分别负责刑事检察、未成年人检察、刑事执行检察工作和民事检察、行政检察、公益诉讼检察工作，办案团队更合理、办案力量更均衡，短板弱项得到进一步补强。

鼓励和支持干警参加各类教育培训，全年参加各类业务培训 12 人次，听取业务讲座 30 余场次，组织全院干警参与“学习强国”及“网络云课堂”学习，参与率达 100%。通过多种形式的教育培训，队伍素质有了全方位的提升，司法办案能力有了较大程度的提高。

【阳光检务】 年内，为进一步开创“互联网＋检察”工作新局面，构建开放、动态、透明、便民的检察工作机制，达孜区人民检察院积极落实案件信息和法律文书公开工作，在“12309”网站上公开法律文书 17 份，程序性公开 21 次，重要案件信息 8 次，法律文书公开率达 100%。截至年底，达孜区人民检察院充分利用“两微一端”，微信公众号更新信息 538 条（其中原创信息 113 条），更新微博 163 条、头条新闻 103 条；检察门户网站更新 27 次，“e 讯达孜”投稿 131 期采用 110 条，采用率达 84%。

（白玛桑珠）

【机构领导】

党组书记、检察长

达　　珍（女，藏族，6 月免）

强巴卓玛（女，藏族，6 月任）

党组副书记、副检察长

德吉桑姆（女，藏族，6 月免）

党组成员、副检察长

何　　琪

茹 格 叶（女，藏族）

党组成员、办公室主任

杨 晓 燕（女）

## 法院

【概况】 2021 年，达孜区人民法

院设5个内设机构，即综合审判庭、执行局（司法警察大队）、立案庭、审管办（综合办公室）、政治部。专项编制31人，实有干警26人。法官13人（其中四级高级法官3人），司法警察5人，法官助理4人，书记员1人，司法行政人员2人，在编工勤人员1人。男性8人，女性18人；藏族20人，汉族6人；中共党员23人，预备党员2人。其他职工21人（聘用制书记员10人，公益性岗位5人，临时工6人）。

2021年，受理各类案件737件（含旧存43件），审执结627件，结案标的额9836万余元，法官人均办案62件，收案数同比增长118%。

【党建工作】 年内，达孜区人民法院深入践行习近平新时代中国特色社会主义思想，增强“四个意识”、坚定“四个自信”、做到“两个维护”，捍卫“两个确立”。认真贯彻落实《中国共产党政法工作条例》《中国共产党重大事项请示报告条例》《拉萨法院重大事项请示报告实施细则（试行）》，以及区党委实施细则等党内法规，向达孜区委、区委政法委请示报告重点工作、重大事项、重要案件10次。按照《人民法院党组规则》，全年召开党组会议32次，及时研究解决法院工作面临的新情况、新问题，确保党的各项决策部署在人民法院得到不折不扣贯彻落实。

【理论武装】 年内，进一步推动理论武装工作深入开展，提高干警的理论水平和工作能力，确保绝对忠诚干净担当。深入学习贯彻习近平总书记关于加强政法队伍建设的重要指示精神，开展党史学习、“三更”学习、“三新”大讨论等教育活动。充分运用线上线下学习载体，集中学习与个人自学、专题授课与竞赛测试、警示教育与英模教育结合等方式，深入学习马克思列宁主义经典著作、《中国共产党简史》、习近平法治思想等，牢记历史追寻初心，砥砺品格坚定信念，遵守规矩心怀敬畏。

年内，达孜区人民法院召开党组理论中心组学习（扩大）会12次、党组书记讲党课10次、实地见学2场、观影7场、集中学习必读书目累计40次，主题演讲比赛2次，开展“西藏党史故事大家讲”活动10次，干警参与率100%，撰写各类心得体会和研讨材料320余篇、交流发言160余人次。

【队伍教育整顿】 年内，达孜区人民法院把学习教育贯穿始终，从严查纠整改，开展谈心谈话6轮次，开展自查自纠4轮次。经查“六大顽瘴痼疾”涉及4项82件102人次（含重复计算），其中违反防止干预司法“三个规定”6件6人次；有案不立74件94人次；违规减假暂1件1人次；违规参股借贷1件1人次。102人次实际只涉及8人（均为自查），占全院总人数的30.77%。“N”类顽瘴痼疾涉及4个，分别是立案庭在便民服务措施上存在差距、执行局在当事人等待交纳费用时间长、案件质量有待提高、干警存在迟到问题，涉及全院干警，以上顽瘴痼疾已整治清零。

【党风廉政建设】 年内，达孜区人民法院把党风廉政建设工作纳入法院总体工作目标，制定《2021年达孜区人民法院党风廉政建设和反腐败工作要点》。党组主要领导切实履行第一责任人的职责，不定期召开部门领导会议，听

2021年9月23日，达孜区人民法院院长刘一麟（主席台）到德庆镇幸福社区宣讲习近平总书记在庆祝中国共产党成立100周年大会重要讲话精神

取党风廉政建设工作进展情况汇报，了解干警的思想动态，对党风廉政建设工作作出重要批示，做到重点工作亲自部署、重大问题亲自过问、重点环节亲自协调、重要案件亲自督办。开展警示教育16次、廉政专题学习研讨4次、党组书记讲党课3次、廉政监督员讲党课1次、政治忠诚专题研讨4次、政治教育1次，参加政治轮训2轮，上报廉政风险点自查表26份。

【提升队伍素质】 年内，达孜区人民法院立足队伍革命化正规化专业化职业化，落实全面从严治党主体责任，提高依法依规依矩履职能力和治理能力。重组审判团队4个，实施送达改革及繁简分流。通过政治轮训、专题培训、援藏授课、法律大讲堂、岗位练兵等方式，“请进来、走出去”，5名干警到井冈山、林芝等地参训，1名干警到江西等地跟案学习。

【优化营商环境】 年内，达孜区人民法院全面完整准确贯彻新发展理念，强化民商事案件审判，优化达孜营商环境，服务高质量发展。共受理一审民商事案件393件(含旧存19件)，审结338件，结案标的4972万元。审结合同类纠纷291件，公司类纠纷4件，人格权纠纷2件，侵权责任纠纷9件，婚姻家庭类纠纷23件，劳动争议纠纷4件，物权纠纷2件。强化涉农民工工资、资金有序流转、不动产收益、建设工程等领域的权利保护，已审结合同类纠纷中，劳务合同纠纷101件，买卖合同纠纷74件，民间借贷合同纠纷33件，租赁合同纠纷22件，土地租赁合同纠纷15件，建设工程施工合同纠纷13件。

【案件执行】 年内，达孜区人民法院突出解决执行难，完善执行联动、数据共享、财产查控，着力保障胜诉当事人权益，提升各族群众获得感。共新收执行案件241件，执结212件，结案标的3169万余元，发放款物总额2312万余元。执结刑事罚金、追缴违法所得、附带民事赔偿案件6件，执结财产保全案件17件，执结民商事案件188件。涉民营企业专项执行期间，高效执结16件；涉民生案件冬季专项执行期间，执结16件，到位执行款100万余元。申请布控11人次，司法拘留1人，发布失信被执行人名单38人次，限制高消费94人次。

【依法惩治犯罪】 年内，达孜区人民法院贯彻落实总体国家安全观，聚焦“四大领域”，常态化开展扫黑除恶专项斗争，推进平安达孜建设，增强各族人民安全感。共受理一审刑事案件20件，审结18件，判处罪犯22人，其中公诉案件19件，自诉案件1件。审结危险驾驶罪、交通肇事罪等危害公共安全案件9件，挪用资金罪、盗窃罪等侵犯财产案件5件，过失致人死亡罪、诽谤罪等侵犯公民人身权利案件4件，妨害社会管理秩序罪1件。推进以审判为中心的刑事诉讼制度改革，保障人权、宽严相济，判处的罪犯中，最重刑期为8年有期徒刑，最轻刑期为拘役2个月。审理挪用资金罪案件，维护良好政商关系。审理涉未成年人案件1件，保证青少年身心健康。审理拉萨首例刑事附带民事公益诉讼案件，从源头切实维护社会公共利益。

【“智慧法院”建设】 年内，达孜区人民法院充分运用信息化建设

2021年10月25日，拉萨市达孜区人民法院援藏法官交接

2021年12月10日，达孜区人民法院审理一起公益诉讼案件

的创新成果，通过网上立案交费、电子送达、互联网庭审、线上执行等方式及时定纷止争，做到公正司法不中断、执行进度不减缓。推进“让人民群众在家门口立案”服务，全年当场立案400件、网上立案107件、手机移动微法院立案40件、网上送达80次、跨区域立案2件，坚决防止立案难反弹回潮。建立“法院线上调解室”，通过调解数据网络平台，在线委托调解纠纷95件、调解成功93件。司法确认3件，其中在线确认2件。

【化解矛盾纠纷】 年内，达孜区人民法院坚持把非诉讼纠纷解决机制挺在前面，积极争取相关部门的支持，将人民调解、律师调解、行政机关等具有解纷职责的第三方力量引入人民法院诉讼服务中心，坚持“调解为先、诉讼断后”，对一般的矛盾纠纷，劝导、引导当事人通过自主协商和解、人民调解、行政调解进行化解，对特殊类型纠纷引导走仲裁、公证等程序，对经过层层过滤后矛盾尖锐复杂、不可调和的，及时立案办理，做到能调则调、当判则判、调判结合、案结事了，为人民群众提供多途径、多层次、多种类的救济渠道，引导更多纠纷通过社会力量以非诉讼程序解决，进一步降低解纷成本，联合信访局成功调解1起涉及40余名运输合同纠纷当事人案件。

【基层社会治理】 年内，达孜区人民法院与公安局签订联防联动等联动机制，积极参与市域社会治理，降低万人成讼率，提高人民群众安全感、获得感、幸福感。排查立案、审判、执行案件272件，未发现涉法涉诉信访案件，矛盾纠纷排查48次，制订相关预案上报。

【新冠肺炎疫情防控】 年内，达孜区人民法院立足疫情常态化，紧扣“六稳”“六保”任务，司法公正高效运行，服务各族人民群众，为党委政府分忧。通过手机移动微法院等网络方式立案78件，远程开庭16件，既方便当事人，又有效避免人员流动带来的疫情风险。在线委托调解纠纷95件，在线司法确认案件2件。回报镇江、无锡两级援藏法院，在江苏疫情严重期间送去抗疫物资价值1.8万元。全院干警完成第三针疫苗接种。进出法院人员全部扫场所码登记。

【自觉接受监督】 年内，达孜区人民法院自觉接受人大监督，认真落实一届达孜区人大历次会议上代表提出的意见建议，加强督查督办。邀请人大代表视察法院、旁听庭审、参加重要活动3次。依法接受检察机关诉讼监督，认真对待检察建议，收到检察意见书2份，依法纠正案件2件及执行案件瑕疵问题。广泛接受社会监督，人民陪审员参审案件22件，纪委监委、党委政法委、组织部参加公开活动3场。在中国庭审公开网直播庭审81件，观看量716余人次。在中国裁判文书网公开文书249份，访问量420余人次。

【服务人民群众】 年内，达孜区人民法院始终保持同人民群众的血肉联系，充分应用网上立案、微信调解、远程开庭、集约送达等现代科技手段便民，开通交款“聚合码”、设置信访专柜、巡回办案、法治宣传等利民、为民办实事累计72件。把“决不让老百姓打不起官司”承诺落到实处，认真贯彻执

2021年5月21日，达孜区人民法院综合审判庭一行到邦堆乡邦堆村开展模拟法庭

行诉讼费用缓、减、免相关规定，对符合条件的困难群众一律予以缓、减、免诉讼费用，为困难群众打官司扫清障碍。

截至年底，共为46件案件困难当事人缓、减、免诉讼费用23877.82元，减免缓案件占比12.67%，减免缓金额占比2.97%。为9件执行案件当事人减交、免交、缓交执行费17870.88元，减免缓案件占比3.98%，减免缓金额占比10.45%。

【法治宣传教育】 年内，达孜区人民法院组建民法典及反分裂宣讲团队，持续深入五乡一镇开展宣传政策、普及法律，受益群众1000余人。结合综治宣传日、宪法宣传日等进行法治宣传16场，发放宣传资料3200余份、宣传物品1000余份。开展"三个规定""万长"大宣讲，26名乡科级以上干部当场签署公开承诺书。

【司法改革】 年内，达孜区人民法院不断深化司法体制综合配套改革，根据《西藏自治区基层人民法院的内设机构改革实施方案》制定《达孜区人民法院内设机构改革方案》并通过党组审议，内设机构运行，人员配置到位。在达孜区委、区政府的大力支持下，新招录聘用制书记员4名，聘用制书记员队伍达10人，全部配置到办案一线，办案辅助力量进一步充实。

（左　慧）

【机构领导】

党组书记、院长

蔡　　宏（藏族，6月免）

刘 一 麟（8月任党组书记，12月任院长）

党组副书记、副院长

桑　　吉（女，藏族）

党组成员、副院长

卡　　珍（女，藏族）

党组成员、办公室主任

李　　青（女，4月免办公室主任）

## 司法行政

【概况】 2021年，达孜区司法局深入贯彻落实习近平新时代中国特色社会主义思想和习近平法治思想，增强"四个意识"、坚定"四个自信"、做到"两个维护"，坚持以人民为中心的发展思想，充分发挥司法行政的职能优势，践行"司法为民、司法惠民"理念。紧紧围绕达孜区委、区政府中心工作，进一步创新工作思路、狠抓队伍建设，推动依法治区、法治政府建设、法治宣传、人民调解、社区矫正、法律服务等各项工作有力有序展开。2021年，达孜区司法局在编人员11人，下设6个司法所。

【开展法律"七进"活动】 年内，认真贯彻落实普法工作，继续积极开展法律进机关、进单位、进学校、进企业、进乡村、进社区、进寺庙的"七进"活动，深入学习宣传依法行政、社会保障、医疗卫生、交通安全、劳动就业、权益保护、热爱祖国和维护民族团结等相关的法律法规；大力宣传与维护妇女儿童、老年人、青少年等特定群体权益保护相关的法律法规，坚持法制宣传教育群众与服务群众相结合，努力服务保障和改善民生。

截至年底，共开展法律进寺庙活动35次，开展法律进学校（法治讲座）65次，法律进单位90余次，法律进机关90余次（由普法成员单位共同组织），法律进企业10次，法律进乡村（社区）150多次(由各乡镇、村委会、驻村工作队共同组织)。2021年,普法工作人员在各处各次宣传教育时设立咨询服务280多次,解答群众的问题330余人次,印发宣传资料5.5万多份(册),悬挂横幅100多条,全区共受教育人数3万余人次,进一步增强了广大人民群众对法律的理解和认识。

【新冠肺炎疫情防控】 年内,会同区委宣传部、区普法办印发《关于做好新型冠状病毒感染的肺炎疫情防控期间普法宣传工作的通知》和《拉萨市达孜区2021年3月法治宣传月活动方案》,各乡(镇)党委政府、区(中)直各单位、人民团体按照"谁执法谁普法"责任制要求,充分发挥职能作用,认真开展疫情防控普法宣传活动,通过悬挂横幅、发放宣传资料等多种形式开展疫情防控方面法治宣传,营造浓厚的疫情防控法治氛围,取得显著成效,为维护稳定和疫情防控提供了有力法治保障和良好舆论环境。年内,各级各部门开展普法宣传90多场次,发放各类宣传资料18000多份(册)。

【人民调解】 年内,按照《中华人民共和国人民调解法》和自治区、拉萨市人民调解工作要求,精心组织,周密部署,采取有力措施,确保矛盾纠纷不积累、不上交、不激化,全力维护全区的社会稳定。各乡(镇)司法所进一步落实人民调解化解疑难复杂矛盾纠纷工作,严格规范人民调解化解疑难复杂矛盾纠纷登记、受理、调解、归档等程序,做到件件有登记、有卷宗;通过多种形式、多种方式、多种渠道大量开展人民调解员的业务培训工作,着力提高人民调解员调解疑难复杂纠纷的能力。从"上访"转变到"下访",从事后调解转变到超前预防调解,综合运用行政、法律、经济等多种手段和教育、协商、调解等方法,多渠道、多角度妥善化解矛盾纠纷,逐步形成以法治宣传教育为基础、矛盾纠纷及时排查调处为核心,全面推动工作任务落实,营造了良好的社会氛围。截至年底,达孜区各级调解组织共调处各类矛盾纠纷57件,调解成功率100%。

2021年1月7日,达孜区司法局组织召开幸福社区("三岩"片区)法治宣传教育部署会议

【安置帮教】 年内,继续扎实做好在服刑人员的摸排工作和预释放刑满释放人员的衔接工作,抓好成员单位、乡(镇)领导挂包的安帮工作责任制的落实,将区所有刑满释放人员加入"双联户"和网格化管理体制,实行"六帮一",防止脱管、漏管。积极将安置帮教工作向前延伸,走访服刑人员家属,帮助他们解决生活困难,促进服刑人员安心改造。按照"帮教前移、无缝衔接、注重服务、强化管理"的要求和"教育、挽救、感化"的工作方针,把好"七关"(衔接关、救助关、摸排关、安置关、帮教关、监控关、管理关),有效地预防和减少重新违法犯罪,维护全区的和谐稳定。

【社区矫正】 年内,严格落实"属地管理""六对一"管控模式和"谁的人、谁管好,谁的事、谁负责,谁出事、追究谁"的原则,以高度的政治敏锐性和责任感认真落实分区包干责任制,切实加强对辖区内社区服刑人员的教育管理,提高防范意识,做到有问题早发现、早报告、早解决,不断提高教育矫正工作质量,深入开展安全隐患排查整治工作,确保社区矫正安全稳定,切实维护社会大局持续稳定。

将社区矫正工作纳入"双联

户”和网格化工作，推进社会管理创新。将社区服刑人员纳入“双联户”模式是提升特殊人群管理服务、教育引导的重要举措，是促进社会治安安定和谐的重要途径，通过工作重心下移、科学源头治理、创新方式方法、基层群防群治等措施，发挥基层群众和司法所在各项工作中的积极作用，通过联户教育、联户帮扶、联户融入、联户管理等措施，切实实现特殊人员受教育、得帮扶、强管理、促和谐的目标。

2021年10月26日，拉萨市立恒公证处正式在达孜区政务服务中心设立公证受理点，依法为达孜区群众办理公证事项

【法治政府建设】 年内，加强行政执法人员资格动态管理，促进严格规范公正文明执法，全区有效期内的行政执法监督人员5人，行政执法人员154人。准确把握全区重大行政处罚决定备案工作和行政处罚情况统计报告工作，切实加强对行政处罚案件的监督和管理，达孜区24家行政执法单位开展重大行政处罚183件。

协助达孜区通过国家法律职业资格考试的人员办理公职律师工作证，办理公职律师工作证6人，分布在市场监管局、司法局、农行达孜支行、德庆镇人民政府、应急管理局、信访局等6家单位。深入开展“一村（居）一法律顾问”工作，市司法局为达孜区22个村（居）配齐配强法律顾问，并签订三方协议，彻底解决村级法律服务工作“最后一公里”的问题。

【法律援助】 年内，认真兑现“有问必答、有纠必解、有诉必帮、有困必助”的服务承诺，做到“能援则援”“应援尽援”，确保困难群众依法获得符合标准的法律援助，最大限度维护弱势群体的合法权益。年内，达孜区司法局干部和援藏律师团成员为群众提供法律援助案件79件，有效维护了困难群众的合法权益，促进了社会和谐稳定。

（东　勇）

【机构领导】

局　长

次旦朗杰（藏族，5月免）

达　　珍（女，藏族，5月任）

副局长

高　　鸽（女）

平措次旦（藏族）

# 经济管理

## 发展和改革

【概况】 达孜区发展和改革委员会共有干部职工 14 人，包括主任 1 人、副主任 3 人（援藏副主任 1 人）、一般干部 10 人。2021 年，达孜区发展和改革委员会认真贯彻落实各级党委、政府和上级业务部门关于做好疫情防控工作和经济社会发展的有关要求，坚持按照统一安排部署，以科学发展观为指导，牢牢把握稳中求进总基调，紧紧围绕全区经济社会发展工作大局和各项重点工作任务，认真履职、真抓实干，全力做好疫情防控、经济协调发展、项目开复工建设等各项工作，保障了经济社会的平稳发展。

【经济发展】 年内，充分发挥经济综合部门职能，认真分析达孜区经济社会发展中的困难和问题，扎实开展各阶段经济运行情况分析，适时提出解决问题的方法措施及下一步打算，保障达孜区域总体经济的平稳运行。2021 年达孜区生产总值完成 22.75 亿元，同比增长 8%，其中，第一产业完成 3.01 亿元，同比增长 13.9%；第二产业完成 10.35 亿元，同比增长 2.1%；第三产业完成 9.39 亿元，同比增长 10.5%，三次产业结构比为 1.5 ∶ 5.2 ∶ 4.7；固定资产同比下降 25.6%（其中，民间投资同比增长 129.3%）；规模以上工业增加值同比增长 104.2%；社会消费品零售总额同比增长 7.8%；农牧民人均纯收入达到 20058 元，同比增长 16%。

【项目监督管理】 年内，达孜区各类固定资产投资项目共计 130 个，总投资 114.5 亿元，2021 年计划投资 40.2 亿元。其中：续建项目 22 个，总投资 33.32 亿元；新建项目 108 个，总投资 81.18 亿元。全年开（复）工项目共计 92 个，开复工率 70.8%（续建项目复工 21 个，取消项目 1 个，复工率为 95.5%；新建项目开工 71 个，开工率为 77%）。

拉萨市级重点项目 4 个，达孜区白纳沟生态旅游乡村振兴项

2021年6月25日，拉萨市发展改革委副主任薛刚（左排中）一行到达孜区调研固定资产投资工作

目，总投资3.9亿元，在进行管网铺设、道路拓宽、游步道建设等工作，完成总工程量的40%；拉萨市达孜区尊木采村水泥厂建设项目，总投资15.44亿元，项目已建设完成并投入使用；佳禾·阳光绿洲项目，总投资5.1亿元，已完成主体封顶，完成总工程量的50%；扎叶巴康养小镇，总投资42亿元，正在办理土地性质转换手续、方案调整等工作。

年内，援藏项目15个，总投资2.33亿元，其中续建3个，新建12个。已完工项目3个，正在实施项目9个，未开工项目3个。

2021年7月30日，达孜区发展改革委主任孙浩（中）主持召开党史学习教育专题组织生活会

【项目促增收】 年内，开复工政府投资项目60个，总用工人数6047人，其中，吸纳西藏籍农牧民用工人数4753人，拉萨籍农牧民用工人数4315人，吸纳西藏籍农牧民就业比例78.6%，吸纳拉萨籍农牧民就业比例71%。增加西藏籍农牧民劳务收入2176.5万元，增加拉萨籍农牧民劳务收入1915.86万元，本地机械使用率达到99%，机械含本地建材收入3961.84万元。

开复工400万元以下政府投资项目25个，交由本地农牧民施工企业（队）的20个，交付率80%。总用工人数1075人，其中吸纳西藏籍农牧民用工人数919人，吸纳拉萨籍农牧民用工人数911人，吸纳西藏籍农牧民就业比例85%，吸纳拉萨籍农牧民就业比例84.7%。增加西藏籍农牧民劳务收入774万元，增加拉萨籍农牧民劳务收入657.11万元，机械含本地建材收入403.73万元。

争取并实施以工代赈项目1个，为达孜区唐嘎乡洛普村7组南侧农田护岸工程，总投资169万元，项目已完工。吸纳当地农牧民群众务工人员50人，发放劳动报酬金额38.19万元。

【经济体制改革】 年内，全面推动"互联网+政务服务"一体化建设，梳理编制政府部门权责清单和乡（镇）三项清单3331项，承诺时限平均压缩比例达84%，网上四级标准办理深度比例达82%，即办件占比提升72%，平均跑动次数压缩至0.19，各类审批材料精简至60%以上。推行"最多跑一次"改革，对不涉及前置审批事项的"一般设立登记、变更登记、简易注销登记和公司股权出质登记"四项登记事项实行"最多跑一次"办结。全区营业执照办理时间实现企业2.5日办结、农专1日办结。

推进城乡建设用地增减挂钩工作，开展低效土地二次开发利用，已完成第二批增减挂钩复垦复绿工程的70%工作任务。做实预算项目库管理，全面实现应用预算管理一体化系统（2.0版）编制2022年预算。推行公务车辆二维码管理，指导各单位使用"非税系统"电子缴款及开电子票据，稳步推进财政电子票据和非税收入收缴电子化管理改革工作。完成宅基地82宗（新建、翻建、补证）的实地核查及审批工作，完成2020年度96宗违建核查工作，全区耕地流转近17296.53亩。

【其他业务工作】 年内，下达政府投资类项目批复72个。完成企业投资项目备案17个，总投资达11.34亿元，建设完成8个，其他正在办理前期手续中。开展价格鉴定案件10件，涉及金额50.2万元。全力支持配合完成市委涉粮领域专项巡察工作，积极开展巡察反馈问题整改，已整改完成31

项，正在整改2项。全面落实县区级地方粮食储备工作，分批次采购并入库大米144吨，面粉96吨，严格落实青稞最低收购价和价补分离政策，做好市场化收购工作，共收购原粮40.125万公斤，兑现补贴资金8.03万元。委托第三方公司编制《拉萨市达孜区粮食应急预案》，已编制完成并通过评审。

【党建工作】 年内，坚持贯彻落实"一岗双责"责任制度，把党建工作列入重要议事日程，主要领导亲自抓、亲自安排部署，突出抓好学习型机关建设，加强落实"三会一课"制度，积极开展党史学习教育、"三新"学习教育等党内各类教育活动，结合每月主题党日，积极开展"九个一"活动，大力弘扬"老西藏精神""两路"精神，利用观看爱国主义影片，参观教育基地等形式，引导党员干部传承红色基因。截至年底，组织开展集中学习11次、专题研讨交流7次、书记讲党课3次，观看红色电影3部，撰写学习心得体会30余篇。

（杨四海）

【机构领导】

主　任

孙　浩（一级主任科员）

副主任

柏树辉（二级主任科员）

洛桑旺扎（藏族，三级主任科员）

韩志成（江苏援藏，三级主任科员）

## 财政

【概况】 2021年，达孜区财政局共有干部职工19人，其中：局长1人、副局长2人、一般干部16人；党员15人。设有局长办公室和副局长办公室、综合办公室、总会计室、国资委、会计核算中心大厅等。

【2021年财政预算执行情况】 达孜区第一届人大四次会议批准的2021年度达孜区财政总财力13.95亿元，其中：一般公共预算财力11.85亿元，政府性基金预算财力2.1亿元；国有资本经营预算财力16.16万元。在年度预算执行过程中，根据财力变化情况，经达孜区一届人大常委会第十九次会议批准，达孜区财政总财力调整为15.07亿元。其中，一般公共预算财力12.97亿元，政府性基金预算财力2.1亿元；国有资本经营预算财力16.16万元。

2021年达孜区财政总财力达到29.22亿元，比2020年决算增加10.72亿元，增长57.95%。其中：一般公共预算财力达到24.48亿元，同比增加8.08亿元，增长49.27%（一般公共预算收入达到4.48亿元，同比增加8076万元，增长21.99%；2021年一般公共预算支出完成13.95亿元，同比减少2.46亿元，下降14.99%）；政府性基金预算财力2323.32万元，下降88.87%（政府性基金收入达到1021万元，下降78%；政府性基金预算支出完成1620.13万元，结转703.19万元）；国有资本经营预算财力达到228.45万元（国有资本经营预算收入达到228万元，增长216%；调入一般公共预算68万元，国有资本经营预算支出完成0.05万元，结转160.39万元）。

【乡村振兴】 年内，落实资金2.69亿元，同比增长27.61%，确保财政资金投入规模稳中有增，牢牢守

2021年10月13日，拉萨市税务局督察内审科副科长、检查二组组长田亚峰（左排左三）一行到达孜区财政局开展整治地方财政收入虚假问题专项行动检查

住规模性返贫底线，巩固拓展“两不愁三保障”成果，巩固提升脱贫质量，做好同乡村振兴有效衔接。实施“美丽乡村·幸福家园”项目建设，落实资金1.31亿元，支持高标准农田建设、农业生产发展、草原生态保护恢复和净土健康产业及重点产业发展。

【新冠肺炎疫情防控】 年内，落实资金134.38万元，支持疫情防控各项举措有效落实，解决隔离场所费用，优先保障抗疫物资需要，提升疾控中心核酸检测能力，全民累计接种免费疫苗58712剂次。

【就业创业】 年内，落实资金567.42万元，组织农牧民职业技能培训1569人次，实现农牧民转移就业1.06万人次，新增城镇就业1160人，应届高校毕业生就业率达99.69%，就业水平持续增强。

【教育保障】 年内，落实教育事业资金2.15亿元，促进义务教育优质均衡发展，支持构建空间布局合理、资源配备均衡的教育设施网络。享受学前至高中阶段15年免费教育补助人数5125人、教育“三包生”及随班就读残疾生人数4893人。

【社会保障】 年内，落实资金718.95万元，有效保障城市低保边缘户、困难群众救助补助、扶残助残、优军优抚等服务，城乡居民最低生活保障标准提高到每人每月974元，农村居民最低生活保障标准提高到每人每年5060元。

【住房保障】 年内，落实资金36.86万元，推进危房改造15户，向城镇低收入住房困难家庭发放租赁住房补贴，有效增加保障性住房供给，低收入群众住房条件得到系统改善。

【植树造林】 年内，落实资金2363万元，重点实施“两江四河”植树造林工程，新增造林绿化面积3792.9亩，绿化率达31.94%，全面消除海拔4500米以下“无树村、无树户”。

2021年9月24日，达孜区财政局召开党史学习教育专题组织生活会

【财政管理】 年内，加强财政资源统筹，做好一般公共预算与政府性基金预算、国有资本经营预算的统筹衔接。全面实施项目全生命周期管理，建立健全跨年度预算平衡机制。积极运用零基预算理念，打破财政支出固化僵化格局，合理确定支出预算规模，明确财政国库集中支付结余不再按权责发生制列支。做实预算项目库管理，全面实现应用预算管理一体化系统（2.0版）编制2022年预算。拓宽预决算信息公开范围，细化信息公开内容，提高信息公开规范性，主动接受社会监督，透明度进一步提高。不断提高本级财政投资评审质量和效率。评审项目42个，送审资金1.86亿元，审定资金1.75亿元，审减金额1078.52万元，审减率5.8%。在全区推行公务车辆二维码管理，接受社会各界监督；指导各单位使用“非税系统”电子缴款及开电子票据，稳步推进财政电子票据和非税收入收缴电子化管理改革工作；实现农行掌上App工资明细查询板块与工资短信明细并行。盘活财政存量资金，提高资金使用效益。累计盘活存量资金3.42亿元，统筹安排用于扶贫、民生等重点领域。

【财税监管】 年内，清理规范财政专户，完善国库单一账户体系，确保财政资金运行安全。通过预算管理一体化系统（2.0 版）实现区直单位实有资金账户财务活动实时监控。加大全区长期往来款项清理力度，清理资金 2654.92 万元，清理进度为 74.54%。消除监管盲区，已完成全区 5 个藏传佛教寺庙财税监管业务培训、实操指导、固定资产粘贴；开展整治地方财政收入虚假问题专项行动，对单位账务处理薄弱环节及时指导纠偏；开展财政系统粮食购销领域腐败问题专项整治自查自纠；提高惠民惠农“一卡通”发放财政补贴资金实效。推动部门牢固树立绩效意识，打造全方位、全过程、全覆盖的预算绩效管理体系，做到花钱必问效、无效必问责。推进绩效管理和预算管理深度融合。防范化解地方政府隐性债务风险，控增量消存量，健全风险监测和防范机制，不断提升地方政府债务管理水平。2021 年，共化解政府隐性债务 3653.14 万元，实现达孜区政府隐性债务清零。

【国资委工作】 年内，开展清理党政领导干部违规在企业兼职（任职）专项工作，共清理党政领导干部违规在企业兼职（任职）37 人（含董事会成员及监事会成员），撤销临时党支部 3 个。印发《关于推动达孜区属国有企业清理低效无效资产和压缩管理层级工作的通知》，完成企业划级，将企业层级严格控制在 3 级以内，对所属国企低效无效资产、“僵尸企业”进行摸底排查，并依法依规进行清理清算处置；持续推进国有企业退休人员社会化管理工作，实现剥离国有企业办社会职能，化解历史遗留问题。认真执行国家粮食购销政策，积极引导国有粮食企业充分发挥国有粮食主渠道作用，完善各项服务措施，加强市场监管，确保农民增收、粮企增效。

2021年11月3日，达孜区财政局召开2022年第二次预算编制布置会

【党建工作】 年内，全局领导班子成员、全体党员干部采取集中学习、自学、研讨、“三会一课”等方式开展党史、“三新”专题学习教育，主要学习《中国共产党简史》关于“全面加强知识产权保护工作，激发创新活力推动构建新发展格局”的重要讲话精神、习近平总书记在福建考察期间重要讲话精神、党的十九届六中全会精神、区党委全面依法治藏工作会议重要讲话精神，以及扶贫领域腐败和作风问题典型案例通报、扫黑除恶专项斗争知识等学习内容共计 35 次，重温入党誓词 1 次，书记讲党课 1 次，开展主题党日活动 11 次。

【审计工作】 年内，达孜区财政局主动履责，积极配合各级巡视（察）组、督导检查组，形成上下联动，为巡视（察）、督导检查工作顺利开展提供了保障。配合拉萨市纪委、审计局开展公务员工资津贴补贴发放管理情况检查 1 次；配合拉萨市财政局、国家税务总局拉萨市税务局开展整治地方财政收入虚假问题专项行动检查 1 次；配合达孜区纪委（监委）、巡察组、审计局查阅县区直各单位资金情况、项目资金支付情况等方面 100 余次。

（王　勇）

【机构领导】
局　长
尼　　玛（女，藏族）
副局长
次旦卓玛（女，藏族）
郭　　旭（藏族）

## 审计

【概况】 2021年，达孜区审计局共有行政编制3个，其中科级领导职数2个、一般干部职数1个。实有干部职工5人，其中局长1人、副局长1人、科员3人。

2021年，达孜区审计局紧紧围绕区委、区政府中心任务，充分发挥审计监督职能，保障达孜经济健康稳定发展，推动全区廉政建设。全年达孜区审计局共完成审计项目13个，审计查出主要问题资金达2245714.7元，审计发现非金额问题34个，出具审计报告13篇，提出审计建议45条。

【专项审计】 年内，受达孜区交通局委托，达孜区审计局派出审计组对达孜区虎峰客运有限公司2020年财务收支情况进行审计，出具审计报告1份，发现问题6个，提出建议2条。

根据《达孜区建档立卡脱贫增收产业项目（扶贫商品房）管理办法》，达孜区审计局派出审计组，对达孜区塔杰乡、邦堆乡、唐嘎乡扶贫商品房租金收入进行审计，出具审计报告1份，发现问题2个，提出建议2条。

【经责审计】 年内，受达孜区委组织部委托，达孜区审计局派出审计组对以下4人开展党政主要领导开展任职期间经济责任履行情况审计：达孜区交通运输局原局长俊美次旦，达孜区司法局原局长、四级调研员邓玉芳，达孜区人力资源和社会保障局原局长江村旺扎，达孜区委统战部副部长、民宗局局长普琼，出具审计报告4份，发现问题12个，提出建议13条。

受达孜区委国资委委托，达孜区审计局派出审计组对达孜区农机站原法定代表人王洪旺任职期间经济责任履行情况审计，出具审计报告1份，发现问题5个，提出建议3条。

2021年5月14日，达孜区审计局局长占堆（左排中）主持召开2021年领导干部离任审计工作安排部署会

【财务收支审计】 年内，根据《中华人民共和国审计法》第十六条规定，达孜区审计局派出审计组对达孜区2020年度财政预算执行和其他财政收支情况进行审计，出具审计报告1份，提出建议3条。

（邓郁凡）

【机构领导】

局　长

扎西达娃（藏族，6月免）

占　　堆（藏族，6月任）

副局长

赖帮兰（女）

## 自然资源管理

【概况】 2021年，达孜区自然资源局行政编制6名，其中科级领导职数3名。达孜区自然资源局所属事业单位的设置、职责和编制事项另定。达孜区自然资源局实有干部职工22人，其中副科级（含虚职）6人，事业单位技术岗11人，聘用技术性人才4人，工人1人。根据国土三调数据，达孜区总面积136097.81公顷，有耕地面积5128.94公顷、林地面积51224.02公顷、草地面积51891.78公顷、湿地面积5128.94公顷。

【学习教育】 年内，按照达孜区委、区政府、区纪委学习教育活动相关要求，积极推进各项活动。达孜区自然资源局干部职工积极开展专题学习，保证每月至少2次专题学习，认真学习自治区、拉萨市、达孜区关于各类文件和领导重要讲话精神，每名党员干部撰写相关心得体会；坚持领导党员干部带头，严格执行部门学习纪律以及工作纪律，全面落实政务、党务公开，确保党的群众路线教育实践活动全面落实。

【不动产登记】 年内，达孜区自然资源局办件数量为4747件，证书总量158份，大厅窗口查档量40件。

【建设工程规划许可证】 年内，达孜区自然资源局办件总数为229件，其中单位及企业项目办证8件、私宅6件、农村宅基地215件。

【矿业及地质灾害】 年内，达孜区地质灾害共有131处，主要以泥石流为主，达孜区自然资源局在4月20日开始地质灾害调查，对达孜区的受灾乡村均逐一进行调查访问，进行实地调查，对采挖矿产资源合法进行监管。

【增减挂钩实施】 达孜区第一批城乡建设用地增减挂钩共计地类图斑36宗，面积272.1亩，其中德庆镇9个宗地（32.15亩），邦堆乡5个宗地（22.43亩），塔杰乡6个宗地（46.44亩），章多乡5个宗地（86.79亩），雪乡5个宗地（44.98亩），唐嘎乡6个宗地（39.31亩）。

达孜区城乡建设用地增减挂钩复垦项目预算总投资734.98万元。其中，工程施工费590.37万元，占总投资的80.32%（其中德庆镇84.21万元，邦堆乡40.98万元，塔杰乡90.49万元，雪乡82.15万元，章多乡190.04万元，唐嘎乡102.50万元）；其他费用共计123.21万元，占总投资的16.76%；不可预见费21.41万元，占总投资的2.91%。2020年7月，通过拉萨市交易中心摇号确定“拉萨市达孜区城乡建设用地增减挂钩复垦项目”招标代理机构，同年8月着手开展项目招标相关事宜，最终于2020年9月21日确定项目实施单位为“西藏乾泰工程有限公司”。截至年底，已完成复垦113亩，未复垦159.7亩。

2021年12月19日，副区长王刚（左二）一行到塔杰乡巴嘎雪村调研城乡建设用地增减挂钩工作开展情况

【国土空间规划编制】 年内，已完成达孜区国土空间规划编制的各项工作，形成“双评估”“双评价”报告及11个专题研究成果、1套规划编制说明、1套规划编制文本、1套图集。正在积极对接拉萨市国土空间规划，包括“三线”协调、基础设施及公共服务设施合理配置、各项用地指标调整等工作。

【造林绿化】 年内，达孜区主要新建造林项目。西藏营造林先造后补建设造林工程。该项目人工造林面积1902.9亩，总投资2948.75万元。涉及2个乡镇、10个作业小班。主要树种涉及巨柏、榆树、油松、砂生槐、江孜沙棘、青杨、河北杨等树种，共计20.23万株。已完成实施，管护期5年（2021年3月至2026年3月）。

乡村“四旁”植树造林。达孜区按照乡村“四旁”植树行动工作的总体要求，完成造林32.55万株，总投资1627.5万元。2021—2022年集中植树，2023年巩固提升植树成效，到2023年，海拔4300米以下的行政村，按户均植树不低于50株，实现群众房前屋后应绿尽绿、院内有绿、出门见绿。截至年底，已完成13个行政村12.88万株苗木的种植，涉及苗木包括左旋柳、竹柳、樟子松、苹果树、桃树等。

推进义务植树造林。达孜区根据实际情况，2021年3月29日在德庆镇白纳村组织全区干部职工和乡镇群众开展植树造林活动。造林面积达1890亩，主要栽植树种为榆树、柳树、油松、云杉等。

巩固提升历年造林项目，对2016—2020年的造林项目拉萨至林芝高等级公路两侧造林绿化工程、2019年重点防护林（拉萨周边造林）工程、国土绿化提升改造等项目进行补植补造和管护。

2021年6月11日，达孜区自然资源局党支部一行开展“百年活动学党史　不忘初心跟党走”主题党日活动

**【森林生态效益补偿】** 年内，达孜区森林生态补偿基金工程重点公益林面积为645830.5亩，管护人员292名。根据《拉萨市财政局关于提前下达2021年林业草原专项转移支付资金预算指标的通知》，上级已下达达孜区2021年森林生态效益补偿基金（专职护林员工资）364.57万元，年初达孜区自然资源局已完成签订2021年管护合同，区林业与各乡镇签订A合同，各乡镇与护林员签订B合同，管护工资已全部落实兑现。

**【野生动物救助】** 年内，救助黑颈鹤、麋鹿、狐狸、斑鸠、赤麻鸭、岩羊等动物20余只（头），治愈后已全部放归自然。

**【保护区保护与管理】** 年内，与7名保护区管护人员和1名疫源疫病监测人员签订雅江中游河谷黑颈鹤国家级自然保护区（拉萨河流域达孜管理范围）管护人员、疫源疫病监测员合同。安排负责片区范围内国际级野生动物疫情情况进行观察巡护，及时掌握及保护野生动植物资源、野生动物活动、集群情况等基本信息，制止保护区内乱砍、伐、采等破坏现象。发现受伤野生动物、野生动物异常死亡和疑似疫情情况立即上报，并做到日报告制度。

**【退耕还林补助】** 年内，根据《西藏自治区林业和草原局关于下达2021年完善退耕还林政策补助和新一轮退耕还林政策补助资金计划的通知》下达达孜区3.28万元。2021年达孜区退耕还林补助面积263亩，涉及地点为雪乡，共已兑现补助资金3.28万元，已完成兑现退耕还林期补助资金6.38万元。

**【森林防火】** 年内，为切实做好森林防火工作，保护森林资源，巩固退耕还林成果，促进达孜区林业发展，本着“盛世兴林、防火为先”的工作思路，年初与各乡镇签订森林防火责任书，狠抓各级防火责任制的落实，严格管理野外火源，加大对林业法律知识的宣传力度和巡护力度。10月，启动森林草原火灾风险普查工作，投资77.8万元。涉及五乡一镇23个标准地及1个大样地的普查工作。截至年底，未发生森林火灾及人员伤亡事故。

**【森林草原病虫害防治】** 年内，为切实做好达孜区林业病虫害的防治工作，保护森林资源安全，提高群众的病虫害防治意识，对病虫害较为严重的公路沿线、德庆镇、邦堆乡、工业园区等进行喷洒农药及清理枯死树木等工作，同时加大力度宣传护林员管理所辖区林木病虫害的排查、监测力度，全面做好病虫害防治工作。

**【林草湿地、自然保护区执法】** 2019年、2020年国家森林督查卫星遥感执法发现达孜区违法占用林地图斑73个，涉及30个项目，已完成整改销号21个，待销号4个，整改5个。

年内，达孜区自然资源局日常巡查工作中，发现疑似违法占用林地、草地、保护区、湿地等30个问题，其中发现涉及林地项目7个，涉及草地项目3个，涉及保护区项目3个。截至年底，督促办理相关手续4起，其余责令停止破坏并要求进行植被恢复。

（巴　诺）

【机构领导】

副局长

单增罗布（藏族，主持工作）

罗布扎巴（藏族）

不动产登记中心主任

次仁诺布（藏族）

## 统计

【概况】 2015年9月，达孜区统计局由原达孜区发展和改革委员会管理的统计局（副科级）调整为区政府工作部门（正科级）并加挂社会经济调查队牌子。共有编制6人，行政编制3人；经济调查队事业编制3人。2021年有干部职工10人，正科级1人，副科级2人，事业编制4人，政府购买1人。

【基本职能】 贯彻执行统计法律、法规、规章、基本统计制度和统计标准，组织协调达孜区统计工作，确保统计数据真实、准确、及时。拟订统计现代化建设规划并组织实施；指导达孜区统计工作；建立健全达孜区国民经济核算体系和统计指标体系；建立和完善达孜区经济、社会、科技统计调查制度；监督管理各乡镇、各部门统计和国民经济核算工作。组织实施全区人口普查、经济普查、农业普查等国情国力普查和大型专项调查，汇总、整理和提供有关统计数据。组织实施农林牧渔业、工业、建筑业、批发和零售业、住宿和餐饮业、能源、投资、科技、人口、劳动力、环境基本状况、文化体育和娱乐业以及装卸搬运和其他运输服务业、仓储业、计算机服务业、软件业、科技交流和推广服务业、社会福利业等统计调查，收集、汇总、整理和提供有关调查的统计数据，综合整理和提供地质勘查、旅游、交通运输、资源、房屋、对外贸易、对外经济、邮政、教育、卫生、社会保障、公用事业等达孜区基本统计数据。组织各乡镇、办事处、各部门进行经济、社会、科技和资源环境统计调查；统一核定、管理、公布达孜区性基本统计资料，定期发布达孜区国民经济和社会发展情况的统计信息；组织实施区域经济和社会发展情况的统计监测评价考核。

对国民经济、社会发展、科技进步和资源环境等情况进行统计分析、统计预测和统计监督；建立并不完善的宏观经济监测系统；向达孜区委、区政府及有关部门提供统计信息和咨询建议。依法制定达孜区统计调查计划；做好达孜区统计专业基础工作，加强基层统计业务基础建设；建立健全统计数据质量审核、监控和评估制度，开展对重要统计数据的审核、监控和评估；依法监督管理涉外调查活动。指导达孜区统计专业技术队伍建设，开展统计科学技术研究交流合作及统计资料的编辑出版工作；会同有关部门组织管理全区统计专业资格考试培训、职务评聘和从业资格认定工作。建立并管理达孜区统计信息自动化系统和统计数据库系统，拟定各乡镇、各部门统计数据库和网络的基本标准和运行规则，指导各乡镇、办事处统计信息化系统建设。

2021年9月7日，拉萨市统计局局长旺堆罗布（右排右三）一行到达孜区检查指导统计工作

【内部管理】 年内,达孜区统计局紧紧围绕全区中心工作和经济社会事业发展的各项目标,认真落实区、市统计局的各项工作部署,以"提升统计能力,服务经济发展"为中心,全力打造现代化服务型统计,加强内部管理,强化统计基础工作,优化统计服务,大胆改革创新,抓好基础数据统计。为推动达孜区经济发展,达孜区统计局充分认识新形势下做好统计工作的重要性,重点宣传《中华人民共和国统计法》,全面加强统计能力建设,提高统计服务水平,发挥统计工作在经济社会发展和宏观决策中的信息、咨询、督查作用,更好地为加快实现经济社会跨越式发展和长治久安目标服务。

加强对统计报表的分析,做好每个季度全区国民经济运行分析工作;及时调整2021年统计资料,进一步增强统计服务领域的广泛性和时效性,完成《达孜区2021年统计年鉴》资料的编纂。每季围绕全区主要经济发展指标,特别是考核指标,加强分析,及时预警预测,统计服务水平进一步提高。较好地完成农林牧业、工业、固定资产投资等各专业的2021年年报工作;各专业明确审核重点,加大审核力度,统计数据的完整性、时效性和准确性进一步提高,全面反映了达孜区发展实际。

【培训学习】 年内,经过自治区统计局及拉萨市统计局组织的各类培训及自学,达孜区统计局干部业务知识进一步提升。安排统计局干部到自治区统计局培训3次,拉萨市统计局培训9次,协助开展各乡(镇)统计专干各类统计培训178人次。

2021年12月14日，达孜区统计局工作人员开展普法宣传活动

【依法统计建设】 年内,认真贯彻落实中共中央办公厅国务院办公厅印发的《关于防范和惩治统计造假、弄虚作假督察工作规定》。按照国家统计局的统一安排,深入开展统计"三查"工作,对"四上"企业、500万元以上投资项目进行全面自查和检查,坚决查处和曝光各种干涉企业独立上报统计数据的违法行为,结合从业资格和继续教育情况开展专项检查。通过广泛宣传和执法查处,进一步提高各级各单位依法统计的自觉性,提高了统计在公众面前的权威性。

深入企业督促建立健全原始记录和统计台账,留存完整、齐全的报表资料,确保达孜区统计数据真实、可信,为党委、政府宏观决策提供准确的数据支撑。同时,进一步加强统计法律法规的宣传教育,使统计用户、调查对象和统计人员牢固树立统计法治思维、法治理念,为建设法治统计营造良好的社会氛围。

【建立统计公众号】 年内,达孜区统计局建立统计公众号(拉萨达孜统计),进一步将统计数据、统计成果深入到每一位干部、每一位老百姓身边,干部群众随时可以查阅历年达孜区各类数据,达孜区干部内公众号关注覆盖率为65%左右(领导干部覆盖率为80%),统计局将与达孜区委宣传部等部门联合,进一步提升覆盖率。

【精准扶贫】 年内,达孜区统计局紧紧围绕区委、区政府对精准扶贫工作要求,充分了解结对户的基本情况、致贫原因和户主对脱贫措施方面的具体愿望,先后组织干部对结对帮扶户进行16次入户，并送去价值 7050 元的慰问品。

（次旦旺姆）

【机构领导】

局　长

旺　堆（藏族）

副局长

薛　健

## 经济和信息化

【概况】 达孜区工业和信息化局正式成立于 2010 年，属于达孜区政府组成部门，因组织机构改革，2019 年 3 月更名为达孜区经济和信息化局。负责达孜区工业经济运行、信息化建设管理工作、全区商务工作，挂商务局牌子。达孜区经济和信息化局编制 4 人，现有工作人员 9 人（局长 1 人，副局长 3 人，二级主任科员 1 人，三级主任科员 1 人，四级主任科员 1 人，事业人员 1 人，驾驶员 1 人）。

2021 年，达孜区经济和信息化局始终坚持“发展是第一要务，招商引资是第一要事，工业强区是第一方略，服务是第一职能”的要求，以中共十九大精神为指导，科学发展观为统领，认真履行工作职责，全力推进招商引资、项目建设、企业培扶、园区开发等工作，突出把握“稳中求快”的总基调，基本完成了全年各项目标任务。

【经济指标稳步增长】 年内，达孜区规上企业共 9 家，分别为西藏藏缘青稞科技有限公司、西藏春光食品有限公司、西藏珠峰实业有限公司、西藏第三极羊绒制品有限公司、西藏圣信工贸有限公司、西藏卓玛民族手工艺品有限公司、西藏岗地文化产业集团有限公司、西藏阳光庄园农牧资源开发有限公司、西藏运高新能源有限公司。2021 年，达孜区规上企业共完成工业总产值 64984 万元，同比增长 64.1%；完成工业销售产值 65244 万元，同比增长 66.1%。完成工业增加值 27771 万元，同比增长 104.2%。

【企业培扶】 年内，达孜区企业结合自身特点，不断推出名优产品，不断壮大龙头企业队伍，打造更多驰名品牌，运用品牌效应，带动产业发展。截至年底，达孜区农产品加工企业成功打造“羌塘布”青稞酒、“赛牦岗”牦牛绒、“水墨藏绒”系列羊绒纺织品、“雪域吉顺”青稞醋、“阿佳”牦牛肉、“盛桃”芫根饮品、“雪域圣谷”青稞保健品、“卓玛秀”玫瑰精油等近 30 个品牌。年内，达孜区西藏春光食品有限公司已获得绿色食品和有机食品认证；西藏圣禾生物科技有限公司已获得绿色食品认证；西藏玫瑰生物科技发展有限公司已获得绿色食品、有机食品和农产品地理标志认证。

加强企业扶持申报工作。西藏阳光庄园农牧资源开发有限公司和西藏天测测绘技术咨询有限公司被认定为自治区级专精特新企业；西藏圣信工贸有限公司被认定为自治区级绿色产品设计企业；组织辖区企业完成申报西藏自治区绿色工厂、自治区绿色设计产品、自治区级专精特新中小企业、国家级专精特新“小巨人”、自治区中小企业发展专项资金、拉萨市绿色试点发展企业等项目；通过开展申报工作，年内，达孜区已享受专项扶持资金企业 6 家，扶持金额共 190 万元。享受申报西藏自治区中小企业发展专项资金第一批、第二批 4 家企业（西藏晨阳涂料有限公司、西藏畅

2021年11月8日，西藏自治区经信厅副厅长赵亚（中）一行到西藏藏缘青稞科技有限公司调研

航建筑材料有限公司、西藏春光食品有限公司、西藏藏缘青稞科技有限公司）各100万元，共计400万元。

【招商引资】 年内，达孜区引入10亿元项目1个，是江苏洋河酒厂股份有限公司、西藏地球第三极产业发展有限公司、拉萨市净土产业投资开发集团有限公司、深圳市宝能食品科技集团有限公司4家企业共同投资成立四方合资公司的股份洋河拉萨达孜区朗热酒村项目，项目前期规划已经完成，预计2022年全面开工。

达孜区招商引资项目共21个，其中新建项目15个，续建项目6个，项目协议总投资19.69亿元，完成招商引资到位资金14.46亿元，完成全年任务的51%。

【信息化工作】 年内，根据《拉萨市关于电子商务进农村综合示范县创建工作推进情况的督办通知》，达孜区经济和信息化局认真开展达孜区农村电商现状和发展前景调研工作。同时，积极参与区市商务部门组织的各类电商培训，为达孜区成功创建电子商务进农村示范县奠定了良好的工作基础。

根据市商务局的统一安排，达孜区电子商务进农村综合示范县（区）创建项目中标单位为拉萨净土文化传媒有限公司。该公司通过摸底排查确定乡、村级各个网点的位置，并与邮政、电信部门就电子商务进农村综合示范县进行深入洽谈，形成初步合作模式。

2021年9月24日，拉萨市经信局党组书记、副局长索群（左一）一行到达孜区调研经济运行情况

按照项目建设规划，拉萨净土文化传媒有限公司对唐嘎乡、邦堆乡、雪乡和塔杰开展的电子商务知识培训已经结束。已经完成达孜区级服务站点的建设工作，乡村级网点建设共计4个，其中邦堆乡1个、雪乡1个、唐嘎乡1个、塔杰乡1个。4个门店均已对外开放和进入运营阶段，职工人数4人，均属西藏籍高校毕业生。

为贯彻落实“放管服”改革，深入推进“互联网＋政务服务”工作，达孜区经济和信息化局严格按照达孜区行政审批局的工作要求，认真开展电子政务服务工作。达孜区经济和信息化局共认领商务事项10项，其中行政许可3项、其他行政权力5项、行政确认1项、行政奖励1项，并对所有审批事项进行情形化梳理，及时上传事项流程图。电子政务外网网络保通情况。达孜区电子政务外网接入单位共计76家，其中，一期外网接入9家单位，二期外网接入67家单位。覆盖全区各单位，各乡镇，各行政村及区属国有企业。

【党建建设】 年内，坚持把学习贯彻习近平总书记系列重要讲话精神作为机关党建的一项重要政治任务，局党支部采取理论学习、宣讲辅导、座谈交流等多种形式组织党员干部开展学习。

坚持把思想理论建设放在首位，深入开展学习型党组织创建活动，把创建学习型党组织纳入机关党建工作整体规划，建立健全让党员经常受教育、永葆先进性的长效机制。

进一步执行和完善“三会一课”制度、党员学习制度、民主生活会制度、组织生活会等制度，提高可操作性。

【党风廉政建设】 年内，紧紧围绕习近平总书记关于“守纪律、讲规矩”的要求，教育机关党员切实增强政治意识和规矩意识，着力推动党风廉政建设各项任务的落实，形成守纪律、讲规矩的良好风气。大力推进"为官乱为、为官不为"专项整治，整治机关党员中存在的推进不力，精神不振、责任意识不强、服务意识不浓、有令不行、有禁不止等突出问题。

【农牧民碘盐配送】 年内，为切实做好达孜区农牧民食用碘盐配送工作，巩固和保持全区农牧民食用碘盐100%的覆盖率。达孜区经济和信息化局积极协助盐业公司严格落实碘盐配送标准，按时完成碘盐配送任务，进一步增强人民群众获得感、幸福感。2021年，达孜区五乡一镇碘盐配送共计162.536吨。

（周 玄）

【机构领导】

局 长

周胜毅

副局长

王桂元（江苏援藏）

米 珍（女，藏族）

欧金次仁（藏族）

## 工业园区管理

【概况】 达孜工业园区规划总面积为6.018平方千米，园区业已形成"一个名牌"（以净土健康产业为主导品牌），"四大产业"（高原生物医药医疗产业、新能源及科技型新兴产业、民族手工业和现代服务业）发展格局。园区累计入驻企业1597家（包含注册型），实体企业71家，培育非公有制企业党支部12个，规上企业9家，龙头企业8家，高新技术企业5家，中国驰名商标3个、自治区著名商标5个。2021年，园区完成总产值7.036亿元，完成工业总产值4.25亿元，完成税收14.217亿元（包含注册型）。

【"绿色新动能产业合作基地"项目签约】 2月5日，达孜区工业园区管委会及西藏国有资产管理有限公司（以下简称国管公司）就达孜工业园区"绿色新动能产业合作基地"建设项目举行签约仪式。达孜区工业园区管委会主任王斌忠与国管公司董事长次旺桑培出席签约仪式，并就未来共同将"绿色新动能产业合作基地"建设成为西藏产业园区建设的新名片表明了态度与决心。

【"基层大接访办实事"活动】 年内，为扎实推进"领导干部下基层大接访办实事"活动，助推当地民生事业向好发展，3月17日、19日，园区管委会主任王斌忠、副主任邓爽先后2次到德庆镇桑珠林村开展"基层大接访办实事"活动，广泛收集社情民意，主动了解桑珠林村发展过程中的困难问题，助推村（居）事业高质量发展。

【召开园区总体规划专题研讨座谈】 4月7日，达孜工业园区管委会召开园区总体规划专题研讨座谈会。园区管委会诚邀江苏规划设计院专家闫昊、孔孝云、李义萌参与此次总规编制工作。园区管委会主任王斌忠，副主任邓爽，各科室负责人参加会议，此次会议由园区管委会主任王斌忠主持。

【召开安全生产工作会议】 2021年是中国共产党成立100周年及西藏和平解放70周年，"十四五"的开局之年，做好安全生产工作意义特别重大，责任特别重大。4月12日，达孜工业园区管委会组织召开2021年年度安全生产工作会议，由达孜工业园区管委会副主任邓爽主持，管委会主任王

2021年11月16日，拉萨市经信局副局长向敏（左三）一行到西藏天圣消毒制品有限公司调研

斌忠、党工委书记王锦、安监局负责人、规建局负责人出席此次会议以及园区35家实体企业参加此次会议。

**【“三更、三新，学党史”专题学习】** 4月22日，根据达孜区“三更、三新、学党史”主题教育活动要求以及区党委(党组)理论中心组2021年专题学习重点内容安排，达孜工业园区管委会组织在岗党员干部开展“三更、三新、学党史”专题学习会。进一步学习政治纪律规矩和党史理论，确保广大党员干部保持清醒政治头脑，不断增强党性修养和理论水平，增强“四个意识”、坚定“四个自信”、做到“两个维护”，时刻校准政治方向，站稳政治立场。

**【自治区经信厅调研】** 5月14日，西藏自治区经信厅党组成员、副厅长黄颖一行到达孜工业园区调研园区建设发展、园区“十四五”规划、自治区绿色工业重点项目建设相关工作，达孜工业园区管委会副主任邓爽及园区各科室负责人陪同调研。

**【自治区人民政府办公厅调研】** 6月8日，西藏自治区人民政府办公厅法规处处长米玛罗桑一行到达孜工业园区调研，园区管委会相关负责同志陪同调研。调研组一行实地考察西藏藏缘青稞科技有限公司、西藏优格仓工贸有限公司、西藏阳光庄园农牧资源开发有限公司。针对3家企业的发展现状、招商引资、市场销售、未来走向等方面进行详细的了解，同时围绕惠企政策的落实落地情况、企业发展过程中的痛点、难点问题进行调研。

**【开展主题党日活动】** 6月22日，为加强达孜工业园区全体党员干部的党性修养，坚定“不忘初心、牢记使命”的革命信念，根据达孜区“三更、三新、学党史”主题活动具体要求，达孜工业园区管委会组织开展“传承红色基因，赓续革命精神”主题党日活动。园区管委会主任王斌忠率队，单位全体在岗党员干部到林周县党员党性教育基地实地参观。活动中，园区管委会全体党员干部重温入党誓词，在不断温习中践行党员的政治承诺。

2021年6月8日，西藏自治区政府办公厅法规处处长米玛罗桑（右二）一行到达孜工业园区调研

**【召开非公有制企业党支部专题会议】** 6月23日，达孜工业园区管委会召开非公有制企业党支部专题学习会议。此次会议由园区党工委书记王锦主持，12家非公有制企业党支部参加会议。会上，王锦阐述党工委集中谈话的背景情况，重点安排部署非公有制企业党支部重点工作任务。

**【第二次安全生产会议】** 6月24日，为全面做好达孜工业园区“双庆”期间安全生产各项工作，达孜工业园区管委会组织召开达孜工业园区第二次安全生产工作会议。园区管委会主任王斌忠、园区管委会党工委书记王锦、园区管委会副主任邓爽、园区管委会安监局局长米玛扎西出席此次会议，园区共37家企业主要负责人参会。

**【党史教育培训班】** 6月28日，为进一步夯实基层党组织的战斗堡垒作用，壮大基层党员队伍，充分发挥“两新”组织的辐射带动效应，优化党员队伍素质，达孜工业园区党工委组织辖区非公有制企业入党积极分子、积极分子转预备、预备党员转正式共计42名人员参加为期3天的党性提升暨党史教育培训班。

【观看中国共产党成立100周年大会实况】7月1日，达孜工业园区管委会组织单位全体党员干部以及辖区企业集中观看中国共产党成立100周年大会实况。园区全体干部职工认真学习领会习近平总书记在中国共产党成立100周年大会上的讲话精神，共同回忆党的百年发展历史。会议结束后园区管委会支部党员干部重温入党誓词并与党旗纷纷合影，用誓言和承诺续写园区美好的明天。

【党史学习教育专题组织生活会】7月20日，达孜工业园区管委会党支部组织召开党史学习教育专题组织生活会，管委会主任王斌忠、党工委书记王锦、区纪委陈世伟、支部委员以及其他党员参加会议，此次会议由园区管委会党支部书记邓爽主持。

【"环境卫生整治"活动】7月26日，为深入开展环境卫生整治相关工作，创造清洁、舒适的生活、工作环境，达孜工业园区管委会组织在园区周围及沿路段开展义务捡拾垃圾活动，旨在倡导辖区居民增强环境意识。

【学习习近平总书记在西藏视察重要讲话精神】8月1日，达孜工业园区党支部组织召开学习习近平总书记在西藏视察时的重要讲话重要指示精神的专题会议，党工委书记王锦、支部委员以及其他党员参加会议，会议由管委会主任王斌忠主持。会议要求，园区全体党员干部要牢记总书记的殷切期望和党中央的殷殷重托，以实际行动体现对以习近平同志为核心的党中央的绝对忠诚，回报总书记和党中央的关心关爱。

2021年4月22日，达孜工业园区开展"三新"专题研讨学习会

【新冠肺炎疫情防控】8月18日，针对近期我国多地相继确诊多例新冠疫情病例，达孜工业园区管委会高度重视，由王斌忠主任主持召开疫情防控会议。园区管委会全体同志参加。此次会议旨在落实科学、可行的疫情防控应急方案，保证园区无病情。

【收看西藏自治区和平解放70周年庆祝大会】8月19日，西藏自治区和平解放70周年庆祝大会在拉萨市布达拉宫广场隆重举行。上午10时，根据上级机关要求，达孜工业园区管理委员会全体职工干部收看了西藏自治区和平解放70周年庆祝大会直播实况。

【"邻里中心"项目设计汇报会】9月24日，达孜工业园区管委会主任王斌忠主持召开园区"邻里中心"项目设计工作汇报会议。园区党工委书记王锦、管委会副主任邓爽、江苏省南京大学城市规划设计研究院有限公司西藏分公司院方代表及全体职工干部参加会议。

【江苏援藏前方指挥部调研】10月13日，江苏援藏前方指挥部一行领导在达孜区委副书记、常务副区长罗小兵，区委常委、副区长许俊超的陪同下到达孜工业园区调研"十四五"援藏项目推进情况。

【荣获自治区级享受政府特殊津贴专家】达孜工业园区内优质企业西藏罗占民族手工艺发展有限公司董事长罗布占堆，因其在西藏文化艺术事业做出的突出贡献，自治区人民政府特决定将其列为享受政府特殊津贴专家。

【安全生产工作座谈会】 10月14日，达孜工业园区管委会组织园区警务站、区信访局、区劳动监察大队、区住建局、“盛世未来城”项目建设方、施工方、监理方以及劳务公司召开关于做好“盛世未来城”项目安全生产暨信访工作的安排部署会议，会议以座谈方式进行。

【“七一”重要讲话精神宣讲活动】 7月27日，为深入贯彻学习习近平总书记在庆祝中国共产党成立100周年大会上的重要讲话精神，园区管委会党工委深入“两新”组织开展关于“七一”重要讲话精神集中宣讲活动，此次活动由园区管委会党建负责人刘宏主持。

【送法进企业】 9月27日，达孜工业园区管委会在入园区企业中开展“送法进企业、普法入人心，法律维系社会，正义铸就和谐”的法治宣传活动，以扎实抓好园区“八五”普法工作，宣传活动持续展开7天。

【党史系列电影观影活动】 11月15日，达孜工业园区管委会组织开展党史系列电影观影活动。在岗干部职工参加此次活动。影片选取近期大热国产主旋律电影《长津湖》。

2021年4月7日，达孜工业园区管委会召开园区总体规划研讨专题座谈会

【收看《榜样6》专题教育片】 12月8日，达孜工业园区管委会组织党员干部集中观看《榜样6》专题教育片。《榜样》系列节目每年制播一期，该期节目重点宣传“七一勋章”获得者和全国“两优一先”表彰对象典型事迹，通过8位优秀共产党人的典型事迹再现、现场访谈、重温入党誓词形式充分展现共产党人的优秀品格和勇毅精神，为全党树立了标杆和榜样。

【中共十九届六中全会宣讲】 12月23日，根据《中共拉萨市达孜区委员会关于印发〈达孜区深入学习宣传党的十九届六中全会西藏自治区第十次党代会拉萨市第十次党代会精神工作方案〉的通知》具体要求，园区党工委书记王锦组织12家企业党支部书记，园区管委会党员干部参加此次专题学习会。学习目的在于催化提升园区全体党员的政策理论水平和强化党员宗旨意识、理念信念。

【习近平生态文明思想专题学习会】 12月27日，达孜工业园区管委会组织开展习近平生态文明思想专题学习会。此次会议由园区管委会副主任邓爽主持召开，参会人员有园区管委会各局办负责人和35家企业代表。

【新冠肺炎疫情防控安排部署会】 12月27日，达孜工业园区管委会开展2021年今冬明春新冠肺炎疫情防控安排部署会，此次会议由园区管委会副主任邓爽主持，参会人员有园区管委会各局办负责人和35家企业代表。

【发展“园中园”】 年内，达孜工业园区面对土地存量有限的现实，积极探索“园中园”发展新模式，打造第一家以地理信息为主营的西藏地理信息产业园，已引进企业入驻35家，已产生效益企业13家；筹划达孜绿色新动能产业园建设；筹划建设住宿、餐饮、休闲、娱乐为一体的金发商业综合体；引进投资近10亿元的拉萨朗热酒村项目，将青稞产业、酿酒产业和文旅产业科学链接，打造以展览展示、研发、生产、服务、销售等功能于一体的青稞酒产业生态圈；西藏春光食品有限公司、西藏孔巴农畜产品开发有限公司等项目改扩建项目正式实施；引入小牛笨笨进驻中小企业孵化基地。

【基础设施建设】 达孜工业园区已完成基础设施项目25个，投入资金超6.4亿元。完善园区配套服务设施。积极利用援藏项目发展契机，抓紧启动小微企业孵化基地（三期）建设项目，力争2022年开工建设16000平方米的标准化厂房；推动园区邻里中心项目建设；尽力融入全域旅游，依托园区现有产业基础发展工业旅游，工业旅游一、二期项目建设正积极筹划实施中。

【园区管理】 达孜工业园区管委会获批3个内设机构：经济发展与规划建设局、办公室（财政所）和安全生产与监督管理局，现有干部11名。管委会严密制定各个部门的办事流程、规章制度，建立健全各项服务机制。制订五年规划，园区发展年计划、年初与各职能部门签订目标责任书，确保各项指标任务落实到位。与此同时，达孜区委、区政府领导多方关心关怀。书记、区长更是多次到园调研经济发展、项目建设、扶贫开发等相关工作开展情况，深入企业、了解其发展现状及困难，千方百计帮助企业、园区解决实际问题，助推其发展壮大。

（仁增卓玛）

【机构领导】

主　任

王斌忠（三级调研员）

副主任

邓　爽（四级调研员）

党工委书记

王　锦（江苏援藏）

办公室主任

覃雨菲（女，藏族）

经济发展与规划建设局局长

骆　斌

安全生产与监督管理局局长

米玛扎西（藏族）

2021年3月19日，达孜工业园区管委会一行到德庆镇桑珠林村开展“基层大接访、办实事”活动

## 税务

【概况】 2021年，达孜区税务局有正式干部职工9名，其中党员8名，群众1名；汉族干部4名、藏族干部5名，平均年龄32岁。2021年，在达孜区税务局注册的纳税户共3610户，其中个体工商户1647户，企业1963户（有限责任公司1515户，合伙企业237户，私营独资企业37户，其他企业174户）。

【落实各项税收减税政策】 年内，达孜区税务局面对新冠肺炎疫情带来的空前复杂的经济形势，迎难而上，奋发有为，全力支持疫情防控和企业复工复产，主动落实“六稳”“六保”任务，扎实抓好组织税费收入、优化税收营商环境等工作，经受住了大事难事交织叠加的严峻考验，完成各项工作任务。

全面提高党的建设质量，切实把加强党的全面领导贯穿于税收各项工作全过程。服务“六保”，不折不扣落实减税降费，全面兑现疫情防控税收优惠政策，全力服务疫情防控和企业复工复产。为确保达孜区各项减税降费政策措施不折不扣落实到位，达孜区税务局多措并举，强化落实：成立实施减税降费工作领导小组，为了扩大减税降费的影响面，组织干部进政府、进校园、进企业，开展政策宣传和辅导；加强内外培训和宣传，让干部和纳税人做到政策吃准吃透；以党建为引领，让党员干部和业务骨干进企业进行业务辅导；联合区局税收协会给辖区内企业开展更专业的减税降费政策解读。达孜区税务局深化落实减税降费、个人所得税改革和增值税改革，让纳税人充分享受改革红利。

2021年8月13日，区委常委、副区长许俊超（左一）听取达孜区税务局党委书记、局长向春海（右一）汇报工作

【税种管理】 年内，以强化管理、优化服务为主线，坚持依法治税，严格增值税政策的贯穿执行与监督检查，完善细化行业管理，切实提高增值税的征收管理。围绕"管好税基、完善汇缴、加强评估、分类管理"的要求，切实加强企业所得税征管，完善企业所得税的汇算清缴制度，引导纳税人在汇算清缴中转变角色，实现税务机关职能从"全能型"向"服务型"的跨越。根据企业所得税汇算清缴表对各单位所得税汇缴工作进行考评，并及时通报考评结果，通过这一做法，大大提高各征管单位的业务水平和工作积极性。

【法治教育】 年内，达孜区税务局全体干部严格按照法定权限和程序行使权力，履行职责，正确处理依法征税与完成税收计划、依法征税与纳税服务之间的关系，把防范执法风险作为一项重要工作来抓，强化税收执法行为的事前、事中和事后监督，督促全体干部加大税收法律法规知识的学习，从思想上树立执法风险意识和依法行政意识。

【税收收入预测】 年内，为提高税收计划管理和发挥税收预见性，为地方经济提供更好的决策依据。达孜区税务局为了更准确地提供税收预测能力，县局通过加强对重点税源户的监控管理，通过实地考察、建立QQ群、电话联系等多种方式，及时掌握企业的生产经营情况和有关财务数据，分析企业税源变化和税收完成情况，把企业的税收情况与企业的生产经营状况和财务状况紧密联系在一起，进行税收前瞻性预测。

【摸底税源基础】 年内，以行业、以区域、核准本局税源自身结构特点，与企业及上级部门做好沟通，明确全年税收征收中存在重点及难点，抓好高危行业（商贸、农副产品、煤炭、医药）招商引资企业政策的解读和审核，做好税源的监控及管理，保证组织收入的有效执行。

以夯实基础要求为基准点，结合税收执法大督查自查工作，从实际出发，全面梳理达孜区税务局纳税人信息基础档案信息完整率和准确率。

【党史学习教育】 年内，完善党建各类制度的设立，以推送全局工作为基准点，以全心全意服务纳税人为理念，将党建工作扎扎实实落实到日常的工作中，确保理论学习和实践服务有机结合。全面深入学习贯彻中共十九大以来中央全面从严治党要求，强化党内监督，强化"四个意识"，推动全面从严治党向基层延伸，构建"条主动、块为主，两结合、互为补，抓党建、带队伍"的全市税务系统全面从严治党新格局，以"不忘初心、牢记使命"主题教育为契机，把"便民办税春风行动"、基层党组织建设工作和行业行风建设作为一项重要内容，内抓管理，外抓监督。努力塑造文明高效的税务服务形象、廉洁勤政的公仆形象和秩序优良的部门形象。以中共十九大为契机，振奋斗志，提高自身的政治素养和业务能力，不忘初心，不负使命，扬鞭催马，为实现中华民族伟大复兴的中国梦尽一份自己的力量。

加强税收宣传力度，促进税收工作开展。达孜区税务局切实有效地开展各项税收宣传活动，以税收宣传月、综治宣传日活动为契机广泛收集纳税户在实际经营活动中关心的焦点和盲点问题，并围绕“焦点、盲点”进行详细宣传讲解；与相关部门密切配合，采取召开座谈会等方式深入企业和个体户中进行政策宣传。

【党风廉政建设】 年内，达孜区税务局认真贯彻上级党风廉政建设和反腐败工作的决策部署，全面从严治党，强化责任担当，严明纪律规矩，严格落实“一岗双责”，持之以恒落实中央八项规定精神等有关规定，压实两个责任，坚持正风肃纪，强化廉政宣传教育，教育引导广大干部坚定不移地筑牢拒腐防变的思想防线，坚定不移地推进廉政制度建设。为达孜区的税收事业健康发展提供了强有力的纪律保证和作风保证，加强干部党风廉政建设和组织纪律建设工作。

【严格值班制度】 年内，全体干部以高度的政治责任感和使命感，严格按照市局和区委、区政府的工作要求，周密部署执行，认真落实好值班、带班、登记、巡逻等制度，做到维护稳定与税收收入“两手抓”“两不误”“两促进”，每月、季度进行维稳会议强调和落实维稳值班过程中存在的问题，及时进行整改，继续强化带班领导的监督、抽查工作，排查各类安全隐患。

【优化纳税环境】 年内，不断改善纳税服务理念和服务态度，避免和降低任何可能出现的征纳矛盾，坚持预防为主与定期排查相结合，把优化纳税服务工作同维稳工作相结合，增强纳税服务工作的主动性和针对性，规避征纳矛盾纠纷，普遍提高了纳税服务能力和处置突发事件的能力。

【落实“两学一做”学习教育】 年内，开展“两学一做”学习教育常态化、制度化学习讨论，坚持全覆盖、常态化、重创新、求实效，扎实有序开展学习教育，推动党内教育从“关键少数”向广大党员拓展，从集中性教育向经常性教育延伸，提高党员的党性意识和党员意识，提升党组织的创造力、凝聚力、战斗力。通过学习教育，增强基层党组织的战斗力、提高党员干部的精气神，发挥党员先锋模范作用，引领广大税务干部激发积极性和开创精神，进一步提升全体党员的高党性修养、政治思想觉悟和实际工作的能力，把“两学一做”学习教育融入日常，切实做到常抓长管。

（平措罗追）

【机构领导】

局　长

向 春 海（藏族，10月免）

桑旦多吉（藏族，10月任）

纪检组组长

常 景 阳（女）

副局长

姚 孟 拉（3月免）

李　　丽（女）

2021年5月7日，达孜区税务局工作人员向纳税人宣传介绍减税降费政策

# 社会事业

## 民政

【概况】 2021年，达孜区民政局坚持“民政爱民、民政为民”的工作理念，着力解决群众最关心、最直接、最现实的利益问题，在保障困难群众基本生活上办实事，在基层民主自治建设上求实效，在社会事务管理上创实绩。达孜区民政局是达孜区人民政府主管社会行政事务的一个职能部门，承担达孜区的城乡最低生活保障、基层政权和社区建设、区划地名、勘界、社会组织、婚姻登记、社会救助、养老服务和殡葬管理等职能；达孜区民政局下设达孜区城乡居民经济状况核对中心（事业编制）和1所特困人员集中供养机构（事业编制），即达孜区特困人员集中供养服务中心。干部职工人员51人，其中局长1名、副局长1名、特困人员集中供养服务中心主任1名、三级主任科员1名、四级主任科员2名、一级科员3名、事业工作人员2名、公益性岗位人员2名、聘用人员38名。

2021年6月8日，达孜区民政局局长白玛央金（后排右二）一行到达孜区中心小学看望慰问残疾儿童

【城乡最低生活保障】 年内，建立社会救助动态管理机制，及时调整救助对象，确保精准救助，应保尽保，应退尽退，以“西藏自治区申请救助家庭经济状况核对平台”为依托，对农村低保87户249人、城市低保14户29人进行复核。

农村低保标准从每人4813元/年提高到每人5060元/年实行差额发放，2021年兑现农村低保金（101户、243人）62.8659万元。城市低保标准从每人911元/月提高到每人974元/月，2021年兑现城市低保金（160户、168人）171.5793万元。

【社会救助】 年内，发挥临时救助救急难作用，临时救助6户20人，兑现临时救助资金5.3万元。

【养老服务】 年内，通过对265户老年人家庭逐一入户走访，以面对面的形式，解读日间照料中心日间入托和困境老人入住养老机构的各项养老政策；4月、9月，2次组织邻近乡村“两委”代表、组长代表、有意愿入住养老机构的老年人及监护人（覆盖近100户老年人家庭）参观拉萨市老年人日间照料中心及达孜区特困人员集中供养服务中心，宣传养老服务政策；通过后期积极对接与回访，共有11名老人日间入托，1名低保老人入住达孜区特困人员集中供养服务中心；4月，与人社局联合开展为期2个月“以工代训”的养老服务培训，培养5名服务人员作为中心老人各种趣味活动的组织者，丰富了老人精神文化生活。

2021年7月9日，达孜区民政局党支部组织党员干部职工到林周县党员党性教育基地开展“重温革命历史”主题党日活动

按照以稳妥推进、培育本土养老服务组织为原则，以邦堆乡为试点，将居家养老服务试点交由达孜区长寿社会工作者协会（本地高校毕业生创业从事养老服务的社会组织）运营；通过达孜区民政局及协会多次走访、调研，以老人的实际需求为准则，确定23户作为居家和社区养老服务对象。9月，开始提供服务；11月，对服务对象进行满意度测评，均得到一致好评；12月，联合乡政府、村委会对居家养老服务试点工作进行验收，为下一步在其他乡（镇）推广居家养老服务积累了宝贵经验。

【特困人员供养】 年内，达孜区特困人员集中供养服务中心举办欢度藏历新年、欢度妇女节、庆祝“中国共产党成立100周年和西藏自治区成立70周年”过林卡活动、共度重阳节等活动。定期对安全生产工作进行部署，组织中心老人及工作人员开展应急演练，提高中心老人的安全意识、防灾自救能力，提升应急处置能力，对消防安全责任制落实情况、灭火疏散预案建立情况、消防安全责任人、管理人员消防安全培训情况、建筑疏散通道、安全出口畅通情况、消火栓箱、灭火器、应急照明灯和疏散指示灯等设施配置运行情况，以及老年人寝室、活动室电气线路铺设、电气设备运行等情况进行全面检查。安全管理员对于各项制度的落实、责任的明确以及食品安全等日常管理工作都抓得紧、抓得细。

加强特困人员管理，健全疫情防控预案，做好值班带班管理，做好工作人员接种新冠肺炎疫苗工作，切实担当起主体责任，全面实行出入管理登记和体温监测工作，认真做好卫生消毒工作，科学配比剂量，严格执行每日2次消毒制度，确保消毒工作不留死角。达孜区共有147名农村特困人员，其中分散供养为47人、集中供养为100人。分散特困人员供养标准从每人7070元/年提高到每人7590元/年；集中供养人员供养标准从每人13213元/年提高到每人14196元/年，全年共发放供养金124.5795万元。

【基层民主自治建设】 年内，指导完善村民议事会、村民代表会议等相关制度，规范村级重大事务决策程序，深化基层民主自治程度；指导达孜区22个村（居）完善村规民约（居民公约），不断提升基层治理水平；配合组织部完成全区22个村（居）委员会换届工作，配强“两委”班子成员，完成村（居）赋码换证工作。

【边界联检工作】 年内，制定《达孜区民政局第六轮县级行政区域界线联检工作实施方案》，成立联检工作领导小组，分别与城关区、墨竹工卡县、山南市扎囊县签订联检协议书，完成界线界桩检查、维护工作，巩固勘界成果，切实保障边界双方地区社会和谐稳定。

【民政项目建设】 拉萨市达孜区五保集中供养服务中心综合提升改造项目，项目投资112.69万元，5月开工，已竣工待财评，该项目满足了院内老人日常娱乐需求，有效提升了老人的获得感、幸福感、安全感；拉萨市达孜区雪乡雪寺天葬台维修项目，项目投资298.78万元，6月开工，已竣工待财评；拉萨市达孜区唐嘎乡罗寺天葬台维修项目，项目投资283.27万元，已竣工待财评。

【婚姻登记】 年内，加强对《中华人民共和国民法典》《婚姻登记条例》《婚姻登记工作规范》的宣传和贯彻力度，提高婚姻登记服务水平。婚姻登记进驻政务服务中心窗口办理以来，极大地提高服务了效率、方便了办事群众。截至年底，婚姻登记结婚358对，补发结婚106对，离婚58对，补发离婚6对。

【残联工作】 年内，扎实抓好残疾人服务，进一步加大各项扶残政策的宣传与落实力度，认真开展残疾人就业、残疾人家庭无障碍改造、残疾人辅助器具发放、残疾人各项补贴资金兑现、残疾证办理等各项残疾人服务工作。

落实扶残补贴政策，兑现残疾人两项补贴、重点关爱对象生活补贴、0—16岁残疾儿童生活补贴、阳光家园补贴、燃油补贴等补贴资金共计80.59万元。

走访16名0—8岁残疾儿童家庭，了解掌握残疾儿童康复需求。对5名2021应届高校残疾大学生重点关注，及时了解家庭情况，5名大学生均已就业。看望慰问达孜区中心小学全纳教育随班就读15名残疾儿童，为他们送去运动套装及运动鞋子，总价值5887元，并积极与教育局沟通，随时关注他们的就学情况。

2021年4月15日，达孜区民政局工作人员开展“国家安全教育日”宣传活动

【关爱留守儿童】 年内，建设唐嘎乡穷达村、章多乡恰村2处留守儿童“快乐之家”，配齐服务设施；1月，举行留守儿童“快乐之家”揭牌暨启动仪式；聘请当地的大学生，为儿童们辅导作业为主，开展各类活动为辅，营造了温馨的家，对此社会及家长反响良好，同时被“学习强国”平台采用并推广；达孜区民政局将持续开展此项惠民工作。

【机关作风】 年内，坚持以习近平新时代中国特色社会主义思想为指导，深入学习贯彻中共十九大和十九届历次全会，贯彻落实中央第七次西藏工作座谈会精神以及习近平总书记在西藏视察时的讲话精神，用习近平总书记系列重要讲话精神武装头脑、指导实践、推动工作，学习掌握党的理论、党的规章制度，扎实开展党史学习教育，牢牢把握“学史明理、学史增信、学史崇德、学史力行”，以“学党史、悟思想、办实事、开新局”为目的，从党的历史中汲取思想的力量、信仰的力量、道德的力量、实践的力量，坚持高标准严要求，增强开展党史学习教育的思想自觉和行动自觉，确保党员教育做实做好做到位。

坚持个人自学、集中学习、“三会一课”、“学习强国”等多种学习形式相结合，深入学习党史、新中国史、社会主义发展史、改革开放史、西藏地方与祖国关系史，学中央第七次西藏工作座谈会精神，学自治区十次党代会和拉萨市十次党代会精神，开展理论学习31次，观看红色电影9次，开展学党史主题党课2次，参观廉政警示教育基地、红色历史基地2次，通过全面系统学、深入思考学、联系实际学，坚持读原著、学原文、悟原理，自觉对标对表，推动了学习贯彻新思想、新理论，走深走实、知行合一。坚决贯彻落实民主集中制原则，进一步健全和完善党内监督制度，加强对重点工作的管理监督，凡是属于“三重一大”事项，均集体决策，保证决策过程的科学民主和结果公正合理。认真开展业务知识学习，用中国特色社会主义理论体系和先进科学知识武装自己，增强“四个意识”、坚定“四个自信”、做到“两个维护”，筑牢理想信念根基。

（吴　丹）

【机构领导】

局　长

白玛央金（女，藏族）

副局长

索朗加措（藏族）

五保集中供养服务中心主任

洛桑曲达（藏族）

## 人力资源和社会保障

【概况】 达孜区人力资源和社会保障局为隶属区人民政府的正科级行政机构，加挂达孜区劳动监察大队牌子，局所属达孜区劳动就业保障中心1个事业单位，股级建制。达孜区人力资源和社会保障局内设行政办、就业办、社保办、事业办、工资福利办、劳动监察大队6个业务科室。编制核准共8名，其中行政编制4名（科级领导职数2名），事业编制4名，实有在岗工作人员34人（含公益性、基层平台、“三支一扶”人员）。

2021年12月6日，西藏自治区人力资源和社会保障厅二级巡视员洛旦（左排左二）一行到达孜区开展冬季根治欠薪专项检查工作

【党史学习教育】 年内，达孜区人力资源和社会保障局坚持以习近平新时代中国特色社会主义思想为指导，深入学习贯彻中共十九大和十九届历次全会及中央第七次西藏工作座谈会精神，学习贯彻习近平总书记关于西藏工作的重要论述和新时代党的治藏方略，学习贯彻中央、自治区、拉萨市党史学习教育动员大会精神，紧紧围绕学懂弄通做实党的创新理论，坚持学习党史、新中国史、改革开放史、社会主义发展史及西藏地方与祖国关系史、西藏和平解放史相结合，与做好新时代达孜长治久安和高质量发展各项工作相贯通，全年党支部共召开党员集中学习12次，党史学习教育集中学习会10次，“三更”专题教育4次，“三新”大学习大讨论4次，“三会一课”学习教育20次，组织开展主题党日活动12次。引导全局党员干部职工政治站位不断提高，理论水平得到提升，思想基础不断强化。

【就业创业】 年内，达孜区人力资源和社会保障局始终把“稳就业、保就业”放在就业工作首位，突出就业服务提质，稳定扩大就业空间。2021年，实现城镇新增就业1160人，其中困难群体就业167人，失业人员再就业350人，登记失业率控制在3%以内；实现农牧民转移就业10635人，其中跨省转移就业86人，有组织化转移就业6663人，实现转移就业收入10641.87万元；公共就业服务体系建设方面，新认定农牧民转移就业基地4家，吸纳本地就业142人，培育劳务经纪人6人，带动农牧民就业109人，培育劳务品牌1个。开展职业技能培训48期1659人，其中农牧民SYB

（创办你的企业）创业培训2期50人；企业技能提升培训10期317人；种植养殖实用技能培训2期190人；厨师培训7期257人；民族手工艺品加工（缝纫）培训1期15人；驾驶技能培训4期200人；装挖机培训1期50人；以工带训、订单定岗、建筑类等培训21期580人。另外在已结业的培训中实现初次就业1083人，其中创业培训中经跟踪监督实现创业6人，已带动就业18人。

年内，达孜区高校毕业生共330人，其中四类人员12人。2021年可就业高校毕业生318名，实现初次就业317名，就业率99.69%。通过聘用编外人员形式开发就业岗位28个，通过微信群等对往届不稳岗学生推送就业岗位771个，对应届毕业生推送岗位300余个。

年内，共受理99人次高校毕业生申报就业创业资金，合计兑现创业补贴327.53万元。

**【社会保障】** 年内，达孜区企业职工养老保险、机关事业单位基本养老保险、城乡居民社会养老保险、失业保险、工伤保险参保人数分别为583人、1872人、14330人、947人、4179人，分别完成目标任务的583%、146.94%、108.93%、121.88%、199%。各类参保人数稳定增长，全民参保根基更牢，保民生底线信心更足。

**【劳动监察】** 年内，全面宣传劳动保障法律、法规和规章，检查用人单位遵守劳动保障法律、法规和规章的情况，受理对违反劳动保障法律、法规或规章行为的举报和投诉，严厉打击各类危害劳动者合法权益行为。突出抓好治欠保支工作，在工程建设领域大力推行实名制用工管理，要求建筑施工企业在招用民工时必须签订劳动合同，全面实行农民工工资实名制管理制度。在银行开设民工工资专户，按月代发民工工资。年内，处理民工工资纠纷131件，涉及1070人，金额2269.54万元。各类案件法定期限内办结率达98%以上。共收缴保证金及保函25家，退还工资保证金及保函销户为19家。

2021年10月9日，达孜区人力资源和社会保障局劳动监察大队处理木材交易市场拖欠民工工资

**【基金管理】** 年内，采取“自己找、互相提、集体议”等方式，深入乡（镇）确保岗位责任到人、风险防控到位。积极查找基金风险管理中的薄弱环节和经办管理中存在的问题，尤其是待遇领取中的重复领取和冒领行为。深入基层，上门核实，按照“一终止，二停发，三追缴”的步骤全面开展核查工作，重点加强“疑似冒领”核查工作。通过对疑点数据的核实，进一步夯实了社保基金发放中的风险，完善社会保险经办风险管理体系，加强基金监管，确保参保群众的切身利益，筑牢了风险防控“防火墙”。

**【人事人才】** 年内，完成职称评聘31人（其中初级22人、中级8人、高级1人），完成达孜区事业单位工作人员年度考核相关工作，达孜区793人参加年度考核，其中优秀117人，占14.75%；合格646人，占81.46%；未定等次24人，占3.02%；未参加考核6人，占0.76%，均在规定比例范围内。核准批复全区政府序列所属事业单位岗位675个，其中管理岗位39个；专业技术岗位636个（正高级岗位12个、副高级岗位84个、中级岗位289个、初级岗位251个）。认定事业单位工作人员760人，其中高级82人、中级227人、初

2021年6月3日，达孜区人力资源和社会保障局主办技能提升培训班开班

级 451 人。

【窗口服务提质增效】 年内，把提高窗口经办人员素质作为民生保障的着力点和切入点，积极推进公共服务体系建设，服务平台标准化建设。

7 月，根据达孜区政府统一安排部署，达孜区人社局搬入新建政务服务大厅集中办公，在政务服务大厅设立 3 个社保便民服务窗口，着眼实现“最多跑一次”的服务理念，深化人社公共服务事项“就近办、一窗办、马上办、一次办”，积极推行窗口便民服务，提高行政效能、提升政务服务水平，为群众和企业提供优质便捷高效服务。

【法治宣传】 年内，进企事业单位、进基层、进工地等开展送政策、送法律、送资料等活动，共发放《保障农民工工资支付条例》《中华人民共和国劳动法》《中华人民共和国劳动合同法》《中华人民共和国社会保险法》《工伤保险条例》等法律法规知识宣传单 1500 余份，大大提高用人单位和职工学法、懂法、守法的自觉性，降低了法律风险系数，矛盾在基层得到化解；做好企事业单位普查工作，督促规范用工行为；发扬人社部门整体协作精神，建立联动工作机制，部门之间既有分工，又有协作。处理拖欠工资案件时，劳动监察成立专班协调处理；在调解时，办公室做好接待和登记以及信访件处置工作等；实施人性化服务，以调解为主，裁决为辅，将做好当事人双方的思想工作贯穿于整个案件的处理之中。

（常　诚）

【机构领导】

局　长

达　　珍（女，藏族）

副局长

次仁措姆（女，藏族，4 月免）

次旺欧珠（藏族，4 月任）

# 卫生健康

【概况】 达孜区卫生健康委员会内设办公室、医政科、流管科、爱卫办、藏医科等科室，下属机构有 1 个县级疾控中心、5 个乡卫生院、16 个行政村卫生室、2 个自然村卫生室。2021 年，达孜区卫生健康委员会作为新冠肺炎疫情防控的主责单位，认真落实自治区、市疫情防控举措，有效地保障了达孜社会稳定和人民群众的生命安全，更为社会经济发展创造了有利条件。达孜区卫生健康委员会克服新冠肺炎疫情造成的不利影响，围绕达孜经济发展大局和卫生健康事业重点工作，精心组织、认真推进，完成了全年的目标任务。

【党建工作】 年内，达孜区卫生健康委员会党支部以“学习、讨论、研究”为主，坚持从严要求，不断推进党内学习教育从“关键少数”向广大党员拓展，从集中性教育向经常性教育延伸，在推进全体党员领导干部政治理论学习和党的思想建设方面取得较突出的成效。扎实开展“三会一课”、党史学习等教育活动，共开展党史及“三新”学习教育 6 次，书记讲党课 1 次、开展主题党日活动 5 次。

【新冠肺炎疫情防控】 年内，对照疫情防控要求，切实落实各级医疗机构预检分诊制度；严格落实佩戴口罩、测温、病史询问等措施；规范设置发热门诊，对发热病

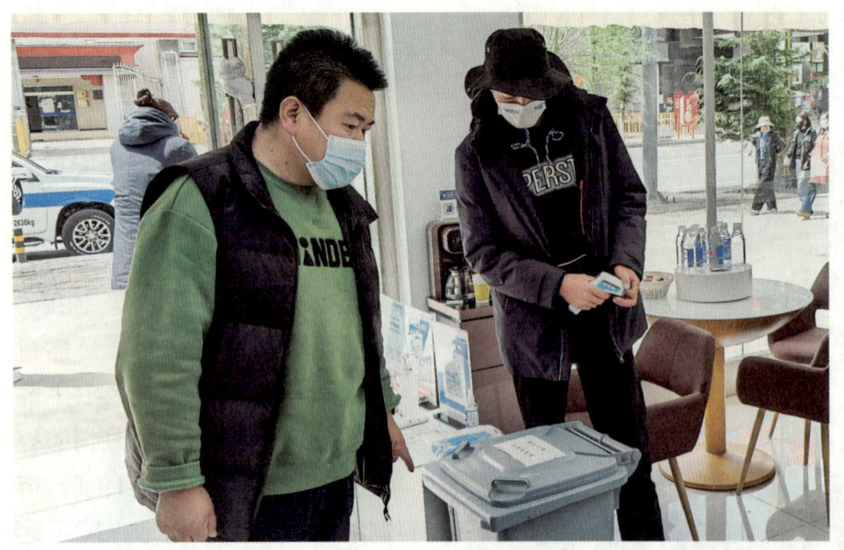

2021年10月14日，达孜区卫健委副主任边巴顿珠（左一）督导检查辖区公共场所新冠肺炎疫情防控工作

人和高风险岗位实行闭环管理制度，千方百计堵塞院感防控漏洞，坚决守住医疗机构感染防控底线。

严格落实拉萨市应对新型冠状病毒感染肺炎疫情工作领导小组文件精神，做好返拉萨人员管控，低风险地区进藏来拉萨人员凭行程码、健康码绿码通行，有中高风险区旅居史人员根据风险等级实行核酸检测、留观、健康追踪管理等相应的措施。

达孜区疫情办牵头市监局、邮政等部门，每月对经营冷链食品的企业（商超），快递分流点等部门进行专项检查，共检查次数300余次。对经营冷链食品的企业（商超），重点是涉及进口冷链食品的企业（商超），其进口冷链、进口果蔬等物品暂停进入达孜区，坚决防止疫病带入。针对中高风险地区的包裹采取消杀措施，坚决杜绝病毒附着进入，切实做好人物同防的工作原则。

对辖区重点岗位重点行业，包括医护人员、住院病人、陪护、酒店（宾馆）、餐饮、超市及沿街商户等从业人员进行全覆盖核酸采样检测，共检测10740人次，检测结果均为阴性，并及时制定全员核酸检测工作方案。

加强宣传引导，强化“每个人是自己健康第一责任人”的意识，引导群众积极参与疫情防控，主动坚持出门佩戴口罩、保持社交距离、注意个人卫生等。

公安、经信、市场监督、文旅、卫生健康等部门联合对辖区酒店（宾馆）、网吧、KTV、个体工商户、商超等公共场所进行检查，确保戴口罩、测体温、核验健康码和行程码、消毒消杀、卫生清理等措施落实到位。

达孜区全人群新冠疫苗接种第一针31247人次，接种第二针24683人次，全人口覆盖率为86.9%，接种第三针288人，脱漏率为0.8%，达到国家标准1.8%以下；12—17岁人群接种新冠疫苗第一针1744人次，第二针1400人次，接种率121.79%；60岁及以上人群接种第一针2305人次，第二针1785人次，接种率70.92%，3周岁以上12周岁以下儿童接种第一针3069人次，接种率83.9%。

达孜全区380多家单位应用“藏易通”“场所码”，包括全部商超、酒店、行政事业单位、企业等，对进入人员实时查验。

【爱国卫生】 年内，结合新冠肺炎疫情防控工作，为做实做细做好环境卫生整治、病媒生物防治和科普宣传等工作，切实为早日全面战胜新冠肺炎疫情营造良好环境，爱卫办在全区范围内组织3次环境卫生整治活动，动员各乡镇、各单位积极参与，不仅整治了环境卫生，还营造了良好的氛围。

根据结合创建卫生城市工作，制定印发《关于在室内办公场所及公共场所全面禁烟并张贴禁烟标志的通知》，全面支持配合拉萨市成功创建文明城市，在辖区公共场所全面禁止吸烟并张贴禁烟标识。

组织开展多次宣传活动，通过悬挂横幅、发放宣传资料、接受群众咨询、健康生活指导的方式，向群众宣传健康知识，提高群众健康水平和健康意识。

【医疗集团】 年内，选派人民医院中级职称的科室骨干医生2人下沉到乡卫生院辅助开展技术指导和医院管理工作，帮助乡卫生院补齐技术短板、提高管理能力。将人民医院的医院信息系统延伸至5个乡卫生院，实现药品管理、电子处方、挂号收费的信息化管理，实现乡级检查结果上传及共享。基本实现医疗资源、人事、财务管理、医疗服务价格、后勤保障统一。

【藏医药事业】 年内，达孜区人民医院藏医科现可开展藏医诊疗技术15项，包括药浴、放血、针灸、火罐等，各乡卫生院可开展藏医外治技术4—6项。2021年前三季度达孜区藏医门诊9880余人次，住院55人次，开展藏医外治1200余人次。

【卫生监督】 年内，对达孜区域内各级公立医疗机构、诊所、门诊部进行督导检查10余次，主要检查辖区内医疗机构疫情防控措施、非法行医、常用药品过期及滥用、医疗废物管理及登记、医疗器械消毒、基本公共卫生服务项目、灭火器设备等等情况，对发现问题现场做记录，并提出整改意见。

【疫病预防】 年内，全区规范报告法定传染病109例（其中乙类传染病66例、丙类传染病43例），无甲类传染病发生。

【妇幼保健】 年内，达孜区孕产妇总数197人，系统管理189人，系统管理率96%；住院分娩数199人，住院分娩率为100%；高危孕产妇96人，高危孕产妇管理率100%。剖宫产76例，无孕产妇死亡；活产数，199人，住院分娩活产数202人，双胎2对，出生低体重16人，巨大儿3人，死胎死产2例。无新生儿婴儿死亡。0—7岁儿童2241人，体检1990人，体检率88.7%；发放儿童营养包4191盒；叶酸服用108人，叶酸服用率78.7%；新生儿两病筛查人数91人，听力筛查86人；6个月内婴儿母乳喂养268人，其中纯母乳喂养251人。年内，达孜区孕产妇死亡率和婴幼儿死亡率均为0。

【慢病管理】 年内，完成死亡报告卡网络上报36例，按时完成死亡卡录入、审核、订正、查重等工作，保证死亡个案的报告质量。2021年开展为期7天的心脑血管疾病高危筛查，应筛查292例，实际筛查209例，筛查率71.6%。

2021年5月7日，达孜区卫健委副主任边巴顿珠（左四）为区先心病儿童患者到江苏省南京市进行免费手术治疗送行

【健康教育】 年内，利用结核病防治宣传日、计划免疫宣传日、疟疾防治宣传日等各种卫生宣传日和节假日，到乡镇和人群集中地通过张贴宣传画、摆放展板、接受现场咨询和发放宣传材料等多种形式开展各种宣传教育活动。更新宣传栏8期、宣传材料种类共计26种、发放各类宣传材料共计14000余份、悬挂各类宣传横幅22次、发放宣传物品1000余份。

【医疗援藏】 年内，5名援藏医疗队专家在疫情防控及院感防控工作中，修订完善各项规章制度、规范医废处置等工作流程、组织院感与疫情防控工作培训等。对后勤各项工作流程进行规范和完善，提升了工作效率。在新院区搬迁过程中，不断献计献策，完成新院区医疗废弃物暂存点和全院洗消中心图纸设计、医院物业管理实现从无到有再到常态化、精细化管理水平、制定新院区锅炉房、配电房、液态氧站、地下室二次供水箱巡查表格等。

以结对子帮扶带教的形式着力提升专科人员技术水平，5名专家结对10名医院的医务人员，共开展院级培训42期，累计培训达700余人次，科室培训定期不定期开展共计约110次，培训近300人次，指导临床科室负责人每周定时开展病历终末质控800份。奔赴达孜区五乡一镇开展义诊活动10次，共计接待就诊及前往咨询农牧民2000余人次，发放药品3万余元；承担拉萨市及达孜区安排的考务或各类活动现场医疗保障18次，均圆满完成每次保障任务。在妇产科开展水囊引产、宫颈钳钳夹宫颈促进子宫收缩止血治疗两项新的技术。全程参与DR（数字化直接成像系统）机、数字胃肠机及32排螺旋CT（电子计算机断层扫描）等新设备调试工作，并对科室人员进行操作培训，做到掌握基本操作，独立开展日常门急诊工作。

（支宏斌）

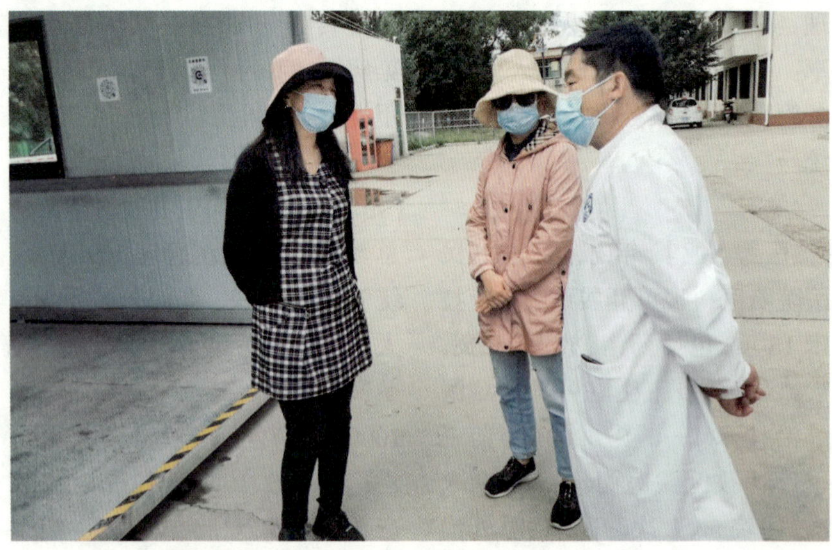

2021年8月12日，拉萨市卫健委主任次旦卓嘎（左一）一行到达孜区人民医院督导医院入口管理及分诊工作

【机构领导】

主　任

尼玛卓嘎（女，藏族）

副主任

边巴顿珠（藏族）

裴 小 龙

## 达孜区人民医院

【概况】 2021年，达孜区人民医院实有职工120人，其中卫生专业技术人员101人（其中正式职工76人，工勤人员1人，公益性及“三支一扶”4人，外聘卫生专业20人），其他人员19人（其中财务专业技术人员1人，其余工人4人，公益性6人，外聘电工1人，外聘清洁人员7人）；正式卫生专业技术人员中副高级医师4人（藏医2人、西医2人），中级职称23人（内科2人、外科3人、妇产科3人、藏医科6人、儿科1人、超声科1人、药剂科3人、检验科1人、护理2人、公卫1人），初级职称30人。

2021年医院医疗总收入817.16万元，比2020年同期下降19.41%，其中：药品收入220.22万元，药品占比26.95%，比2020年同期下降3.62%。门诊总人次达34799人，比2020年同期上升8.46%；出院病人1156人，比2020年同期下降6.32%；实际病床使用率45.49%，实际占用总床日数为8302日，出院者平均住院天数为7.32日。开展各类手术104台，比2020年同期上升9.62%，其中：腔镜下胆囊切除术41台，腔镜下阑尾切除术43台，腔镜下疝修补术1台，剖宫产术4台，其他手术25台；住院分娩103人次。

【党建工作】 年内，以党史教育促进全院社会事业协调发展，召开专题会议5次、组织生活会1次、书记讲党课2次，利用微信学习平台组织党员学习4次，“学习强国”学习通报2次，实现党员思想教育全覆盖。最大限度地调动一切可利用资源，进行民族团结宣传教育，努力推动达孜区人民医院的政治文明、精神文明建设，取得良好成效。

充分发挥公立医院党组织领导核心作用，把党建工作要求写入医院章程，严格执行民主集中制，健全医院党组织议事规则、决策程序，大力推行党务、院务公开，营造民主决策、民主讨论、民主监督的环境。加强党支部标准化建设，综合运用“三会一课”、谈心谈话、批评与自我批评等措施，规范医院党员教育管理；以提高制度执行力和治理能力为目标，严格执行党章和新形势下党内政治生活若干准则，严格落实“三重一大”、重大问题请示报告等制度。

【新冠肺炎疫情防控】 年内，达孜区人民医院根据各级疫情防控会议精神，坚持常态化防控和局部应急处置有机结合，充分认清实际，一方面完善培训、演练、组织管理、应急预案、物资储备、检验检测、信息报告等工作流程，形成达孜区人民医院关于新冠肺炎防治应急预案并适时修订，实现疫情防控工作的制度化管理。另一方面根据疫情防控工作要求，结合医院实地情况，严格落实“三区两通道”等硬性要求，调用藏医楼改造成医院发热门诊、留观病房；通过物理隔断划分出发热通道；院内设门诊预检分诊、急诊预检分诊及病区预检分诊共5处。第三方面强化细节整改，如在重点环节增设人机共存紫外线消毒机，在入口处加强人员管理实现人车分流，负压救护车24小时待命。

开展线上线下疫情防控及院感相关培训36期，培训达640余人次，培训对象除本院医务人员还辐射至院内后勤驾驶员、保洁、物业、安保及乡镇卫生院、机关单位工作人员、学校师生等。院内疫情防治理论知识及手卫生、穿脱防护服、核酸采集操作四项内容作为年内重点考核项目，采取院科两级逐层考核，院感科随机抽考的形式巩固考核实效，全院医护人员过关率达100%。

7月25日，核酸采集点单独设点，远离门诊、病区或是发热诊区，周末节假日均正常排班；院内工作人员核酸检测根据所在岗位所在的区域划分，重点岗位工作人员3天一测，其他岗位工作人员7天一测，行政人员1月一测。对实验室生物安全工作高度重视，根据《实验室生物安全通用要求》《中华人民共和国传染病防治法》等法律法规、标准规范的要求，成立实验室生物安全委员会和实验室感染控制领导小组，任命核酸实验室专门负责人和生物安全监督员。制订包括实验室生物安全管理制度，实验室生物安全自查制度，实验室风险评估及风险控制程序、实验室院感管理手册和实验室生物安全事件应急预案在内的各项管理制度，所有实验活动均有实验记录并进行归档。年内，共检测核酸标本13491份。

根据要求逐步加快推进各年龄段新冠疫苗接种工作，共接种第一针31247人次、第二针24683人次、第三针288剂。

根据拉萨市、达孜区卫健委安排，医院先后派出38名医务人员到贡嘎机场、乃仓酒店、雪龙庄园酒店、丽枫酒店、碧水检查站点、老法院集中隔离点出外勤开展疫情防控工作，共计提供外勤服务1240天。

**【区域医共体工作】** 年内，基本实现人事管理机制统一。重新核定达孜区人民医院、疾控中心、乡卫生院的编制总数为114人，其中管理岗位11人，专技岗位103人，并进行整合后统筹使用，核定高级职称职数7个（其中副高5个，正高2个），中级职称职数40个。

根据达孜区2019年制定的《拉萨市达孜区医疗卫生人才队伍管理实施办法（2019—2022年）》，合理安排县、乡、村医务人员到自治区和拉萨市及对口援藏省市医院接受轮训、进修、专科培养。同时，选派人民医院中级职称的科室骨干医生3人下沉到乡卫生院辅助开展技术指导和医院管理工作，帮助乡卫生院补齐技术短板、提高管理能力。

医共体内各医疗机构在医疗、护理、院感、医废等方面实行同质化管理，区人民医院、区疾控中心对各乡卫生院急危重症患者

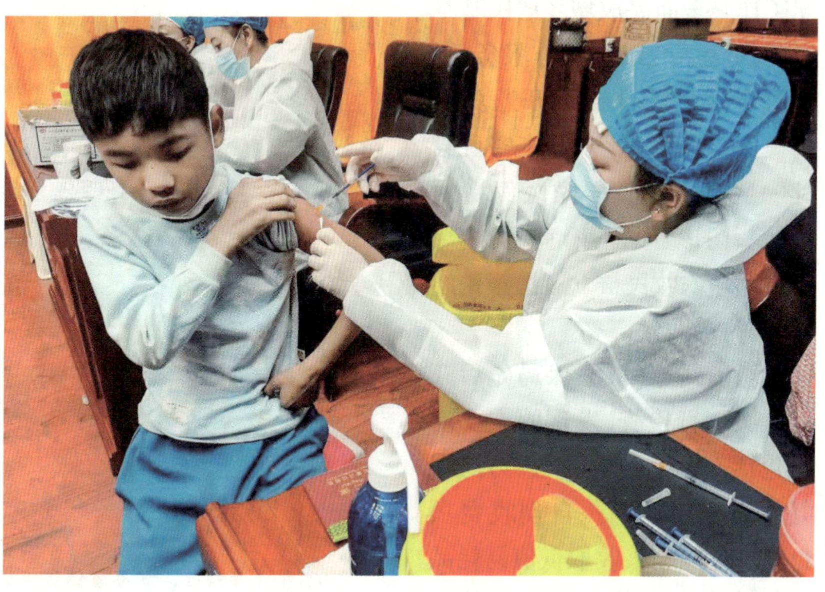

2021年9月18日，达孜区人民医院医务人员到区中心小学开展新冠疫苗接种

初步处置、常见病诊治、传染病防控、健康教育、计划免疫、基本公共卫生服务等工作进行业务指导、质量控制。

达孜区人民医院为医共体内部机构提供统一医疗辅助保障，各乡卫生院不再另行设置消毒供应室，需要消毒物品统一送到区人民医院统一消毒，各乡卫生院产生的医疗固体废物按要求每周进行分类后，定期送至区人民医院医废暂存点。

在达孜区人民医院设立药品药械采购中心统筹负责区人民医院、乡卫生院、村卫生室的药品药械采购配送。

将人民医院的医院信息系统延伸至5个乡卫生院，实现药品管理、电子处方、挂号收费的信息化管理，并于2020年7月起，实现乡级检查结果上传及共享。

**【城镇居民医保结算】** 年内，积极推进城乡居民基本医疗保险系统端口改造、药品及技术目录匹配工作。全面完成城乡居民基本医疗保险系统结算工作服务，于2021年8月1日正式开通城乡居民医保结算系统，基本实现县（区）、乡、村三级居民医保费用（住院、门诊、门特等）就近结算，有效缩短农牧民群众就医报销结算时间。

年内，拉萨市医保局先后开展2次飞行检查，发现的主要问题包括：过渡检查、过渡诊疗、重复收费、虚构收费、自创收费项目、超范围收费、收取低值易耗品材料费、超标准收费。医院第一时间启动整改工作，召开科主任会议，主动认领问题，逐条剖析成因，集中研讨措施，对整改工作进行总体安排部署，动员全院上下凝聚共识、形成合力抓整改。结合问题性质和实际情况，坚持长短结合、分类整改；对能够立即解决的，做到立行立改；对需要一定时间解决的，按照既定方案逐步整改；把整改过程转化为建章立制的过程，做到把已经发生的问题关进制度“笼子”，从源头上避免问题回潮、问题反弹，尽可能延伸整改实效。

**【援藏工作】** 年内，根据医疗机构疫情防控指南反复老、新院区发热门诊、留观病房、核酸采集、疫苗接种、医废处置等重点场所工作流程得以优化，日趋规范。修订和完善各项院感规章制度、调整医院感染管理委员会组织架构，对各科院感管理小组成员进行确认，加强医院感染管理规范。对医疗废物管理及具体分工做出改进，统一使用符合国家规范的医疗废物容器、医疗废物袋；设立医废专管员；专用的医废转运车；开展全院医务人员进行医疗废物管理的指导及培训，督导各科医废的分类、收集、临时贮存等工作落实情况；对未被污染的输液瓶（袋）进行统一管理。规范对消毒、灭菌效果及环境卫生物检测，开展全院使用中紫外线灯管辐照强度检测并及时向不合格科室反馈督促整改。加大院感培训力度，分别对医院及乡镇卫生院医务人员、后勤保洁人员、救护车驾驶员、新院区物业工作人员等开展有针对性的培训，如消毒隔离、手卫生规范、医疗废物管理、职业防护、核酸采集等院感相关知识的培训；对院感“三基”每季度进行一次考核，强化医务人员院感意识。加强每月对重点科室进行督查，形成PDCA（计划、执行、检查、处理）循环；对疫情防控工作开展定期与不定期的督查与抽查，发现疫情防控工作中的不

2021年10月14日，江苏省镇江市第十五批援藏医疗队一行到辖区内开展义诊活动

2021年3月25日，援藏专家到达孜区公安局开展义诊活动

足及时整改。配合拉萨市卫健委及达孜区卫健委对基层医疗机构的院感督查工作，协助举办全市范围疫情防控及院感防控专题培训班一期。

修订医院原《护理质量与安全管理手册》，制定2021年度护理培训计划并实施，组织与江苏大学附属医院远程培训5次，参与学习人次101人。根据护理工作需求，开展小儿静脉穿刺理论教学授课及颈静脉穿刺、股静脉穿刺实际操作指导，无纺布包装的操作演示；承担2021年护士招聘考试的理论、面试出题工作，遵循保密原则确保试题不外泄。

新建、修改医院后勤管理相关制度和流程数十项，按照规范要求梳理集中供氧点、污水处理、消防管理、公车使用等方面隐患提出改进措施并常态化运行。每月组织驾驶员安全教育培训，形成书面会议纪要，杜绝安全事故发生。规范院内采购流程，大到医疗设备及试剂，小到一包打印纸，都要经过询价议价、市场摸排调查、招投标等适用的流程，先后为医院节省采购成本数十万元。将歇业状态的职工食堂改变运行模式，试运行一月后职工认可满意度达93%。全面承担新院区标牌标识设计任务书，经过多次洽谈修改，完成设计任务，拟进入招标阶段。

结合新院区现状反复踩点修改完成新院区医疗废弃物暂存点和全院洗消中心图纸设计，改造工程已顺利进入施工阶段。从新院区物业招标开始，到物业合同的起草、再到物业考核细则、保洁工作流程制定、保洁人员培训等多方面入手，使医院物业管理实现从无到有再到常态化、精细化管理水平。新制定新院区锅炉房、配电房、液态氧站、地下室二次供水箱巡查表格，提出巡查要求，为后勤设备安全运行提供最基础保障。修改新院区消毒供应中心流程布局提出建议按照回收、清洗、包装、灭菌、发放的规范流程完成无菌物品供应。

援藏专家们各自针对不同的专业，以结对子帮扶带教的形式着力提升专科人员技术水平，5专家结对10名医院的医务人员，从制订详细的带教计划，到随时根据徒弟的需求讲解实际工作中的案例，变“输血”为“造血”。截至年底，共开展院级培训42期，累计培训达700余人次。科室培训定期不定期开展共计约110次，培训近300人次，旨在为医院留下一支“带不走”的技术队伍；指导临床科室负责人每周定时开展病历终末质控1100份。

开展2项新的技术：水囊引产、宫颈钳夹宫颈促进子宫收缩止血治疗，而且引进欣母沛（一种效果显著的促进子宫收缩的药物），从而减少严重产后出血等并发症。

全程参与新院区DR机、数字胃肠机及32排螺旋CT等新设备调试，制定各个机器操作使用流程并开展培训，直至能够独立开展日常门急诊工作。特别对CT各系统解剖及常见疾病的基本表现进行大量培训，科室为临床诊疗需求所提供的综合服务能力得到大幅的提升。

鉴于本地区哮喘、老慢支、慢阻肺及糖尿病患者现状，由援藏医生争取到一台捐赠的电子峰流速仪，开展科室人员培训的同时建立相关疾病的慢病管理档案，为科学监控哮喘患者的病情提供科学指导，为提高该类患者的疾病管理水平打下坚实基础，从而通过规范的慢病管理明显提高该类患者的生活质量。

年内，到达孜区五乡一镇开展义诊活动11次，共计接待就诊及前往咨询农牧民2000余人次，发放药品3万余元；承担拉萨市及达孜区安排的考务或各类活动现场医疗保障21次。均完成每次保障任务，受到市、区卫健部门的高度好评。积极服从医院安排，保障疫苗顺利接种。

【平安医院建设】 年内，积极贯彻“预防为主、保障安全、综合治理、确保安全”的十六字方针，以服务临床一线为宗旨，认真做好医院内部安全生产、治安保卫、消防安全、车辆安全工作。年内，“2·25”事件在全院鸣响警钟，医院多次召开会议重申以进一步提高医院职工安全防范意识及警觉性，切实保护患者及自身生命、财产安全，保障医院正常的医疗秩序。

（陈 洁）

【机构领导】

党支部书记、院长

杨江洲

党支部副书记、副院长

李艳青（土家族）

副院长

巴 桑（女，藏族）

## 市场监督管理

【概况】 达孜区市场监督管理局承担市场主体登记及监管、食品药品、特种设备、工业产品质量安全监管职责，承担市质量技术监督局管理的达孜区辖区质量技术监督职责，以及区发展和改革委员会的价格监督检查与反垄断执法职责，区商务局的整顿和规范市场秩序职责等，是达孜区政府正科级工作部门。2021年有干部20人，其中男9人，女11人；藏族12人，汉族7人，回族1人；行政编18人，工人1人，事业编1人，平均年龄35岁。

2021年10月15日，达孜区市场监督管理局组织开展多部门联合食品安全事故应急演练桌面推演

【新冠肺炎疫情防控】 年内，组织开展3次进口冷链食品市场疫情防控拉网式全覆盖专项检查行动，检查冷链市场主体500余户次，下发责令整改34份。检查冷冻库企业15家次，整治整改冷冻库11个；开展4次打击非法经营野生动物、经营病死肉、未经检验检疫、来源不明的禽畜肉类等专项整治行动。开展“藏冷链”App推广应用宣传和培训2次，受培训冷链主体60余户次。引导冷链市场主体签订《达孜区进口冷链食品规范经营承诺书》54份。组织辖区食品从业人员1000余人次进行核酸检测；持续推广应用“藏易通”“场所码”，张贴“藏易通”“行程码”260份，指导督促300余户主体落实“场所码”；加强药品流通环节疫情防控工作，开展药品零售企业疫情防控监督检查10余次；对辖区新冠病毒疫苗接种点和运输配送单位开展新冠病毒疫苗质量安全监督检查4次；开展防疫用品和商品价格监管工作，检查各类市场主体80余家，妥善处理投诉举报6件，切实保障疫情防控期间价格稳定。

开展防疫物资质量安全监管，对辖区经营口罩、防疫消毒用品、医用氧气等疫情防控物资的单位开展监督检查4次，打击制售假冒伪劣口罩等违法违规行为，解决质量安全突出问题，维护消费者合法权益。

【食品安全监管】 年内，开展生产、流通、餐饮领域食品安全监督检查、隐患排查100余次，覆盖食品生产企业60余户次，餐饮服务市场主体800余户次，商超、果蔬店、批发零售店200余户次；完成食品安全抽检（委托第三方）共115个批次，完成食品快检60个批次，配合完成国抽10个批次、省抽35个批次、市抽27批次。立案查处2起抽检不合格案件（国抽1起、省抽1起）；开展农牧区假冒伪劣商品整治、边销茶检查、大庆食品安全整治、冷链食品安全整治、中小考校园食品安全等专项监督检查和整治20余次；开展养老院、残疾人托养中心等老年人服务机构食品安全检查1次，覆盖率100%。开展机关事业单位、工地食堂检查2次，覆盖率100%。

深化国家食品安全示范城市创建迎检，持续推动文明餐桌设置、食品安全分类定级、明厨亮灶等重点食品安全提升工作。年内，文明餐桌设置350余户，发放公筷公勺2500余套，张贴公筷公勺、拒食野味等海报800余份。完成285家市场主体分类定级，发放食品安全标准化公示栏展板300余套。推动餐饮服务业明厨亮灶率达98%，22所校园食堂明厨亮灶率100%，13余家单位食堂名厨亮灶率100%。完成1次较大食品安全事件应对处置沙盘推演和校园食品安全应急演练；组织开展食品安全宣传周等食品安全相关普法行动10余次，累计发放相关宣传册2000余册，油壶、围裙、餐盒、布袋、笔等宣传品5000余套；开展农村假冒伪劣食品集中整治行动4次，没收过期等不符合食品安全要求食品约500公斤；立案查处食品安全违法案件6起，罚没资金19万元，对其中1起重大食品安全违法案件处罚金额达15万元；受理处置食品安全投诉30余起，挽回消费者经济损失23万余元。组织开展食品安全监管、从业人员素质提升、冷链市场主体管理等食品安全相关培训5场次，受教育人员达1000余人次。

【行政审批】 年内，市场主体年报基数共计5229户，其中应报企业2069户、农民专业合作社328户、个体工商户2831户、年报率分别为91.34%，92.07%、94.70%；进一步巩固“压缩开办审批时间”“全程电子化”“简易注销”等改革成果，提供更加便民快捷的登记审批服务。

年内，新注册市场主体706户，较2020年相比增长24%，其中企业166户、农民专业合作社14户、个体工商户526户。办理食品经营许可证302户，药品经营许可证延续1户，特种设备使用登记证106户，告知98件。变更登记800户，注销登记298户。迁入32家，迁出28家，企业调档咨询458件；着力创新市场监管方式。建立完善企业信用公示制度，保障企业信息公示工作顺利实施，完善信用约束机制，切实促进市场主体诚信经营。将未年报的120余户市场主体列入异常名录。

开展年报公示“双随机、一公开”抽查1次，抽查市场主体72户；实行“三小一摊”备案管理。按照自治区出台的“三小一摊”管理办法对符合条件的市场主体开展备案登记引导工作，引导市场主体进行登记备案。年内，共登记备案20家“三小一摊”商户并发放备案登记证明，其中，小餐饮10家、小食杂5家、小作坊5家。开展“三小一摊”监督检查2次，全面覆盖已经备案登记市场主体。

2021年12月6日，达孜区市场监督管理局执法人员为偏远区域市场主体上门送“食品经营许可证”

【商标广告监管】 年内，开展商标监督检查行动6次，建设相关市场主体60余户次。开展商标规范使用、商标注册等宣传活动2次。开展商标、知识产权宣传2次，发放宣传册500余份；充分发挥合同、服务、维权的重要作用，持续创新合同监管举措，继续推进合同格式条款整治工作，充分发挥动产抵押助企融资作用，推动企业“守合同、重信用”活动深入开展。

年内，开展合同格式条款整治行动1次；深入整顿和规范线上线下市场广告秩序，开展标识标签监督检查，持续整治医疗保健品虚假宣传行为，切实维护公平公正、健康诚信的广告市场环境。年内，开展网络销售领域广告清理整治行动4次，检查相关市场主体40余户次，规范网络广告行为12起。开展保健品广告行为专项整治2次，检查相关市场主体20余户次。

【消费维权】 年内，受理处置消费投诉举报120余起，办结100余起，办结率95%。进一步加大消费维权宣传力度。通过阵地宣传、张贴海报、线上宣传等方式，结合日常监管检查、专项执法检查、“3·15”国际消费者权益日宣传日等活动持续宣传《中华人民共和国消费者权益保护法》等相关法律和“全国12315投诉举报平台”、“12135”投诉举报热线等消费维权渠道。

年内，开展消费维权场地宣传3次，发放相关宣传册500余份，油壶、笔、围裙等宣传品2000余份。开展消费维权网络宣传2次，撰写推送消费提醒等网络文章4条，制作推广相关宣传视频1次，累计受众达5000余人次。

【特种设备安全监管】 年内，对重点企业、重点设备、重点区域加大监管力度，有针对性地在基础普查的基础上对电梯、锅炉、龙门吊等特种设备进行全面普查。截至年底，对31家特种设备使用单位的193台特种设备开展信息普查和安全隐患检查工作。加大对创业基地、工业园区、学校等重点区域的特种设备监督检查力度。

年内，开展重点区域或重点特种设备监督检查行动12次，检查特种设备380余台次。开展特种设备安全管理培训1次，受教育36人次，发放《行政指导文书》36份；加大对特种设备违法行为处罚力度。对超期未检、未取得合法资质、存在较大安全隐患等情况的特种设备，该停用的停用、该报废的报废。年内，发放《特种设备安全监察指令书》43份，查封电梯5部、叉车1辆，并停用电梯4部。强制报停超期未检电梯2部，拆除报废私搭乱建桥式起重机5架。

【产品质量安全监管】 年内，对电动自行车、头盔、家用电器等产品要进行不定期的监督检查，坚决查处制售不达标或不符合最新标准的产品行为。年内，开展产品质量监督检查10次，检查相关市场主体240余户次，整治整改12户；强化工业产品质量抽检。进一步加强辖区流通环节工业产品质量抽检工作，强化质量风险监测。年内，开展质量抽检活动7次，抽检工业产品42个批次。其中，协助配合自治区、市两级市场监督管理局抽查6次、24个批次。委托第三方开展抽检1次、18个批次。抽检不合格4个批次，立案查处3起；深入推进“质量强区”战略。扎实开展质量提升行

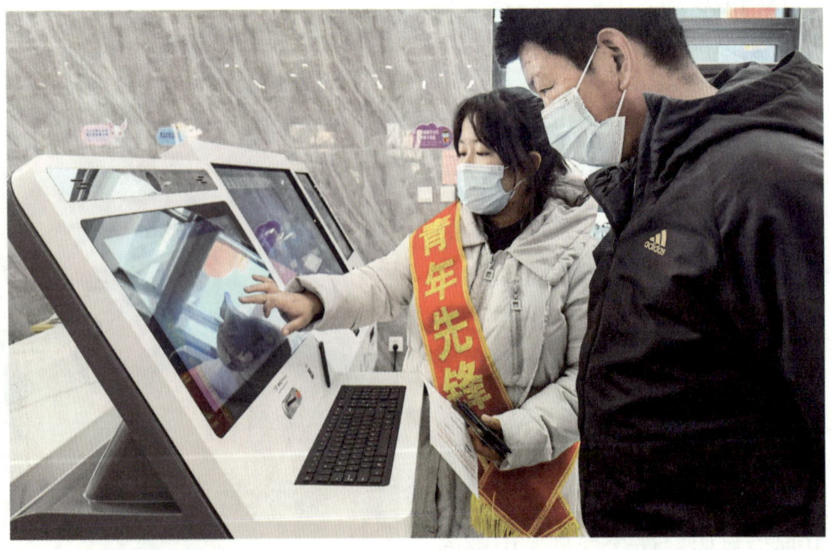


2021年3月22日，达孜区市场监督管理局窗口工作人员为群众使用“个体工商户自助办照机”提供帮助

2021年6月15日，达孜区市场监督管理局党支部组织党员干部参观拉萨廉政警示教育基地

动，组织指导辖区企业开展企业质量技术服务活动，提升企业的质量认证、质量管理、质量公关等创新实践能力。

年内，开展上门商标注册、质量管理等帮扶活动2次10家，接受商标注册咨询70余次。配合上级对辖区企业开展质量指导2次。组织召开产品质量约谈会1次，邀请专家开展质量安全管理和质量体系认证培训1次，对辖区16家五金建材店的36位从业人员开展《中华人民共和国产品质量法》讲解会1次，发放《行政提示书》《行政指导文书》32份。

【计量和标准化工作】 年内，开展标准化相关培训2次，相关监督检查4次，开展上门标准化企业指导5家；以民生计量工作为重点，优化计量市场环境。深化加油站、商超、集贸市场等重点领域的计量标准化管理。年内，开展加油站加油枪计量和合格证监督检查6次。开展电子秤监督检查2次，检查相关市场主体30余户次，指导督促50余个电子秤进行合格情况检测。

【价格监管】 年内，持续开展涉企收费监督检查，对辖区中介服务机构和审批部门开展监督检查，严厉查处行政审批中介服务、技术性服务费用转嫁给企业承担的行为。督促审批部门和中介机构严格落实行政审批中介服务收费目录清单。年内，开展中介服务等服务费用领域监督检查2次，检查相关单位6家；开展转供电环节电价监管，对辖区转供电市场主体开展检查，严厉查处违规收费和转供电环节加价等违法违规行为。督促有关供电主体严格落实阶段性降低用电价格、支持性两部制电价政策。

年内，检查转供电主体5家。对五乡一镇电价收费方面开展培训1次；落实日常价格监管职责，以节假日为重点时间节点，以日用品、罐装气为重点商品，开展价格执法检查，严厉查处漫天涨价、不合理定价、未明码标价等违法违规行为。年内，开展相关监督检查10余次，检查相关市场主体80余户次。

【公平竞争审查】 年内，全面贯彻落实达孜区公平竞争审查工作联席会议制度，充分发挥达孜区公平竞争审查工作联席会议作用，推动公平竞争审查制度平稳有效实施。年内，组织召开2次达孜区公平竞争审查工作联席会议；积极推动各部门自查工作，督促各单位开展自查和清理检查工作1次；积极配合第三方开展审查。年内，配合第三方对达孜区住建局、达孜区经信局两家单位进行公平竞争审查，并根据检查反馈结果进行整改。

【"双随机、一公开"监管】 年内，进一步宣传推广"双随机、一公开"监管手段，协调引导各部门自觉运用"双随机、一公开"。年内，开展"双随机、一公开"监管平台使用培训1次；进一步健全"双随机、一公开"工作机制，注重跨部门信息互通、协作联动，将监管事项尽可能多地纳入"双随机、一公开"监管体系中；年内，配合2家单位开展跨部门"双随机、一公开"抽查工作；扎实开展"双随机、一公开"抽查工作。及时主动承接完成上级分配任务，制定实施本部门抽查任务，推进跨部门抽查任务。年内，开展年报公示定向"双随机、一公开"抽查，抽查市场主体72户。完成自治区市场监督管理局不定项抽查86户。

（相 锋）

【机构领导】

局 长

晋美朗吉（藏族）

副局长

拉毛太（女，藏族）

王 琳（女）

一级主任科员

穷 达（女，藏族）

## 医疗保障

【概况】 达孜区医疗保障局承担着城乡居民医疗报销、医疗救助、干部、职工、住院生育报销任务。2021年行政编制3人，其中，局长1人，工作人员2人，事业人员2人，充分发挥部门职能，各项工作有序开展。

【党建工作】 年内，达孜区医疗保障局干部职工坚定政治立场和政治信仰，对党忠诚，在思想上政治上行动上时刻与以习近平同志为核心的党中央保持高度一致，捍卫“两个确立”、增强“四个意识”、坚定“四个自信”、做到“两个维护”、聚焦抓好“四件大事”、实现“四个确保”，着力推进“四个创建”、努力做到“四个走在前列”，学习贯彻落实习近平新时代中国特色社会主义思想，围绕庆祝中国共产党成立100周年和西藏和平解放70周年，学习贯彻习近平总书记关于党史学习教育和西藏工作的重要论述，以“学党史、悟思想、办实事、开新局”为主题，贯彻“学史明理、学史增信、学史崇德、学史力行”的要求，提升基层党组织服务群众的能力，开展党风廉政教育，廉洁自律、防微杜渐，全局干部筑牢思想防线。加强思想引领，深化理论武装，坚持以党组理论学习为龙头，党支部为基础的理论武装工作格局，全面落实党内学习制度。引导党员干部读原著、学原文、悟原理，重点学习党章党规党纪和习近平新时代中国特色社会主义思想，努力做到先学一步、学深一层、学深悟透、以学促用。

2021年9月27日，达孜区医疗保障局局长刘芸（主席台中）主持召开城乡居民基本医疗保险征缴工作动员部署会

【党风廉政建设】 年内，坚持“一把手”抓落实，认真履行党风廉政建设“第一责任人”职责，班子成员站好岗、掌好舵，制定责任清单，明确“一岗双责”，发挥领导干部“关键少数”的关键作用。强化班子内部的相互监督作用，明确任务分工，责任到人，根据医保工作特点及时通报典型事例，警醒医保系统人员，引导党员干部廉洁自律，守住底线、不越红线，达到“谁主管谁负责”的原则形成“人人有责人人负责”的局面。

【城乡居民基本医疗保险征缴】 年内，为有效保障达孜区城乡居民基本医疗待遇，达孜区医疗保障局从全区发展大局出发，及时组织各乡（镇）分管副乡长、相关部门经办工作人员召开城乡居民基本医疗保险征缴工作安排部署会议，为征缴任务顺利完成奠定基础。为实现达孜区城乡居民全员参保目标，征缴期间区医疗保障局副局长涂光太带队到五乡一镇开展“医保政策”进乡村巡回宣讲活动。向城乡居民详细讲解新政策缴费标准、享受待遇等内容，进一步提高居民参保的积极性。为方便参保群众就近就地参保，分别采取行政村固定征缴、村小组流动征缴的方式，也可通过“农业银行”App西藏社保缴纳模块进行缴费。2021年顺利完成达孜区城乡居民基本医疗征缴工作，城乡居民参保28868人，参保率为97%，确保全区城乡居民基本医疗保障工作正常有序开展。

【打击欺诈骗保】 年内，建立监督检查常态化机制，持续开展打击欺诈骗保专项治理活动，建立健全“双随机、一公开”工作机制，完善医保基金多部门联动监管机制，组织开展集中宣传月活动，推动打击欺诈骗保工作长效化。按照检查要求主要聚焦假病人、假病情、假票据等“三假”欺诈骗保问题，结合日常监管检查、现场检查、抽查复查、飞行检查等形式，对辖区1家人民医院、5家乡镇卫生院、17家村卫生室、2家定点零售药店开展检查达到检查全覆盖，采取实地检查、查看病历（处方）相结合的方式，重点检查定点医疗机构能否按照相应协议要求完成，随机抽查药品的票账、随货同行单、出入库单，病人门诊报销单，系统结算单，对是否有过期药品等情况进行检查，并对村卫生室POS（销售终端）机使用情况进行摸底检查。针对发现的问题现场进行反馈，对违反医保政策规定定点医疗机构，要求制定出可行性整改方案，责令限期进行整改，整改不到位的将取消定点医疗机构资格。及时向社会公布查处情况，达到打击一个、警示一批的效果。

【基本医疗保障】 年内，为落实好各项医疗惠民政策，严格执行区市相关政策文件精神，按照“对建档立卡贫困人口符合规定的住院、门诊特殊医疗费用报销比例提高5%”的规定执行。实行一站式结算服务，坚持以人民为中心的发展思想，真正做到“把困难留给政府，把方便带给群众”。参加基本医疗保险的城乡居民100%享受一站式结算服务，实现县、乡、村三级医疗保障门诊结算，达到分级诊疗的目标，方便群众就近就便就医诊疗。

年内，城乡居民基本医疗保险报销927人，医疗总费用558.76万元，统筹基金报销金额392.45万元，大病医疗保险报销86人，赔付金额69.38万元，职工住院、门诊共计报销52人、报销金额64.51万元，职工生育报销126人次，报销金额172.34万元。推进政务服务信息化平台建设，实现信息资源共享，更大程度方便群众办理医疗保障业务，全面提高干部群众在医疗保障方面的幸福感、获得感、安全感。

【商业补充医疗保险】 年内，达孜区人民政府为参保人购买每人10元的超大额商业补充医疗保险，在基本医疗保险（6万元起伏线）、大病补充保险（最高理赔14万元）的基础上最高年度理赔金额15万元，有效防止“因病致贫、因病返贫”的发生。2021年享受超大额医疗保险赔付5人，赔付金额30.82万元。

【新冠肺炎疫情防控】 年内，按照习近平总书记提出的“疫情就是命令，防控就是责任”总要求，全局干部职工以高度的政治责任感和使命感，为促进疫情相关药品价格稳定，密切关注与疫情防控相关的医药卫生用品价格变动情况，加强对定点医疗机构的监管，防止新型冠状病毒相关药品、常用防护用品、酒精、消毒水等违规加价。对可能引起市场价格异常波动的苗头性、倾向性问题及已发生的情况，第一时间向上级部门汇报。确保疫情常态化

2021年3月28日，达孜区医疗保障局副局长涂光太（中）到邦堆乡克日村慰问驻村工作队

防控工作措施落地落实，2021年共计开展10余次监督检查，为广大人民群众的健康安全提供有力保障。

【医疗救助】 年内，严格执行关于印发《西藏自治区医疗保障扶贫工作实施方案（2019—2020年）》，将建档立卡贫困人口作为医疗救助对象，实现农牧区贫困人口制度全覆盖，基本医保、大病保险、医疗救助覆盖率均达到100%。医疗救助托底保障能力进一步增强，农牧区贫困人口年度住院自负合规医疗费用在规定限额内救助比例不低于70%。普通医疗救助达到每年10万元，重特大疾病医疗救助达到每年20万元，对重特大疾病亟待解决的个案不受封顶线限制，充分利用社会救助协调工作机制，及时组织召开医疗救助专题会议，根据救助对象困难程度等因素“一事一议”、专题研究、限时解决。2021年医疗救助94人，救助金额15.92万元。

【一站式结算服务】 年内，达孜人民医院HIS系统与西藏城乡居民医疗保险信息系统对接后延伸到各乡镇卫生院，达孜区医疗保障局在2021年8月为村卫生室安装POS机门诊结算系统，实现县乡（镇）村门诊结算业务。干部职工、城乡居民可通过拉萨医保公众号自行备案、也可以到医保局备案、电话备案，备案登记后可实现跨省异地就医结算，达到一站式结算、一窗口办理、一单制结算。有效缩短干部群众就医报销结算时间，真正达到让信息多跑路，患者少跑腿。

（徐世虎）

【机构领导】
局　长
　　刘　芸（女）
副局长
　　涂光太（4月免）

## 文化和旅游（文物）

【概况】 达孜区文化和旅游局下设事业单位达孜区文化室（县级综合文化活动中心），达孜区虎峰艺术团和新华书店。全局现有人数15人，其中行政编制6人（1人借调），实际在岗5人；事业编制7人，实际配备6人，实际在岗6人，公益性岗位3人，工勤人员1人。

【党史学习教育】 年内，加强思想建设，提高党员干部的政治理论水平。坚持以习近平新时代中国特色社会主义思想为指导，深入学习贯彻中共十九大和十九届二中、三中、四中、五中、六中全会及中央第七次西藏工作座谈会精神，学习贯彻习近平总书记关于西藏工作的重要论述和新时代党的治藏方略，学习贯彻习近平总书记在西藏视察时重要讲话精神，学习贯彻中央、自治区、拉萨市党史学习教育动员大会精神，紧紧围绕学懂弄通做实党的创新理论，坚持学习党史、新中国史、改革开放史、社会主义发展史及西藏地方与祖国关系史、西藏和平解放史相结合，扎实开展“三更”、“三新”、廉政警示教育、党史学习教育，营造庆祝中国共产党成立100周年、西藏和平解放70周年浓厚学习氛围。年内，共计开展政治理论、会议学习、专题教育学习活动共计42次。

【公共文化服务体系】 年内，进一步丰富广大农牧民和干部职工的

2021年4月1日，区委常委、副区长许俊超（中）主持召开第二次达孜区乡村振兴全域旅游林卡经济项目推进会

精神文化生活，确保乡（镇）公共文化服务点常态化运行，并及时将每个乡镇文化站4万元的免费开放经费拨付至各乡镇。

年内，达孜区虎峰艺术团陆续开展“我们的中国梦”、文化进万家、“达孜区2021年春节藏历新年暨行政村文艺会演”、“3·28”西藏百万农奴解放纪念等文艺演出共计60余场次；5月26日，拉萨市第五届各县（区）艺术团文艺调演达孜区专场晚会在拉萨市城关区综合文化活动中心举行，达孜区虎峰艺术团在拉萨市第五届县（区）艺术团文艺调演中荣获二等奖、优秀组织奖的好成绩。

统筹开展达孜区庆祝中国共产党成立100周年暨西藏自治区和平解放70周年《达孜人民永远跟党走》主题晚会活动策划、协调、现场布置等各项工作，为热烈庆祝中国共产党成立100周年和西藏自治区和平解放70周年，回顾党的光辉历程，弘扬党的优良传统，讴歌党的丰功伟绩，向党的百年华诞献礼。6月30日，举办“达孜人民永远跟党走”达孜区庆祝中国共产党成立100周年、西藏自治区和平解放70周年主题文艺晚会。

2021年6月18日，达孜区文化和旅游局组织各乡镇负责人，文化、旅游市场经营单位，召开文化旅游市场2021年安全生产部署会议

**【文物、“非遗”传承保护】** 年内，在萨嘎达瓦、“十一”国庆节等重要节点，积极联合区消防、区委统战部等相关部门，多次对达孜区文物保护单位开展消防安全检查工作，并于年初层层签订文物消防安全责任书，确保全区各文保单位排除安全消防隐患。达孜区自治区级文物保护单位扎叶巴寺整体电器线路改造工程以及“当杰拉康”保护维修工程前期程序性资料已全部完成，报至上级文物部门。申请资金用于罗寺强康修缮工作，已完成前期资料性申报工作。开展为期1个月的石窟寺（摩崖造像）专项调查，达孜区已全面完成辖区9处88尊石窟寺（摩崖造像）的专项调查及系统录入工作。

在达孜区公安局组织开展“7·2”专案涉案文物返还仪式，涉案文物包含达孜区扎西迥寺文物共计64件，仪式上，市检察院、自治区博物馆及达孜区公安局签订文物返还协议，待建成达孜区博物馆，拟申请将涉扎西迥寺64件文物返还达孜区博物馆。组织召开第六批拉萨市级非物质文化遗产代表性项目评审会议，最终确定将3个“非遗”项目推荐申报第六批拉萨市级非物质文化遗产项目（桑阿寺坛城、叶巴次曲、唐嘎卓谐）。为全面建立“非遗”名录档案，保护优秀文化遗产，开展辖区8个“非遗”项目的拍摄记录、建档造册工作，让历史文化遗产有迹可循，代代相传，逐步形成规范化“非遗”名录数据库。开展为期2天的野外及室内文物保护和安全知识实操培训，进一步充实增强野外及室内文物工作人员的文物保护知识、法律意识和责任意识，提高对文物保护工作的积极性，加强基层一线文物保护力量建设。

**【文化旅游市场】** 年内，达孜区文化和旅游局牵头组成专项检查组对辖区内网吧、KTV、寺庙及旅游度假村进行专项整治检查。重点检查网吧、文化旅游度假村规范经营情况、寺庙“联合检查、部门排查、行业自查”情况及设施设备管理落实情况，同时，排查达孜区文化旅游市场影响社会稳定的矛盾纠纷，深入农牧民群众，纵向了解文化旅游市场潜在的矛盾纠纷隐患，全面提高化解稳控能力。

2021年7月13日，达孜区文化和旅游局党支部一行到林周县党员党性教育基地开展主题党日活动

【全域旅游】 5月16日，制定出台《拉萨市达孜区关于创建全域旅游示范区方案》并报送至拉萨市旅游发展局。5月19日，成立创建全域旅游示范区工作领导小组，同时定期不定期组织相关成员单位开展创建国家全域旅游示范区工作推进会议。截至年底，达孜区旅游接待人数44.5万人次，旅游收入达2067.82万元，其中林卡经济收入799.93万元，带动农牧民增收2196人次。紧抓“全域旅游”发展契机，不断完善基础配套设施，推进文旅融合发展。完成白纳沟景区、拉北环线产业扶贫交流中心暨“云上达孜”电商创业基地项目建设，加快推进全域旅游示范区创建、乡村电商物流服务中心、扎叶巴景区及配套设施建设力度。与江苏、山东、浙江、广东等省市电台合作开展线上推介会，在拉萨、扬州、镇江、广州开设线下体验馆，完善直播产业链，促进电商消费扶贫，找准定位，积极创建国家全域旅游示范区。

【项目建设】 年内，达孜区文化和旅游局有续建类项目3个，分别为达孜区乡村电商物流服务中心（二期）装修工程项目、扎叶巴村村容村貌项目（四期）、达孜区扎叶巴景区项目。续建项目于2021年3月复工，已经全部完工。

年内，达孜区文化和旅游局有新建类项目7个，其中拉萨市全域旅游示范区创建项目于2021年5月开工，8月完工并进行验收；达孜区乡村振兴全域旅游林卡经济项目根据会议纪要分为4个项目，由项目所在地乡镇政府自行组织实施，已经全部开工；拉萨市达孜区白纳村乡村旅游振兴项目于2021年10月进行邀请招标；拉萨市达孜区夏拉沟旅游景区基础设施建设项目于2021年9月公开招标，10月完成场地平整等前期工作，已经进场施工；3个旅游厕所正在进行设计；达孜区叶巴村藏民宿旅游提升项目已于11月1日下达可研批复，初步设计已经基本完成；拉萨市达孜区专题纪录片拍摄采购项目已完成审计报告，待付尾款；庆祝中国共产党成立100周年暨西藏自治区和平解放70周年“达孜人民永远跟党走”主题晚会已完成；达孜区林卡经济提升及推广项目推广部分10月已经完成公开招标。

（薛辉君）

【机构领导】

局　长

　　顿珠次仁（藏族）

副局长

　　王　　红（女，5月免）

　　李 小 飞（5月任）

## 农业农村

【概况】 达孜区农业农村（科学技术、乡村产业发展）局位于区政府以西2千米处，是达孜区人民政府组成部门，为正科级，加挂达孜区科学技术局、达孜区乡村产业发展局牌子，下设达孜区农业技术推广站、达孜区畜牧兽医站2个事业单位及农业综合行政执法队。编制人员数为33人（机关行政编制5人、农业技术推广站12人、畜牧兽医站11人、农业综合行政执法队5人），实有在岗正式干部29人（党员27人），其中行政人员6人（正科1人、三级主任科员2人、四级主任科员2人、科员1人）、专业技术人员22人、工人1人，抽（借）调至区直其他部门5人（其中三级主任科员2人、科员

1人、专业技术人员2人）。根据工作职责和分工设有农工办、党建办、农业技术推广站、畜牧兽医站、局办公室、科技办、项目办、产权办、美家办等业务科室。

【农牧业生产】 年内，落实农作物播种面积8.72万亩，其中落实粮食播种面积5.77万亩、经济作物1.37万亩、饲草作物1.58万亩。良种统供率、种子精选率、包衣率分别达100%。实现粮食作物产量2.35万吨，经济作物产量9.87万吨。牲畜总存栏达7.55万头（只、匹），其中牛存栏6.91万头，羊存栏0.35万只，马存栏0.04万匹，生猪存栏0.25万头。鸡存栏5.93万只；新生仔畜2.01万头（只、匹）；实现猪牛羊肉产量0.54万吨，奶类产量1.95万吨，禽蛋类产量0.04万吨。

【"美丽乡村·幸福家园"建设】 年内，县乡两级多次召开"美丽乡村·幸福家园"建设行动工作推进会；组织相关工作人员到墨竹工卡县参观学习拉萨市第一批"美丽乡村·幸福家园"试点村庄建设工作好的做法、经验；组织达孜区相关单位和乡（镇）到拉萨城投节能建材公司参观学习轻钢结构房屋情况；各相关单位、乡镇、村组多次入户宣讲和摸底调查并最终确定2021年"美丽乡村·幸福家园"整村推进户情况，白纳村、叶巴村共涉及835户3516人，新建460户，改造160户，共需资金19679.5万元，市级资金到位4600万元，县级配套资金9868.02万元已纳入2021年本级预算中；完成4个试点村庄的规划编制任务，并向建设编制单位拨款2次，共239.4万元；4月，设计院已进场克日村考察、测量，并于5月26日通过可行性研究评审；白纳村7户完成封顶、29户完成主体工程，叶巴村15户完成主体工程，现做室内涂料；完成桥梁1座、路面硬化200米，叶巴村人居环境道路路基完成80米，克日村浆砌片石挡墙累计施工完成5000立方米，污水管道已累计施工完成1000米。

【动物疫病防控】 年内，制定各类工作方案；成立以区委常委、副区长边次为组长的重大动物疫病防控工作领导小组；发放疫苗及防疫物资；开展春、秋季强制免疫注射工作，逐一入户注射疫苗，确保防疫密度；督导检查各乡镇动物疫病防控工作开展情况20余次；动物疫情的排查、监测、防疫监督常态化，达孜区农业农村局多次到各乡镇实地检查非洲猪瘟防控、小反刍兽疫、农牧区新冠肺炎疫情防控、"两病"检测工作等相关情况。年内，达孜区辖内未发生对人和动物危害严重、造成严重经济损失的重大动物疫情。

【万户百场十中心建设】 年内，完成2020年奶牛养殖示范户筛选工作，共筛选263户并完成门牌悬挂工作。

【牦牛短期育肥】 年内，牦牛出栏475头，育肥牦牛1902头；完成兑现2020年牦牛短期育肥出栏补贴惠民资金（农户）31.5万元，享受补贴为21户；兑现牦牛肉惠民上市补贴资金14.07万元；完成兑现2020年农牧民牲畜出栏（出售）补贴资金40.74万元，农牧民牲畜出栏679头，涉及82户。

【畜牧良种改良】 年内，完成兑现2019年犏改经济杂交技术员补贴资金5300元；2021年黄牛改良

2021年7月15日，拉萨市委常委、市政府党组副书记、常务副市长毛东军（左四）一行到达孜区调研科技特派员工作

共2438头，新生犏牛共1413头；2021年牦牛经济杂交共131头，新生犏牛（雅江雪牛）39头（成活率高达92%）；组织11名黄改技术人员进行犏牛经济杂交技术培训；完成兑现2021年黄牛改良技术人员工资、购买种公牛补贴资金共计27.188万元；完成兑现2020年经济杂交项目怀胎、空胎、技术人员配种、成活犊牛补贴5.34万元；为有效提升达孜区犏改参配率，从本级资金中申请购买15吨（麸皮）饲料发放给犏改参配户，共5.085万元。

2021年8月4日，西藏自治区农业技术推广中心主任隆英（右一）一行到达孜区检查小麦长势情况

【生猪生产恢复】 年内，生猪总存栏1352头，出栏288头。兑现2020年生猪生产出栏补贴3.912万元，能繁母猪补贴0.924万元，新建猪场补贴10万元。

【包虫病防控】 年内，对2635只家犬进行11次投药驱虫及犬粪无害化处理，同时登记犬只投药记录本，发放290瓶驱虫药（吡喹酮），做到“犬犬投药、月月驱虫”；共注射羊包虫病（棘球蚴）疫苗609头，发放羊棘球蚴疫苗40瓶、羊疫苗稀释液24瓶；按时上报包虫病防治周报工作；积极开展包虫病防治监测工作，共采样200份犬粪；对50头牛内脏进行感官监测，未发现包虫病变，切实做到“零传播”。

【农牧民补助奖励】 年内，全面审核完成2021年牲畜清点数据，达孜区总体实现草畜平衡；完成达孜区2021年度农牧民补助奖励政策县级验收工作；达孜区2021年达到草畜平衡的共0.48万户1.95万人，达到草畜平衡面积133.66万亩，草畜平衡奖励资金267.32万元（2元/亩），超载的共0.09万户0.43万人，超载面积25.96万亩。兑现草补资金后户均增收552.43元，人均增收136.67元。

【畜禽遗传资源普查】 年内，制定《达孜区畜禽遗传资源普查工作实施方案》，分别成立普查工作领导小组、普查工作队、分畜种专家组、普查包乡组。组织五乡一镇普查专技人员，召开畜禽普查工作动员大会、开展技术交流培训，共交流培训3次、参与36人次，深入乡镇开展普查工作推进情况督查6次。通过对畜禽资源普查情况的录入、对普查品种和数据的审核，有效完成达孜区2021年畜禽遗传资源入户及系统录入工作，未发现新资源品种。

【动物检疫执法监管】 年内，执法检查生猪养殖户、养殖场日常管理，建立养殖档案等30余次，与市场监督、公安等部门联合执法6次，针对禽类屠宰场日防疫、源头治理执法检查8次。检疫出证2393份。处理违法案件2件，共罚款6000元，案件已归档备案。

【渔业执法管理】 年内，开展渔业生产安全月活动宣传活动。为各乡镇制作渔业生产安全月活动宣传横幅，并在拉萨河边所在村或组进行宣传，让群众参与“查找身边隐患”等行动，积极举报风险隐患，排查安全违法违规行为，做到防患未然。对所辖拉萨河段、湿地保护区进行定期和不定期的巡回检查。巡回检查拉萨河流域24次。建立并实行县（区）、乡、村级举报制度。

【防灾减灾】 年内，完成购买2021年防抗灾饲料，共购买135.9吨，其中麸皮64.5吨、牛羊抗灾饲料71.4吨，投入资金为

39.86 万元，均已完成入库，完成兑现防抗灾饲料卸货人员务工工资 0.45 万元。

【扶持新型经营主体】 年内，龙头企业国家级 3 家、市级 9 家；农牧民专业合作社示范社国家级 2 家、自治区级 1 家、市级 8 家，以及拉萨市"两创示范"百家示范农村专业合作社 15 家；新型农牧业经营主体培育 4 家，其中合作社 1 家，扶持资金 30 万元，家庭牧场 3 家，每家 10 万元，共 30 万元；家庭牧场培育创建 13 家，其中市级 7 家、县级 6 家。共申报国家级农牧业产业化经营龙头企业 2 家，市级农牧业产业化经营龙头企业 11 家；申报第五届全国农村创业创新项目创意大赛 1 家；申报保险试点合作社 1 家。组织 18 家合作社参加区经信局开展的合作社品牌建设、线上销售培训。摸底统计 18 家合作社销售牛奶困难情况。组织相关部门对达孜区 11 家市级示范社的运营收入、带动分红、财务规范等运行情况进行监测，经监测后均合格。成功申报第二批乡村治理示范村镇 1 家（雪乡扎西岗村）。

【农产品质量安全】 年内，农残速测检测共计 620 个样本，样本来源为达孜区蔬菜种植合作社以及达孜区现代农业园区，抽检的果蔬样本合格率达 98.5% 以上。达孜区在食用农产品企业、合作社、散户推开合格证发放试行制度，累计开具有效合格证 540 张。

督促农资经营店做好进货登记和实名购买登记台账，推动农资市场秩序持续好转。共开展农资打假巡查检查 32 次，其中与市农业农村局联合执法检查 3 次，抽检农资产品 560 个，均为合格。达孜区大型养殖场及养殖合作社针对规范使用兽药及休药期方面专项执法行动 7 次，除唐嘎藏鸡养殖场外未发现违规使用现象。向种植单位以及农资经营门店宣传禁限用农药，并发放禁限用农药名录约 300 份，在检查中发现一处使用现象，达孜区农业农村局已按照国家相关规定进行相应处罚，其余未发现使用、销售禁限用农药。达孜区淘汰高风险高毒农药，2021 年推广达孜区使用中低毒、高效农药共 21.5 吨。

2021年6月11日，西藏自治区农业农村厅种植业处处长杨建斌（左三）出席塔杰乡无人机植保社会化服务试点示范现场演示会

【项目建设】 年内，续建项目 3 个，完成项目工程建设及初验工作；涉农整合资金项目 1 个和新建项目 2 个，均完成项目前期手续办理，并完成往年项目收尾各项工作。

【农村改革稳步推进】 年内，推进农村集体产权制度改革，完成 20 个行政村，135 个村民小组的 2017—2020 年的农村集体资产的清产核资工作、完成成员身份界定、股权量化、账目清理工作（建账）及领证等相关工作。完成"全国农村集体资产清产核资管理系统"录入工作。确认集体经济组织成员户数 7474 户、确认集体经济组织成员人数 27458 人。通过"份额制"模式完成量化 28119.09 股。成立 20 个行政村集体经济组织及赋码登记工作。成立自然小组集体经济组织，已确定成立 21 个组集体经济组织。推进农村宅基地改革，完成宅基地 82 宗（新建、翻建、补证）的实地核查及审批工作；完成 2020 年度 96 宗违建核查工作。推进农村土地经营权流转，达孜区耕地流转近 18097.26 亩，流转方向为新型经营主体（合作社、家庭牧场）1645

2021年5月26—31日，达孜区科技局组织农业种植技术人员、村级兽医、科技特派员、种养殖合作社负责人开展达孜区高素质农民培训（种植业）班

亩、企业6979.26亩、村集体内部300亩、其他9173亩。推进农牧业社会化服务，达孜区在塔杰乡、唐嘎乡、雪乡示范点进行种植环节、除草植保环节、收割环节社会化服务，减少农牧民劳动成本和机械使用量，提高农作物播种和植保效率，增加老百姓额外收入和提高老百姓出村打工率。种植环节涉及5950亩，资金达到39.87万元；植保环节涉及1500亩，资金达到2.25万元；收割环节涉及7718亩，资金达到57.89万元。

**【科技科普】** 年内，共申报4个项目，2020年续建项目2个。发放2020年度市级科技特派员生活补助11.5万元。签订2021年度农牧民科技特派员目标责任书。利用各种活动宣传日进行大力宣传，累计宣传4次，发放书籍900余份、物品1500余个，受教育群众达900余人。通过在部分村科普e站、区便民服务大厅添置期刊架，摆放藏汉双语科普书籍，增强当地农牧民科技意识、提高科技技术水平，使得科普e站充分发挥平台作用。

评选县级科普行动计划培育科普示范基地2家（培育经费3万元/家），科普带头人2人；获得自治区科协优秀先进单位、先进个人2人。为进一步增加农牧民收入，提高农民对现代科技的应用能力，组织开展4期农牧民实用技术培训班，累计520余人参训，发放蔬菜种子1400余袋。选派14名专业技术人员组成的三区科技特派团队，到基层开展强基础、钻专业、提效率的系列工作。共开展10余期三区科技特派团下乡服务活动。认定科技型中小企业2家；完成3家科技型百家企业验收工作，待完成整改后拨付30%尾款。

**【农村人居环境整治】** 年内，完成农村卫生厕所改造1263户。由区农村人居环境整治领导小组办公室、爱卫办牵头开展“村庄清洁行动战役”及爱国卫生运动，制定各季节、各节日、主题月、主题周村庄清洁行动长效机制，引导制定农牧民群众、个体商户、企业等“门前三包”制度，通过“村规民约”等制度建立，达孜区20个行政村均形成村庄清洁、整洁庭院评比活动长效机制，通过发放宣传资料、悬挂横幅、广播以及e讯达孜等新兴媒体，开展形式多样的人居环境整治政策宣传为全面建成“美丽乡村·幸福家园”以及农村人居环境整治三年行动方案提供有力的组织保障。

（覃升辉）

**【机构领导】**

副局长

王　　红（女，5月任）

牛拉毛措（女，藏族）

## 乡村振兴

**【概况】** 2021年5月31日，达孜区乡村振兴局正式挂牌成立。达孜区乡村振兴局将立足新发展阶段、贯彻新发展理念、构建新发展格局，坚持党的全面领导，坚持以高质量发展统揽全局，坚持稳中求进工作总基调，坚持以人民为中心的发展思想，坚持“三个赋予、一个有利于”发展方向，将巩固拓展脱贫攻坚成果放在突出位置，深入推进以“神圣国土守护者、幸福家园建设者”为主题的乡村振兴战略，健全乡村振兴领导体制和工作体系，加快推进乡村产业、人才、文化、生态、组织等全面振兴，推动农业农村现代化，不断实现群众对美好生活的向往，为全面建设社会主义现代化新达孜开好局、起好步奠定坚实基础。

2015年底，达孜区识别建档立卡贫困户1068户3945人，2017年底动态调整后，建档立卡贫困户1079户4162人，2018年9月28日，自治区人民政府正式批复达孜区实现脱贫摘帽。2021年动态调整后，"十三五"建档立卡脱贫户共1067户4242人，无返贫户。

【重点工作】 年内，建立健全防返贫动态监测和帮扶机制。制定《达孜区关于健全防止返贫动态监测和帮扶机制的实施方案》，保持过渡期内现有主要帮扶政策总体稳定，推动脱贫攻坚政策举措和工作体系逐步向乡村振兴过渡，紧盯农牧民群众收支状况、"两不愁三保障"及饮水安全目标任务，坚决守住不发生规模性返贫底线。建立动态监测和帮扶台账，为及时核实信息、监测风险、有效帮扶提供信息支撑。按照"缺什么补什么"的原则，针对摸底排查发现问题，逐项研究制定风险防范措施，落实帮扶举措。

截至年底，易致贫返贫户（监测对象）18户72人，其中：脱贫不稳定户15户59人，边缘易致贫户2户9人，突发严重困难户1户4人。通过实施各类帮扶措施，已消除致贫、返贫风险12户50人，未消除致贫、返贫风险户6户22人。为加强对监测户关心关爱力度，草拟《达孜区关于易返贫致贫户（监测对象）结对帮扶工作方案》，实行县级领导干部结对帮扶易返贫致贫户，重点了解群众的生产生活情况，做到底数清、情况明。

【产业项目】 年内，达孜区"十三五"精准扶贫产业项目46个，总投资7.28亿元，已完工项目46个，完工率100%，并均已投入运营。2021年统筹整合财政扶贫资金26895.06万元实施五类项目25个。截至年底，已全部开工建设，已完工项目20个，共拨付资金23480.42万元，资金拨付进度为87.3%。不断完善扶贫产业利益联结机制，制定印发《达孜区精准扶贫产业项目管理办法》《达孜区精准扶贫产业项目利益联结机制》等产业细则，已实现产业分红8137人次1686.3万元，通过土地流转、原材料收购、务工就业等多种渠道，带动群众增收致富。

2021年11月12日，西藏自治区乡村振兴局党组副书记、局长和忠华（右四）一行到达孜区唐嘎乡穷达村调研驻村工作队培训情况、防返贫动态监测帮扶政策落实情况

【转移就业】 年内，达孜区建档立卡脱贫群众1067户4242人，涉及转移就业849户1443人，已实现转移就业849户1433人，转移就业率达99.3%，长期稳定就业人员1163人，已完成上级下达60%的目标任务。搬迁群众644户2523人，涉及转移就业521户875人，均已实现就业，完成一户一人稳定就业目标。昌都"三岩"片区搬迁至达孜区137户842人，涉及转移就业136户417人，已实现就业136户378人，就业率90.64%。

年内，共开展职业技能培训48期1659人，其中建档立卡脱贫群众、"三岩"搬迁群众参与培训37期368人，已结业42期1369人。培训后跟踪实现就业993人，就业率达72.53%。对93人有培训愿意的脱贫搬迁群众人员开展中式烹调等各类技能培训，针对昌都"三岩"片区易地搬迁群众的后续扶持方面，积极组织开展各类技能培训14期，已完成培训308人，跟踪实现就业249人，培训后就业率达 81%。

【住房保障】 落实 2020 年国家补助和本级配套资金 350 万元，全面完成 85 户危房改造任务，开工率 100%，改造合格率 100%，入住率 100%。年内，加快推进 2021 年 20 户危房改造任务，实现 4 类重点对象住房安全鉴定全覆盖，消除建档立卡脱贫户 4 类重点对象住房存量安全隐患，实现住房安全保障全覆盖。

2021年5月31日，拉萨市达孜区乡村振兴局挂牌成立

【教育保障】 年内，严格按照在控辍保学工作中突出政府控辍保学一条线和教育系统控辍保学一条线“双线”责任体系建设和责任监督落实。0—15 岁信息库中共有 7916 人（其中 6—15 岁有 4695 人，在校生 5126 人，“送教上门” 21 人），无适龄儿童失学辍学的现象。

年内，幼儿园专任教师 131 人，学生 1267 人，师生比为 1 ：9.67；小学专任教师 180 人，学生 2769 人，师生比为 1 ：15.38；初中专任教师 125 人，学生 1090 人，师生比为 1 ：8.72。幼儿园至初中师生比均已超过国家标准，县域内教育巩固率为 100%。形成集中办学格局，均为汉语藏语学习，不存在义务教育阶段学校之间教师资源配置不均衡的情况，不存在薄弱学校。

年内，持续落实自治区“三包”、营养改善、高等教育生活补助等政策，确保教育政策在过渡期内保持稳定。落实“三包”及“营养改善”计划资金 2256.3 万元；对 822 名大学生兑现资助金 425.6 万元，其中建档立卡户大学生共有 169 名，兑现自治区资助资金 65.4 万元，本级补差额 28.8 万元。

【医疗保障】 年内，执行“基本医疗报销 + 大病保险 + 超大额医疗保险 + 医疗救助及兜底保障”政策。开展好建档立卡脱贫群众基本医疗参保工作，做到应保尽保，参保率 100%，严格落实大病集中救治一批、慢病签约服务管理一批、重病兜底保障一批措施。2021 年建档立卡人员参加城乡居民基本医疗保险参保个人缴费 280 元中个人缴纳 80 元，差额的 200 元由医疗救助资金代为缴纳，享受 280 元最高缴费档次的医疗保障待遇。

截至年底，建档立卡户住院报销 116 人，住院总费用 56.14 万元；大病医疗保险赔付 2 人，赔付金额 0.77 万元；医疗救助建档立卡脱贫户 116 人，救助金额 7.51 万元。

年内，实现各乡镇卫生院门诊结算业务，实现区人民医院、五乡卫生院“一站式”结算。打通城乡居民跨省异地就医，达到“一站式结算、一窗口办理、一单制结算”。让信息多跑路，群众少跑路。

【兜底保障】 年内，制定《拉萨市达孜区城乡低保专项整治工作实施方案》，进一步严格审核审批程序，按照城乡低保年度核查和提标工作，确保动态管理下的应保尽保、应退则退。截至年底，新增农村低保 24 户 60 人、清退 18 户 63 人，新增城市低保 1 户 2 人、清退 13 户 16 人。按照拉萨市农村低保标准每人 5060 元 / 年、城市低保 974 元 / 月的标准实行差额发放，兑现城镇低保金（160 户 168 人）171.5793 万元，兑现农村低保（99 户 243 人）62.8659 万元。

根据民政部新修订的《特困人员认定办法》，全面开展特困供养人员的排查核实，将符合认定条件的 18 名人员纳入特困人员救助供养，其中集中供养 3 名、分散供养15名。年内,达孜区共有特困人员148人,其中农村集中供养101人,农村分散供养47人,共计发放资金179.01万元(其中分散供养每人每年标准为7590元、集中供养每人每年标准为14196元)。

抓好社会救助兜底保障,建立社会救助动态管理机制,充分发挥临时救助的作用,完成低收入人群数据库更新工作,加强低收入人群监测。为6户20人兑现临时救助资金5.3万元。

落实扶残政策,兑现残疾人两项补贴、重点关爱对象生活补贴、0—16岁残疾儿童生活补贴、阳光家园补贴、燃油补贴等补贴资金共计135.4万元。积极开展0—8岁残疾儿童康复救助工作,充分利用达孜区残疾人综合服务中心,对1名8岁脑瘫儿童开展免费康复训练并解决其饮食问题,发放资金7200元;4名16周岁以上有长期照护需求的重度残疾人符合特困条件纳入供养中心进行集中供养,3名不符合条件的残疾人通过拉萨市残联残疾人托养中心进行托养照护。

【生态岗位】 年内,生态补偿岗位第一季度1950人,岗位资金170.625万元;第二季度1950人,岗位资金170.625万元;第三季度1918人,岗位资金167.825万元;第四季度1892人,岗位资金165.55万元;以上岗位资金已全部通过“一卡通”兑现完毕。生态补偿岗位设置类别丰富,涵盖林、草、水、路、湿地、保洁、地质等,全面落实国家、自治区生态补偿机制,落实耕地、草原、森林、湿地、野生动物破坏等生态补偿政策和水生态保护补助奖励机制,让农牧民群众成为绿色空间的“主人翁”和“守护者”。

2021年12月25日,拉萨市达孜区2021年巩固拓展脱贫攻坚成果同乡村振兴有效衔接考核汇报会召开

【五大振兴】 年内,加快推进产业振兴,实现产业兴旺、生活富裕。统筹推进乡村产业振兴和促进农牧民稳定就业、持续增收,提升粮食和重要农畜产品供给保障能力,大力发展牦牛、奶牛、生猪、藏鸡、青稞等现代农畜产品精深加工及基地建设,延伸产业链,通过大型展销会、脱贫振兴馆、线上直播等途径,加大特色农畜产品品牌打造、宣介、推广力度,构建“高原特色种植养殖+传统手工艺+净土健康+文化旅游”四大产业格局,打造达孜四大产业“名片”,形成产业四大支柱,推进产业振兴,实现产业兴旺。不断加大劳动力培训转移就业力度,落实好党的强农惠农富农政策,结合产业振兴、产业兴旺,拓宽增收渠道,千方百计促进农牧民增收致富,令达孜群众生活逐渐富裕、社会逐渐富足、国家逐渐富强。

持续完善基础设施,实现生态宜居、幸福达孜。持续深入实施“美丽乡村·幸福家园”建设行动,结合2022年统筹整合财政涉农资金项目,持续完善农牧区道路交通、农田水利、防洪灌溉等基础设施,大力实施乡村建设行动。持续深入开展人居环境卫生整治专项行动,建立农牧区环境卫生长效机制,教育引导群众“讲文明、爱生活”,广泛发动群众积极参与环境卫生整治,通过基础设施的不断完善,切实增进人民群众福祉,不断提高人民群众的获得感、幸福感,令群众共享社会发展成果,共建幸福宜居新达孜。

实施乡风文明行动,实现移风易俗、文化振兴。加强农村思想道德建设,总结推广“乡风文明”方面的经验模式,深化“四讲四爱”群众教育实践活动、中国特色社会主义、中国梦和习近平新时代中国特色社会主义思想、中共十九届六中全会等宣传教育，引导群众增强“四个意识”、坚定“四个自信”、做到“两个维护”，教育引导群众把主要精力用到发展生产、改善生活上来，过好今生幸福生活。继续加强乡风文明建设，倡导移风易俗，弘扬优生优育、勤俭节约、尊老爱幼等文明新风，推动形成文明乡风、良好家风、淳朴民风。让乡风文明诠释乡村振兴，实现脱贫攻坚与文化振兴相衔接，文化振兴与乡村振兴相同步。

统筹强化保障力度，实现人才振兴、组织振兴。在有扶贫队伍的基础上，不断加强乡村振兴专干等“三农”队伍的培养、配备、管理、使用。重点抓好农牧区人才队伍建设和培养，为实施乡村振兴战略提供人才保障。对乡村振兴队伍更要厚爱，优先提拔使用，评先奖优，鼓励优秀的乡村振兴干部。加强农牧区基层党组织建设，开展县、乡、村三级党组织书记乡村振兴轮训工作，做到全覆盖。抓好农牧民特别是村“两委”班子成员国家通用语言文字教育培训，充分发挥村“两委”和驻村工作队、第一书记、乡村振兴专干等作用，为乡村振兴提供坚强人才、组织保障。

（拉巴仓决）

【机构领导】

局 长

普布扎西（藏族）

副局长

童 晋 美（藏族）

## 退役军人事务

【概况】 达孜区退役军人事务局（以下简称区退役军人事务局）是区人民政府组成部门，主要负责达孜区退役军人权益维护、退役安置、就业服务、教育培训、优待抚恤、英烈褒扬、双拥等工作。下设区级退役军人服务中心1个，乡镇退役军人服务站6个，村级退役军人服务站1个。

【思想政治建设】 2021年，区退役军人事务局以中国共产党成立100周年暨西藏和平解放70周年为契机，认真贯彻落实中央《关于加强新时代退役军人工作的意见》，坚持以退役军人服务工作为中心，突出党的领导，准确把握退役军人思想政治工作特点规律，深入开展党史、“三更”“三新”教育活动，积极推选辖区退役军人参加市退役军人事务局、达孜区举办的中国共产党成立100周年暨西藏和平解放70周年大庆活动，充分调动广大退役军人听党指挥、退伍不褪色的积极性、主动性、创造性。

【优待抚恤、英烈褒扬】 2021年，区退役军人事务局按照上级优抚标准和有关政策，建立健全优抚对象抚恤补助自然增长机制，及时补充更正达孜区各类优抚对象个人信息和抚恤补助标准，严格按标准将各类优抚对象抚恤金、补助金和退役士兵家属优待金及时发放到位，及时将党和国家对退役军人和各类优抚对象的关心送到优抚对象心中。

【退役士兵接收安置】 2021年，区退役军人事务局按照严格审查、确定标准、完善方式的要求，严格落实退役军人安置条例，对符合安置的退役士兵进行妥善安置，对不符合安置的退役士兵进行全方位的跟踪了解，在就业培训、创业政策方面给予全面支持。

2021年2月23日，达孜区退役军人事务局局长吴泽毅（左二）为2020年度在部队荣立三等功的退役军人家属送去立功喜报

【保障合法权益】 年内，达孜区退役军人事务局积极与区民政局和人武部对接，完成达孜区部分退役士兵的档案交接工作和电子化档案录入工作，逐一完成伤残人员换证工作。

【双拥工作】 年内，达孜区把双拥工作列入重要议事日程，根据双拥的实际状况制订工作计划，不断挖掘双拥工作潜力，建立完善双拥工作机制，在达孜区委、区政府的支持下，组织召开拥军优属座谈会，并在春节、中国共产党成立100周年、“八一”中国人民解放军建军日等节日期间，由区委、区政府主要领导带队走访慰问驻达孜区军警部队和军烈属及其他重点优抚对象、困难退役军人，努力营造“军爱民、民拥军”的政治气氛。

【信息采集】 年内，为精准掌握达孜区退役军人基础数据信息，有效支撑退役军人服务保障工作，扎实推动全区退役军人领域治理体系和治理能力建设，达孜区退役军人事务局及时完善规整从民政交接的退役军人基本信息，按照拉萨市《关于进一步做好退役军人和其他优抚对象信息采集工作的通知》精神以及全区退役军人和其他优抚对象信息采集工作业务培训要求，全力做好信息采集和登记工作，确保统计到的每名退役军人信息准确无误。

【主动解困稳控】 年内，充分发挥达孜区、乡(镇)、村退役军人服务管理机构的职能作用，进一步完善“五定五包”(定责任包重点、定领导包化解、定措施包帮扶、定机制包排查、定实效包督导)和“五个一”(一个对象、一名领导、一套班子、一个方案、一抓到底)稳控责任制，对重点涉军人员由达孜区区级领导包案，乡镇和部门领导包抓、分管领导主抓，村派出所工作人员具体稳控，综合运用政策、教育等各种手段，即时对涉军稳控工作分析研判，依法按政策解决涉军上访人员合理诉求。

2021年9月30日，达孜区退役军人事务局党支部书记、局长吴泽毅(右一)看望慰问十八军老战士

【营造军人尊崇氛围】 年内，为落实党中央、国务院决策部署，弘扬拥军优属优良传统，推进军人荣誉体系建设，达孜区退役军人事务局及时向辖区内所有登记在册的退役军人家庭及烈属、军属家庭发放并悬挂光荣牌，使每一个退役军人家庭都能感受到党和政府深切的关怀和温暖，也让每一个献身国防事业的家庭感受到来自社会的尊敬和关爱，进一步激发广大退役军人始终听党指挥的政治本色，积极为社会主义现代化建设贡献智慧和力量；通过成立三级退役军人服务中心(站)和“退役军人之家”为退役军人提供政策咨询、创业、就业机会，医疗、技能培训、精准帮扶等全方位服务保障，大力提升军人军属的荣誉感、获得感、幸福感，真正打造退役军人温馨之家。

(李寿清)

【机构领导】

党支部书记、局长

吴泽毅

副局长

董予川

## 水利

【概况】 2021年，达孜区水利局行政编制3人，事业编制9人，共有15名正式干部(其中5名行政干部、8名事业干部和2名工勤人员)。下设办公室、防办河管科、水政科、农水科、规建科等5个科室。达孜区水利局坚持以习近平新时代中国特色社会主义思想，深入贯彻习近平总书记系列重要讲话精神，紧紧围绕“节水优先、空间均衡、系统治理、两手发力”治水方针，大力弘扬“忠诚、干净、担当，科学、求实、创新”新时代水利精神，以加快水利工作发展为主线，抢抓机遇，攻坚克难，扎实工作，大力发展民生水利，在水利工程建设、防汛抗灾、项目争取方面取得了一定的成绩，较好地完成区委、区政府交给的各项工作任务。

【重点水利项目】 年内，开工建设项目主要有1个，总投资1961.26万元。西藏自治区拉萨市达孜区洛普灌区续建配套与节水改造工程，资金来源为西藏自治区水利发展资金，涉及达孜区范围内唐嘎乡洛普村，可解决项目受益区16600亩，其中耕地11560亩、草地5040亩的灌溉节水问题。该项目于2021年10月20日开工建设，于2022年10月竣工。

【民生“水利”项目】 年内，结合“我为群众办实事”实践活动，针对达孜区范围内各农村供水点群众反映集中的共性需求和普遍问题，开展不间断走村入户、电话询问、随机抽点、实地调研等摸底排查工作，涉及的问题及时梳理，有效形成解决方案，多渠道争取资金。进一步巩固活动成果的同时，全面落实“水利工程补短板、水利行业强监管”的水利发展总基调。完成总投资为357.13万元农村饮水安全巩固提升工程建设任务，解决5个工程点，巩固提升全区人民的饮水安全。年内，其他民生工程项目总投资2487.02万元，加快水利基础设施建设，保障防洪安全，加强县域节水型社会建设。

【安全度汛防旱】 年内，专门召开防汛抗旱工作会议，部署防汛工作任务，调整及充实防汛抗旱领导小组，充实相关规章制度和预案，并与各乡镇签订防汛工作责任书，进一步明确落实各级防汛工作责任。

针对存在的各种隐患，达孜区防汛抗旱指挥部共对13处安全隐患点采取除险维修措施，具体内容包括工程方面维修加固堤防7147米、锁坝120米、清淤河道4200米。以上除险维修措施共投资1954.5万元，其中争取市级资金730万元，本级财政投入1224.5万元。

非工程措施方面投入上级部门拨付的26.01万元及达孜区本级财政配套的37.2万元维修养护资金，累计维护自动雨量站25座、自动水位站3座，数据在线率达到95%。

达孜区政府2021年已落实防汛抗旱财政预算资金200万元，在原有的防汛物资基础上，添置铅丝笼10000平方米、吨袋600条、编织袋30000条，共储备防汛物资铅丝笼11000平方米、铅丝卷3吨、编织袋60000条、救生衣80件、强光手电14个、吨袋1200条等。

【“河长制”工作】 年内，为全面推行“河长制”，扎实做好河流水环境系统治理工作，达孜区结合实际成立以区委书记为组长，区长任常务副组长的河长制领导小组，并印发《达孜区全面推行“河长制”的实施方案》，明确和细化成员单位工作职责。同时按照《达

2021年3月22日，达孜区水利局党支部联合团区委开展“河我一起 保护母亲河”净滩行动

孜区全面推行河长制工作实施方案》内容，梳理确定县(区)、乡、村三级河长名录，在全区范围内确定县(区)级河长7名(总河长1名、区级河长6名)，乡(镇)级河长18名[总河长6名、乡(镇)级河长12名]，村级河长20名及7名河段警长、4名河段检察长，与此同时公开选聘14名“市民河长”。年内，达孜区全面推行河长制河流共14条，2座水库，2处湿地，河流总长为187.26千米，涉及达孜区21个行政村、1个居委会。截至年底，已更新乡镇河长制公示牌；圈定水库保护范围；完成辖区内14条河流地表水水质检测，均合格。

河长制工作开展至今，达孜区本级财政已安排全面推行河长制工作经费共计900万元，为全面推行河长制提供有力的资金保障；达孜区充分利用“防灾减灾日，宪法宣传日，世界水周”等契机，在各乡镇、村委会以及辖区人口集中点开展多种形式的宣传工作，切实增强群众环保意识，激发广大群众参与水环境保护的积极性和责任感，使河湖专项治理等工作深入人心，家喻户晓，为“河长制”工作营造了良好的舆论氛围，共发放宣传纸杯10.5万个、宣传册子4000本、围裙800个、宣传手袋1200个。

达孜区河湖长制涉及沟渠12条、水库2座、2处湿地。区河长办按照上级目标要求累计完成8条沟渠“一河一策”及“一河一档”方案。县(区)级河长累计巡河12人次、乡(镇)级河长累计巡河

2021年7月29日，达孜区水利局在邦堆乡叶巴村组织开展2021年度山洪地质灾害防御演练

171人次、村级河长累计巡河947人次、区河长办共排查150次、动员群众及干部职工约8100人次，清理河湖沿线垃圾约1130吨。

根据上级河湖非法活动的相关整治要求，达孜区通过自查、暗访、督察等方式在辖区内开展清“四乱”排查，累计复核遥感监测四乱问题共24处，存在问题2处，均已完成整改。此外，为规范河道采砂，按照《达孜区河道采砂整治行动实施方案》要求，取缔关停辖区非法采砂场，实现河道采砂管理的规范化、有序化，切实改善了河道沿线水生态环境。

**【非工程措施】** 年内，已下发10份责令改正水土保持违法行为决定书，2份生产建设项目水土保持工作公众告知书。

**【增收工作】** 年内，达孜区水利局完成实施项目共计12项，工程建设投资资金共计3143.30万元，带动当地农牧民增收量达1201.54万元(其中：当地用工人数共计505人、16814人次，当地用工率达91%，带动农牧民增收量达443.69万元；当地机械投入量共计76台，当地机械使用率达100%，带动农牧民增收量达283.15万元；当地建材购买种类为石材及砂石，带动农牧民增收量达474.7万元)。

**【人大建议、政协提案办理】** 年内，达孜区水利局承办人大代表建议9件，其中已办理8件，无法解决项1件(列入“十四五”规划)；10件政协委员提案，其中已办理6件，无法解决项4件(其中2件提案因机构改革，“五小”水利项目职能已划转入达孜区农业农村局，水利局无法解决；1件提案列入拉萨市“十四五”规划；1件提案下一步达孜区水利局积极争取维修资金)。

**【党史学习教育】** 年内，达孜区水利局党支部深入开展党史学习教

2021年11月4日，达孜区水利局、民政局联合党支部一行到章多村开展“我为群众办实事”主题党日活动

育、“三新”大学习大讨论及“三更”教育专题研讨活动。结合水利行业先后开展以“把握新发展阶段、贯彻新发展理念、构建新发展格局，推动长治久安和高质量发展”第二次大学习大讨论、以“把握新发展阶段、贯彻新发展理念、构建新发展格局，推行河长制，助推乡村振兴”第三次大学习大讨论、围绕“三更”开展以“关键少数”警示教育课、以围绕党史历程、新中国史、改革开放史、社会主义发展史、西藏和平解放以来的历史的党课、集中参观学习林周农场红色基地、学党史“我为群众办实事”等支部大型活动9次。

（其美多吉）

【机构领导】

局　长

索朗达瓦（藏族）

副局长

尼玛曲珍（女，藏族）

## 教育（体育）

【概况】 2021年，达孜区共有各级各类学校22所，其中：小学1所，中学1所，幼儿园20所；共有在校学生5126人，其中：中学1090人，小学2769人，幼儿园1267人；共有教职工477人、专任教师436人，其中：中学教职工128人，专任教师125人；小学教职工182人，专任教师180人；幼儿园教职工131人，专任教师131人；教育局共有干部职工36人，其中行政3人，事业管理人员1人，专业技术人员30人，工人2人（行政1人，事业1人）。

【党建工作】 年内，坚持把党的建设和党风廉政建设放在教育工作的突出位置，紧紧围绕夯实基层组织建设、强化学校党组织政治核心功能的工作目标，教育系统深入开展“三更”专题教育，对照党章党规党纪，围绕“政治标准要更高，党性要求要更严，组织纪律性要更强”开展专题学习10余次，对存在的3个问题进行及时整改，系统开展“把握新发展阶段、贯彻新发展理念、构建新发展格局，推动长治久安和高质量发展”大学习、大讨论活动，开展大学习20余次，开展大讨论14次，全年开展党史学习教育，对习近平总书记在中国共产党成立100周年大会上的讲话精神、在西藏调研视察时的讲话精神及中共十九届六中全会精神等进行深入专题学习，年度累计组织开展专题学习和集中研讨200余次，组织观看爱国主义电影，开展撰写学习心得、观影感言1000余篇；系统14个党支部开展党史学习教育专题组织生活会，既检视了问题，又统一了思想，达到“红脸出汗”的目的，检视的20余条问题也得到及时整改，党建引领不断增强，全面引导广大党员干部在思想上进一步增强“四个意识”、坚定“四个自信”、做到“两个维护”，确保广大党员干部始终在政治方向、政治原则和政治立场上，同以习近平同志为核心的党中央保持高度一致。

同时，达孜区教育局高度重视党的作风建设，长期以来都严格贯彻执行中央八项规定及实施细则精神，始终用《中国共产党章程》《中国共产党廉洁自律准则》《中国共产党纪律处分条例》《中国共产党问责条例》《中国共产党党内监督条例》等党内法规严格约束党员干部，驰而不息地加强作风建设，坚决抵制各种不正之风，系统每月组织1次党规党纪和典型案例学习讨论，不断警示教育党员干部遵纪守法、廉洁从教；按照上级要求，教育局开展精文简会作风纪律自查4次，全面对催报要急、督检考多、以白头文件代替红头文件、会多会长陪会等形式主义、官僚主义、滥发津贴补贴、食堂违规对外经营、超标准宴请、铺张浪费等享乐主义、奢靡之风等问题进行摸排6次，经查不存在超标准配备车辆以及违规使用车辆等问题，达孜教育系统作风正派、清正廉洁的教育环境的基石更加牢固。

【教育教学】 年内，达孜区小升初其他省市西藏班录取人数达到22人，初升高录取其他省市西藏班学生人数达到5人，重点、普通高中录取学生153人，区内外中职专招班学生录取177人，在全市小学三、六年级质量监测中，成绩在拉萨市各县区位列第三，持续振兴了教育教学质量；分别邀请藏文、语文、数学学科12名名师专家开展数学、语文、藏文等课标解读培训，组织100名教师开展教师藏汉粉笔字比赛活动，组织50余名教师开展区级教学技能大赛，并持续深入推进教育质量成绩分析，强化教师业务技能提升。

制定并印发达孜区“五项管理”和“双减”方案及相关的配套督查方案，全力推进“五项管理”和“双减”政策落实，全年累计开展“五项管理”和“双减”检查4次，检查中小学作业1500余本，检查图书800余册，为达孜区所有学生建立健康档案，切实扎实推进各项工作落实，各级学校在手机、作业、睡眠、图书、体质管理上严格按照要求及时达标，校外培训机构排查检查全面到位，切实确保政策落地见效。

【德育工作】 年内，深入贯彻习近平总书记在学校思政课教师座谈会上的讲话精神，以加强师生思政建设为重点，在思政队伍建设、意识形态以及学生综合培养上重点发力，通过理论中心组学习、党组织专题学习、党史学习教育等活动，对中共十九届五中、六中全会精神，中央第七次西藏工作座谈会精神，《习近平谈治国理政》等党的理论政策进行全方位深入学习，全面促进教师增强“四个意识”、坚定“四个自信”、做到“两个维护”；坚持理论教育与社会实践结合、发挥学校党团组织作用与信息技术带动结合的方式，联合团区委及时在区教育局设立教育团工委、在区中学设立团校，在各级学校成立思想政治工作办公室，全面建立以德育教师、学校班主任和道德与法制科目教师为主体的学校思政教师和辅导员队伍，充实壮大中小学法制副校长队伍，健全以爱国主义、反对分裂、民族团结和社会主义核心价值观为主要内容的思政教育体系，构建学校领导干部带头、社会各界代表人士积极参与的学校思政工作格局，进一步壮大学校思政队伍、拓宽思政教育渠道、丰富了思政教育内容。

以开展“四讲四爱”群众教育实践活动为载体，积极推进德育教育，年度组织开展“永做讲党恩、爱核心的好学生”“习近平总书记是全党的核心、军队的统帅、人民的领袖”“传承红色基因，争做时代新人”主题班会、献礼建党百年，争当少年先锋、加强法治教育，构建平安校园活动等30余次主题宣讲，累计发放宣讲提纲122余本，张贴横幅标语30余条，覆盖教师580余人次、学生15300

2021年11月12日，达孜区委书记张干（后排左四）一行到区中心双语幼儿园调研指导3—11岁少年儿童新冠疫苗接种工作

2021年9月9日，达孜区召开庆祝第37个教师节表彰大会

人次，爱国主义、民族团结、感恩教育等主题黑板报实现中小学80个班级全覆盖，切实全面深化思想政治教育；积极组织学校研究制定民族团结、文化艺术等内容丰富的德育教育校本教材，健全各级学校网络有害信息监管体系，持续大力推进劳动和体育课程改革，全面抵制不良思潮对学校的影响，推进德智体美劳全面发展的教育机制建设，强化学生兴趣特长和高尚道德情操培养，扎实落实"立德树人"根本任务，为广大学生系好了人生"第一粒扣子"。

**【学前教育】** 年内，组织召开专题会议研究部署学前教育工作，确保各项工作有计划、有落实；持续加强各幼儿园值班带班、校园安全隐患排查、四支队伍建设等工作，确保学校安全稳定和正常教育教学秩序；引导各幼儿园与学生家长签订《学生家长安全管理责任书》，与教职员工签订安全目标责任书，邀请消防服务公司对各幼儿园安全管理人员进行消防安全知识培训；定期组织各幼儿园召开疫情防控、食品卫生、交通安全、防溺水、防火、防震等安全专题会，针对性地开展安全教育和防范提醒；为保障幼儿户外活动期间的安全及改善幼儿的学习生活环境，按需为各园更新了大型户外玩具，为13所幼儿园配备教学一体机。

对于学生放学（假）高峰期出现交通拥挤、过往车辆较多、安全隐患较大等现状，各幼儿园积极联系当地派出所进行安全巡逻，值日教师进行交通疏导、维持秩序、护送学生安全离校；认真总结工作经验，细化完善整改措施，完成2021年自治区教育督导评估组对达孜学前教育普及普惠督导评估工作；组织推荐幼儿教师参加拉萨市2021年度课堂教学大赛，进一步提高达孜学前教师队伍专业化素质，持续推动全区学前教育工作高质量发展。

**【教育经费】** 年内，共兑现"三包"及营养改善计划资金2203.92万元，其中：落实"三包"助学金2004.71万元（学前467.37万元、小学1091.43万元、中学445.91万元）；落实营养经费280.24万元（小学201.52万元、中学78.72万元），严格按照规定及时足额落实相关经费。

**【财务工作】** 年内，全面做好年度财务预决算、教职工公积金调标录入、财政全口径债务系统、资产月报系统、全国教育经费统计季报年报系统录入、财政供养系统录入和全区469名教职工的工资正常晋升等工作，积极组织开展教育系统财务预算系统学习培训，进一步确保财务管理不断规范。

**【资助工作】** 年内，严格落实大学生资助工作。2020—2021学年享受资助人数共815人，发放资助资金为425.1873万元，其中建档立卡户学生169人，发放资助资金94.2286万元（自治区级资金65.4408万元，本级补差额28.7878万元），一般农户学生639人，发放资助资金326.4093万元，困难户学生7人，发放资助资金4.5494万元。

**【新冠肺炎疫情防控】** 年内，按照上级疫情防控部门要求，建立健全疫情防控常态化机制，召开疫情防控专题会议4次，开展疫情防控检查督查15次，全面落实疫情防控要求，持续做好进出藏教师、学生统计跟踪以及防疫物资储备、校园日常消杀工作，严格落实体温登记、外来人员扫码等制度，确保校园安全稳定。特别是按照应接尽接原则有序推进教育系统新冠疫苗接种工作，截至年底，达孜区教师已接种疫苗455人，接种率达到93%，12—18周岁学生接种1502人，接种率达到99%，3—11周岁儿童第一针疫苗接种2393人，切实按照要求确保全系统疫苗接种工作有序推进。

【校园安全】 年内，全面推进依法治校，指导督促各级学校建立健全5项依法治校制度，及时健全风险隐患排查防控体系，安全隐患排查治理制度，构建安全生产协同联动机制，加强同应急管理、食药监管等部门的协同联动，充分调动各方面力量参与平安建设，凝聚起学校安全治理合力，确保稳定教育秩序；深入推进“平安校园”创建，对全系统30余名保安人员开展专题培训，深化落实防溺水、防校园欺凌、自然灾害避险等校园安全教育，全面完善安全保卫器材、视频监控、一键报警装置等校园安防设备，并持续开展重点领域安全专项治理，对学校消防、实验室、食堂、校车、建筑等领域的安全隐患开展10余次摸排和专项整治，切实维护了良好教育秩序，保证教育系统的绝对安全。

【教育信息化】 年内，制定出台《达孜区教育信息化实施方案》《达孜区教育系统网络安全应急预案》，大力推进教育信息化建设、持续深化网络有害信息管控，2021年全区第二期教育云网、市级财政配套500万元实施中学信息化校园建设项目、全区20所幼儿园校园监控建设项目扎实推进，网络信息安全工作扎实落实，教育信息化水平进一步提高。

大力推进教师信息技术能力提升，组织全区中小学、幼儿园教师446人，参加“国培计划（2020）”——西藏自治区信息技术应用能力提升工程2.0的培训，积极组织中小学40余名业务骨干教师参加拉萨市名师网络课堂活动，中小学教师在拉萨市教育云平台开展网络直播课48节，指导433名教师利用钉钉软件在手机上完成2021年“一考三评”答题工作，组织80余名教师开展全区教育系统第四届“微课”大赛，全区教育系统信息化建设水平不断提高，信息技术手段在全区各级学校得到了更广泛应用。

2021年1月19日，达孜区教育局（体育局）组织各乡镇分管教育负责人及区教育局资助办、安卫办相关人员召开寒假期间返藏学生疫情防控信息统计工作专题部署会

【基本建设】 年内，累计投入资金1926.72万元（其中：本级财政投入754.37万元、市级资金1172.35万元）对学校办学条件进行提升改造，其中投入资金200.96万元实施中心小学绿化提升项目、投入资金364.8万元实施中小学校园消防项目、投入资金188.61万元实施中心小学操场维修项目、投入资金1172.35万元实施中小学及幼儿园采暖工程，进一步改善各类学校基本办学条件。另外，中央预算内投入850万元实施的达孜区公共体育场田径跑道和足球场续建项目已通过竣工初验，极大地改善了教育教学环境和达孜区全民体育公共服务保障。

（张海波　李成纲）

【机构领导】

局　长

扎西顿珠（藏族）

副局长

张玉峰

江　村（藏族，5月免）

## 达孜区中学

【概况】 达孜区中学距拉萨25千米，是达孜区唯一一所中学，占地面积78003平方米，校舍面积30523平方米，2021年拥有24个初中教学班，在校生1028人，教职工128人，专任教师128名。2021年，学校建有现代教学楼1栋，综合办公楼1栋，职业教育综合楼1栋，青少年活动中心楼1栋，综合实验楼1栋；另学校还配有多种功能教室，网络多媒体教室35间，网络计算机教室3间、录播教室1间、创客教室1间、智慧教室1间、虚拟教室1间、电视台1间。

【办学理念】 年内，达孜区中学认真开展健康教育，卫生防疫宣传工作，营造人人讲卫生，人人懂防疫的良好氛围。学校坚持和践行“贯彻新时代党和国家党的教育方针，切实落实立德树人的根本任务。解决回答好‘培养什么人，怎样培养人，为谁培养人’的核心问题，奋力推进建设标准化、规范化、现代化的文明示范学校”的办学理念。坚持和践行“为学生的生命成长添砖，为教师的专业发展加瓦，厚植幸福人生的选择力与创造力”的办学宗旨。坚持和践行“让学生成才，让家长放心，让社会满意；五育并举，奋力办好人民满意的学校，力争建成现代化文明示范学校”的办学目标。抓机遇，促发展，大幅度改善办学条件，本着打造符合区情、校情的校园特色，优化课题教学结构和提升教师综合素质来促进新课程改革在达孜区中学的实施。

【内设机构】 年内，达孜区中学设有党办、校办、教务处、教研室、信息中心、德教处、共青团委、总务处、财务室9个处室。

【文体活动】 年内，达孜区中学为锻炼学生体魄开展跑步、拔河等活动；为辅助课堂教学，锻炼学生的动手能力开展生物、化学、物理实验操作比赛等活动，在活动中引导学生，锻炼、教育学生；实践寓教于乐的教学观念。

2021年9月28日，共青团达孜区委员会联合区中学师生开展青年志愿者净滩行动

【安全教育】 年内，达孜区中学安全管理工作坚持“安全第一，预防为主，综合治理”方针，狠抓工作落实，积极巩固“平安校园”成果，大力推进隐患排查治理和安全专项整治，不断提升安全管理的规范化和科学化水平，利用主题班会对学生进行法制教育和各类校园安全教育，组织学生参加消防演练等活动。年内，学校继续大力宣传禁毒知识，组织学生开展禁毒手抄报、手工作品、作文比赛等活动。

【举办校园运动会】 年内，达孜区中学第二十三届春季田径运动会、冬季综合运动会分别在校运动场举行。运动会各为期3天，进行各类中学生竞赛运动项目，提高了学生的身体素质，丰富了校园文化。

【师资队伍建设】 年内，达孜区中学重视师资队伍建设，开展以“创文明校风、树师表形象”为重点的师德教育活动，以提升教师形象。坚持践行“国家课程地方化，地方课程校本化”和“文科教学社会实践化，理科教学实验操作化”的教学模式。加强常规管理，以制度制约，以机制激励，抓好教学流程的各个环节，规范教师的常规教育教学行为，提高了教师的工作积极性，团结、协调、凝聚的意识

2021年11月3日，达孜区中学德教处组织学生参观区消防救援大队学习消防安全知识

增强。

【教师培训】 年内，为落实教学五环节基本要求，不断提高课堂教学效益，活跃本校的教科研气氛，更快地提高教师业务水平，组织三科教师校内、外出学习培训，学校大多数教师参加区内外的各种专业能力的提升培训和骨干教师培训，同时也不同程度地提高了学校的教学质量。各科教师在不同专业领域内进行专业能力的培训和听专家讲座活动等取得不错的成效。

【表彰大会】 9月10日，举行第37个教师节纪念活动，表彰学校优秀教师、优秀中层、优秀干事、教学成绩共有50多名教师获奖，达孜区教育局领导出席表彰大会。

【以研兴教】 年内，达孜区中学响应习近平总书记的号召，组织全体教师学习思想政治水平提升活动，语文、道德与法治、历史等三科部编教材培训及课堂练兵活动举行，取得不错的成绩，得到上级领导机构的高度认可。在教学、实践、研究的基础上，引导教师撰写教研论文，鼓励教师参加各级各类教育教学论文大赛及各级各类教学设计评比活动，取得较好的成绩。

【年终工作】 年内，达孜区中学党办组织开展“不忘初心、牢记使命”主题教育，提倡“勤于工作、善于协调、敢于创新、乐于力行”的工作作风，各办公室组织进行年终工作大检查，认真组织各级各类教学质量监测；各办公室制订下学年工作计划。

（德　吉）

【机构领导】

党支部书记

黄始全（苗族）

校　长

索　朗（藏族）

# 城市建设·环保

## 住房和城乡建设

【概况】 达孜区住房和城乡建设局是区人民政府组成部门，内设局办公室、住房保障办公室、建筑行业监管办公室、公房管理办公室、城市建设办公室、质监站。2021年，达孜区住房和城乡建设局机关在岗人员12人，其中，局长1人，副局长2人，副主任科员3人，科员1人，工人2人，公益性岗位2人，志愿者1人。

【党建工作】 年内，推进“两学一做”学习教育常态化，巩固“不忘初心、牢记使命”主题教育成果，深入开展“我为群众办实事”和廉政警示教育，突出“三个强化”抓党建。截至年底，召开20次党支部会议，集中开展学习研讨，讨论重大事项，推进党风廉政建设。

将科级干部、科室主要负责人全部纳入集中学习，2021年集中学习12次，研究部署意识形态工作4次。支部开展活动6次，集中观看红色爱国电影4次，廉政警示教育集中学习2次，庆祝建党百年专题活动2次，交流研讨2次，谈心谈话3次，组织开展集中学习研讨10余次。

深入开展“我为群众办实事”工作，梳理办实事清单，截至年底，达孜区住房和城乡建设局共梳理清单8项，重点解决群众身边人居环境和住房安全等突出问题。

结合机构改革和职能划转，对权力运行和岗位履职中可能存在的廉政风险点进行全面排查，制定防控措施。班子成员与各科室负责人开展谈心谈话3次。修订完善加油卡使用、考勤等内部管理相关制度4项。建立重点工作调度推进机制，所有科室每月列出下月工作计划，同时对上月工作完成情况进行总结，月初召开干部职工大会，对完成情况进行调度。

【全面落实“两重”工作】 年内，加快实施重大项目。续建项目有序建设，续建重大项目4个，涉及

2021年6月17日，达孜区住房和城乡建设局局长次仁多吉（左一）排查虎峰大道沿线污水管网情况

资金33507万元。

达孜区2018年公租房建设项目已全面竣工；达孜区2019年公租房建设项目基本完工；达孜区政务便民服务中心全部完工并入住；达孜区精准扶贫规划2号路已基本完工，截至年底。进行路面基础设施安装中。

新建重点项目10个，总投资84901万元。其中：达孜区幸福社区产业用房建设项目、达孜区幸福路市政工程、幸福社区组织活动场所项目均已竣工；达孜区交通警察大队车辆管理所建设项目、达孜区工业园区创业佳苑——公租房项目、克日村人居环境整治项目、达孜区“美丽乡村·幸福家园”白纳村、叶巴村整村推进项目、新仓村1组人居环境提升改造工程、工业园区管委会道路提升改造工程均已完成前置手续办理，相关建设正有序推进；达孜区西桥、达孜新城垃圾转运站项目已进入前置手续办理阶段。

改扩建项目4个，总投资2762.8万元。其中：达孜区桑珠林1组村级道路硬化工程、德庆村7组穷达村2组村级道路硬化工程已完面完工；达孜区2021年棚户区改造项目已完成总工程量75%。

2022年计划实施项目3个，2022年涉农统筹整合项目(唐嘎村、林阿村)、人居环境整治项目、达孜区“美丽乡村·幸福家园”克日村、唐嘎村房屋建设项目陆续推进前置手续办理。

2021年7月22日，达孜区住房和城乡建设局工作人员验收2020年农村危房改造

【脱贫攻坚成效巩固】 年内，在完成精准扶贫易地搬迁和“三岩”片区整体搬迁任务的基础上，多方谋划，筹措资金，进一步完善搬迁后续扶持工作。投资1366.99万元，新建市政2号路，着力改善搬迁群众出行问题；投资2151.18万元，新建幸福社区产业用房；投资377.34万元，新建幸福社区组织活动场所，满足搬迁群众日常所需。

【农村危房改造】 年内，住建厅、财政厅下达任务计划20户，实际完成农村危房改造20户，拨付补助资金41万余元。完成全区范围内100余户农村住房安全排查鉴定并出具简易鉴定报告。全面完成20户住房安全保障核验工作，录入率100%。完成达孜全区6590户农村房屋普查信息采集，重点排查713栋经营性自建房屋和486栋非自建房屋。

【污染防治】 年内，持续推进生态环境改善，推进达孜新区、乡村污水处理设施建设等重点项目，完善污染防治体系。在原有城市污水收集设施的基础上，进一步完善城市污水处理体系，投资350万元，完成达孜城区所有污水管网检测修复；完善全区生活垃圾无害化处理体系，全区生活垃圾无害化处理率、城市污水处理率分别达82%、91%；积极推进“厕所革命”，完成自治区、拉萨市两级“厕所革命”建设任务，出台《达孜区公共厕所运营维护管理实施方案》，投入66万元用于建成公共厕所运营维护；开展在建工程项目扬尘治理巡查，严格按照建筑工地扬尘治理“六个100%”的要求，进一步加强日常动态监控，从根本上确保扬尘治理管控到位、不反弹。

【扫黑除恶专项斗争】 年内，按照达孜区扫黑办要求，持续深入扫黑除恶专项斗争。信访工作防控到位，根据信访人诉求内容安排相关科室负责人陪访，对上访诉求进行研判。主动深入基层，深入工地，发现不稳定因素和信访隐患及时化解。共办理信访案件60余件，其中接待来访30余件，已办结50余件；办理“12345”市长热线6件。

【文明城市创建】 年内，立足卫生文明城市创建的大局，严格落实市委、市政府关于创建卫生城市推进会议精神及达孜区委、区政府安排部署，全力推进卫生文明城市创建工作。清理整治城区基础设施破损100余处，整改建筑工地文明施工围挡40余处，完善城区20个公共厕所标示标牌设施。

【新冠肺炎疫情防控】 年内，广泛宣传和安全生产事故警示教育，上好安全复工和疫情防控第一课。多次深入项目现场，建设、施工、监理人员共300余人安全教育全覆盖。

【住房保障】 年内，发放2020年公租房实物配租补贴户补贴。经入户调查、公示，达孜区共享受廉租房补贴政策5户10人，无新增廉租住房家庭，发放廉租房补贴32400元，完成1—12月廉租房补贴发放目标任务。统计收缴2021年公租房房屋租金，共有400余户缴纳公租房租金，金额合计70余万元。制定《达孜区2021年周转房分配方案（征求意见稿）》，进一步完善达孜区干部职工周转房分配机制。

【建筑行业管理】 年内，8家区外建筑类企业在达孜注册独立法人子公司，建筑业实现突破性增长。受理建设单位申报办理监督手续工程16项，开展安全生产监督专项检查，共检查16个在建项目。开展未办理施工许可证违规违法开工专项整治和建筑工程发包、承包违规违法行为专项整治3次，整改违规违法行为6个。依法依规办理施工许可证14个，下达监督执法检查整改单51份，给予8个施工场地停工处罚，深入整治建筑市场违法违规行为，净化市场环境。

2021年8月12日，达孜区住房和城乡建设局联合相关部门开展建筑工地安全生产专项检查工作

【房地产管理】 年内，在继续抓好房地产法规政策落实的同时，努力做好服务，积极主动地解决好公产房历史遗留问题，想方设法理顺当前房管中的突出矛盾，提出合理化建议报请达孜区政府讨论，促成一些制度和规定的出台和实施。大力扶持本地房产企业，玉雄花园小区、滨河花园小区等房地产开发小区相继建成，房价总体保持平稳、供给结构趋于合理。

【城镇化建设】 达孜区共辖五乡一镇，22个行政村，总人口31444人，城镇常住人口3706人，其中常住人口3037人。年内，达孜区住房和城乡建设局不断扩大城镇建设规模，逐步完善城镇服务功能，增强城镇辐射带动作用，积极实施推进城镇化发展战略，不断提升城市的综合承载力和竞争力。加快达孜区农业人口向非农业人口转移、向城镇转移的步伐。截至年底，城镇化率达34.2%。

【自然灾害风险普查】 年内，为深入贯彻落实习近平总书记在中央财经委员会第三次会议上的重要讲话精神，认真落实党中央、国务院决策部署，全面掌握国家自然灾害风险隐患情况，提升全社会抵御自然灾害的综合防范能力。根据《西藏自治区人民政府办公厅关于做好全国自然灾害综合风

2021年12月13日，达孜区住房和城乡建设局党支部召开专题组织生活会

险普查的通知》和西藏自治区住建厅印发《关于做好全国第一次自然灾害综合风险普查全区房屋建筑和市政设施清查工作的通知》，达孜区住房和城乡建设局立即着手开展住建领域风险普查工作，成立以副局长为组长的风险普查工作领导小组，争取资金86万元用于此项目工作开展，完成达孜区4000余户农村城镇住房普查，完成95%的市政设施普查。

**【政务服务】** 年内，按照上级主管部门要求，全面推进工程建设项目审批制度改革，梳理网上政务服务办理事项223项，审批事项40项，行政审批和行政服务基本完成网上录入流程，预计2022年初完成网上办理，达到审批事项精简、审批流程优化。

（罗芝锐）

**【机构领导】**

局　长

次仁多吉（藏族）

副局长

何　松

刘俊振

## 生态环境保护

**【概况】** 2021年，拉萨市生态环境局达孜区分局深入贯彻习近平生态文明思想，坚持可持续发展战略和污染防治与生态保护并重的方针，以改善环境质量为根本出发点，积极创建国家生态文明建设示范区，加快美丽幸福西藏建设，确保达孜区生态环境持续良好，不断满足达孜区各族人民群众日益增长的优美环境需要，加快推进达孜区生态环境治理体系和治理能力现代化，切实筑牢国家重要生态安全屏障，打造生态文明高地，守护好山水林田湖草沙冰，守护好地球第三级生态。达孜区主要江河湖泊水质达到或优于Ⅲ类标准，工业污水和生活垃圾处理率100%，不断提高全区生态环境质量。

2021年，共投入生态环保资金435万元，其中：环境监测经费30万元；在线监控运营、维护费95万元；编制达孜区生态环境保护规划费80万元；创建自治区生态文明建设示范县、乡、村提档升级费180万元；第二轮中央环保督察经费、“禁白”专项经费50万元。

2021年12月9日，西藏自治区2021年度生态文明建设示范区创建现场复核组一行到达孜区德庆镇白纳村核查生态文明建设情况

2021年8月16日，拉萨市生态环境局达孜区分局执法人员到拉萨城投祁连山水泥厂开展执法检查

【环境质量持续改善】 年内，达孜区环境质量持续保持良好，主要江河水质达到国家规定相应水域的环境质量标准，新仓村集中式饮用水水源地水质保持良好，达到《地下水质量标准》（GB/T 14848—2017）Ⅱ类标准。达孜区环境空气质量达到《环境空气质量标准》（GB 3095—2012）二级以上，城镇大气环境质量整体保持优良。垃圾产量为1.2万吨/年，垃圾收集实现一天一次全覆盖，转运至曲水垃圾焚烧发电厂，处理率为100%。同时，委托第三方对达孜区现代农业产业园及普雄矿业尾矿库实施土壤环境质量检测，据检测报告显示，该产业园及普雄矿业尾矿库土壤环境质量安全。

【污染防治】 年内，加大扬尘、煨桑、挥发性有机物等污染控制，严格执行施工现场“四个一律”，施工过程中做到“六个100%”和“两个全覆盖”，城市建成区内施工现场做到“两个禁止”。持续开展“散乱污”企业综合整治，完成黄标车、老旧车及10蒸吨以下燃煤锅炉淘汰任务，深入推进加油站油气回收治理，多措并举开展非道路移动机械摸底排查登记工作。

大力开展以保护饮用水水源地为重点的水环境专项整治工作，全面掌握饮用水水源地环境安全状况。扎实推进河湖“清四乱”专项整治工作。实施叶巴沟水土保持生态小流域综合治理工程。积极推进饮用水水源保护区划定保护工作。结合“河长制”工作建立健全机制体制，助推“河湖长＋检察长＋警长”体系建设，达孜区主要江河湖泊水质达到或优于Ⅲ类标准，城镇集中式饮用水水源地水质达标率100%，水质监测覆盖率100%。2021年，经市（县）两级环保部门邀请第三方技术单位对本辖区进行入河（湖）排污口排查，经排查达孜区所辖范围内无入河（湖）排污口。

积极开展汽修、医疗等危险废物产废单位实施规范化管理专项检查。实施农业农村污染治理攻坚战，加强农业面源污染防治，开展畜禽养殖粪污资源化利用专项检查。

【中央和自治区督察反馈问题整改】 年内，为推动中央环保督察组反馈问题的整改工作，达孜区上下牢固树立“四个意识”，第一时间谋划部署各项工作，紧抓涉及达孜工业园区污水处理厂建设

2021年7月7日，拉萨市生态环境局达孜区分局党支部组织党员干部到林周县党员党性教育基地开展主题党日活动

2021年5月21日，拉萨市生态环境局达孜区分局开展2021年生物多样性日宣传活动

个性问题及29个共性问题不放手，正逐一整改并长期坚持。个性问题“达孜工业园区未建成污水处理设施导致园区污水超标排放”的环境保护基础工作薄弱的问题，达孜区委、区政府深刻吸取教训，进一步厘清思路，扎实推进整改工作。截至年底，达孜区污水管网全线贯通，污水处理厂全部建设完成并投入运行。自治区环保督察反馈意见中达孜区涉及31个大项、32个子项整改任务、88项整改任务措施。截至年底，立行立改的问题已整改完成。

【凝心聚力抓重点】 年内，达孜区坚持标本兼治、综合施策，从源头上解决污染问题，推动全区生态环境质量持续改善，以生态环境高水平保护推动经济社会高质量发展。严把环评审批关，强化源头控制污染源，2021年共受理建设项目网上备案登记27个；共登记固定污染源排污企业137家。

严格履行生态环境保护法定监管责任，建立联合执法机制，持续深入开展行业性、区域性生态环境保护专项检查行动，依法查处环境违法行为。2021年，辖区内企业和重点污染企业执法检查35次、下发执法通知35次。2021年因存在环境违法行为，对1家企业下达行政处罚决定书，已缴入国库罚金14.83万元，治理“散乱污”企业2家。

认真落实中央环保督察整改要求，督察反馈问题141条整改措施中，达孜工业园区污水处理厂建设个性问题及29个共性问题不放手，正逐一整改并长期坚持，均取得阶段性成效。中央环保督察转办举报案件5件，整改完成5件，完成率100%。

利用3月综治宣传日、“5 · 22”国际生物多样性日、“6 · 5”世界环境日、“e讯达孜”公众号等时间和平台深入开展环保宣传教育活动，提高全民环境保护意识，积极开展环保知识“七进”活动。同时，对公众开放垃圾转运站及污水处理厂等环境基础设施建设运行情况，提升公众参与环境保护力度。

年内，投资95万余元对工业园区环境安全在线监测平台进行升级和改造；实施各类环境保护类项目6个，项目投资达5483.21万元。向上级部门申报“十四五”期间4个乡镇污水处理及收集管网项目投资约1.8亿元。以保护修复白纳沟山水林田湖草沙冰生态系统为宗旨，推进白纳沟生态旅游乡村振兴项目及叶巴村康养小镇建设，全力创建达孜区白纳沟“绿水青山就是金山银山”实践创新基地建设，2021年编制达孜区创建国家生态文明建设示范区规划、达孜区6个乡镇创建自治区生态文明建设示范乡镇规划、20个行政村创建自治区生态文明建设示范村方案。成功创建2个自治区级生态文明示范乡镇、10个自治区级生态文明示范村。

投放垃圾分类设施，推进达孜区垃圾回收工作，完成66个成品垃圾分类箱，城区主干道沿线220个分类投放点，配置餐厨垃圾回收车及时将餐厨垃圾转运至拉萨回收站。

积极配合区市开展区域空间生态环境评价“三线一单”、拉萨市城镇集中式饮用水水源地保护区范围核定编制工作。

（普布卓嘎）

【机构领导】

局　长

拉巴旺堆（藏族）

副局长

普布卓嘎（女，藏族）

# 城市管理和综合执法

【概况】 根据中共中央、国务院下发的《关于深入推进城市执法体制改革、改进城市管理工作的指导意见》,要求将城市管理工作“重心下移、简政放权、放管结合、优化服务”。

达孜区城市管理和综合执法局于2019年4月挂牌成立,内设7个科室:局办公室、党建办公室、执法大队办公室、市政维修办公室、市政绿化办公室、案件处理办、垃圾分类办。2021年,达孜区城市管理和综合执法局有局长1人、副局长1人、三级主任科员1人、四级主任科员1人、一线执法人员8人、协管人员51人。

达孜区城市管理和综合执法局负责城市管理相对集中行政处罚权工作;负责数字化城市管理平台的建设、维护和管理;负责市政公用事业、环境卫生、城市市容管理、城市园林绿化管理、城市管理综合执法等行业改革工作;负责城市管理方面科技发展和信息化建设工作;负责城市管理的对外交流和社会宣传教育工作;完成区委、区政府交办的其他任务。

【党建工作】 年内,认真组织干部职工认真贯彻落实中共十九大,十九届二中、三中、四中、五中、六中全会精神和中央第七次西藏工作座谈会精神,按照自治区、市党委和达孜区委重要会议要求,坚持政治导向、基层导向、问题导向、效果导向和可持续导向,认真落实“三会一课”、主题党日、民主评议党员、重大事项请示报告等制度,组织集中学习研讨5次、自学12次、党员活动3次。

【新冠肺炎疫情防控】 年内,严格按照区疫情防控领导小组的总体部署,成立由局党支部书记任组长的疫情防控工作领导小组,将59名(含协管)综合执法人员全部下派到碧水检查站、东环北线检查站、丹阳路检查站、318国道沿线地等一线开展防疫及复工复产工作,认真开展人员出入管理、体温测量、车辆消毒、登记、渣土运输专项检查等工作,并实行24小时在岗在位制度,积极深入一线开展社会面疫情防控工作。

【养护管理】 年内,以中国共产党成立100周年和西藏和平解放70周年及全国创建文明城市为契机,开展市政设施维修。完成达孜区城市市政维修改造项目,总投资276.11万元,修复绿化护栏2323.24米、改造人行道4087.72平方米、路缘石2652.13米、成品广告牌98.31平方米、新设警示柱721个。疏通污水管道5次,维修破损、塌陷井圈井盖212个。

更换旧彩旗、旧国旗共1140余面;公共卫生间执行“日检查、日报告、日抢修”制度,开展公厕抢修2217次,新设轮椅坡道20座、扶手40余个、残疾人坐便器40个、公厕指示牌200个,安装新果皮箱374个,拆除旧果皮箱70个,维修垃圾箱34个,完成环境卫生专项整治工作,共清理各类垃圾11924吨。

完成达孜区中国共产党成立100周年城市市政绿化提升改造项目和达孜区中国共产党成立100周年和西藏和平解放70周年工业园区及城市绿化改造提升项目,总投资743.65万元,新增绿地32879.73平方米,种植乔木3432株、香花槐351株、雪松235株、红叶李149株、侧柏1627平方米、灌木52092株,绿化混播37491.65

2021年12月7日,达孜区城市管理和综合执法局局长多吉(左二)一行到德吉新村检查指导工作

2021年9月17日，达孜区城市管理和综合执法局工作人员到虎峰大道沿线整治环境卫生

平方米。

完成五乡一镇沿街门店、餐厅、小吃店500多个居住户宣传全覆盖，发放宣传资料共2600份，投放室外四分类垃圾桶374个、拆除旧分类垃圾桶70个，发放《餐厨垃圾收集告知书》500份。

【依法行政】 年内，结合城管工作实际，向居民宣传《拉萨市市容和环境卫生管理实施办法》《拉萨市城市管理办法》《拉萨市城市建设建筑垃圾和工程渣土管理办法》《城市生活垃圾分类管理办法》等相关法律法规，发放资料200本，并热情接受群众咨询、对群众反映的热点难点问题进行解答；组织宣讲5次，受益2500多人，发放《达孜区城市交通秩序、环境整治通告》2000份。

达孜区城市管理和综合执法局日平均上岗率达到100%，平均每日上路执法时长达到17小时。完成城市各主次干道、318国道沿线、东环沿线、丹阳路沿线、城投沙场出入口、玉雄沙场出入口、碧水检查站沿线等处的执法检查工作。排查渣土运输车辆共11240辆，发放达孜区城市建筑垃圾和工程渣土运输车辆通行证777份。签订《门前四包责任书》500份、《临时摊点承诺书》100份，下达《责令整改通知书》20份。查处市容环境卫生等各类违法行为34余次，处罚金额共计11350元，其中处理遗撒10次，罚款金额共3800元，查处乱倒垃圾13次，罚款金额共3650元，查处破坏市政设施10次，罚款金额3500元，车辆未冲洗未密闭化1次，罚款400元。来电来访“12345”热线2个，办结率100%，回复率100%，协助相关部门查处“两违”案件共6件，按照属地管理原则已移交至相关部门。

（扎　桑）

【机构领导】

局　长

多　吉（藏族）

副局长

朗杰卓嘎（女，藏族）

# 交通·通信

## 交通运输

【概况】 达孜区交通运输局是达孜区人民政府组成部分，为正科级，下设交通运输综合行政执法队，副科级建制。达孜区交通局行政编制3名，领导职数2名，执法队核定编制5人（2个行政、3个事业），领导职数1名。2021年有干部职工7人，其中正科2人、一级科员3人、事业编制2人。

2021年，达孜区辖区内农村公路总里程为287.296千米，已完成通畅里程180.76千米，等外公路里程97.556千米，县道旁墨线22.326千米（县道1条），乡道72.27千米（乡道6条），专有道路52.703千米（专有道路11条），农村公路131.017千米（村道66条）。自然村通畅78个、已通达未通畅53个，乡镇及行政村公路通达率100%，通畅率100%。

【基本职能】 贯彻执行国家、自治区、拉萨市有关交通工作方针政策和法律法规。组织制订并监督实施达孜区公路、水路行业发展规划、中长期计划和年度工作计划，起草公路、水路行业的规范性文件。

承担涉及达孜区综合运输体系的规划协调工作，会同有关部门编制综合运输体系规划，拟定综合运输计划并组织实施，指导交通运输枢纽规划和管理，促进各种交通运输方式融合；拟定交通运输行业规划政策和标准，并监督实施；参与拟订物流业发展规划，指导公路、水路行业有关体制机制改革。

负责提出达孜区公路、水路固定资产投资规模和方向、财政性资金安排建议，按照规定权限审核规划内及年度计划规模内固定资产投资项目，监督实施公路、水路有关规费政策；承担公路、水路建设市场监管责任，组织协调公路、水路有关重点工程建设和工程质量、安全生产监督管理工作。承担达孜区内（国省干线公路除外）的管理和维护，指导交通运输基础设施的管理和维护。

2021年9月14日，达孜区交通运输局局长晋美罗布（右二）检查客运站建设项目

2021年8月15日，达孜区交通运输局开展综合行政执法队执法培训

承担公路、水路行业安全生产监督管理和应急处置工作。按规定组织协调国家重点物资和紧急客货运输，负责达孜区内公路（国省干线公路除外）运行监测和协调。负责区域内道路抢险保通工作；负责指导农村客运及有关设施规划和管理，制定运营方案和突发事件应急预案，做好辖区内客运班线路况排查整治和客运车辆调度。

负责辖区内公路、水路路政管理，依法制止和查处交通运输违法行为；承担达孜区交通运输信息化建设，监测分析运行情况，负责行业统计、信息引导和交通战备有关工作；指导达孜区公路、水路行业环境保护和节能减排工作；负责协调中央垂直管理和邮政运输涉及地方的相关工作。履行渔业船舶检验和监督管理职责。

贯彻执行国家、自治区、拉萨市有关道路运输行业管理的方针政策和法律法规；负责辖区内道路运输管理工作，拟定行业发展规划和年度计划并组织实施；负责辖区内旅客运输、货物运输、站场经营、机动车维修、汽车租赁、城市客运、农村客运和城乡客运一体化等具体管理工作；负责道路运输行业的准入及事中事后监督；负责道路运输行业安全监管；负责辖区内道路运输行业的行政执法和举报受理工作。

**【新冠肺炎疫情防控】** 年内，根据各级党委、政府关于切实做好防疫工作的统筹部署安排，达孜区交通运输局本着对自己对他人负责任的态度，要求前来办理业务人员必须佩戴口罩，进行体温检测并做好登记工作，定期对辖区内公路建设项目返达孜人员进行登记，及时报送区卫健委。同时还联合区卫健委和相关乡镇人民政府对疫情防控集中隔离点进行检查指导，要求项目施工单位认真做好监督管控隔离返达孜人员，在做好自身防护的同时，做好做细返达孜人员动态轨迹查询、隔离人员管控、住所通风消毒、实时检查体温等工作，做到逢进必查、逢人必检，并要求施工方认真完善开复工防疫方预案，综合考虑开复工后防疫的各个环节，逐步细化防疫举措。年内，共计对拉萨市东环北线一标段隔离点和S5线隔离点检查20余次，及时检查发现防疫隐患并督促相关单位认真抓好整改。

**【项目建设】** 年内，达孜区交通运输局实施农村公路建设项目2个，为解决林阿村9组群众出行问题，总投资63.38万元，于6月开工建设邦堆乡林阿9组机耕道硬化工程，主要工程量为：硬化0.337千米的四级水泥混凝土公路，修建1道涵洞、674米浆砌片石边沟，道路连接至东环北线，已完成建设并投入使用。

为切实解决位于德庆镇新仓村薰衣草基地“网红”打卡点路段游客多，堵车严重、景点附属设施差等问题，区政府本级投资373.21万元，于9月开工实施德庆镇阿卓路（新仓村段）罩面及增加错车道工程，主要工程量为路面修复养护长度4.035千米，增加错车道9道，彩虹标线4.035千米，已完工并投入使用。

**【农村公路养护】** 年内，根据《西藏自治区深化农村公路管理养护体制改革实施方案》中逐步建立相对稳定的群众性养护队伍、鼓励将农村公路日常养护交由第三方公司实施等要求，达孜区交通运输局在同等条件下优先考虑当地农牧民施工队和养护专业合作社，于2019年将辖区内日常养护工作交由具有公路养护资质的本地农牧民合作社设立县级农村公路养护站，负责开展各项日常公路管理养护工作，达孜区农村公路管理养护体制改革工作走在全市前列。

年内，达孜区交通运输局联合区养护站对辖区内农村公路状况进行摸底排查存在的短板。截至年底，已投入养护资金206.3827万元，共实施农村公路日常养护及养护工程12个，主要涉及实施现有农村公路破损情况的修缮，完善公路沿线安全设施及道路附属设施，预防和减少公路交通事故的能力不断增强。

【农村客运班线运营】 年内，达孜区农村客运班线覆盖6个乡镇20个行政村，行政村农村客运覆盖率达到100%，为解决原客运站涉及虎峰城市广场项目红线范围拆除，达孜区农村客运车辆长期借用虎峰城投公司院内长期设置临时发车点及客运公司办公点，无农村客运场站问题，积极对接区政府及自治区、拉萨市交通部门，并经区委常委会、区政府常务会议研究，决定由区政府先行垫资建设符合二级标准的达孜区客运站，项目概算总投资1900.48万元，总用地面积10082平方米，总建筑面积3755.64平方米。该项目于2021年6月开工建设，已完成总进度的85%。

【运管业务办理】 年内，达孜区交通运输局正常开展道路运输货物站（场）备案；县内客运业户开户、增项经营许可；道路货运经营许可；车辆运营证核发；道路旅客运输经营许可；道路运输从业资格证的诚信考核及继续教育考核。年内，区道路运输管理所共审核办理道路运输从业资格证的诚信考核865件，继续教育考核229件，办理道路货运经营许可139件、道路运输证件576件，对15家达孜区机动车维修企业及个体工商户进行备案登记。

2021年10月22日，达孜区交通运输局综合行政执法队检查客运车辆超载情况

【达孜区交通运输综合行政执法队】 2020年11月，正式挂牌成立拉萨市达孜区交通运输综合行政执法队，在编在岗人员均已通过自治区司法厅组织的执法考试，取得交通运输综合行政执法证件。经达孜区政府常务会议研究决定，通过政府购买服务为执法队配备10名辅助执法人员，安排执法人员分批到市执法队进行跟岗学习，提升业务能力。同时为交通运输综合行政执法队配备一辆型号为传奇M8的执法车辆，解决统一制式服装、执法装备、日常办公经费以及辅助执法人员工资等相关经费。

【超限超载、非法营运整治】 年内，为切实加强辖区内货运车辆的整治和监管力度，进一步筑牢货运车辆的安全防线意识，全面加强交通运输执法工作，减少交通运输安全事故，达孜区交通运输局综行政执法队累计上路执法出勤80余次，出动执法人员600余人次、执法车辆120辆次，共检测货车2500台次，其中，查处超限超载车辆21台，处罚金额42000元。查处非法营运40次，查获非法营运车辆1辆，处罚金额共计2000元。

（次仁拉姆）

【机构领导】

局　长

晋美罗布（藏族）

## 邮政

【概况】 2021年，达孜区邮政分公司干部职工共计13人，其中经理、副经理、营业部主任各1人，营业员投递员共5人，安保人员共2人，公益性3人。下设邮政营业所5所，分别位于章多乡、雪乡、帮堆乡、塔杰乡、唐嘎乡，服务业务涵盖机要通信、函件、集邮、包裹、电商、分销、代理金融、代理保险等业务，服务范围涵盖达孜区各乡镇行政村。

【思想政治建设】 年内，达孜区邮政分公司把学习理论与落实上级指示精神，与重点工作任务结合起来，在常学常新中加强理论修养，在真学真信中坚定理想信念；充分发挥党员干部的先锋模范作用和示范带头作用，锻炼党员干部忠诚干净担当的思想品格，确保上下思想统一、步调一致；认真学习落实市分公司党的建设暨纪检监察工作会议精神，加强组织领导。从严监督执纪，着力推动党组织建设制度化和常态化，使分公司党建工作更上一层楼。

【普遍服务发展】 普遍服务通俗来说，即以合理的价格在领土的每一角落提供经常、优质的基本邮政业务。年内，达孜区邮政分公司本着《中华人民共和国邮政法》保障邮政普遍服务为指导思想，在原先设立的14所村邮站的基础上，不断优化服务设施设备，加强从业人员业务素质，为“通政、通民、通商”奠定扎实的基础。

2021年9月15日，达孜区邮政分公司组织召开“服务乡村振兴、助力农产品进城”专题会

【业务发展】 年内，达孜区邮政分公司在面对新冠肺炎疫情防控的新形势下，凝聚思想、提振精神、汇聚力量，较好地完成2021年各项工作任务指标。确保机要通信渠道畅通和国家秘密安全的万无一失。年内，其余业务收入完成366万余元，其中储蓄余额规模达到1.21亿元。

（郑文强）

【机构领导】

经　理

拉巴次仁（藏族）

## 电信

【概况】 2021年，达孜区电信局坚持以习近平新时代中国特色社会主义思想为指导，坚持贯彻落实中共十九大和十九届历次全会精神，以“外树形象，内塑品质”的党建品牌为指引，以“用户至上用心服务”的经营理念，以“善待客户、共创被人尊重的企业”作为企业愿景。积极承接公司云改数转战略落地，坚持党建统领、守正创新，继续发挥了中国电信云网融合、安全可信的数字化能力，特别是平安乡村、数字乡村建设上重点加大覆盖面和服务力度。2021年，达孜区电信局有4个营业厅，员工33人。

【党建工作】 年内，深化基层党组织建设，坚持强基固本，提升基层组织战斗力、凝聚力，发挥党员干部作用。善待客户、苦练内功，突出提升组织力，夯实基层基础，持续做好党建与生产经营深度融合。将达孜区电信局重要工作部署列入“支部讨论和研究”中，各项工作开展事前酝酿提高工作效率。引导党员干部带头利用中国电信网上大学、学习强国、国资e学等平台开展自我学习，切实提高自身综合理论能力。坚持不懈把全面从严治党向纵深推进，推动企业高质量发展。

【新冠肺炎疫情防控】 年内，达孜区电信局把疫情防控当成最主要的任务，党员干部继续发挥先锋模范作用，持续做好疫情防控工作。营业厅作为人流量密集的地方，进行消毒、体温检测、扫场所码等有效防控。

【生产经营】 年内，根据达孜实际情况，完成前端销售区域和后端维护区域“一划一清”事项。实现达孜行政属地+达孜市场销售区域的专业维护责任。积极承接公司云改数转战略落地，加速构建各类数字化工作中，加强农村信息基础设施建设，加快“平安乡村”和“数字乡村”平台建设推广。依托中国电信物联网信息技术与建设平安达孜深度融合，为建设“平安达孜”不断丰富智慧化、数字化的应用场景。

【服务支撑】 年内，联合区公司和拉萨市人民医院开展以“立足新时代，展现新作为”为主题的“学雷锋”志愿服务活动，为敬老院98名老人进行义诊并送去价值13600元的常用药品和慰问品，是中国电信弘扬雷锋精神，积极传递正能量的先锋。

年内，达孜区电信局每月组织青年员工开展“爱心翼站”活动，活动内容有宣讲通信诈骗案例、防诈知识，帮助老年人下载“关爱老年人”App软件，赠送保暖手套、保温杯，为老年人量血压等。中国电信爱心翼站将持续用实际行动服务社会、服务老人、彰显央企社会责任及担当，传递正能量。

【资源覆盖】 年内，以科技创新、技术引领，筑牢网络“三千兆”（宽带千兆、5G千兆、Wi-Fi千兆）。持续坚持4G/5G协同建设能力，持续提升宽带网络能力，夯实网络承载能力，巩固脱贫攻坚成果同乡村振兴有效衔接，全面承接西藏自治区通信管理局关于对普遍服务试点项目相关文件精神，按照分公司云网发展部统筹部署，完成达孜区131个自然村中3个15户以上信号盲区覆盖，为达孜区老百姓的生产生活提供了便利。

（德吉央宗）

2021年3月16日，中国电信西藏公司联合拉萨市人民医院开展以“立足新时代，展现新作为”为主题的“学雷锋”志愿服务活动

【机构领导】

局　长

格桑尼玛（藏族）

## 移动

【概况】 达孜区移动分公司成立于2007年6月，市场辖区五乡一镇、21个行政村。2021年达孜区移动分公司有在岗员工10人，正式党员2名，入党积极分子2名，员工平均年龄35岁；自营厅1家，乡镇渠道3家；集团单位135家。

【业务发展】 年内，达孜区移动分公司深入贯彻以习近平新时代中国特色社会主义思想为指导，深入贯彻中共十九大、十九届历次全会、自治区第十次党代会、自治区党委经济工作会和集团公司工作会议精神，坚持和加强党的全面领导，把握新发展阶段，完整、准确、全面贯彻新发展理念，融入新发展格局，推动高质量发展，坚持稳中求进，聚焦政治、经济、社会三大责任，全力推进新基建、融合新要素、激发新动能，加快构筑创世界一流“力量大厦”战略落地落实。

年内，达孜区移动分公司以加速运营转型、客户感知改善、渠道能力提升、夯实基础管理四个方面为抓手，全面深入推进各项工作。实现年累计新占49.54%，同比下降2.76%；年累计净占53.85%，同比下降2.5%；日均活动客户份额为66.89%，同比下降1.12%。在网用户数达到1.6万户，宽带客户规模到达5479户，同比增长35.99%。下账收入突破1736万元。其中集团成员收入同比提升6.15%，集团信息化收入同比提升38%。

2021年3月10日，达孜区移动分公司经理秦晋杰（右三）一行到区公安局慰问民警

【网络覆盖】 年内，成功开通117个4G基站，家宽资源建设80个小区，完成9174个端口覆盖。截至年底，达孜区移动分公司现网4G TDD基站176个，覆盖50个小区；4G FDD基站99个，覆盖45个小区。4G网络覆盖实现县城街道，乡镇街道，行政村覆盖；国道沿线，乡村道路，自然村实现92%覆盖。达孜区移动分公司以便捷高效的业务办理、真情满意的客户服务、优质稳定的网络质量，得到广大客户的认可，提升网络质量和服务水平，优化资费套餐，降低语音、流量、宽带等业务资费，让老百姓用得起、用得放心。

【管理水平全面提升】 年内，达孜区移动分公司在管理上全面落实党建统领，以党章的规定严格进行各项管理，综合管理能力和水平得到全面提升；在内部管理方面加强关键岗位防腐宣传工作，通过“学习强国”App、微信课堂、移动网上大学、警示片集中观看等方式，进一步增强关键岗位防腐意识；执行分公司内部周周上讲堂活动，通过内部相互学习、协作、竞争的工作氛围，提升团队业务能力及团队协作能力，为区域客户提供优质的产品及服务。在基础管理方面，分公司严格落实区人民政府、市公司的相关规定和要求，对公司员工、代维、装维单位严格考核、检查和督促；建立“市公司—县公司—渠道”三级台账制度，公司所有活动资源的账本和员工销售统计登记本，所有关系到现金都做了登记管理，严格落实区政府的规定和要求，未发生违反相关规定的行为。

【队伍建设】 年内，达孜区移动分公司坚持党建引领生产的原则，聚焦价值创造，聚焦业务进步，坚持结果导向，着力将自己打造成一支目标统一、战斗力强、执行高效的团队。

以“团结奋斗”文化为班组建设目标，坚持不断“务实、创新”，将班组“能吃苦，能战斗”的精神深入体现到日常管理的方方面面，充分发挥班组文化的引领作用。抓主要矛盾和关键工作，将科学化绩效管理作为班组建设的核心，将制度及流程建设落地作为班组建设的落脚点。加大专项攻坚，推动班组建设与生产经营结合，同时强化班组嵌入式廉洁风险教育。丰富多样化的班组活动，增强员工团队归属感、员工幸福感。通过班组建设，助力团队凝聚力、执行力、学习力的“三力”提升，将自己培养成彰显移动公司风采的卓越团队。

（黄志茹）

【机构领导】

经　理

龚　毅（3月免）

秦晋杰（3月任）

## 联通

【概况】 达孜区联通主要经营移动通信,4G/5G业务及云计算、互联网+信息平台建设、物联网等综合应用。2021年,中国联合网络通信有限公司拉萨市达孜区营业部(以下简称达孜区联通营业部)秉承“以客户为中心,用服务促发展”的服务理念,以为用户提供优质服务及促进社会和谐为己任,倾力做到“消费请客户放心,服务让社会满意”。

2021年,达孜区联通营业部自有营业厅1个、员工4人。按照集团“聚焦、创新、合作”发展战略,聚焦重点区域发展、重点产品服务,经营模式创新,结合“一切为了市场、一切为了客户、一切为了一线”的经营理念,推进业务拓展、渠道建设、团队建设、网络基础资源建设等方面取得良好的成绩,营业部各项业务、品牌影响力、竞争力均有效提升和改变。“1000兆宽带”和“5G冰激凌”等产品得到广大客户的认同和一致好评。

2021年6月21日，达孜区联通营业厅开展日常新冠肺炎疫情防控工作

【服务和管理提升】 年内,达孜区联通营业部加大服务创新力度,客户服务成效不断改善。全面提高营销中心及各渠道效能。从营销中心门头、宣传牌、柜台等各方面细化制定达标规范,并组织人员进行多次指导和整改措施。努力提高办理业务的便利性,优化业务服务流程,不断完善客户经理制,大力发挥协同效应,夯实基础管理,提升网络质量,加快有效发展,增强综合实力,努力为全区广大用户提供更加高效优质的信息化服务,紧紧依靠广大用户的深情厚爱,紧紧围绕集团“聚焦、创新、合作、发展”战略,深入贯彻落实习近平系列讲话精神,坚定信心,抢抓机遇,集中精力加快业务发展和网络建设,提升服务水平,树立企业形象,增强综合竞争力和可持续发展能力,适应不断变化的市场需求,向用户提供专业和信息化通信平台服务。

【网络覆盖】 年内,移动网络基本能全面覆盖一镇五乡,互联网宽带覆盖区域在318国道、虎峰小区、玉雄花园、幸福新村、木材市场、新昌村。2021年联通致力于网络建设和优化,将达孜区各个乡镇的乡道、村镇、寺庙进行网络覆盖和优化,使网络覆盖率和网络质量得到很大的提升和改变,客户感知得到有效提升。

年内,达孜区联通营业部全体员工在拉萨分公司的直接领导下,服务于达孜区委、区政府的工作大局,团结拼搏、锐意进取,坚持以大局为中心,积极应对困难和挑战,采取有力措施,加快业务发展步伐;努力抓好集团营销和服务,做好行业信息化和新业务推广;抓好精细化管理,做到管理到位、责任分明;认真搞好服务管理和考核,根据实际情况完善、细化管理办法,制定合理的激励措施,改善服务短板,确保服务质量的稳步上升,提高客户满意度。

【党风廉政建设】 年内,达孜区联通营业部的发展与管理工作中,坚持党建统领全局。日常工作中全体员工积极学习“两学一做”学习教育、习近平新时代中国特色社会主义思想,按照要求,切实把党风廉政建设贯穿到各项工作中,热心服务联通的客户。按照规范及各类流程要求,不断加强内部管理和标准化建设,理顺工作关系,完善KPI(关键绩效指

2021年7月18日，达孜区联通营业部工作人员开展“我为群众办实事”活动

标)考核体系,有效提高工作效率。以风险防范作为增强内部管理的重要手段,以创新管理作为提高经济效益的重要保证。

【开展产品营销活动】 年内,达孜区联通营业部结合季度业务,着重发展主打产品并推进重点指标的改善,提升用户规模,鼓励各经营单元全面开展促销活动,以节日营销为契机,以指标改善为抓手,促进规模发展与效益提升,实现产品客户规模增长和社会渠道快速拓展的双丰收。

【践行社会责任】 年内,达孜区联通营业部秉承“做优秀企业公民”的理念,发挥通信行业信息化优势,致力于信息化快速建设,构建公平和谐的信息社会,参与政府信息化、农村信息化、应急通信建设,推进信息化和工业化融合,通过向信息服务商的转型,推进整个社会信息化进程。联通在自身发展的同时,没有忘记肩负社会责任的重担,在西藏联通拉萨市分公司的号召与组织下,向达孜区白纳村“我为群众办实事、银发无忧智慧助老”——西藏联通爱心慰问活动,传播爱的力量,向白纳老年人送去温暖并宣讲网络电信诈骗防范意识。

（宋　凯）

【机构领导】

经　理

宋　凯

# 金 融

## 中国农业银行股份有限公司达孜区支行

【概况】 2021年，中国农业银行股份有限公司达孜区支行（以下简称农行达孜区支行）下设1个营业网点（区支行营业室），4个营业所（蔡公堂营业所、拉木营业所、邦堆营业所、唐嘎营业所）。员工人数为43人，平均年龄37岁，其中正行长1名、纪委书记1名、副行长2名、行长助理1名、网点主任5名、业务人员29人、安保5人，共有党员22名，占比51%。

【业务经营】 截至年底，农行达孜区支行各项存款228757万元，其中，对公存款6369万元，个人储蓄存款84711万元。各项贷款余额94657万元，较年初增加20139万元，其中，对公贷款28582万元，个人贷款66075万元。

【党建工作】 年内，为庆祝中国共产党成立100周年，先后与达孜区"财税工银"和人行拉萨中支征信管理处、区行信用管理部、达孜工业园区、人行法律事务处、西藏银保监局等六个支部一起进企业、进村组、进养老院开展"学党史、办实事"主题党日活动，推动党史学习教育走深走实，引导全行干部员工坚定理想信念。

认真参照达孜区委、区政府及两级行党委对"党史学习教育"和"不忘初心、牢记使命"主题教育常态化等总体安排计划，做到时间、内容、人员"三保证"和"双重管理"的要求，认真贯彻落实"基层党建提升年活动和基层党组织清单式管理及党员积分制管理制度，深入开展党委理论中心组学习，重点营造出以学为辅、学以致用为主的学习氛围。

根据两级分行学党史、悟思想、办实事、开新局要求，结合农行达孜区支行实际，制定学习方案和七个方面的办实事清单，完成7项办实事，全年党史集中学习研讨12次，组织各支部集中观看爱国主义教育影片2次，撰写观后感30份。

2021年3月8日，达孜区"财税工银"党团联谊活动举行

2011年11月18日，农行达孜区支行一行到区养老院开展“学党史 感党恩 爱心守护”“夕阳红”活动

制定安排党委理论中心组、党支部工作学习计划，确定学习时间、学习内容和主讲人。年内，党委理论中心组集中学习12次，各支部集中学习共8次，纪检集中学习12次。

认真贯彻落实党史学习计划，组织支行3个党支部开展农行达孜区支行党团共建活动，并自愿交纳特殊党费3400元慰问养老院，为孤寡老人送去温暖。

农行达孜区支行党委持续加大和党政部门的沟通力度，努力研判地方各级党委、政府在脱贫攻坚、乡村振兴领域的重大战略、重大项目和重大工作部署，将金融扶贫、服务“三农”和地方政府重点关注的项目、企业、产业有机结合，切实提高银政关系。

**【服务“三农”】** 截至年底，涉农贷款余额50461万元；较年初增加15344万元。全辖农牧区钻、金、银、铜“四卡”发卡量有效净增125户，发放贷款1600万元，农户个人贷款较年初净增1200万元，惠农e贷净增9741万元，有效建档农牧户1409户，新增白名单户235户，3个营业所实现“双增”任务。

年内，集中所辖36个“三农”金融服务点商户，开展一次机具使用及故障检修等培训，同时集中兑现2020年服务点劳务费共计21.48万元和年末兑现2021年前三个季度劳务费共计22万多元。

营业所利用“3+2”流动金融服务模式，走村入户对辖区农牧户宣传国家金融优惠政策、农户信息建档和农行达孜区支行特色产品开办等工作。年内，新增有效掌上银行客户1200多户。

（巴 桑）

**【机构领导】**

行 长

索朗次仁（藏族）

纪委书记

袁 登（藏族）

副行长

索朗旦增（藏族）

胡 单（女）

行长助理

俞春霞（女，藏族）

# 乡（镇）概况

## 德庆镇

【概况】 德庆镇地处达孜城区所在地，318国道穿境而过，是达孜区商流、物流、人流的中心，也是全区经济发展的重要区域。德庆镇所辖五村一社区，分别为桑珠林村、德庆村、白纳村、新仓村、德吉新村、幸福社区。总户数2842户，总人数10635人（桑珠林605户、2026人，德庆村592户、1826人，白纳村664户、2646人，新仓村418户、1735人，德吉新村426户、1513人，幸福社区137户、889人）。德庆镇辖域面积41349.32公顷，耕地面积965.96公顷，人均耕地面积1.41亩，林地面积共13998.63公顷。

德庆镇政府共有干部职工66人，其中行政编制37人，事业编制15人，公益性岗位人员7人，政府购买人员3人，外聘1人，“三支一扶”2人，农牧局特派人员1人。镇派“1+3”专干16人（7人兼任驻村工作队，下派村党组织书记2人），驻油库2人，抽借调人数11人，实际在岗人数37人（一般干部14人，班子成员9人）。

【党建工作】 年内，通过召开支部党员大会，推选出61名镇党代会党代表；着眼于村级组织建设，选派11名“1+3”专干，8名驻村工作队员；进一步完善各项规章制度，上报镇党委会研究通过并装订成册后在全镇范围内发放，全镇干部职工知晓率达100%；镇党委共计发展党员9名，培养积极分子8名。全年召开民主生活会1次，组织生活会1次，党建相关动员部署会议、述职会议和专题会议6次。定期开展主题党日活动，结合中国共产党成立100周年和西藏和平解放70周年系列活动“十个一”要求，开展观看红色爱国电影、参观廉政警示教育基地、林周县党员党性教育基地、“七一”趣味运动会、创文志愿服务等一系列主题党日活动，不断丰富党内组织生活。召开党委会8次、理论中心组学习12次。镇党委开展党史、“三更”“三新”专

2021年5月23日，达孜区副区长、德庆镇党委书记王震（后排左七）参加镇“不忘初心跟党走”——庆祝建党100周年红色经典诵读比赛

2021年5月13日，中国共产党拉萨市达孜区德庆镇委员会代表会议召开

题学习11次，研讨5次，撰写读书笔记120余篇，学习心得体会30余篇，开展书记讲党课4场。

【党史学习教育】 年内，以庆祝中国共产党成立100周年、西藏和平解放70周年为主题，举办“庆祝建党100周年经典红色诵读”、“百年风华正茂、青春与你同在”文艺会演、“光荣在党50年”纪念章颁发仪式、党史知识竞赛等活动。全年共计开展各类活动100余次，其中文艺演出34场，参观红色教育基地3次，组织观影7次，开展新时代文明实践活动50余次，开展红色经典诵读等其他活动10次。做好大庆氛围营造，向各村（社区）发放国旗4500余面，其中向主干道沿街商铺发放国旗200余面，悬挂迎大庆主题横幅30张，营造浓厚节日氛围。

【文化服务】 年内，设立体育器材活动室、图书阅览室、藏式娱乐休闲区、多媒体教室等各类功能用房，完善各功能房配置设施；配优站内走廊文化，营造浓厚文化氛围，彰显德庆镇文化自信内涵。加大对行政村文艺队伍的培育、扶持力度，最大限度调动农牧民群众参与文化活动的积极性，促进乡村文体活动的蓬勃发展。德庆镇各村（社区）文艺队举办文艺会演34场，覆盖群众1.02万人次，使自娱自乐、丰富多彩的群众性文化活动成为农牧民群众展现自我的舞台和融洽感情的纽带。

【群众教育】 年内，邀请党校老师及各村农牧民宣讲员现身说法，使群众领会习近平新时代中国特色社会主义思想、核心意识、党史学习教育等内涵。德庆镇共计开展各类宣讲46次，受众3700余人。组织各志愿服务队深入村组，结合工作实际和群众意愿，开展政策解答、法规宣传、义务劳动等多种形式的志愿服务活动。

【党风廉政建设】 年内，全面加强对政治纪律和政治规矩执行情况的监督，开展督导检查30次；村（社区）“两委”换届工作中，发挥监督职责，督促相关人员签订《严守换届“十个严禁”纪律要求承诺书》，畅通换届风气监督渠道，分别在五村一社区的醒目位置安装监督举报箱，同时公布监督举报电话，广泛接受人民群众的监督。共回复廉政意见51人；带头查找廉政风险，与全镇18名党政领导班子成员签订廉政风险防控承诺书，对各村书记、第一书记以及镇机关各科室主要负责人共20人开展廉政谈话，对31个关键岗位的人员开展党风廉政风险点排查，共排查81个；镇党委书记讲廉政党课2次、镇党委副书记、镇长讲党课1次、支部书记讲党课1次。

做好中央调研组反馈整改工作，完成5个方面整改任务。针对指出的突出问题，进一步压实整改责任。全镇范围内酒驾（醉驾）开除农牧民党籍2人，问题线索2起。

突出抓好业务能力建设，邀请区党校老师深入开展村级纪检监督员提升监督执纪实战能力培训1次，参加人数18人。召开村务监督委员会主任工作会议1次，提升了履职能力。对桑珠林村8个小组进行1次全面的财务清查，形成清查报告。

【人大工作】 年内，召开德庆镇第十四届人民代表大会第一次会议，代表共计提出关于乡村振兴、水利、民政、农牧等方面的19件意见和建议，德庆镇人大主席团召开人大代表意见、建议交办会，对意见、建议逐一交办，因政策原因，其中8件未能办结，已办结和在办11件，答复率达到100%。

【农牧增收】 年内，人均纯收入达到2.04万元，同比增加0.24万元，同比增长13.3%。德庆镇粮食播种面积共8633.58亩，其中白纳村5224.8亩、新仓村2374.78亩、德庆村598亩、桑珠林村436亩。农机具各类作业机械已有2.69万台，优化了农机装备结构，提升了农机装备水平。全镇耕地流转面积为3597.63亩，实现收入1496.1万元。

为辖内共计15291头（只）畜禽接种相应疫苗，每月为辖区内686只家犬发放驱虫药，家禽防疫密度均已达到100%。

德庆镇正常运行合作社共67家，实现收入1330.7万元。其中养殖合作社占25.3%，实现收入175.2万元。民族手工业合作社占26.9%，实现收入为612.2万元。辖区内已具备一定规模的机械租赁车队有12家（德庆4家、白纳2家、桑珠林6家），实现收入543万元。林卡度假经营性收入达640万元。

【民生保障】 年内，德庆镇农村低保户共计20户54人，2021年低保金标准上调为每人每年度0.506万元，享受低保人员按照年人均收入测算后，通过差额补贴的方式按季度发放，农村低保实现动态管理下的“应保尽保”。精准认定农村“五保”对象，通过走访调

2021年5月15日，中国共产党达孜区德庆镇召开第一次党员代表大会

查对符合“五保”条件的对象继续按“五保”待遇进行保障，其中集中供养25人，分散供养4人，7月新增分散供养对象5户10人。全镇享受重度残疾人护理补贴20人，补贴标准每人每月0.02万元。享受困难残疾人生活补贴20人，补贴标准每人每月0.01万元，全镇享受残疾人机动轮椅车燃油补贴24人。

2020—2021学年高校毕业生资助工作分为三批进行，资助项目分为学费、住宿费、书杂费、路费，达孜区生活补助共计184人次，共享受政府资助资金总计为95.7821万元。

年内，全镇实名登记应届高校毕业生98人，就业率达100%。全镇就近就地就业3207人，完成率100%，转移就业4569人次，完成率达110%。组织农牧民劳动力参加各类培训147人次。脱贫人口外出务工总人数465人，其中省内县外务工人数111人，县内务工人数354人；务工人口中搬迁脱贫劳动力外出务工126人。

设立镇食品药品安全协管员3名，村信息员4名，开展食品药品知识宣传3次，其中联合镇派出所开展食品、药品安全检查共计5次，基本完成对全镇食品、餐饮、林卡、药店、化妆品店全覆盖检查。年内，向农牧民群众配送碘盐49.39吨，发放健康茶27吨。

德庆镇各村退役军人中党员若干人，在村（居）“两委”班子任职2人，任职村第一书记1人，享受低保待遇1人，建档立卡户4人。

便民服务大厅共受理行政审批项目和便民项目1588件，办结率100%，一孩生育证办理40件、餐饮服务许可证发放11件、婚育证明21件、户口转迁入170件、综合开具证明670件、散邮登记279件、牲畜保险311件、就业（职业）推介70件、医疗救助和临时救助审批5件、“五保”证申请11件、咨询类服务974件。

【生态建设】 年内，共计组织卫生整治40余次，对河道沿岸倾倒垃圾及漂浮物打捞共计清理12次，清理施工垃圾20吨、生活垃圾4吨，桑珠林村清理淤泥3吨，共计投入250余人力、挖掘机8台、装载机8台。

对本辖区内五村一社区、中石油、中石化、液化加气站、木材交易市场、建筑施工单位等重点场所、重点区域进行了20余次安全生产、消防检查，对不重视安全生产，存在安全隐患的场所区域，及时要求督促整改。

开展“厕所革命”镇村两级验收工作，兑现685户厕所改造奖补资金共计137万元。开展未合格户村自验、初验工作，合格户数共768户（其中白纳村39户、德庆村18户、桑珠林村548户、新仓村163户）。

【乡村振兴】 年内，德庆镇开展第二批“美丽乡村·幸福家园”建设行动，前期摸底工作已完成，37户农村宅基地房正在建设中。搬迁后续工作扎实推进。聚焦搬迁户“旧房腾退”及房产证发放问题，德庆镇压实责任，高质量抓好后续扶持工作。对于德吉新村搬迁户的“旧房腾退”工作及房产证登记工作分别采取依托原行政村、依托迁入村、成立联合党支部的方式进行管理，建立搬出地和搬入地“双向”管理机制，对特殊困难群体定期走访，保证群众“遇事有人管、问题有人办、需求有人帮”。德庆镇已基本对德吉新村搬迁户房产证实行分类管理，下一步将组织村委会及村民进行发放工作。

【“我为群众办实事”】 年内，制订《德庆镇领导干部“我为群众办实事”项目清单》，通过积极与上级业务部门对接，争取120余万元资金，用于改善人居环境，解决自来水管改道、排水工程建设等实事，全年共计办结实事115件，收集社情民意72条，受益群众1000余户、6000余人。

【旅游产业】 年内，全镇辖区内共计建有22处特色休闲林卡，共计接待游客15万人次，年收入达249.5万元，累计带动950余名农牧民群众就业，其中精准扶贫建档立卡35户。新仓村薰衣草种植基地成为网红打卡点后，村小组集中调动人力资源，投入1.03万元设置临时停车场地，收益达到9.047万元，有力带动了小组集体经济增长。沿街30家农户依托游客资源实行“地摊经济”，交易量达8万元，通过不断开辟商机，实现促农增收。

【新冠肺炎疫情防控】 年内，常态化做好疫情防控宣传工作，在镇大门、便民服务大厅张贴健康码、行程码、温馨提示13张，严格执行“戴口罩”“测体温”“行程码”“一米线”等基本防控措施，每日安排工作人员进行工作场所、运输工具、邮件快件消毒消杀工作，全年累计对1.2万余件包裹、信件进行消杀。向辖区五村一社区发放口罩12000个、84消毒液6箱、免洗洗手消毒液6箱、75%酒精6箱，确保辖区内疫情防控物资充足。年内，德庆镇农牧民疫苗接种8225人次，镇机关干部职工疫苗接种52人，各村（社区）“两委”接种56人，适宜接种人接种率达100%。

（张书永）

【机构领导】

党委书记

占　　堆（藏族，4月免）

2021年2月7日，达孜区德庆镇德吉新村第一届村民委员会选举大会召开

副区长、党委书记

王　　震（5月任）

党委副书记、镇长

李　　鹏（4月免）

扎西达娃（藏族，5月任）

党委副书记、人大主席

次仁顿珠（藏族）

党委副书记

次旦央吉（女，藏族，4月免）

普布次仁（藏族，5月任）

党委委员、纪委书记

李海祥（4月免）

扎西卓玛（女，藏族，5月任）

党委委员、组织委员

郭馨蔓（女，4月免）

党委委员、组织委员、统战委员

李　　莹（女，4月任）

党委委员

多吉欧珠（藏族，4月免）

党委委员、政法委员

次仁边巴（藏族，5月任）

党委委员、宣传委员

益西群培（藏族，5月任，11月免）

党委委员、副镇长

乔　　坚（5月任）

党委委员、派出所所长

洛桑尼玛（藏族，5月任）

副镇长

强巴平措（藏族，4月免）

普布次仁（藏族，4月免）

丹增曲培（藏族，5月任）

杨　　帅（5月任）

## 邦堆乡

【概况】 邦堆乡下辖4个行政村，18个村民小组。地处达孜区以北6千米处，拉林公路贯穿全乡，距市中心30千米，交通便利，平均海拔3800米，全乡行政区域东西跨距21.67千米、南北跨距12.92千米，总面积181.2平方千米。全乡户籍人口1168户4143人，其中劳动力1899人（女性895人）。

全乡公路里程64.629千米；改建农村公厕6座、户用卫生厕所1172户。全乡共有3所学校，幼儿园3所；全乡有文化活动场所5个，图书室5个。卫生院1家，诊所、卫生所3家。开放床位数1张，卫生技术人员9人。乡机关共有在编干部职工40人。其中行政人员28人，事业编制人员11人，工人1人。

【党建工作】 年内，邦堆乡党组织20个，其中党委3个、党总支2个、党支部15个（含机关党支部）；全乡党员共449名，其中农牧民党员389名、少数民族党员421名、女性党员160名。持续规范基层党组织阵地建设。开展党史学习教育，全年组织观看红色经典电影、教育片10余次，举办红色经典诵读比赛1场，开展“三新”大讨论5次，为民办实事20余件，不断增强党员干部群众的凝聚力、战斗力。全乡所有村集体经济村收入全部达到10万元以上，其中有2个村超50万元。根据文明实践活动需要和基层群众需求，统筹整合资源，集中建立7个志愿服务小队，共计开展活动75次，服务群众4000余人次。

【经济发展】 年内，邦堆乡耕地面积10516.4亩，人均耕地面积2.54亩，其中实现流转8213.5亩；林地54148.5亩，草地195496.23亩。农作物以青稞、小麦为主，经济作物以土豆为主，全乡存栏牲畜禽类6303头（只、匹），以牦牛养殖为主。全乡农牧业产值7633.0956万元，农村居民人均可支配收入17442.85元。

【项目建设】 辖区内有重大项目2个。为邦堆村争取乡村振兴基

2021年8月20日，达孜区委常委、组织部部长吴小兵（中）到邦堆乡叶巴村调研党建引领乡村振兴工作

础设施提升改造项目经费2500万元；为克日村争取农村人居环境整治项目经费5000万元；持续打造“美丽乡村·幸福家园”项目，投资800余万元为叶巴村159户进行房屋升级改造，已完成15户。

2021年6月27日，邦堆乡举办党史知识答题活动

**【乡村振兴】** 年内，出台《邦堆乡农业生产垃圾专项整治方案》和《邦堆乡商户门前三包责任书》，对辖区内生产垃圾进行大整治6次，共清理垃圾650余吨（其中生产垃圾150余吨，建筑垃圾500余吨）。

年内，完成全乡135户建档立卡脱贫户户档资料归档整理；建立健全防返贫机制，加强脱贫户监测，对261户987人建档立卡户脱贫户进行收支监测，2021年人均纯收入达19479元。大力推进农房管控和土地整治，每周开展3次以上动态执法巡查，劝阻违建临建6处，审批报建农房37宗，预流转土地8500余亩。全力打造特色产业，以全域旅游林卡项目建设为抓手，不断挖掘地方特色文化，投入310.5万元打造4个林卡。打造乡村振兴产业样板，投资10亿元建设朗热酒村。

**【新时代文明实践】** 年内，制定出台《邦堆乡新时代文明实践中心建设工作方案》《邦堆乡新时代文明实践中心建设三年行动计划》，形成时间表、路线图。构建一个中心主阵地辐射多个文明实践点和基地的“一主多点”阵地体系，建设文明实践站、所5个。集中打造理论政策、教育关爱、平安法治、文化体育、科技科普、文明风尚、健康卫生等7个服务项目。开展活动75次，服务群众4000余人次。全乡200余名志愿者，广泛开展扶贫助困、环境保护、科技科普、移风易俗等志愿服务10余场，服务群众2000余人次。开展环境卫生大整治，共计清理垃圾10余车，清理卫生死角50余处。组织50余名志愿者对邦堆乡务工人员进行摸排登记、卡点执勤、封闭管控等服务。

**【新冠肺炎疫情防控】** 年内，邦堆乡本着应接尽接新冠疫苗要求，应接目标人数2622人，已接种人数2612人，接种率99.6%。

**【民族团结进步模范区建设】** 年内，邦堆乡共有总人口5392人，宗教场所3处，分别为扎叶巴寺、贡崩拉康和贡康日追，民族团结家庭19个，是一个多民族聚居、多元文化交融的地区。通过加强宣传引导、丰富活动载体、强化工作措施、营造民族团结进步创建氛围，不断提升示范创建工作水平，妥善处理影响民族团结问题。对《民族团结进步工作条例》进行广泛宣传，年内，累计发放宣传单1万余份，悬挂条幅10余面，张贴宣传单20余张。

**【社会保障】** 年内，严格落实社保、低保等惠民政策，城乡居民养老保险参保1840人；全乡共有低保户15户44人，特困供养人员4人，兑现低保资金16275.6元；全年医疗救助65人次，救助金额4.08万元；发放各类涉农补贴资金40.69万元。开展创业培训、就业扶贫培训等各类培训3场次206人次，通过培训安置劳务输出1413人，实现劳务收入1622.53万元，59名应届大学毕业生均完成第一次就业。乡妇联“两癌”救助持续推行，为1名“两癌”患者发放“两癌”救助资金1万元。

【行政效能】 年内，新建一站式便民服务大厅，极大方便群众办事；推进全程代办工作体系建设。截至年底，为养老保险缴纳、关系转接代办1840余人，涉及金额37.44万元；为辖区内商户全程代办食品经营许可证20余份。

【基础设施建设】 年内，对辖区内5处防洪堤坝进行升级加固，投入资金30.135万元；对有隐患的2处河边修建防护网和警示牌，共投入资金9.98万元。

【基层治理】 年内，全乡共有综治中心5个，网格片区20个，87个联户单位，网格力量31人。寺庙2座，日追1座。开展创新乡村服务供给体系机制和法治平安乡村示范点建设，有序推进市域治理工作；召开安全生产工作会议8次，深化道路交通、食品药品等安全专项整治4次，整改安全隐患10余处，确保邦堆乡无安全事故发生；受理信访和各类矛盾纠纷32件，办结29件，信访率较上年明显下降，做到小事不出村、大事不出乡，社会氛围和谐稳定；深化"绿色家庭"创建工作，入选2户市级"绿色家庭"。

（李　红）

【机构领导】

党委书记

李　君（5月免）

益西曲珍（女，藏族，5月任）

党委副书记、乡长

益西曲珍（女，藏族，5月免）

吴明辉（5月任）

党委副书记、人大主席

边巴卓玛（女，藏族，5月免）

普　琼（藏族，5月任）

党委副书记

占　堆（藏族，5月免）

单真旺杰（藏族，5月任）

党委委员、纪委书记

白丽达（女，藏族，5月免）

胡　毅（彝族，5月任）

党委组织委员、统战委员

徐金梅（女，5月免）

次仁拉穷（女，藏族，5月任）

党委委员

单真旺杰（藏族，5月免）

胡　彪（5月任）

党委宣传委员

吴　再（5月任）

党委委员、派出所所长

沈　静（女，5月任）

党委委员、副乡长

达娃桑珠（藏族，5月免）

吉米旺久（藏族，5月任）

副乡长

詹玉胜

方文团（5月任）

2021年6月25日，达孜区邦堆乡举行"光荣在党50年"纪念章颁发仪式

## 塔杰乡

【概况】 塔杰乡隶属西藏自治区拉萨市达孜区，居念青唐拉山南麓，雅鲁藏布江之东北，处于北纬29°18′，东经90°18′—91°38′，距拉萨市36千米，距达孜区13千米，平均海拔3680米。其东部与达孜区章多乡相连，西部与达孜区德庆镇相连，南部与山南地区扎囊县隔山相望，北部靠拉萨市林周县，全境南北地长58千米，东西宽41千米，著名的川藏公路（318国道）贯通境内。

2021年，全乡下辖3个行政村、17个村民小组，户籍人口876户3399人，其中劳动力1868人（女性929人）；低保户7户20人，"五保户"24户27人，"十二五""十三五"贫困户共275户1104人，防返1户1人。全乡耕地面积10466.55亩，人均耕地面积3.09亩，其中实现流转665

2021年4月30日，塔杰乡新一届领导班子换届大会后与代表集体合影

亩；林地51654亩，专职护林员23名；草地197966.61亩，专职草原监督员99名。

【机构编制】 年内，塔杰乡实有机关干部总数为42人（公务员32人、事业编制人员10人），其中借调17人，下沉7人，驻油库1人，产假1人。其他人员包括政府购买2人，公益性岗位人员7人，民政助理员1人，“三支一扶”人员1人，农业农村工作人员3人，临时工1人。各村配备乡村振兴专干、村级财务专干以及科技专干，共计9人。

【生态环境】 塔杰乡为传统的农业区，水热条件优越，光能资源充足，具有较宽阔的草地资源，山地面积大，植被种类丰富，其中有乔本科、莎草科、豆科、毛茛科、蔷科、玄参科、石竹科等。土壤类型多，水资源丰富，生态条件良好，无污染源。辖区内有金色池塘、巴嘎雪村湿地、主西村徒步旅游大本营等风景区域。

【基层党建】 年内，塔杰乡共12个基层党支部，1个乡级党委，2个村级党委，1个村级党总支。全乡党员327名，其中农牧民党员288名。年内，严格党的组织生活，坚持“三会一课”“主题党日”“书记讲党课”等制度，积极发展党员，开展好党内激励帮扶和党员管理工作。以西藏百万农奴解放纪念日、“七一”中国共产党建党节、国庆节等重大节日为契机，广泛组织开展中国共产党成立100周年系列活动，丰富党员精神文化生活，不断强化党员意识形态领域建设。

年内，完成书记讲专题党课4次、机关常态化开展“两学一做”学习教育25次，“党委理论学习中心组”达15次，全乡共开展党史学习教育60余次，党史教育专题组织生活会及整改1次，完成党史教育之“我为群众办实事”82件，观看廉政教育警示片2次，观看红色影片7次，机关和各村党组织主题党日活动共48次，各类宣讲活动40余次，直接参与群众3200余人次。全乡始终坚持党建引领村集体经济发展，巴嘎雪村集体经济收入达33.54万元，塔杰村集体经济收入达38.81万元，主西村集体经济收入达10.22万元，全乡村集体经济持续稳定增长有力推动乡村振兴战略实施。

【换届工作】 年内，顺利完成乡班子换届工作。4月，依法选举产生乡党委书记、副书记和纪委书记、副书记，依法投票选举塔杰乡第十四届人大代表，并产生新一届乡人大主席团主席、政府乡长和副乡长，完成塔杰乡换届选举的各项工作任务，为进一步推进塔杰乡民主政治建设，推动全乡发展起到了十分重要的作用。

【改进作风】 年内，扎实推进“两学一做”常态化制度化学习，贯彻落实党史学习教育，不断提高政治站位。切实把纪律和规矩挺在前面，强化监督执纪问责，驰而不息纠正“四风”，党风廉政建设和反腐败工作取得新成效。严格执行“三重一大”制度，党务、政务、财务公开，组织召开塔杰乡政府党风廉政工作会议2次，加强廉政风险管控，实现廉政谈话、廉洁承诺书签订全覆盖，一体推进不敢腐、不能腐、不想腐的体制机制。各类民生资金兑现实行公开公示制度。高效办理十四届人大代表大会第一次会议意见建议31件（已解决17件，剩余14件已上报上级相关部门给予解决)，答复率和满意率均为100%。

【新时代文明实践活动】 年内，按照达孜区委“十个一”系列活动要求，塔杰乡结合自身量身定制中国共产党百年华诞“10+6”系列活动即“十个一”和“六个献礼”方案，包括完善下设支部基础设施、科普宣传、给老党员送温暖、给农牧民党员致慰问信、为党庆生主题党日活动、党建大调研等内容，完成庆祝中国共产党成立100周年系列活动。

【经济指标完成情况】 年内，完成地方生产总值2.66亿元，同比增长10.06%；农牧民人均可支配收入达到19296.98元，同比增长13%；社会消费品零售额达2459.67万元，同比增长10%；农村经济总收入13944.3万元，同比增长10%；工业增加值达60.5万元，同比增长10%；固定资产投资完成4152.8万元，财政收入达20万元。

【便民服务】 年内，应达孜区关于持续深化“放管服”改革加快推进“互联网+政务服务”优化营商环境推进会要求，不断优化便民服务功能。服务大厅共设立9个服务窗口，进驻8个部门(剩余一个为“三农”保险，属于企业下派)，6名工作人员。实行一人多岗，一专多能。年内，共受理便民项目5851件，总按时办结率为100%，其中受理咨询服务320件。

2021年12月22日，塔杰乡巴嘎雪村开展学习贯彻党的十九届六中全会、区市第十次党代会精神宣讲会

【农业工作】 年内，3个行政村完成秋收冬播工作，秋收面积9557.42亩，产量424.665万公斤；冬播1732.35亩。兑现耕地保护资金及种粮补贴资金64.98万元。截至年底，兑现农机购置补贴142户147.677万元。

【牧业工作】 年内，完成春秋两季重大动物疫病防治，应接种11599头，实接种11599头，注射率达100%。贯彻落实草补政策，实现全乡629户2518人草畜平衡。全乡发展22个农牧民合作社、2个家庭牧场，养殖合作社和家庭牧场规模不断扩大。

【水利工作】 年内，认真开展河长制工作，全年清理河道17次，清理河道长度56.47千米，清理垃圾5.5吨；汛期投入机械1台，作业时间15小时，投入资金5400元。全年乡级巡河36次，村级巡河157次。

【巩固脱贫攻坚成果与推进乡村振兴有效衔接】 全乡现有脱贫户275户共1104人均已脱贫出列。2021年兑现以补岗位工资72.28万元，劳务输出476人次，产业生产总值450万元，带动农牧民就业增收35万元。产业分红19.8万元，132人受益(1500元/人)，其中扶贫商品房分红14.1万元，94人受益(1500元/人)。脱贫人口人均纯收入15402元，收入稳步增长，巩固脱贫攻坚成效显著。推进脱贫攻坚成果巩固与乡村振兴有效衔接工作，严格落实防返贫监测，开展全乡农牧民收支监测及防返贫排查，现有返贫监测户1户1人，帮扶措施精准，返贫风险降低。

【新冠肺炎疫情防控】 年内，严格落实各级防疫工作相关要求，强化对外来人员、进口冷链食品等进行风险管控，制定防疫专项工作方案预案，切实增强群众防护意识。18—60岁符合接种要求人口接种1945人，3—11岁接种人次93人，乡村两级干部接种77人。在全乡6家单位、64家商铺张贴70处“藏易通”、行程卡二维码，要求全乡流动人员扫描场所码、健康码入场。

【增收工作】 年内，召开11次农牧民增收工作专题会议，转移就业1374人，转移就业收入2273.88万元、政策性补贴兑现529.54万元，民生资金（低保、两项补贴等）兑现38万元，2021年人均纯收入达19297.18元。

【民政工作】 年内，新增低保2户，清退1户，共有7户20人享受低保，兑现资金30049.4元；残疾人两项补贴享受人数23人，发放资金48000元；重点关爱享受人数共2人，兑现资金12000元；“五保户”新增1人，有27人在保，兑现资金20.79万元；0—16岁少儿康复补贴新增1人，共有5人，兑现资金9600元；完成2021年度156名残疾人信息动态更新工作。

【市场监督】 年内，协同市场监督管理局等部门开展冷链食品排查，累计开展食品药品安全排查工作60余次；开展元旦、春节、藏历新年、雪顿节、创建文明城市等专项检查8次，确保节假日期间的食品安全。

【教育工作】 年内，全乡共有2所幼儿园，有学生115人、教师11人。2021年高校毕业生39人，除一人备考未就业其余全部实现就业，大学生教育资助136人，65.05万元。2021—2022学年新入学建档立卡大学生10人。年内，塔杰乡主动与各村及企业对接，解决8名大学生初次就业问题。

【社保工作】 年内，全乡纳入养老保险参保缴费人数1432人，征缴养老保险费29.28万元。截至年底，农牧民各类培训共计127人。

【医保工作】 年内，全面贯彻医疗普惠政策，广泛宣传医保政策，2021年征缴2022年医疗保障金做到应保尽保，参保率达95%以上。乡村医疗卫生健康水平不断提升，城乡居民跨省异地就医渠道已打通，城乡居民基本医疗保险系统结算，实现县、乡、村“一站式”结算。

【惠民工作】 年内，习近平总书记视察西藏，党中央对西藏各族群众特殊关怀，为西藏人民发放健康茶、洗衣机，塔杰乡贯彻落实党中央政策，按照每户一台的标准，共发放886台洗衣机。

【平安建设】 年内，制定印发总体方案、应急预案以及专项工作方案；开展扫黑除恶线索摸排共计60余次，组织专题学习10次，专题宣传6场次；乡村两级开展各类矛盾纠纷排查160次，调处化解矛盾纠纷10起，化解率达100%，群众满意率100%；排查安全生产隐患10处，已在规定时间内全部完成整改；平稳度过中国共产党成立100周年和西藏和平解放70周年庆典活动。

年内，编实建强民兵连，进一步建立完善基层人武部三室一库（办公室、资料室、值班室、器材库），进一步规范基层武装部建设。严格落实平安建设相关要求，对乡综治中心软硬件设施进行部分优化升级，完成乡级综治视联网的安装联通和乡村两级网格化服务管理工作制度制定上墙，进一步拓展

2021年7月1日，塔杰乡庆祝中国共产党成立百年华诞“10+6”系列活动之重温入党誓词活动

协调了塔杰乡平安建设工作与各方面工作的协作性，为今后开展平安建设工作奠定了坚实基础。

【生态环保】 年内，塔杰乡完成全国生态文明高地申报，在创建文明城市工作中继续保留“文明村镇”称号。年内，林业管护面积31986.6425亩，退耕还林面积372.7亩，植树造林33940株，开展植树造林宣传5次，林业各项工作有序推进。立足生态环境资源优势，以全域旅游发展为契机，鼓励支持民营乡村特色林卡经济发展，推动巴嘎雪村金色池塘生态文化旅游、主西村徒步旅游及特色林卡建设。

【重点项目】 年内，达孜区涉农整合资金塔杰乡乡村振兴全域旅游林卡经济项目预算资金共计200.08万元，该项目资金使用156.726万元，完成施工总量的80%。

【人大工作】 年内，塔杰乡人大主席团始终自觉把人大工作置于乡党委的领导下，坚决维护党委在一切工作中的领导核心地位，依照宪法和法律给予的职责，围绕中心、服务大局。充分利用人大代表作为基层宣讲员、小组长、联户长或者网格长的优势，带头在经济发展、平安建设、疫情防控、乡村振兴等多方面发挥作用。组织人大代表开展环境保护卫生整治工作、巡河护河工作20余次，参与人数达300余人次。

2021年5月23日，达孜区塔杰乡开展庆祝西藏和平解放70周年文艺会演

4月30日，召开乡第十四届人民代表大会第一次会议，对会上代表提出的31件意见、建议进行梳理归类，于6月10日召开交办会议，并督促政府相关部门，落实办理责任人，并要求件件有回音、办理有实效。12月20日，组织人大主席团听取2021年塔杰乡人民政府乡村振兴工作汇报并到辖区内3个行政村就乡村振兴工作开展实地检查。

年内，始终把加强人大代表的综合素质作为首要目的，按照各级党委、人大对人大工作的要求，共开展6次学习会，2次业务培训会，1次疫情防控工作部署会，接待兄弟县区交流考察4次，到其他地市、县区学习交流6次。同时塔杰乡接受区、市、达孜区人大调研、检查、指导10余次。

（李　燕）

【机构领导】

党委书记

伦珠次仁（藏族，5月免）

旦增格桑（藏族，5月任）

党委副书记、人大主席

拉巴次仁（藏族，5月免）

次旦央吉（女，藏族，5月任）

党委副书记、乡长

刘军民（女，5月免）

涂光太（5月任）

党委副书记

单　增（藏族，5月免）

益西列措（藏族，5月任）

党委委员、纪委书记

兰春红（女，5月免）

范猛猛（5月任）

党委委员、组织委员

普布卓嘎（女，藏族，5月免）

米玛卓玛（女，藏族，5月任）

党委委员、宣传委员

米玛卓玛（女，藏族，5月任）

党委委员、统战委员

扎西曲培（藏族，5月任）

党委委员、政法委员

陈小龙

党委委员、副乡长、塔杰村第一书记

拉　巴（藏族，5月免）

党委委员、主西村第一书记

益西列措（藏族，5月免）

党委委员、副乡长、主西村第一书记

伊达依杜啦（回族，5 月任）

副乡长

扎西曲培（藏族，5 月免）

王 晓 佳（5 月任）

拉巴旺堆（藏族，5 月任）

## 唐嘎乡

【概况】 唐嘎乡位于拉萨市达孜区城区以东，距离拉萨市 60 千米，距离达孜区 37 千米，东邻墨竹工卡县唐加乡，西接达孜区雪乡，南与达孜区章多乡拉木村隔河相邻，北与林周县接壤，所辖地区处于藏南谷地拉萨河上游，平均海拔 3780 米，河谷最低海拔 3530 米。气候条件属于温凉半干旱高原气候，年平均气温 7.5℃，最高气温 27.6℃，最低气温 -17℃，年平均年降雨量为 450 毫米，太阳辐射强烈，气温低，昼夜温差大，日照时间长，年平均日照 3065 小时，年无霜期 130 天，受温度、地貌与水分条件影响，全乡耕地面积集中，水资源丰富，耕地分布有明显的区域性。全乡总面积 241.58 平方千米，耕地面积 24028.96 亩，人均耕地面积 4.34 亩，草场面积 306011.1 亩，林地面积 92668.8 亩。

全乡下辖 3 个行政村、25 个村民小组，总户数 1373 户，总人口 5542 人，其中农业人口 4921 人、牧业人口 621 人，常住人口 4895 人。全乡共有党员 382 名（含预备党员），其中唐嘎村 104 名，洛普村 133 名，穷达村 93 名，金麦穗农业科技有限公司 9 名，机关支部 43 名，农牧民党员 339 名，占全乡党员总人数的 88.74%，党员总数占全乡总人口的 6.93%。全乡有 3 座寺庙、1 座尼姑庵。辖区内有幼儿园 5 所，卫生机构 7 个，其中卫生院 1 家，诊所、卫生所 3 家，疾病预防控制中心（防疫站）3 家，各类卫生技术人员 16 人。

【经济发展】 年内，全乡生产总值达到 22045.4 万元，其中：第一产业达到 20795.24 万元，第二产业达到 386.9 万元，第三产业达到 863 万元。社会消费品零售总额 246 万元；工业增加值达到 74.8 万元。人均可支配收入 19873.6 元，同比增长 13.1%。

【农牧业】 年内，基本完成高标准农田建设，完成粮食播种面积 18315 亩，粮食产量达 7174.86 吨。牲畜存栏量 18368 头（只／匹），肉类总产量 974.24 吨，牛奶产量 3700 吨，新增家庭牧场 1 个，兑现种粮补贴、草补、畜牧良种补贴等涉农补贴 414.6 万元。年内，实施罗普村 2200 亩高标准农田建设项目，所投资金 600 多万元。乡党委、政府加强与中科院合作创建现代科技农业服务平台，通过培育优质青稞良种、建设高标准农田实现富民增收。年内，种植藏青 2000 粮种 8577.65 亩、喜拉 22 粮种 1500 亩。

【基层党建】 年内，共开展"两学一做"集中学习 20 次，理论中心组学习会议 13 次，专题讨论 12 次，开展书记讲党课 4 次，形成简报 40 余期，每名党员撰写心得体会不少于 6 篇；开展党史学习教育。组织党员干部学习中共党史 36 次，党员干部领学督学 12 人次；积极推进"三更"专题教育、"三新"大学习大讨论，学习 18 次、专题讨论 7 次；积极组织党员干部开展感党恩教育，引导党员干部讲政治、守规矩、办实事，践行党的根本宗旨，开展庆祝中国共产党成立 100 周年、西藏和平解

2021年9月25日，江苏省镇江市润州区党政代表团一行到唐嘎乡交流考察工作

放70周年等教育活动18次；定期组织全乡干部集中学习自治区市达孜区纪委通报的各类案件20余次、观看警示教育片8次。

组织党委班子成员召开"三重一大"决策会议24次，审议议题75项，未通过8项；严格落实"三会一课"等制度。召开民主生活会2次、党史学习专题组织生活会1次，查摆个人问题20条，形成整改报告7篇；严格发展党员和组织转系转接程序，2021年向机关党委及各村党委共发展23名入党积极分子和4名预备党员，为3名预备党员转正。

结合"我为群众办实事"实践活动，组织全乡干部职工到各村（组）开展新冠肺炎疫情防控知识宣讲、青年志愿服务、就业工作指导等实践活动19次，受益群众2000余人；乡党委积极开展以乡党委书记牵头的宗教领域普法宣传教育10次；开展"四讲四爱""新时代文明实践"群众教育实践活动20余次。

【村集体经济】 年内，3个行政村全年村集体经济收入总计1742939元。唐嘎村全年村集体收入822939元（其中农机合作社372053元，集体土地收入219686元，扶贫商品房收入223700元，村委会门面房收入7500元）；罗普村全年村集体收入40万元（其中罗普村预制砖厂16万元，流转集体土地收入24万元）；穷达村全年村集体收入52万元（其中商品房收入2.4万元，养猪场收入6.7万元，村集体砖厂5.2万元，机械收入15.7万元，承包侧柏种植项目土地平整22万元）。

【人大工作】 4月，召开唐嘎乡第十四届第一次人大代表大会，顺利选举产生唐嘎乡新一届人大主席团成员和政府组成人员，选举产生人大主席1名，政府乡长1名、副乡长3名。开展闭会期间人大代表培训学习，组织基层人大代表到林芝市、林周县红色教育基地、曲水县采纳乡白堆村罗亚农机具专业合作社开展培训学习104人次；组织45名人大代表开展业务知识培训。召开意见建议交办会，对唐嘎乡第十四届人民代表大会第一次会议收集代表意见建议35件。解决群众加油难、出行难问题，在全乡各级人大代表的努力下，唐嘎玉雄加油站建成使用、罗普村6—9组农村公路建设已立项。改建"人大长廊"，翻新"人大之家"，新增"人大书屋"，8月，乡"人大书屋"等相应设施已投入使用。

2021年9月1日，拉萨市达孜区唐嘎乡组织基层人大代表赴林芝市考察学习

【巩固拓展脱贫攻坚成果】 年内，全乡脱贫户402户1658人（其中"十三五"脱贫户275户1114人，"十二五"脱贫户127户544人）。"十三五"脱贫户转移就业374人，组织编织培训、厨师培训、电工培训共计306人次；全乡相对集中搬迁户共89户；8月，对39名区内外大学生的学费、住宿费、书本费、路费进行实报实销，兑现资金133964元；全乡共安排生态岗位334人，生态岗位工资已全部兑现到位，共计1162000元；5月，为一名脱贫户白血病患儿办理临时救助1万元；全乡低保户22户74人，其中建档立卡低保户7户15人，相关资金均已按时发放到户。

全乡4户脱贫监测户按照退出程序于6月全部取消监测，届时唐嘎乡12户监测户已全部退出监测。年内，唐嘎乡召开专项培训会3次，深入村组排查5次，张贴防返贫宣传单29份，各村开展集中宣讲3次，广泛宣传防止返贫政策知识，并建立重点收入不稳定户台账13份，严把全乡返贫监测关。

2021年6月11日，唐嘎乡组织党员干部到西藏百万农奴解放纪念馆开展“与党同心、与党同行”——喜迎建党100周年华诞活动

【转移就业】 年内，农牧民转移就业人数指标1829人，全年完成转移就业人数1831人，完成率达100.11%，应届高校毕业生43人，实现就业43人，就业率达到100%。开展农牧民培训人数指标285人，全年完成培训306人，取得职业资格证书初级31人，中级1人，完成率107.37%。

【环保工作】 年内，安排环卫工共30人，共开展环境生态保护行动50余次，清理生活垃圾100余吨；乡党委、政府高度重视湿地生态环境保护工作，自筹资金5万元修建500余米长的湿地围栏网，加强对湿地生态环境的保护，全年开展植树4万余棵（株），投入劳动力3000余人次。

【教育民生】 年内，兑现126名大学生资助金59.9万元。兑现低保金21户68人16.1万余元；发放“两项补贴”、特困供养人员补贴、高龄补贴等民政补贴资金56.8万元。

【水利住建工作】 年内，争取水利局和住建局资金60.27万元，维修养护易地搬迁点等17处农村供水点，进一步保障农牧民用水。投入180余万元修建罗普7组（罗寺南侧）和琼仓防洪堤。开工建设洛普灌区续建配套与节水改造工程，总投资1961.26万元，该项目已完成40%，计划于2022年10月竣工；投入资金146706元，对7户危房户进行改造。

【合作社发展】 年内，农牧民合作社带动作用持续增效，乡党委、政府鼓励本地企业发展，支持群众创业，全乡农牧民专业合作社34家，17家合作社运营良好，带动本地231人实现转移就业。以唐嘎村机械租赁专业合作社、达孜区麦之穗农业种植农民专业合作社为代表的村办企业、民办企业发展迅速，年产值逐年增加，为本地群众营造了良好的就业创业平台。

【文明村镇创建】 年内，各村结合本村实际情况将社会主义核心价值观、生态保护等纳入村规民约，并设立在村醒目位置。各村相继开展“优秀双联户”“民族团结家庭”等活动促进乡风文明的活动，唐嘎乡次仁曲珍荣获“全国民族团结示范家庭”称号。全乡建成文艺大舞台3个、新时代文明实践站（所）4个，组建文艺演出队3支，舞蹈队46人，开展文艺演出活动24次，观演群众达2.5万余人次。

【探索粮食银行发展】 年内，积极探索其他省市粮食银行发展新模式，成立达孜吉雄农产品收购农牧民专业合作社，与达孜区工业园区春光食品厂、吉顺青稞醋、藏缘青稞酒厂等企业合作达成青稞订单收购协议，按每公斤5元进行收购。截至年底，粮食银行累计收购青稞127万公斤，2021年收购青稞47万公斤，收购总金额达635万元，按照市场青稞收购差额每公斤1.4元计算，为农牧民创收177.8万元。

开发粮食银行就业岗位，为本地群众累计提供8个就业岗位，每人月工资3000元，年人均净增收36000元，为1名高校毕业生提供就业岗位，缓解大学生就业压力，让群众就近就便不离乡、不离土参与产业发展，实现增收致富。

推广有机黑青稞种植，拉萨市和达孜区农业部门为唐嘎乡提供有机黑青稞良种。年内，全乡推广有机黑青稞种植379余亩，总产量34150公斤，按照每公斤10元的价格收购。进一步推动本地黑青稞种植发展、技术发展，帮助群众增产增收。

乡党委、政府积极组织粮食银行和本地企业达孜区金麦穗农业科技发展有限公司到堆龙德庆区西藏吉祥粮农业发展股份有限公司洽谈青稞收购业务，并达成合作意向，达孜区金麦穗农业科技发展有限公司按照每公斤4元的青稞收购价格为西藏吉祥粮农业发展股份有限公司提供青稞原材料99.4万公斤，进一步开拓稳定的青稞销路市场，拓宽全乡青稞产业门路，促进唐嘎乡农业发展。

（李功飞）

【机构领导】

党委书记

李　　安

党委副书记、乡长

普　　多（藏族，4月免）

江　　村（藏族，5月任）

党委副书记、人大主席

达瓦泽仁（藏族，4月免）

占　　堆（藏族，4月任）

党委副书记

米玛央金（女，藏族，4月免）

扎西罗布（藏族，4月任）

党委委员、纪委书记

扎西卓玛（女，藏族，4月免）

尊珠拉姆（女，藏族，4月任）

党委委员

扎西罗布（藏族，4月免）

常 生 鹏（4月任）

党委委员、组织委员

赵　　晶（女，5月免）

党委委员、组织委员、宣传委员

旦增卓嘎（女，藏族，4月任）

党委委员、统战委员

亓　　昊（4月任）

副乡长

亓　　昊（4月免）

党委委员、副乡长

曹　　坤（4月任）

副乡长

李 功 飞（4月任）

索朗念扎（藏族，4月任）

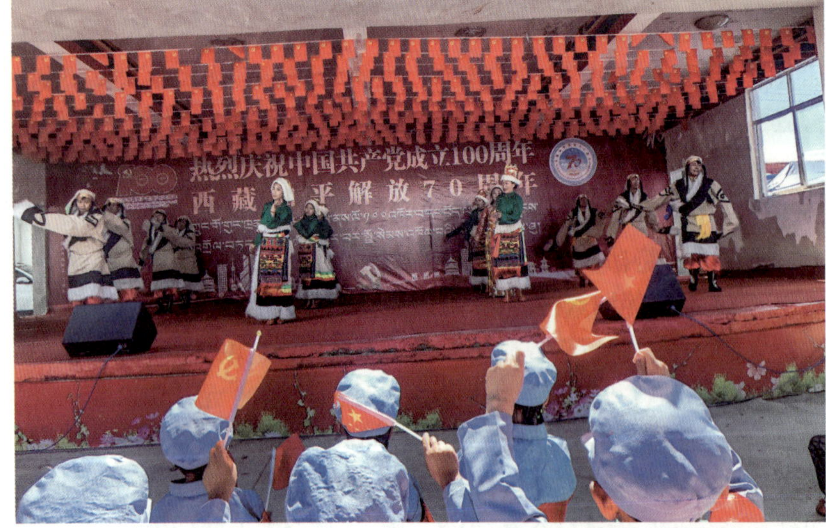


2021年6月28日，唐嘎乡开展庆祝中国共产党成立100周年暨西藏和平解放70周年文艺会演

## 雪乡

【概况】 雪乡位于达孜区城以东往北28千米，面积185.9平方千米，占全区区划总面积的13.6%。东与唐嘎乡接壤，南与章多乡相靠，西与林周县边交林乡相邻，北界林周县阿朗乡。境内最高海拔4317米，最低海拔3720米，平均海拔3750米。雪乡属于高原温带半干旱季风气候，昼夜温差大，日照时间长，太阳辐射强烈。境内主要河流有拉萨河、雪普曲河，地下水资源丰富。雪乡下辖2个行政村（扎西岗村、雪普村），14个村民小组，708户、2968人（其中农业人口2597人，牧业人口371人，脱贫户205户881人）。乡村劳动力资源数为2155人。雪乡在编干部（除公益性岗位、政府购买人员以外）共42名。其中男性干部28名、女性干部14名；其中行政编31名、事业编11名；其中汉族干部22名，藏族干部18名，其他民族干部2名；35岁（含）以下干部34名，35岁以上干部8人；其中本科学历38名，大专3名，初中1名；其中党员共计40名（包含3名预备党员）；其中借调、抽调、跟班学习干部总计10人，在乡干部31人（其中下派、驻村6人），驻加油站1人。

【基层党建】 年内，认真履行管党

治党政治责任，全面从严治党向纵深推进。学懂弄通做实习近平新时代中国特色社会主义思想，不折不扣抓好习近平总书记在西藏视察时的重要讲话精神学习宣传贯彻，推动新时代党的治藏方略在雪乡落地生根。扎实开展党史学习教育、“三更”专题教育、“三新”大学习大讨论，年内，乡党委组织理论中心组集中学习、乡机关党支部学习20余次，参学干部400余人次。广大党员干部知史爱党、明史报国的信念更加坚定。牢牢掌握意识形态工作领导权，开展中国共产党成立100周年、西藏和平解放70周年等系列重大主题宣传庆祝活动，激发昂扬向上的正能量。

完成村级、乡级换届工作，坚持正确选人用人导向，选优配强基层力量，换届后的乡党政班子中，有5年及以上基层工作经验的11人；有脱贫攻坚和维稳工作经历的4人；曾获自治区、市、县、乡各类表彰的9人。换届后的村“两委”班子，平均年龄41岁，具有大学本科学历2人，一批致富带头人、技术能手选进班子；基层干部队伍结构更加优化，担当作为的精气神明显提振，务实谋事干事氛围越发浓厚。注重发挥党委总揽全局、协调各方作用，人大监督和意见办理有力有效，政府依法行政和阳光行政力度明显加强，党风廉政建设走深走实，共青团、工会、妇联作用进一步发挥，统战民宗工作格局不断完善，共保稳定、共促发展的合力更加凝聚。

2021年12月28日，达孜区委书记索朗次仁（右一）一行到雪乡雪寺调研

【人大工作】 年内，结合雪乡人大工作实际，认真组织人大代表开展学习，学习内容包括中共十九大及十九届历次全会、中央第七次西藏工作座谈会精神，以及《中华人民共和国民法典》《中华人民共和国全国人民代表大会和地方各级人民代表大会选举法》《西藏自治区民族团结进步模范区创建条例》。年内，共开展学习、培训20余次，使代表学习经常化、制度化。同时，按照区委统一安排部署，积极选派人大代表到江苏省镇江市参加民族“交往、交流、交融”活动，为人大代表走出家门、开阔视野，促进民族团结，提升了政治素养和履职意识。

组织全体人大代表到雪乡幼儿园、雪普村吉珠幼儿园视察幼儿园食品安全工作，同时积极组织人大代表参与区人大办组织的创建文明城市专项监督视察活动。年内，组织代表开展视察活动5次，有效提高代表整体履职水平，为提高代表素质、发挥代表作用打下了良好的基础。

【新时代文明实践】 年内，组建志愿服务队13支，乡村两级拥有固定志愿者180余人，通过穿红马甲开展活动125次，发放1300多份支农惠农政策传单。严格按照“群众点单、中心派单、志愿者接单”的工作机制，积极参与“村庄清洁活动”“建设美丽乡村”，开展普法宣传、巡逻维稳，关爱“空巢”老人、文明城市创建等志愿服务50余次，服务群众850余次。以“巾帼夜校”“妇女之家”为阵地，为广大妇女开展党史学习教育、藏语汉语双语学习、妇女健康知识、防家暴等法律知识课堂150场次，参与妇女达到1569人次。

【经济指标】 年内，全乡实现经济总收入1.045亿元，完成固定资产投资8118.42万元，农牧业生产总值达到1.399亿元，实现人均可支配收入18931.76元。

【"三农"工作】 年内，农作物播种面积达到13467.75亩，其中粮食作物面积6900.45亩，总产量2694.32吨；经济作物面积6567.15亩，总产量12441.56吨。牲畜总存栏7638头(只、匹)，成畜死亡数76头(只、匹)、新生仔畜1761头(只、匹)、仔畜成活数1754头(只、匹)，肉类产量达到700.48吨，奶产量2500吨，禽蛋产量5.9吨。坚持农村集体产权制度改革正确方向，坚持发挥村党组织对集体经济的领导核心作用，全面开展农村集体资产清产核资、摸清家底，积极稳妥推动资源变资产、资金变股金、村民变股东，实现农村集体资产"一锅粥"到"一本账"的转变。年内，全乡村集体资产达3907.57万元，其中经营性资产2322.9万元，非经营性资产1584.67万元。

【重点产业项目】 年内，通过积极开展土地使用权的流转项目，引导群众转变发展思路，鼓励村民将连片闲置土地集中流转，使土地从单一农户之间流转变为向农业龙头企业、专业大户流转。与西藏农牧产业投资集团有限公司达成2251.62亩土地流转合作意向，用于种植青储玉米。签订3年期限的土地租赁合同，租金定为每年1300元/亩，涉及339户984人，实现年均收入295万余元，农牧民群众通过种植、除草等投劳务工，实现工资收入90万元，机械租赁收入达到30余万元。与西藏泰成乳业有限公司签订土地流转协议，流转扎西岗村"次布塘"3121亩地，涉及420户1639人，协议签订第一年每亩流转价为300—500元不等，共收益138.05万元，每人增收842元。通过盘活闲置土地，催生规模效应，让土地"活"起来，实现农牧民群众直接获利增收"富"起来。

【乡村振兴】 年内，按照"四个不摘"总体要求，持续巩固雪乡来之不易的脱贫攻坚成果，责任落实不放松、政策落实不缺位、帮扶力量不减弱、后续监管不落空，有力推动巩固脱贫攻坚成果与乡村振兴有效衔接。

年内，雪乡脱贫户及低收入群众人均纯收入达14780元，较2020年同比增长17%。持续落实生态岗位补偿政策。年内，累计确定生态岗位684户1227人，精准发放岗位资金107.3625万元。积极推进易地扶贫搬迁后续工作，开展搬迁群众旧房腾退协议签订和新房产权证发放工作。雪乡扶贫搬迁户共51户(县城集中安置27户，相对集中搬迁24户)，已完成12户相对集中搬迁群众的协议签订和产权证发放工作。

2021年4月28日，雪乡党委书记庞景法在中国共产党达孜区雪乡第一次党员代表大会上作报告

【新冠肺炎疫情防控】 年内，雪乡坚持警钟长鸣、警惕常在，从严从紧落实"外防输入、内防反弹"疫情防控各项举措，全力守护辖区群众生命安全和身体健康。结合实际，利用微信群、村级广播站、宣传册等载体，广泛宣传疫情防控和疫苗接种政策，乡机关干部、村"两委"干部、党员带头接种疫苗。年内，雪乡累计完成疫苗接种2724针剂(第一针接种1149人，第二针接种1040人，异地接种535人)，接种率达98%以上，基本实现"应接尽接"。

【生态环境】 年内，建成投用垃圾转运站一座，垃圾分类箱15个，开展环境清理整治工作24次，发动村民1100余人次、动用车辆35车次，清理农村生活垃圾数量9.1吨、农村白色垃圾0.5吨、清理村

2021年6月29日，雪乡党委副书记、乡长扎西朗杰（右一）向老党员颁发“光荣在党50年”纪念章

内沟渠 2.6 千米，清理河道、湖泊 3 千米，完成扎西岗村 192 户厕所改造乡村两级验收工作，乡容村貌焕然一新。

【就业创业】 年内，雪乡以组织群众“走出去”参训或老师“请进来”授课形式，先后开展烹饪技能培训 19 人、种植养殖技能培训 24 人、缝纫技能培训 15 人、汽车驾驶培训 22 人、其他类技能培训 25 人。同时，按照高校毕业生就创业帮扶工作要求，继续采取“一对一”“一对多”就业帮扶模式，主动与应届毕业生联系对接，全面掌握雪乡 2021 年度高校毕业生人数、基本情况和联系方式，了解掌握最新考录状况、求职情况以及就业意愿，积极提供就业指导，及时推送各类用人信息，鼓励学生先就业再择业、返乡创业贡献青春力量。

年内，共有 33 名高校毕业生实现就业，其中入职公务员及事业单位 5 人、“三支一扶” 3 人、驻藏央企 2 人，国有企业 1 人，民营企业 15 人，灵活就业 6 人，升学 1 人。

【教育工作】 年内，定期联合应急管理局、食监所对幼儿园的消防设施、食堂卫生等进行检查，积极推进校园安全工作，督促指导幼儿园做好安全工作。加强学前教育的管理，提高保教质量。积极完成 2020—2021 学年大学生资助统计工作。年内，共计资助 2020—2021 学年在校大学生 118 名，资助金额为 530255.67 元(一般农户 87 人，393393.76 元；县级资金 12 人，57160 元；区级资金 19 人，79702 元)。

【卫生健康】 年内，雪乡开展健康教育活动 6 次，更换健康教育宣传栏 3 次，发放 620 份有关糖尿病、高血压、结核病、艾滋病、叶酸、生活健康指导等健康教育宣传资料，管理高血压患者 150 人次，管理糖尿病患者 5 人次，认真落实传染病监测与报告管理工作。

【社会保障】 年内，雪乡乡村居民社会养老保险 16—59 岁参保人数达 1199 人，征收养老保险 23.98 万元，参保率达到 90%。60 周岁及以上应保人数 247 人。发放各类宣传手册 5000 余份，其中包括全民参保宣传资料、高效毕业生就业宣传资料，《中华人民共和国劳动合同法》《中华人民共和国就业促进法》《中华人民共和国劳动争议调解仲裁法》等法律法规资料。持续做好农村贫困人口健康扶贫“一站式”结算，对农村贫困人口县域内住院医疗费用通过综合保障后实际报账比例达到 95%。重度贫困家庭人口经规范转诊至县域外住院医疗费用通过综合保障后实际报账比例达 80% 以上。

【民政工作】 年内，为 24 名残疾人解决困难生活补贴每人每月 100 元；为 51 名残疾人解决重度护理补贴每人每月 200 元。共兑现低保金 37602.85 元。对除低保户、特困供养人员以外的年人均收入低于 7590 元的农村人口 9 户 32 人进行了信息采集。严格落实城乡医疗救助政策，深入开展重特大病医疗救助工作；完善各类医疗救助信息档案。走访慰问困难残疾人，及时兑现困难残疾补助和重度残疾人补助。

【普法工作】 2021 年是“八五”普法工作的第一年，雪乡本着

2021年7月23日，雪乡机关党支部组织党员干部到林周县党员党性教育基地开展主题党日活动

“早部署、早行动、早成效”理念，在年初做好普法计划及普法工作方案，确定更新乡普法工作领导小组。

年内，雪乡司法所利用宣传月、宣传周等节点，联合乡综治办等部门，组织开展普法宣传活动，发放普法宣传资料300余份、发放宣传品200余件，同时利用通俗、顺口的语言向群众宣传各种法律。

【统战民宗】 年内，调整充实雪乡维护稳定和疫情防控工作领导小组以及统战民宗工作体系，由乡党委书记亲自挂帅，乡各部门、雪寺、各村委会、辖区派出所、卫生院和幼儿园参与其中，初步形成覆盖全乡、责任到人的工作体系。同时，把开展统战民宗工作同贯彻落实中共十九大、十九届历次全会精神和中央第七次西藏工作座谈会精神结合起来，与庆祝中国共产党成立100周年、庆祝西藏和平解放70周年结合起来，与开展“四讲四爱”、“三更”专题教育、“三新”大学习大讨论和党史学习教育结合起来，采取“一对一”“一对多”“多对一”等多样宣讲方式，向寺庙僧人宣讲党史、新中国史、改革开放史、社会主义新西藏史和《宗教事务条例》等规章制度，引导寺庙建章立制，爱党爱国爱社会主义新西藏逐渐成为全体僧众的共识，听党话、感党恩、跟党走逐渐成为全乡僧俗的行动自觉。

（熊国宝）

【机构领导】

党委书记

李 唐 容（女，4月免）

庞 景 法（4月任）

党委副书记、乡长

扎西朗杰（纳西族）

党委副书记、人大主席

普布次仁（藏族，4月免）

李 海 祥（4月任）

党委副书记

其美多吉（藏族，4月免）

尼　　玛（藏族，4月任）

纪委书记、监察室主任

索朗扎西（藏族，4月免）

王 兵 华（4月任）

党委组织委员

次　　央（女，藏族，4月免）

党委宣传委员、副乡长

周　　源（4月免）

党委组织委员、宣传委员

拉巴仓决（女，藏族，4月任）

党委委员

尼　　玛（藏族，4月免）

才旺仁增（藏族，4月任）

党委委员、统战委员

李 联 祥（4月任）

党委委员、副乡长

旦增朗杰（藏族，4月任）

副乡长

拉巴普赤（女，藏族，4月任）

李 小 飞（4月免）

林　　旋（女，4月任）

## 章多乡

【概况】 章多乡距离达孜区城23千米，平均海拔3750米，辖区内有著名的甘丹寺，下辖4个行政村、24个村民小组。2021年，全乡共有农村户数1244户，总人口4615人，其中，劳动力2749人。全乡农作物总播种面积994.81公顷，主要种植冬小麦、青稞、土豆等传统农作物。林地面积7637.8公顷，草场面积12355公顷。全乡存栏牲畜禽类13838头（只），以牦牛、黄牛、藏猪、绵羊、山羊和藏鸡养殖为主。2021年经济总收入19099.7万元，其中第一产业收入

11924.8 万元、第二产业收入 274 万元、第三产业收入 6900.9 万元。农牧民年人均可支配收入 18931.7 元，同比 2020 年增长 13%。

全乡共有 1 所卫生院，4 所卫生室，3 所幼儿园，1 所派出所，1 个兽医站，2 座寺庙，1 座日追。全乡党组织 22 个，其中党委 3 个、党总支 2 个、党支部 17 个（含机关党支部）。全乡共有农牧民党员 381 名，其中女性党员 145 名，35 岁及以下党员 112 名，党龄 30 年以上党员 18 名。

【党建工作】 年内，章多乡始终坚持将党建主体责任作为核心，严格落实党委书记“第一责任人”责任，全乡深入推进党史学习教育、“三更”专题学习教育和“三新”大讨论活动。全年组织专题研究党建相关工作 11 次，到村组一线调研组织建设 5 次。乡班子成员及各村主要负责人组织开展理论中心组集中学习 11 次；书记带头讲党课 4 次；组织全乡党员干部集中学习 24 次。围绕区党委巡察一组反馈问题，坚持“问题不查清不放过，整改不到位不放过，成效不符合上级要求不放过，群众对整改不满意不放过”的原则，深入分析问题原因，细化实化反馈问题整改措施，制定问题清单和整改台账，以整改的实际成效确保巡察“回头看”工作顺利完成。严格落实“三会一课”制度和“支部主题党日”，引导广大党员干部增强“四个意识”、坚定“四个自信”、做到“两个维护”。3 月，乡党委、机关党支部相继开展民主生活会及组织生活会，全体班子成员及党员干部紧扣主题，全面深刻地进行个人剖析，深挖思想根源，查摆问题，逐一进行对照检查，开展批评与自我批评，明确下一步整改措施和努力方向。

4 月，顺利完成章多乡党委、政府班子换届选举工作，选举产生新一届党委班子 9 名，纪委班子 3 名，政府班子 4 名，调整 17 名干部。村级组织换届工作后，4 个村“两委”班子成员得到进一步充实，一批年轻富有朝气、办事能力强、群众威望高的农牧民党员进入班子，并按照上级党委要求选派 4 名第一书记至各村，村党委（党总支）力量得到进一步充实；新任班子积极发挥作用，引导各村灵活运用“资源、资产、资金”三要素优势，大力发展村集体经济，走出一条党建工作与经济发展互动双赢的新路子。严格按照发展党员工作的 5 个阶段 25 个步骤，全年共发展党员 4 名，均为农牧民党员。强化党的基层组织领导地位不动摇，规范基层组织、队伍、活动、制度、能力和保障六方面建设，全力把基层党组织建设成为听党话、跟党走，善团结、会发展，能致富、保稳定，遇事不糊涂、关键时刻起作用的坚强战斗堡垒。

【党风廉政建设】 年内，严守政治纪律和政治规矩，深入推进党风廉政建设和反腐败工作，深入传达学习上级党委、政府和纪委相关文件精神，严格落实“两个责任”“一岗双责”和中央八项规定精神，坚决反对“四风”，强化“四个意识”、坚定“四个自信”，以上级巡察整改落实为切入点，深入贯彻执行中央八项规定，始终保持反腐败高压态势，全面转变干部队伍作风。召开关于党风廉政建设会议共计 10 次，组织传达学习各类典型案例共计 14 次；以理论中心组为依托，针对反腐败安排及学习 4 次。

【意识形态工作】 年内，坚持从全

2021年11月9日，达孜区委副书记巴桑顿珠（左二）到章多乡尊木采村调研

局的高度、从政治的高度认识意识形态工作，强化舆情意识，配合上级部门加强舆情监管，不断提升舆情应对能力。

年内，章多乡建立乡级文明实践所1个、村级文明实践站4个、乡级文化活动中心1个、村级文化室4个，用于丰富和活跃群众文化生活，满足群众日益增长的文化需求。同时，建立文明引导员队伍，全乡共配有5名文明引导员。设立志愿服务站1个，志愿服务队5支，志愿者数量达432人。

2021年9月5日，江苏省句容市宝华镇镇长金宇（前排左一）一行党政代表团向达孜区章多乡捐赠30万元

【扫黑除恶打非治乱专项斗争】 年内，坚决维护祖国统一和民族团结，以“四讲四爱”“不忘初心、牢记使命”等主题教育实践活动为契机，大力推动民族团结教育和社会主义核心价值观教育；结合扫黑除恶专项斗争工作，积极加强线索摸排，畅通举报渠道，按照分级负责、属地管理的原则，层层开展矛盾纠纷排查摸底，全面准确掌握矛盾纠纷情况，最大限度把矛盾化解在萌芽状态。

通过讲座、培训会议等形式组织召集各村委会工作人员、驻村工作队、农牧民党员、“双联户”户长100余人次进行扫黑除恶打非治乱专项斗争宣传工作常识培训，增强反间防谍意识，自觉与各种危害国家安全的非法行为做斗争，让扫黑除恶打非治乱专项斗争工作深入人心。

【社会治理】 年内，全乡共划分网格15个，划分联户单位98个。继续充分发挥“双联户”模式和“网格化”管理的优势。积极开展矛盾纠纷排查工作，针对群众信访突出问题和矛盾纠纷，按照分级负责、属地管理的原则，做到排查“三个不漏”，层层开展矛盾纠纷排查摸底，全面准确掌握矛盾纠纷情况。全年组织工作人员、“双联户”、民兵等有效力量排查化解矛盾纠纷52起。

着力抓好矛盾调处工作体系建设，延伸网络到村组，形成各部门单位共同参与、齐抓共管的调解格局，充分发挥乡综治办、司法所、各村人民调解委员会的综合作用，积极预防和减少群体性事件的发生，及时调处工地领域重点矛盾纠纷，最大限度把矛盾化解在萌芽状态。

【安全生产】 年内，全面落实安全生产责任制，强化交通、食品、医疗、消防等行业领域整治的同时，开展危化品安全专项整治、道路交通安全专项治理、尊木采村城投水泥厂专项检查、建筑安全专项治理等重点领域、重点项目的专项整治工作。全年整治社会治安重点部位8处，排查消防类安全事故隐患16起，现场责令整改14起，限期整改2起。截至年底，整改率达100%。保持打非治违高压态势，坚决排查安全隐患、遏制安全事故发生。

【增收工作】 年内，章多乡始终坚持农牧业基础地位不动摇，落实各项支农惠农政策，调整农牧业产业结构，充分调动群众从事农牧业生产的积极性，加快农牧业科技的推广，不断推进“科技兴农”战略，在保证大农业提质增效的同时优二产、强三产，把促进一、二、三产业融合发展作为根本途径，把休闲旅游作为融合的重点产业，把创业创新作为融合的强大动能，实现经济总量和质量跨步提升。

拉萨城投祁连山水泥有限公司落地开工以来共转移就业西藏籍劳务人员3337人，增加劳务收入共 496.3 万元，机械租赁 2450 个台班，机械租赁收入 1580.6 万元。截至年底，水泥厂共有员工 151 人，其中藏族 52 人，占比 34.4%。为实现当地农牧民群众就近就地在家门口就业致富，水泥厂聘用并培训当地农牧民。其中，聘用本地农牧民保安、保洁人员共 13 人，驾驶员、食堂帮厨共 8 人。

“绿水青山就是金山银山”，章多乡恰村通过发展“林卡经济”，让当地农牧民吃上了乡村旅游饭，在达孜区文化和旅游局“乡村振兴全域旅游林卡经济项目”支持下，章多乡恰村成功打造以林卡经济为支柱的第三产业增收项目。2021 年林卡营业额为 247.33 万元，为 3 个村民小组 150 户群众分红 171.78 万元。

章多乡尊木采村依托拉萨城投祁连山水泥有限公司新型干法水泥生产线，注册成立西藏曲瑟琅卓运输有限公司，主营物流运输与工程机械租赁业务。年内，尊木采村委会将集体实体经济收益资金按照当初入股份额，采取银行批量转账方式，向广大农牧民群众进行分红兑现；全年村级集体经济累计分红 200 万元。

为进一步规范藏香草采集、降低成本，同时增加经济效益，保障藏香原材料供应，恢复当地生态环境，经援藏项目支持，章多乡恰村实施人工培育藏香草，项目实施以来累计带动附近 72 名农牧民增收，人均收入为 4500 元。

及时发布用工信息和免费就业培训，引导富余劳动力有序向外输出。2021 年章多乡农牧民转移就业 1442 人，其中跨省就业 11 人，跨市就业 121 人，跨县区就业 455 人，达孜区内本乡辖域外就业 137 人，务工类型主要以餐饮服务业、交通运输业、建筑工矿业为主；另有 718 名农牧民不离乡不离土，就近就便就业，主要从事沿街商铺餐馆服务、林卡服务、交通运输、以补生态岗位、环卫工等工作，全年累计增收 820.3 万元。

**【经济发展】** 年内，高标准农田项目建设竣工后，全乡农作物总播种面积 1018.84 公顷，其中粮食播种面积 920.32 公顷，占总播种面积的 90.3%，主要种植冬小麦、青稞等传统农作物；经济作物播种面积 98.52 公顷，同比增长 216.1%，主要种植油菜、蔬菜等作物。全年造林面积 19.3 公顷，育苗 1.3 公顷，零星植树累计 6500 株。全乡存栏牲畜禽类共 13838 头（只、匹），主要以牦牛、黄牛、藏猪、绵羊、山羊和藏鸡养殖为主。坚持因地制宜，发展特色化农业。依托本地优势资源和特色，结合乡村振兴战略规划，完善恰村纯净生态农牧民种植专业合作社生态采摘园，着力打造休闲观光农业。采摘园有温室大棚 4 栋，占地 4066.69 平方米，投资 160 万元。坚持生态优先，农业结构“绿色化”。为进一步规范藏香草采集、降低成本、增加经济效益、保障藏香原材料供应、恢复当地生态环境，恰村实施援藏项目——人工培育藏香草。规模化种植面积 300 亩，累计投资规模 584 万元，均为援藏资金。项目实施以来，绝大部分劳务人员均为本地人。藏香种植和田间管理工作全年共聘用工人 72 人，人均收入为 4500 元 / 月，涉及建档立卡贫困群众 6 户。自项目实施以来，累计带动群众增收 368.64 万元。

拉萨城投祁连山水泥有限公司年产 120 万吨熟料新型干法水泥生产线项目投产后通过积极培养当地技术人员，与周边农牧民合作社进行合作共提供就业岗位

2021年8月5日，乡党委书记王力（左排左五）主持召开章多乡新冠肺炎疫情防控工作安排部署会议

2021年8月26日，达孜区教育局一行到章多乡宣讲大学生资助政策

140余个，其中本地务工人员40余人，带动农牧民群众增收160万余元。同时，凭借优势积极发展壮大村集体经济。2020年10月，章多乡尊木采村民委员会注册成立西藏曲瑟琅卓运输有限公司，公司主营业务主要包括物流运输与工程机械租赁。2021年公司有挖掘机5辆、装载机4辆、罐装车39辆、自卸翻斗车61辆、小型水泥运输车10辆。2021年，该公司营业收入1300万元，已带动就业124人，通过提供管理、统计岗位解决周边群众就业6人。

制定《章多乡乡村振兴战略规划》，充分发挥文化资源、自然风光和交通条件等资源优势，明确以“项目攻坚”为抓手，优化产业结构的发展思路，构建起资源整合、互利共赢的乡村经济一体化发展新格局，激发乡村经济发展新活力。大力实施乡村振兴战略，打造章多“精品一日游”，结合达孜区创建国家“全域旅游”示范区的各项工作要求，打造章多“精品一日游”路线。以乡村生态旅游为开发为统领，突出“三个特点”旅游定位，即自然景观、民族文化、体验休闲；形成章多“精品一日游”结构布局；抓好“三大工程”基础建设，即饮食文化提升工程，民族手工艺产品开发工程，章多乡旅游形象宣传工程。依托区位优势，在恰村3组实施“美丽乡村·幸福家园”生态宜居建设项目，该项目投资3600万元。该项目竣工后将以旅游业的快速发展带动乡域第三产业经济，实现广大农牧民群众增收的最终目标。

**【转移就业】** 年内，章多乡党委、政府的高度重视高校毕业生就业创业工作和农牧民转移就业工作，召开专题会议对全乡转移就业工作做安排部署，组织基层平台工作人员下村入户开展转移就业统计，确保劳动力转移就业不漏一户、就业不落一人，全面细致掌握就业情况。

年内，章多乡共有58名应届高校毕业生，除1名毕业生参加考研以外，全部实现就业，就业率达到98.3%。4名应届建档立卡贫困毕业生全部就业。全乡转移就业指标人次1864人，累计完成转移就业人次1913人，完成率达102.6%。转移就业实名制数据录入达100%。农牧民转移就业人数指标1442人，其中建档立卡脱贫户176人，完成率为100%。2021年农牧民群众参加种、养殖类，厨师类，汽车驾驶类（C1、B2）等各类培训共计164人。年内，转移就业实现增收820.3万元。

**【公共服务】** 2020—2021学年，章多乡共计兑现教育资助政策资金共764841.46元，惠及学生142人。其中建档立卡户大学生教育补助政策实际资助26人，兑现资金155337.68元。农户大学生资助项目资助116人，兑现资金609503.78元。整合资源强化医疗，全面推动“农牧区医疗制度＋农牧民大病商业保险＋民政医疗救助＋政府兜底”的医疗保障套餐落地，建立完善医疗保险、大病保险、医疗救助“三重医疗保障”体系，提高乡级医疗服务能力。

农村新型养老保险、社会保险工作全面铺开，全乡农牧民群众均已纳入社会保障体系，农牧民群众尤其是特殊群体合法权益进一步保障。截至年底，共兑现各项补贴累计297620元。其中残疾人困难生活补贴48000元，兑现残疾人重度护理补贴30000元，农村低保157620元，重点关

2021年9月1日，章多乡持续推进辖区60周岁以上人群新冠疫苗接种工作

爱对象补贴50000元，0—16岁残疾儿童护理补贴12000元。

积极开展水利防汛安全隐患排查工作，24小时紧盯全乡防汛形势。汛期来临前，组织辖区群众沟渠清淤1300余米，清理防洪坝砂石1处，蓄洪池清淤1处，保障各处沟渠排洪通畅，有效降低汛期对农田、道路可能造成的影响，切实保障辖区群众的生命财产安全。

【危房改造】 年内，做好危房改造项目，通过群众申请、乡里实地踏勘、住建局鉴定危房等级、确定名单等一系列流程，为列入2021年危房改造项目的1户群众发放补助金累计20149元，有效地改善群众的居住条件。

【脱贫攻坚】 年内，章多乡为138户建档立卡户每户产业分红1500元，共兑现20.7万元；安置以补生态岗位187人，每人岗位资金3500元，共兑现以补生态岗位资金65.45万元。

根据自治区、拉萨市和达孜区关于生态补偿政策要求，严格落实林业生态补偿岗位、草原生态补偿岗位、水生态保护岗位、农村公路养护员、旅游厕所保洁员、城镇保洁员和村级环境监督员的工资标准，实现贫困户不离乡、不离土，长期稳定就业。

章多乡现有易地搬迁户60户207人，脱贫不稳定户1户3人。章多乡积极组织开展易地搬迁地以及脱贫不稳定户劳动力和就业统计、旧房腾退意愿摸排、生产资料核查、相关政策宣讲等工作，了解掌握群众生产生活情况和思想动态，帮助他们实现稳就业和增收致富，鼓励搬迁户“搬得出、稳得住、能发展、能致富”。

【新冠肺炎疫情防控】 年内，严格落实疫情防控措施，其他省市返乡人员，登记风险区等级，严格执行中高风险地区返乡人员隔离观察制度。持续保持戒备态势不放松，灵活运用LED屏、村级广播站等多种形式，在避免直接接触的前提下大力开展宣传工作，确保疫情防控措施宣传到位，同时引导农牧民群众自觉接种新冠疫苗。截至年底，章多乡卫生院累计接种新冠疫苗3856剂次。辖区农牧民群众、流动人口在本地及外地接种疫苗2899人，其中60岁以上人群接种283人。扎实推进使用“藏易通”“场所码”。章

2021年12月22日，章多乡尊木采村组织志愿者为群众发放中央代表团赠70周年大庆洗衣机

多乡组织乡村两级工作人员，走街串巷逐户排查，引导商铺经营者注册“藏易通”、申领“场所码”并进行张贴，全面推进落实“场所码”扫码登记和查验，做好环境消杀、戴口罩、测体温等常态防疫工作，筑牢章多乡防疫屏障。

【环保工作】　年内，加强大气、水、土壤污染防治力度。严格落实“河长制”，确保拉萨河出境断面水质保持在国家Ⅱ类标准以上，实现河清水畅、碧水润乡。以创建文明城市为契机，落实好各项政策宣传，呼吁广大农牧民群众共同参与，规范辖区内公共卫生环境和餐饮行业整顿等，引导其自我治理、自我服务、自我监督，构建文明美丽乡风民俗。坚持源头防控、标本兼治，坚决打好水污染防治攻坚战、蓝天保卫战、净土防御战等三大攻坚战。结合“健康达孜”等各项工作，积极开展人居环境综合整治，全年组织乡级生态环境综合整治活动10次，村级人居环境综合整治活动累计20余次，累计动员干部群众500余人次，使“自我治理、自我服务、自我监督”的意识真正深入人心。坚持以“绣花”功夫加强乡村环境治理，大力提升318国道周边环境，严格整治“六乱”（乱搭乱建、乱堆乱放、乱设摊点、乱拉乱挂、乱贴乱写乱画、乱扔乱吐），着力推进“厕所革命”，实现精细化管理全覆盖。

（张　莉）

【机构领导】

党委书记

达　　珍（女，藏族，4月免）

王　　力（4月任）

党委副书记、乡长

王　　力（4月免）

次丹朗杰（藏族，4月任）

党委副书记、人大主席

拉　　巴（藏族）

党委副书记

曲 军 委

党委委员、纪委书记

阿旺群珠（藏族，4月免）

旦增卓玛（女，藏族，4月任）

组织委员、统战委员

次旦卓嘎（女，藏族，5月任）

宣传委员

扎西次仁（藏族，4月任）

党委委员

普布格桑（藏族）

党委委员、副乡长

房 文 杰（4月任）

副乡长

吉米旺久（藏族，4月免）

龙　　珍（女，藏族，4月免）

王 晓 琳（女，5月任）

乔 银 娜（女，5月任）

# 国有企业

## 达孜区旅游发展投资有限公司

【概况】 达孜区旅游发展投资有限公司自2017年4月成立以来，积极推动旅游重点项目落地，加快旅游品牌形象推广，促进公司整体管理能力和水平提升。2021年，拉萨达孜区旅游发展投资有限公司借助达孜全域旅游良好发展态势，持续落地实施一大批旅游重点项目，继续打造“藏鹤仙子”系列品牌产品，稳步推进党建、业务履职、维稳综治、决策执行落实等各项工作。但在公司整体管理建设水平、旅游推广、项目统筹方面仍然存在不足，旅游发展理念、人才培养方面与发展较好的地区存在较大差距。

【重点项目】 年内，挖掘达孜区特色资源，总体建设规划平稳实施，旅游项目建设持续发力，重点打造达孜区扎叶巴村及白纳村，稳步推进15项文化旅游建设项目，已投资1.45亿元，主要用于建设文化旅游景区，村容村貌整治，整体村民房屋外立面改造、打造林卡经济项目及特色名宿相关附属设施，建设综合旅游服务中心、文旅产业基地、藏文化展示体验中心等。项目实施过程中带动当地6000多人次，共计实现收入820万元，参与本地机械共68辆左右，实现收入415万元，实现本地增收1200万元左右，通过产业的自身发展增加当地村民的收入同时，解决本地大学生12人及幸福新村4人等就业问题，同时将带动当地运输业、商业、餐饮业、娱乐业等行业的发展。同时于2021年开始，稳步推进公司代建的3个政府类投资项目。

【旅游市场】 年内，市场方面紧紧围绕旅游业提档升级、突出品牌打造、项目招商引资等任务，有条不紊地推进各项工作，按序时进度较好地完成各项目标。

截至年底，扎叶巴游客服务中心核心产品展厅累计接待游客1000余人次，旅游收入达20万余

2021年12月23日，西藏自治区党委常委、组织部部长赖蛟（前排右二）一行到达孜区邦堆乡扎叶巴景区调研

2021年2月3日，达孜区旅游发展投资有限公司开展“云上达孜消费扶贫”直播带货（微微一笑直播年货节）

元；加快投入运营扎叶巴民宿，努力提高村集体经济收入；开发“藏鹤仙子”系列旅游文创产品8类，同时进行线上线下推广；联合江苏企业进行消费扶贫直播带货活动；以线上线下相结合完成“藏鹤仙子”为品牌在天猫、京东上开设官方旗舰店同时进行产品推广。同时结合当前市场发展规律，进一步提升达孜旅游知名度。线上综合服务能力、线下营销推广能力，进一步实现达孜旅游业提档升级，提升旅游发展的深度和广度。

（当　曲）

【机构领导】

董事长

白玛玉珍（女，藏族）

## 达孜区虎峰城市建设投资有限公司

【概况】 达孜区虎峰城市建设投资有限公司以习近平新时代中国特色社会主义思想为指导，紧抓新冠肺炎疫情防控和复工复产，推动抓好社会稳定、经济发展、民生保障等各项工作。2021年，达孜区虎峰城市建设投资有限公司共有下属全资子公司3家、控股公司4家、持股公司3家、合营公司3家，经营业务拓展至房地产、建材、粮油经销、交通运输、物业环卫、建筑施工、矿产品销售。

【意识形态建设】 年内，围绕达孜区委、区政府中心工作，把握好“经济建设是党的工作重心，意识形态工作是党的一项极其重要的工作”的内涵，开展意识形态建设。组织学习廉政纪录片，开展教育活动，着力于促进全公司干部职工自律自爱，提高干部职工的荣誉感和归属感，培养德才兼备的人才。多次开展向楷模学习的活动，以榜样的力量激发干事创业的热情，以崇高的理念唤起负责奉献的党性，以培德强才干，以楷模促学习，以思想促发展。

【新冠肺炎疫情防控】 年内，以实现“零感染”作为基本担当和首要责任，认清防控形势的严峻性，持续做好新型冠状病毒感染的肺炎防控工作，充分认识其重要性、紧迫性、复杂性，认真做好公司内疫情防控宣传及群众思想工作，要求全体干部职工及复工人员勤洗手、勤通风、出门戴口罩、不去人员密集处，保持良好的个人卫生

2021年12月20日，达孜区虎峰城市建设投资有限公司组织全体员工学习中共十九届六中全会精神

2021年5月7日，达孜区虎峰城市建设投资有限公司组织员工开展消防安全培训

和环境卫生。严格督促全体干部职工尤其是在岗干部职工做好自身防护，同时做好家人的思想疏导和防护工作。

【虎峰城投砂厂建设】 年内，根据中央环保督察相关指示，拉萨市委、市政府、达孜区委、区政府相关指示精神，对达孜区境内原11家砂石厂进行关停，并重新规划砂石开采范围。根据达孜区委、区政府指示将该项工作交由达孜区虎峰城市建设投资有限公司实施，经招标，与拉萨市城关区巴扎集团公司达成合作，成立西藏筑泰砂石有限责任公司，已对合作范围内涉及4家关停砂石厂进行前期赔付，并对2家已关停砂石厂场地进行恢复；与西藏力泰钢结构有限公司达成合作，成立西藏达孜永旺建材有限公司、拉萨达孜建功商砼有限公司，已对合作范围内涉及7家关停砂石厂进行前期赔付。通过此项工作的开展，公司工业板块产值产能得到极大提升，年产值由原600万元提升至1400万元，充分整合资源，提高了资源利用率。从根本上解决了区内河道乱采乱挖问题，进一步推动了达孜区环境保护工作的开展。

【环境卫生整治】 年内，按照达孜区委、区政府工作安排，全面整顿下属砂场、商混站卫生环境问题。动员广大员工人人参与，全面治理陈年垃圾、建筑垃圾、楼道杂物等问题，解决长期存在而不能解决的环境卫生问题，持续推进环境卫生整建工作常态化。

【安全生产管理】 年内，为预防和减少施工安全事故的发生，及时应对施工突发事件，控制、减轻和消除项目施工安全事故灾难造成的人员伤亡、财产损失和社会影响，规范安全生产应急救援行动，维护人民群众生命安全和社会稳定，根据工作实际，公司制定详细的突发事件重大应急预案，把安全生产工作作为企业经济发展、社会稳定的一项大事来抓，切实做到领导指挥在一线、情况掌握在一线、措施落实在一线、问题解决在一线、成效取得在一线。积极了解社会矛盾纠纷，做好矛盾纠纷的排查调解工作，杜绝各类上访事件和群体性事件的发生。

（何　婷）

【机构领导】

董事长

边旦德措（藏族）

常务副总

郭 小 波

## 达孜虎峰园林绿化有限公司

【概况】 达孜虎峰园林绿化有限公司成立于2018年4月，公司下设5个部门，有员工83名，其中党员3名。2021年，达孜虎峰园林绿化有限公司通过“五抓五增”（抓党建，增能力；抓管理，增效益；抓安全，增稳定；抓质量，增效率；抓廉洁，增定力），推动各项工作取得显著成效。共实现年产值5338.59万元，实现营业收入4408.42万元，实现利润2361.76万元，纳税433.81万元（不含企业所得税）；共吸纳西藏籍大学生10人，幸福社区职工67人长期稳定就业；2021年带动农牧民就业约1021人，农牧民增收约1122.53万元，2021年6月被达孜区人力资源和社会保障局授予“拉萨市达孜区农牧民转移就业基地”称号；2021年帮扶建档立卡户225人，上缴扶贫分红45万元；公司积极为“绿色达孜”做贡献，为达孜区新增绿化面积达9100余亩，新增植树涉及26类品种共184.04万余株。各项经济指标均超过2018年、2019年及2020年的总和。

【党建工作】 年内，坚持党对国有企业的领导不动摇，认真落实中央和区党委确定的国企党建40项重点任务，深入贯彻重大会议精神，通过强化学习，制订学习计划表，充分利用“三会一课”、书记讲党课、专题研讨、心得交流等平台，组织员工召开近30次集体学习会，学习范围覆盖公司全体员工，并向全体员工印发会议名词解释和应知应会，公司员工撰写学习心得共24份。公司始终坚持以党建工作为引领，切实发挥党组织核心作用，将党建工作总体要求纳入公司章程，把党组织的机构设置、职责分工、工作任务等都写入章程，明确党组织在公司法人治理结构中的法定地位。进一步落实党管干部和党管人才原则，坚持党的建设与企业改革同步规划、党的组织及工作机构同步设置、党组织负责人及党务工作人员同步配备、党建工作同步开展，加强对达孜区国有企业党建工作的领导，做到融入生产、经营、管理各环节抓党建。

年内，成立中共达孜区国有企业联合支部，办公室设立于达孜虎峰园林绿化有限公司，支部书记由总经理刘庆华担任。组织召开集中学习会4次，召开关于党风廉政建设会议共2次，组织传达各类典型案例共计2次。定期开展党日活动并做好党费收缴工作，共上缴党费2592元。严格党员发展工作，完善党员档案，建立健全入党积极分子推荐制度，支部收到入党申请书30份，支部书记开展谈心谈话共计25人，在达孜区5家国有企业中优中推优发展积极分子15名。

2021年5月25日，西藏自治区林业厅一行到达孜虎峰园林绿化有限公司项目点考察工作

【党风廉政建设】 年内，为建设清廉国企，公司积极推进党风廉政建设责任制落实，不断增加全公司员工拒腐防变能力。严格执行“三重一大”制度，并制订具有针对性和周密性的学习计划，做到进一步强化教育引领作用。抓好员工的日常教育、管理，抓好员工在特殊时期、阶段性上工作的监督。公司不仅在日常采购、招标等工作程序上加强监督管理，还梳理每一个岗位的潜在廉政风险点，针对每个风险点推行相应的措施，在每一道程序上充分做到公开透明，该公开招标的必须公开招标，该询价的必须询价，而且整个过程必须有项目部、财务部及办公室的人员共同参与，必须有党支部的纪律委员参与，做到在制度上制约，在每个环节上都严防腐败现象发生。

【新冠肺炎疫情防控】 年内，及时传达上级精神，坚持把疫情防控作为头等大事，确保责任落实到每一名国企的领导、员工身上，层层落实，不留空白。强化排查管控，保证工作措施到位。专人监督、动态管理，对公司人员的去向、返程等情况全面核实，做到不漏一人。狠抓重点部位管控，对办公场所实行来往人员登记、测量体温制度等。在疫情防控工作中，始终坚持党建引领核心作用，确保各项工作稳步推进。保证各项工作不停步、不延误、不断档。

【人才招聘】 年内，达孜虎峰园林绿化有限公司为充实中层管

2021年10月15日，达孜虎峰园林绿化有限公司组织“三岩”片区工人培训园林技术

理岗位，增设市场部，为开拓区外市场做好准备，并进行公开社会招聘，以充实公司专业技术人员。

【安全生产】 年内，达孜虎峰园林绿化有限公司针对安全生产问题，推出并实施3项举措，项目部人员对项目施工现场实行“全天候监管”，施工不结束，管理人员不离场，确保生产安全。对各项目点和苗圃安全生产责任都对应有公司管理层人员，对施工班组，特别是“三岩”片区职工实行组长负责制管理，多次召开现场会，杜绝不稳定因素，在发现工人出现不符合规范的工作行为等问题时及时纠正。与幸福社区建立长效沟通机制，形成多级联动的施工现场及工人管理体系。多次深入“三岩”片区、施工现场为工人进行安全技能培训，详细讲解如何操作，并与各专业分包队伍都明确安全生产责任。为每一名员工购买团体意外险，发放安全护具，以避免出现人身意外伤害引起的赔偿纠纷。截至年底，公司无一例安全生产事故发生。

【规范管理】 年内，达孜虎峰园林绿化有限公司坚决杜绝有规不依、有章不守的情况，强力运行各项规章制度，当前公司项目已覆盖达孜区五乡一镇20个行政村，通过实行“站区+流水线”制度，将20个行政村划分为5个区域，由项目部人员来分别监督和管理各自所分区域，担任各自区域的第一责任人，主要工作是围绕苗木存活率来开展。此外其他工作由其他办公室人员对应负责，例如项目前期招投标、合同签订、资料整理、项目验收以及收款拨款等工作由财务室、办公室人员对接实施，强化部门与部门之间的沟通协调，把公司制度贯穿工作全过程，在提升对专项工作的熟练程度上，也能够提高工作效率，着力构建起有利于思想建设、作风改进、工作推进的制度体系，形成相互监督、相互制约、共同进步的工作氛围。

（卓嘎拉措）

【机构领导】

董事长

李奇峻

总经理

刘庆华

## 达孜区净土产业投资开发有限公司

【概况】 达孜区净土产业投资开发有限公司位于达孜区邦堆乡现代农业园区内，成立于2014年，是达孜区人民政府投资的国有独资企业。公司注册资金1.5亿元。达孜区净土产业投资开发有限公司设有董事会、董事长、总经理、监事等人。2021年有职工13人（研究生1名、本科生5名、专科5名）。公司下设农业产业园区管委会、达孜区高标准奶牛养殖中心、原种藏鸡养殖基地、净源农业花卉基地、藏鸡屠宰冷链产业等。

公司已经承担起达孜区净土健康产业相关项目的建设和运营管理，招商引资，农牧业生产、加工、对接等，全力打造生态、健康、特色农畜产品。

【达孜特色原种藏鸡养殖场】 年内，西藏唐嘎原种藏鸡养殖基地孵化鸡苗3万余只，藏鸡存栏5.1万只，日产藏鸡蛋4000枚。投资2400万元的屠宰深加工项目已运营，年屠宰藏鸡规模约80万只，

2021年11月13日，达孜区净土产业投资开发有限公司负责人赤列卓嘎（右一）一行到曲水净旺生猪养殖有限公司参观学习

初步形成以藏鸡孵化、藏鸡养殖、藏鸡屠宰、深加工及冷链销售为一体的净土健康产业链。

【章多乡高标准生猪养殖场项目】总投资为5982.43万元，高标准生猪养殖项目是“十四五”重点产业项目，该项目选址在原章多乡西藏民康生态科技有限责任公司生猪养殖场，打造标准化、规模化、产业化生猪养殖基地，从而增强达孜区猪肉供应保障。引进能繁母猪500头，年出栏9000头。

【达孜区高标准奶牛养殖示范项目】 达孜区高标准良种奶牛养殖中心项目是自治区、市、区“十三五”扶贫产业项目，是拉萨市委、市政府“万户百场十中心”的重点产业项目。项目基地位于达孜区塔杰乡塔杰村，总投资为1.6969亿元，设计饲养规模2000头。奶牛中心运营、管理走高效、生态的新型现代循环农牧业道路，也是全国“学生牛奶源基地”。

【农业产业】 年内，紧紧抓住项目机遇，主动对接，积极争取有关涉农项目，建设园区智能联动温室、种苗育苗基地、高校保险冷藏库、钢架结构温室大棚以及高标准温室大棚等。年内，园区主要种植各类蔬菜和火龙果、草莓、西瓜等水果。5月，西藏花博园正式开业，截至年底，有200多种不同品种的花卉。园区项目承载能力和示范带动作用不断增强。2021年，园区科学规划、统筹布局，明确工作思路和重点，不断延伸主导产业链条，以产业融合集群为支撑，以科技研发应用为强化，引进新技术，以休闲旅游为拓展。

【带动增收】 年内，达孜区净土产业投资开发有限公司结合“两正，两思”活动，坚持“建大龙头、带大基地、兴大产业”的工作思路，紧紧围绕农业增效、农民增收这项中心任务，上半年在农业产业园区聘请技术人员，种植蔬菜、草莓、火龙果、玉米、花卉等30余个品种，手把手地教当地务工老百姓技术，进行培训5场次，解决长期就业20余人，转移劳动力2000余人次。通过培训进一步激发了老百姓种植积极性，同时，让老百姓学到一门技术，增加了收入渠道，为达孜区的增收工作奠定了良好的基础。

（赤列卓嘎）

2021年5月12日，达孜区净土产业投资开发有限公司西藏花博园开业典礼举行

【机构领导】

董事长

扎西德吉(女,藏族)

总经理

洛桑旦增(藏族)

## 国网达孜区供电公司

【概况】 国网达孜区供电公司前身为达孜区供电有限公司,始建于2014年11月,主要负责达孜区五乡一镇的供应、销售、输变电和配电设施的建设,担负着达孜区工农业生产、人们生活、市政建设供电的职责。根据农电体制改革工作的要求,2020年6月30日达孜区人民政府与国网西藏电力有限公司签署《关于达孜区供电有限公司国有产权无偿划转的协议书》,公司实现“上划直管”,并在2021年10月完成公司股权划转等工作,注册为国网西藏电力有限公司拉萨市达孜区供电公司。

2021年,国网达孜区供电公司共有职工45人。其中,国网编制30人,劳务派遣人员和业务外包人员共计15人。

【变电站】 年内,国网达孜区供电公司管辖范围内共有变电站3座,分别为110千伏桑珠林变电站(容量80000千伏安)、35千伏达孜变电站(容量20000千伏安)以及2018年11月投运的35千伏章多变电站(容量4000千伏安)。

【输、配电线路】 截至年底,达孜区境内已铺设35千伏输电线路2条;10千伏输电线路12条,电网覆盖率达100%。

【党建工作】 年内,国网达孜区供电公司在上级党委帮助指导下组织党员学习党的十九大及十九届历次会议精神,习近平总书记在全国国有企业党的建设工作会议上的重要讲话、《中国共产党章程》、《中国共产党纪律处分条例》、《习近平谈治国理政》第一、二、三卷等重点内容,通过党员自学、支部集中学习、观看党史学习教育题材影片等的方式累计开展12次专题集中学习、12次主题党日以及3次“我为群众办实事”活动。同时也接受了上级党委安排的政治巡查工作,政治巡查工作共计发现47项立行立改问题,指出国网达孜区供电公司当前在综合管理、项目管理、营销业务等方面存在的问题与短板,并且提出极具针对性的整改方式,为国网达孜区供电公司实现综合业务稳步发展提供了机会。6月,国网达孜区供电公司党支部荣获国网拉萨供电公司党委颁发的“2019—2020年先进党支部”称号。

2021年5月28日,国网拉萨供电公司总经理蔡登峰(左二)一行到达孜区35千伏掌舵变电站调研安全生产“五查五严”工作

【安全生产】 年内,国网达孜区供电公司健全完善安全生产责任体系。持续强化以公司一把手为核心的各部门安全生产责任制,做到权责明确、各司其职,保证安全生产的可控、在控、能控。严格执行生产现场领导干部和管理人员到岗到位规定,扎实有效地开展“现场第一责任人”安全管理与监督;严格执行“三把关、三到位”(把好电网运行方式安排关、把好继电保护投停关、把好调度操作到位关;安全培训到位、安全活动到位、现场监督到位),累计组织开展安规考试12次。

年内,国网达孜区供电公司积极发挥安全生产标杆县公司模范作用,由内而外地积极开展安全生产管控工作。对内,在积极开展学习习近平总书记有关安全

2021年3月28日，国网达孜区供电公司党支部开展庆祝“3·28”西藏百万农奴解放纪念日活动

生产的重要论述的同时结合实际工作利用“五查五严”（查思想认识、严明政治规矩；查制度体系、严肃制度执行；查安全管理、严细落实责任；查事故隐患、严抓安全防控；查法治建设、严格依法治企）“安全生产三年整治行动”等契机，积极开展内部整治活动。年内，分别接受由国网西藏电力有限公司总经理龚东昌带队的“五查五严”专项调研和由国网拉萨供电公司总经理蔡德峰带队的安全生产专项调研，均受到较好评价；对外，严格把控生产现场安全，加大对施工人员入场管控、施工期间的管控；同时积极开展隐患排查。年内，已发现大小隐患158处，对存在的隐患下发《隐患通知书》15份。年内，积极开展安全生产宣传工作，先后开展“安全用电入校园”“安全生产入企业”等工作共计4次，均获得极好的反响。3月，国网达孜区供电公司原运维检修部荣获由西藏自治区应急管理厅、共青团西藏自治区委员会联合授予的“全区青年安全生产示范岗”的称号。

【人才培养】 年内，国网达孜区供电公司按照上级规划部署，完成公司“成长型”县供电公司组织机构改革，设立综合管理和供电服务中心，并按照工作分工，专业划分对员工开展专项培训。年内，共有5名大学生入职（均为西藏本地生源）。根据上级安排，5名大学生入职后直接在国网拉萨供电公司对应部门跟岗学习3月有余，切实提高了新人入职后对区供电公司高强度工作的适应能力及理论实践能力。8月，符合国网公司相关标准的3名员工申报初级职称，并获得相应职称。截至年底，国网达孜区供电公司有高级工5人、中级工15人，中级职称者1人、初级职称者16人。

【服务品质】 年内，国网达孜区供电公司营销部不断改善达孜区境内营销环境，实行报装接电省力、省时、省费“三省”服务。按照“一户一档”管理要求，建立标准化档案室，统一客户业扩报装工程资料归档，建立健全客户用电档案收集、存放、查阅制度，做到档案完整、归档及时、妥善保管。

年内，国网达孜区供电公司实现售电量4297.04万千瓦时，同比增长21.5%；实现回收电费3033.35万元。年内，在上级党委和达孜区人民政府的大力支持下，国网达孜区供电公司累计投资4575.61万元，在达孜区境内开展12项电力设施建设或翻新项目，为项目涉及高低压线路的沿线人民群众及大小企业的生活生产带来了极大的便利。

（达娃塔杰）

【机构领导】

经　理

强巴旦增（藏族，9月免）

蒋　　族（9月任）

# 附 录

## 达孜区受县(区)级以上表彰的先进集体一览表

表1

| 获奖单位 | 获奖名称 | 表彰时间 | 授予单位 |
|---|---|---|---|
| 达孜区德庆镇白纳村委会 | 全国脱贫攻坚先进集体 | 2021年 | 国务院 |
| 达孜区雪乡扎西岗村 | 全国乡村治理示范村 | 2021年 | 农业农村部、中央宣传部、民政部、司法部、国家乡村振兴局 |
| 达孜区雪乡扎西岗村 | 全国民主法治示范村(社区) | 2021年 | 司法部、民政部 |
| 达孜区农业农村局 | 2021年全国县域农业农村信息化发展先进县 | 2021年 | 农业农村部信息中心 |
| 达孜区邦堆乡人民政府 | 西藏自治区脱贫攻坚先进集体 | 2021年 | 中共西藏自治区委员会、西藏自治区人民政府 |
| 达孜区教育局 | 自治区脱贫攻坚先进集体 | 2021年 | 中共西藏自治区委员会、西藏自治区人民政府 |
| 达孜区扶贫开发办公室 | 自治区脱贫攻坚先进集体 | 2021年 | 中共西藏自治区委员会、西藏自治区人民政府 |
| 达孜区扶贫开发办公室 | 自治区先进基层党建组织 | 2021年 | 中共西藏自治区委员会 |
| 达孜区章多乡尊木采村 | 自治区“四讲四爱”群众教育实践活动先进集体 | 2021年 | 中共西藏自治区党委宣传部、西藏自治区“四讲四爱”群众教育实践活动领导小组办公室 |
| 达孜区章多乡人民政府 | 自治区“文明村镇” | 2021年 | 西藏自治区精神文明建设指导委员会 |
| 达孜区塔杰乡人民政府 | 继续保留自治区文明村镇荣誉称号 | 2021年 | 西藏自治区精神文明建设指导委员会 |
| 达孜区塔杰乡巴嘎雪村 | 继续保留自治区文明村镇荣誉称号 | 2021年 | 西藏自治区精神文明建设指导委员会 |
| 达孜区雪乡扎西岗村 | 西藏自治区2021年美丽宜居示范村 | 2022年 | 西藏自治区农村人居环境整治工作领导小组 |
| 达孜区水利局 | 自治区水利系统先进集体 | 2021年 | 西藏自治区水利厅 |

续表 1

| 获奖单位 | 获奖名称 | 表彰时间 | 授予单位 |
| --- | --- | --- | --- |
| 达孜区农业农村局 | 拉萨市创先争优强基础惠民生活动优秀组织单位 | 2021 年 | 中共拉萨市委员会、拉萨市人民政府 |
| 达孜区农业农村局 | 2020 年全市农牧民增收工作三等奖 | 2021 年 | 中共拉萨市委员会、拉萨市人民政府 |
| 达孜区农业农村局 | 2021 年度全市农牧民增收工作四等奖 | 2022 年 | 中共拉萨市委员会、拉萨市人民政府 |
| 达孜区农业农村局 | 2021 年度全市设施蔬菜示范带动先进县区 | 2022 年 | 中共拉萨市委员会、拉萨市人民政府 |
| 达孜区教育局驻巴嘎雪村工作队 | 先进驻村（居）工作队 | 2021 年 | 中共拉萨市委员会、拉萨市人民政府 |
| 达孜区信访局 | 2021 年度拉萨市信访工作先进集体 | 2021 年 | 中共拉萨市委员会、拉萨市人民政府 |
| 达孜区塔杰乡巴嘎雪村 | 全市先进基层党组织 | 2021 年 | 中共拉萨市委员会 |
| 达孜区公安局邦堆乡派出所 | 2021 年度城乡社区警务工作和流动人口服务管理工作“集体三等功” | 2022 年 | 拉萨市公安局 |
| 达孜区公安局德庆镇派出所党支部 | 拉萨市公安机关先进基层党组织 | 2022 年 | 拉萨市公安局 |
| 达孜区人民检察院 | 全市检察机关先进集体 | 2021 年 | 拉萨市人民检察院 |
| 达孜区章多乡人民政府 | 拉萨市“文明村镇” | 2021 年 | 拉萨市精神文明建设指导委员会 |
| 达孜区邦堆乡林阿村 | 拉萨市“文明村镇” | 2021 年 | 拉萨市精神文明建设指导委员会 |
| 达孜区城市管理和综合执法局 | 拉萨市诚信单位 | 2021 年 | 拉萨市社会信用体系建设领导小组办公室 |
| 共青团雪乡委员会 | 全市五四红旗团委 | 2021 年 | 共青团拉萨市委员会 |
| 达孜区农业农村局 | 农机购置补贴政策落实工作先进单位 | 2022 年 | 拉萨市农业农村局 |
| 达孜区农业农村局 | 重大动物疫病防控工作单位 | 2022 年 | 拉萨市农业农村局 |
| 达孜区农业农村局 | 加强农产品质量安全监管工作单位 | 2022 年 | 拉萨市农业农村局 |
| 达孜区文化和旅游局 | 拉萨市第五届县（区）艺术团文艺调演“优秀组织奖” | 2021 年 | 拉萨市文化局 |
| 达孜区文化和旅游局（虎峰艺术团） | 拉萨市第五届县（区）艺术团文艺调演“二等奖” | 2021 年 | 拉萨市文化局 |
| 达孜区医疗保障局 | 最佳风尚奖 | 2021 年 | 拉萨市医疗保障局 |
| 农行达孜区支行 | 2021“春天行动”农户金融业务先进集体 | 2021 年 | 农业银行拉萨分行 |
| 农行达孜区支行 | 达孜区 2021 年对公业务综合营销优秀支行 | 2022 年 | 农业银行拉萨分行 |

续表 1

| 获奖单位 | 获奖名称 | 表彰时间 | 授予单位 |
| --- | --- | --- | --- |
| 达孜区城市管理和综合执法局 | 拉萨市城市管理工作 2020 年度“先进集体” | 2021 年 | 拉萨市城市管理和综合执法局 |
| 国网达孜区供电公司 | 2019—2020 年度先进党支部 | 2021 年 | 国网拉萨供电公司 |
| 达孜区中学 | 先进基层党组织 | 2021 年 | 拉萨市教育局 |
| 达孜区中学 | 全市教育系统先进基层党组织 | 2021 年 | 拉萨市教育局 |
| 达孜区农业农村局 | 2020 年度牦牛经济杂交先进单位 | 2021 年 | 拉萨市农业农村局、拉萨市畜牧兽医总站 |
| 达孜区城市管理和综合执法局 | 达孜区 2020 年度目标绩效三等奖 | 2021 年 | 中共达孜区委员会、达孜区人民政府 |
| 达孜区人民法院 | 2021 年度目标绩效二等奖 | 2021 年 | 中共达孜区委员会、达孜区人民政府 |
| 达孜区教育局(体育局) | 达孜区 2020 年度目标绩效“达标奖” | 2021 年 | 中共达孜区委员会、达孜区人民政府 |
| 达孜区农业农村局 | 达孜区“永远跟党走”——庆祝中国共产党成立 100 周年文艺会演优秀组织奖 | 2021 年 | 中共达孜区委员会、达孜区人民政府 |
| 达孜区农业农村局 | 达孜区 2020 年度目标绩效考核经济社会发展类达标奖 | 2021 年 | 中共达孜区委员会、达孜区人民政府 |
| 达孜区塔杰乡人民政府 | 达孜区“永远跟党走”——庆祝中国共产党成立 100 周年文艺会演优秀组织奖 | 2021 年 | 中共达孜区委员会、达孜区人民政府 |
| 达孜区扶贫开发办公室 | 2020 年度目标绩效一等奖 | 2021 年 | 中共达孜区委员会、达孜区人民政府 |
| 达孜区信访局 | 2021 年度达孜区目标绩效考核先进单位(社会治理类三等奖) | 2021 年 | 中共达孜区委员会、达孜区人民政府 |
| 达孜区医疗保障局 | 2020 年度目标绩效三等奖 | 2021 年 | 中共达孜区委员会、达孜区人民政府 |
| 达孜区中学 | 达孜区 2021 年第 37 个教师节优秀团队 | 2021 年 | 中共达孜区委员会、达孜区人民政府 |
| 达孜区住房和城乡建设局 | 2021 年度目标绩效考核三等奖 | 2021 年 | 中共达孜区委员会、达孜区人民政府 |
| 达孜区委组织部 | 达孜区“永远跟党走”——庆祝中国共产党成立 100 周年文艺会演优秀单位 | 2021 年 | 中共达孜区委员会、达孜区人民政府 |
| 达孜区中心小学 | 先进基层党组织 | 2021 年 | 中共达孜区委员会 |
| 达孜区德庆镇白纳村双语幼儿园 | 先进基层党组织 | 2021 年 | 中共达孜区委员会 |
| 达孜区教育足球队 | 达孜区第二届“虎峰杯”足球联赛冠军 | 2021 年 | 达孜区人民政府 |
| 达孜区章多乡尊木采村 | 2021 年度达孜区级“金牌调解室”称号 | 2021 年 | 达孜区人民政府 |
| 达孜区中学 | 达孜区教育系统“规范字写时代新篇”全(县)区教师粉笔大赛优秀组织奖 | 2021 年 | 达孜区人民政府 |

# 达孜区受县（区）级以上表彰的先进个人一览表

表 2

| 姓名 | 性别 | 民族 | 工作单位 | 获奖名称 | 表彰时间 | 授予单位 |
|---|---|---|---|---|---|---|
| 扎西曲珍 | 女 | 藏族 | 达孜区农业农村局农业技术推广站 | 全国县域数字农业农村发展水平评价工作先进个人 | 2021 年 | 农业农村部 |
| 次旦卓玛 | 女 | 藏族 | 达孜区妇女联合会 | 全国实施妇女儿童发展纲要先进个人 | 2021 年 | 国务院妇女儿童工作委员会 |
| 达娃央金 | 男 | 藏族 | 农行达孜区支行 | 2021 年度脱贫攻坚金融服务先进个人 | 2021 年 | 中国农业银行 |
| 益西曲珍 | 女 | 藏族 | 达孜区邦堆乡人民政府 | 西藏自治区脱贫攻坚工作先进个人 | 2021 年 | 中共西藏自治区委员会、西藏自治区人民政府 |
| 普布次仁 | 男 | 藏族 | 达孜区德庆镇人民政府 | 西藏自治区脱贫攻坚先进个人 | 2021 年 | 中共西藏自治区委员会、西藏自治区人民政府 |
| 仁　增 | 男 | 藏族 | 达孜区水利局 | 自治区创先争优强基础惠民生活动先进驻村（居）工作队员 | 2021 年 | 中共西藏自治区委员会、西藏自治区人民政府 |
| 田献振 | 男 | 汉族 | 达孜区唐嘎乡人民政府 | 自治区脱贫攻坚先进个人 | 2021 年 | 中共西藏自治区委员会、西藏自治区人民政府 |
| 次仁边巴 | 男 | 藏族 | 达孜区德庆镇人民政府 | 优秀村（社区）党组织第一书记 | 2021 年 | 中共西藏自治区党委组织部 |
| 党志阳 | 男 | 汉族 | 达孜区公安局 | 个人三等功 | 2022 年 | 中共西藏自治区党委组织部、西藏自治区人力资源和社会保障厅 |
| 伊达依杜啦 | 男 | 藏族 | 达孜区塔杰乡人民政府 | 2020 年度全区“学习强国”学习积极分子称号 | 2021 年 | 中共西藏自治区党委宣传部 |
| 张　宇 | 男 | 汉族 | 国网达孜区供电公司 | 自治区优秀团干部 | 2022 年 | 共青团西藏自治区委员会 |
| 巴　桑 | 男 | 藏族 | 农行达孜区支行 | 2021 年度优秀共产党员 | 2021 年 | 农业银行西藏分行 |
| 曾治友 | 男 | 藏族 | 达孜区司法局 | 2021 年普法先进个人 | 2021 年 | 西藏自治区司法厅 |
| 李寿清 | 男 | 汉族 | 达孜区退役军人事务局 | 自治区退役军人工作模范个人 | 2021 年 | 西藏自治区退役军人事务工作领导小组 |
| 普布次仁 | 男 | 藏族 | 达孜区公安局 | 2021 年青少年禁毒知识竞赛“先进个人” | 2022 年 | 西藏自治区禁毒委员会 |
| 多　吉 | 男 | 藏族 | 达孜区城市管理和综合执法局 | 拉萨市庆祝西藏和平解放 70 周年活动表现突出个人 | 2021 年 | 中共拉萨市委员会、拉萨市人民政府 |
| 晋美多吉 | 男 | 藏族 | 达孜区农业农村局兽医站 | 第二届拉萨市先进工作者 | 2021 年 | 中共拉萨市委员会、拉萨市人民政府 |
| 李　安 | 男 | 汉族 | 达孜区唐嘎乡人民政府 | 全市优秀党务工作者 | 2021 年 | 中共拉萨市委员会 |
| 王之景 | 男 | 汉族 | 达孜区公安局 | 拉萨市优秀共产党员 | 2021 年 | 中共拉萨市委员会 |
| 边巴次仁 | 男 | 藏族 | 达孜区委组织部 | 拉萨组织编制系统信息工作先进个人 | 2021 年 | 中共拉萨市委组织部 |

续表 2

| 姓名 | 性别 | 民族 | 工作单位 | 获奖名称 | 表彰时间 | 授予单位 |
| --- | --- | --- | --- | --- | --- | --- |
| 茹格叶 | 女 | 藏族 | 达孜区人民检察院 | 拉萨市优秀政法干警 | 2021 年 | 中共拉萨市委政法委 |
| 王之景 | 男 | 汉族 | 达孜区公安局 | 拉萨市优秀政法干警 | 2021 年 | 中共拉萨市委政法委 |
| 德庆央宗 | 女 | 藏族 | 达孜区邦堆乡克日村 | 拉萨市“最美家庭” | 2021 年 | 拉萨市妇女联合会 |
| 次德吉 | 女 | 藏族 | 达孜区邦堆乡克日村 | 拉萨市“最美家庭” | 2021 年 | 拉萨市妇女联合会 |
| 刘小明 | 女 | 汉族 | 达孜区城市管理和综合执法局 | 拉萨市诚信之星 | 2021 年 | 拉萨市社会信用体系建设领导小组办公室 |
| 刘　敏 | 女 | 汉族 | 达孜区农业农村局兽医站 | 拉萨市创先争优强基础惠民生驻村工作队先进工作队员 | 2022 年 | 拉萨市创先争优强基础惠民生活动领导小组办公室 |
| 普布片多 | 女 | 藏族 | 达孜区唐嘎乡人民政府 | 拉萨市第七次人口普查先进个人 | 2021 年 | 拉萨市第七次全国人口普查领导小组办公室 |
| 刘　谨 | 女 | 汉族 | 达孜区章多乡人民政府 | 拉萨市第七次人口普查先进个人 | 2021 年 | 拉萨市第七次全国人口普查领导小组办公室 |
| 尼玛顿珠 | 男 | 藏族 | 达孜区人民法院 | 优秀办案标兵 | 2021 年 | 拉萨市中级人民法院 |
| 桑阿曲珍 | 女 | 藏族 | 达孜区人民法院 | 个人优秀奖 | 2021 年 | 拉萨市中级人民法院 |
| 巴桑卓玛 | 女 | 藏族 | 达孜区德庆镇桑珠林村 | 绿色家庭 | 2021 年 | 拉萨市妇女联合会 |
| 尼　玛 | 女 | 藏族 | 达孜区邦堆乡克日村 | 绿色家庭 | 2021 年 | 拉萨市妇女联合会 |
| 拉　姆 | 女 | 藏族 | 达孜区邦堆乡邦堆村 | 绿色家庭 | 2021 年 | 拉萨市妇女联合会 |
| 扎　西 | 女 | 藏族 | 达孜区德庆镇幸福社区 | 绿色家庭 | 2021 年 | 拉萨市妇女联合会 |
| 伦珠古桑 | 男 | 藏族 | 达孜区公安局 | 个人三等功 | 2022 年 | 拉萨市公安局 |
| 边巴卓玛 | 女 | 藏族 | 达孜区公安局 | 个人三等功 | 2022 年 | 拉萨市公安局 |
| 次旦卓玛 | 女 | 藏族 | 达孜区公安局 | 个人三等功 | 2022 年 | 拉萨市公安局 |
| 边巴卓玛 | 女 | 藏族 | 达孜区公安局 | “首届优秀社区民警”称号 | 2022 年 | 拉萨市公安局 |
| 伦珠古桑 | 男 | 藏族 | 达孜区公安局 | 刑事案件“打防控”破案标兵 | 2021 年 | 拉萨市公安局 |
| 次仁达瓦 | 男 | 藏族 | 达孜区公安局 | “优秀社区民警”个人嘉奖 | 2022 年 | 拉萨市公安局 |
| 桑珠次仁 | 男 | 藏族 | 达孜区公安局 | “三大攻坚战”个人嘉奖 | 2022 年 | 拉萨市公安局 |
| 赵　阳 | 男 | 汉族 | 达孜区公安局 | “三大攻坚战”个人嘉奖 | 2022 年 | 拉萨市公安局 |

续表 2

| 姓名 | 性别 | 民族 | 工作单位 | 获奖名称 | 表彰时间 | 授予单位 |
|---|---|---|---|---|---|---|
| 丁永志 | 男 | 汉族 | 达孜区公安局 | “三大攻坚战”个人嘉奖 | 2022 年 | 拉萨市公安局 |
| 赵　勇 | 男 | 汉族 | 达孜区公安局 | “三大攻坚战”个人嘉奖 | 2022 年 | 拉萨市公安局 |
| 洛桑旦增 | 男 | 藏族 | 达孜区公安局 | “三大攻坚战”个人嘉奖 | 2022 年 | 拉萨市公安局 |
| 巴　珠 | 男 | 藏族 | 达孜区公安局 | “一标三实”码上办信息采集个人嘉奖 | 2021 年 | 拉萨市公安局 |
| 阿旺益西 | 男 | 藏族 | 达孜区公安局 | 专案个人嘉奖 | 2021 年 | 拉萨市公安局 |
| 达娃塔杰 | 男 | 藏族 | 国网达孜区供电公司 | 国网拉萨供电公司 2021 年度劳动模范 | 2022 年 | 国网西藏电力有限公司拉萨供电公司 |
| 次旦扎西 | 男 | 藏族 | 达孜区中心小学 | 优秀共产党员 | 2021 年 | 拉萨市教育局 |
| 翻　多 | 女 | 藏族 | 达孜区中心小学 | 优秀共产党员 | 2021 年 | 拉萨市教育局 |
| 拉　姆 | 女 | 藏族 | 达孜区中学 | 优秀共产党员 | 2021 年 | 拉萨市教育局 |
| 白玛曲诊 | 女 | 藏族 | 达孜区德庆镇新仓村双语幼儿园 | 优秀共产党员 | 2021 年 | 拉萨市教育局 |
| 姜鹏程 | 男 | 汉族 | 达孜区邦堆乡克日村双语幼儿园 | 优秀党务工作者 | 2021 年 | 拉萨市教育局 |
| 德　吉 | 女 | 藏族 | 达孜区邦堆乡人民政府 | 优秀公务员 | 2021 年 | 中共达孜区委员会、达孜区人民政府 |
| 单真旺杰 | 男 | 藏族 | 达孜区邦堆乡人民政府 | 优秀公务员 | 2021 年 | 中共达孜区委员会、达孜区人民政府 |
| 田瑞恒 | 男 | 汉族 | 达孜区邦堆乡人民政府 | 优秀公务员 | 2021 年 | 中共达孜区委员会、达孜区人民政府 |
| 彭　芳 | 女 | 汉族 | 达孜区邦堆乡人民政府 | 优秀公务员 | 2021 年 | 中共达孜区委员会、达孜区人民政府 |
| 次　旺 | 男 | 藏族 | 达孜区邦堆乡林阿村 | 优秀公务员 | 2021 年 | 中共达孜区委员会、达孜区人民政府 |
| 次旦卓嘎 | 女 | 藏族 | 达孜区邦堆乡克日村 | 优秀公务员 | 2021 年 | 中共达孜区委员会、达孜区人民政府 |
| 贡桑德吉 | 女 | 藏族 | 达孜区邦堆乡人民政府 | 优秀人员 | 2021 年 | 中共达孜区委员会、达孜区人民政府 |
| 格桑措姆 | 女 | 藏族 | 达孜区藏语文工作委员会办公室（编译局） | 优秀公务员 | 2021 年 | 中共达孜区委员会、达孜区人民政府 |
| 李　莹 | 女 | 汉族 | 达孜区德庆镇人民政府 | 优秀公务员 | 2021 年 | 中共达孜区委员会、达孜区人民政府 |
| 李　莹 | 女 | 汉族 | 达孜区德庆镇人民政府 | 优秀党务工作者 | 2021 年 | 中共达孜区委员会、达孜区人民政府 |
| 白玛曲珍 | 女 | 藏族 | 达孜区德庆镇人民政府 | 优秀公务员 | 2021 年 | 中共达孜区委员会、达孜区人民政府 |

续表 2

| 姓名 | 性别 | 民族 | 工作单位 | 获奖名称 | 表彰时间 | 授予单位 |
|---|---|---|---|---|---|---|
| 白玛曲珍 | 女 | 藏族 | 达孜区德庆镇人民政府 | 优秀党员 | 2021 年 | 中共达孜区委员会、达孜区人民政府 |
| 次仁罗布 | 男 | 藏族 | 达孜区德庆镇德吉新村 | 优秀党员 | 2021 年 | 中共达孜区委员会、达孜区人民政府 |
| 久美江村 | 男 | 藏族 | 达孜区德庆镇幸福社区 | 优秀党员 | 2021 年 | 中共达孜区委员会、达孜区人民政府 |
| 普布次仁 | 男 | 藏族 | 达孜区德庆镇德庆村 | 优秀党员 | 2021 年 | 中共达孜区委员会、达孜区人民政府 |
| 格桑达瓦 | 男 | 藏族 | 达孜区德庆镇白纳村 | 优秀党员 | 2021 年 | 中共达孜区委员会、达孜区人民政府 |
| 普布次仁 | 男 | 藏族 | 达孜区德庆镇人民政府 | 优秀公务员 | 2021 年 | 中共达孜区委员会、达孜区人民政府 |
| 央　　宗 | 女 | 藏族 | 达孜区德庆镇人民政府 | 优秀公务员 | 2021 年 | 中共达孜区委员会、达孜区人民政府 |
| 索朗扎西 | 男 | 藏族 | 达孜区德庆镇人民政府 | 优秀公务员 | 2021 年 | 中共达孜区委员会、达孜区人民政府 |
| 次仁央宗 | 女 | 藏族 | 达孜区德庆镇人民政府 | 优秀公务员 | 2021 年 | 中共达孜区委员会、达孜区人民政府 |
| 次仁边巴 | 男 | 藏族 | 达孜区德庆镇人民政府 | 优秀公务员 | 2021 年 | 中共达孜区委员会、达孜区人民政府 |
| 王 晓 宇 | 女 | 汉族 | 达孜区德庆镇人民政府 | 优秀公务员 | 2021 年 | 中共达孜区委员会、达孜区人民政府 |
| 左　　慧 | 女 | 汉族 | 达孜区人民法院 | 优秀公务员 | 2021 年 | 中共达孜区委员会、达孜区人民政府 |
| 边　　珍 | 女 | 藏族 | 达孜区人民法院 | 优秀公务员 | 2021 年 | 中共达孜区委员会、达孜区人民政府 |
| 卓玛次仁 | 女 | 藏族 | 达孜区人民法院 | 优秀公务员 | 2021 年 | 中共达孜区委员会、达孜区人民政府 |
| 白玛玉珍 | 女 | 藏族 | 达孜区人民法院 | 优秀公务员 | 2021 年 | 中共达孜区委员会、达孜区人民政府 |
| 旦增扎西 | 男 | 藏族 | 达孜区人民法院 | 优秀公务员 | 2021 年 | 中共达孜区委员会、达孜区人民政府 |
| 李　　青 | 女 | 汉族 | 达孜区人民法院 | 优秀党员 | 2021 年 | 中共达孜区委员会、达孜区人民政府 |
| 卡　　珍 | 女 | 藏族 | 达孜区人民法院 | 优秀法治副校长 | 2021 年 | 中共达孜区委员会、达孜区人民政府 |
| 左　　慧 | 女 | 汉族 | 达孜区人民法院 | 2021 年政法队伍教育整顿工作先进个人 | 2021 年 | 中共达孜区委员会、达孜区人民政府 |
| 付 明 月 | 女 | 藏族 | 达孜区公安局 | 优秀公务员 | 2021 年 | 中共达孜区委员会、达孜区人民政府 |

续表 2

| 姓名 | 性别 | 民族 | 工作单位 | 获奖名称 | 表彰时间 | 授予单位 |
|---|---|---|---|---|---|---|
| 泽仁卓玛 | 女 | 藏族 | 达孜区公安局 | 优秀公务员 | 2021 年 | 中共达孜区委员会、达孜区人民政府 |
| 吕鹏飞 | 男 | 汉族 | 达孜区公安局 | 优秀公务员 | 2021 年 | 中共达孜区委员会、达孜区人民政府 |
| 尼玛顿珠 | 男 | 藏族 | 达孜区公安局 | 优秀公务员 | 2021 年 | 中共达孜区委员会、达孜区人民政府 |
| 巴桑顿珠 | 男 | 藏族 | 达孜区公安局 | 优秀公务员 | 2021 年 | 中共达孜区委员会、达孜区人民政府 |
| 嘎桑美多 | 女 | 藏族 | 达孜区公安局 | 优秀公务员 | 2021 年 | 中共达孜区委员会、达孜区人民政府 |
| 多吉旺堆 | 男 | 藏族 | 达孜区公安局 | 优秀公务员 | 2021 年 | 中共达孜区委员会、达孜区人民政府 |
| 洛桑旦增 | 男 | 藏族 | 达孜区公安局 | 优秀公务员 | 2021 年 | 中共达孜区委员会、达孜区人民政府 |
| 达　娃 | 女 | 藏族 | 达孜区公安局 | 优秀公务员 | 2021 年 | 中共达孜区委员会、达孜区人民政府 |
| 多吉旺久 | 男 | 藏族 | 达孜区公安局 | 优秀公务员 | 2021 年 | 中共达孜区委员会、达孜区人民政府 |
| 周　俊 | 男 | 汉族 | 达孜区公安局 | 优秀公务员 | 2021 年 | 中共达孜区委员会、达孜区人民政府 |
| 谢祥波 | 男 | 汉族 | 达孜区公安局 | 优秀公务员 | 2021 年 | 中共达孜区委员会、达孜区人民政府 |
| 次成云登 | 男 | 藏族 | 达孜区公安局 | 优秀公务员 | 2021 年 | 中共达孜区委员会、达孜区人民政府 |
| 曲　桑 | 男 | 藏族 | 达孜区公安局 | 优秀公务员 | 2021 年 | 中共达孜区委员会、达孜区人民政府 |
| 谌　林 | 男 | 汉族 | 达孜区公安局 | 优秀公务员 | 2021 年 | 中共达孜区委员会、达孜区人民政府 |
| 次仁多吉 | 男 | 藏族 | 达孜区公安局 | 优秀公务员 | 2021 年 | 中共达孜区委员会、达孜区人民政府 |
| 付作明 | 男 | 汉族 | 达孜区公安局 | 优秀公务员 | 2021 年 | 中共达孜区委员会、达孜区人民政府 |
| 陈　江 | 男 | 汉族 | 达孜区公安局 | 优秀公务员 | 2021 年 | 中共达孜区委员会、达孜区人民政府 |
| 边　巴 | 男 | 藏族 | 达孜区公安局 | 优秀公务员 | 2021 年 | 中共达孜区委员会、达孜区人民政府 |
| 顿珠班登 | 男 | 藏族 | 达孜区公安局 | 优秀公务员 | 2021 年 | 中共达孜区委员会、达孜区人民政府 |
| 李　龙 | 男 | 汉族 | 达孜区公安局 | 优秀公务员 | 2021 年 | 中共达孜区委员会、达孜区人民政府 |

续表2

| 姓名 | 性别 | 民族 | 工作单位 | 获奖名称 | 表彰时间 | 授予单位 |
| --- | --- | --- | --- | --- | --- | --- |
| 刘金华 | 男 | 汉族 | 达孜区公安局 | 优秀公务员 | 2021年 | 中共达孜区委员会、达孜区人民政府 |
| 张 涛 | 男 | 汉族 | 达孜区公安局 | 优秀公务员 | 2021年 | 中共达孜区委员会、达孜区人民政府 |
| 尹鸿斌 | 男 | 汉族 | 达孜区公安局 | 优秀公务员 | 2021年 | 中共达孜区委员会、达孜区人民政府 |
| 蒋俊杰 | 男 | 汉族 | 达孜区公安局 | 优秀公务员 | 2021年 | 中共达孜区委员会、达孜区人民政府 |
| 次仁达瓦 | 男 | 藏族 | 达孜区公安局 | 优秀公务员 | 2021年 | 中共达孜区委员会、达孜区人民政府 |
| 巴 珠 | 男 | 藏族 | 达孜区公安局 | 优秀公务员 | 2021年 | 中共达孜区委员会、达孜区人民政府 |
| 格桑罗布 | 男 | 藏族 | 达孜区公安局 | 优秀公务员 | 2021年 | 中共达孜区委员会、达孜区人民政府 |
| 旺 杰 | 男 | 藏族 | 达孜区公安局 | 优秀公务员 | 2021年 | 中共达孜区委员会、达孜区人民政府 |
| 桑布江村 | 男 | 藏族 | 达孜区公安局 | 优秀公务员 | 2021年 | 中共达孜区委员会、达孜区人民政府 |
| 旦真次仁 | 男 | 藏族 | 达孜区公安局 | 优秀辅警 | 2021年 | 中共达孜区委员会、达孜区人民政府 |
| 次仁杰布 | 男 | 藏族 | 达孜区公安局 | 优秀辅警 | 2021年 | 中共达孜区委员会、达孜区人民政府 |
| 顿珠平措 | 男 | 藏族 | 达孜区公安局 | 优秀辅警 | 2021年 | 中共达孜区委员会、达孜区人民政府 |
| 强 珍 | 女 | 藏族 | 达孜区公安局 | 优秀辅警 | 2021年 | 中共达孜区委员会、达孜区人民政府 |
| 西热旦增 | 男 | 藏族 | 达孜区公安局 | 优秀辅警 | 2021年 | 中共达孜区委员会、达孜区人民政府 |
| 赵营春 | 女 | 汉族 | 达孜区人民检察院 | 2021年度政法队伍教育整顿工作先进个人 | 2021年 | 中共达孜区委员会、达孜区人民政府 |
| 次仁布之 | 女 | 藏族 | 达孜区人民检察院 | 先进法治副校长 | 2021年 | 中共达孜区委员会、达孜区人民政府 |
| 茹格叶 | 女 | 藏族 | 达孜区人民检察院 | 优秀公务员 | 2021年 | 中共达孜区委员会、达孜区人民政府 |
| 赵营春 | 女 | 汉族 | 达孜区人民检察院 | 优秀公务员 | 2021年 | 中共达孜区委员会、达孜区人民政府 |
| 李汪蒨 | 女 | 藏族 | 达孜区人民检察院 | 优秀公务员 | 2021年 | 中共达孜区委员会、达孜区人民政府 |
| 白玛桑珠 | 男 | 藏族 | 达孜区人民检察院 | 优秀公务员 | 2021年 | 中共达孜区委员会、达孜区人民政府 |

续表 2

| 姓名 | 性别 | 民族 | 工作单位 | 获奖名称 | 表彰时间 | 授予单位 |
| --- | --- | --- | --- | --- | --- | --- |
| 晋美多吉 | 男 | 藏族 | 达孜区农业农村局兽医站 | 优秀事业人员 | 2021 年 | 中共达孜区委员会、达孜区人民政府 |
| 扎西曲珍 | 女 | 藏族 | 达孜区农业农村局农业技术推广站 | 优秀事业人员 | 2021 年 | 中共达孜区委员会、达孜区人民政府 |
| 覃升辉 | 女 | 汉族 | 达孜区农业农村局 | 优秀公务员 | 2021 年 | 中共达孜区委员会、达孜区人民政府 |
| 旦真旺堆 | 男 | 藏族 | 达孜区农业农村局农业技术推广站 | 优秀事业人员 | 2021 年 | 中共达孜区委员会、达孜区人民政府 |
| 扎　西 | 男 | 藏族 | 达孜区农业农村局农业综合行政执法队 | 达孜区“七五”（2016—2020 年）普法先进个人 | 2021 年 | 中共达孜区委员会、达孜区人民政府 |
| 央　宗 | 女 | 藏族 | 达孜区审计局 | 优秀公务员 | 2021 年 | 中共达孜区委员会、达孜区人民政府 |
| 边巴卓玛（大） | 女 | 藏族 | 达孜区塔杰乡人民政府 | 优秀公务员 | 2021 年 | 中共达孜区委员会、达孜区人民政府 |
| 李　燕 | 女 | 汉族 | 达孜区塔杰乡人民政府 | 达孜区庆祝西藏和平解放 70 周年“忆峥嵘岁月、开发展新局”党史学习教育知识竞赛集体优秀组织奖 | 2021 年 | 中共达孜区委员会、达孜区人民政府 |
| 多　吉 | 男 | 藏族 | 达孜区唐嘎乡人民政府 | 优秀共产党员 | 2021 年 | 中共达孜区委员会、达孜区人民政府 |
| 薛文丹 | 男 | 汉族 | 达孜区唐嘎乡人民政府 | 优秀共产党员 | 2021 年 | 中共达孜区委员会、达孜区人民政府 |
| 温　琨 | 男 | 汉族 | 达孜区唐嘎乡人民政府 | 优秀公务员 | 2021 年 | 中共达孜区委员会、达孜区人民政府 |
| 白玛德吉 | 女 | 藏族 | 达孜区唐嘎乡人民政府 | 优秀公务员 | 2021 年 | 中共达孜区委员会、达孜区人民政府 |
| 曹景一 | 男 | 汉族 | 达孜区唐嘎乡人民政府 | 优秀公务员 | 2021 年 | 中共达孜区委员会、达孜区人民政府 |
| 祁文豪 | 男 | 汉族 | 达孜区唐嘎乡人民政府 | 优秀公务员 | 2021 年 | 中共达孜区委员会、达孜区人民政府 |
| 薛文丹 | 男 | 汉族 | 达孜区唐嘎乡人民政府 | 优秀公务员 | 2021 年 | 中共达孜区委员会、达孜区人民政府 |
| 董予川 | 男 | 汉族 | 达孜区退役军人事务局 | 优秀公务员 | 2021 年 | 中共达孜区委员会、达孜区人民政府 |
| 张　璐 | 女 | 汉族 | 达孜区信访局 | 优秀公务员 | 2021 年 | 中共达孜区委员会、达孜区人民政府 |
| 张　璐 | 女 | 汉族 | 达孜区信访局 | 优秀党员 | 2021 年 | 中共达孜区委员会、达孜区人民政府 |
| 朱鹏举 | 男 | 藏族 | 达孜区委宣传部 | 优秀公务员 | 2021 年 | 中共达孜区委员会、达孜区人民政府 |
| 叶　健 | 男 | 汉族 | 达孜区委宣传部 | 优秀公务员 | 2021 年 | 中共达孜区委员会、达孜区人民政府 |

续表2

| 姓名 | 性别 | 民族 | 工作单位 | 获奖名称 | 表彰时间 | 授予单位 |
| --- | --- | --- | --- | --- | --- | --- |
| 罗杰群培 | 男 | 藏族 | 达孜区委宣传部(广播电视台) | 优秀事业人员 | 2021年 | 中共达孜区委员会、达孜区人民政府 |
| 张丽萍 | 女 | 藏族 | 达孜区委宣传部(广播电视台 | 优秀事业人员 | 2021年 | 中共达孜区委员会、达孜区人民政府 |
| 拉巴仓决 | 女 | 藏族 | 达孜区雪乡人民政府 | 优秀公务员 | 2021年 | 中共达孜区委员会、达孜区人民政府 |
| 旦增朗杰 | 男 | 藏族 | 达孜区雪乡人民政府 | 优秀公务员 | 2021年 | 中共达孜区委员会、达孜区人民政府 |
| 拉巴普赤 | 女 | 藏族 | 达孜区雪乡人民政府 | 优秀公务员 | 2021年 | 中共达孜区委员会、达孜区人民政府 |
| 王鹏 | 男 | 汉族 | 达孜区雪乡人民政府 | 优秀公务员 | 2021年 | 中共达孜区委员会、达孜区人民政府 |
| 熊国宝 | 男 | 汉族 | 达孜区雪乡人民政府 | 优秀公务员 | 2021年 | 中共达孜区委员会、达孜区人民政府 |
| 孙榜衍 | 男 | 汉族 | 达孜区雪乡人民政府 | 优秀公务员 | 2021年 | 中共达孜区委员会、达孜区人民政府 |
| 徐世虎 | 男 | 汉族 | 达孜区医疗保障局 | 优秀事业人员 | 2021年 | 中共达孜区委员会、达孜区人民政府 |
| 旦增卓嘎 | 女 | 藏族 | 达孜区医疗保障局 | 优秀公务员 | 2021年 | 中共达孜区委员会、达孜区人民政府 |
| 康鑫 | 男 | 汉族 | 达孜区章多乡人民政府 | 优秀公务员 | 2021年 | 中共达孜区委员会、达孜区人民政府 |
| 白丽达 | 女 | 藏族 | 达孜区政府办公室 | 优秀公务员 | 2021年 | 中共达孜区委员会、达孜区人民政府 |
| 杨蒙 | 女 | 汉族 | 达孜区政府办公室 | 优秀公务员 | 2021年 | 中共达孜区委员会、达孜区人民政府 |
| 贾晋 | 男 | 汉族 | 达孜区政府办公室 | 达孜区“七五”普法先进个人 | 2021年 | 中共达孜区委员会、达孜区人民政府 |
| 索朗旺堆 | 男 | 藏族 | 达孜区政府办公室 | 先进党员 | 2021年 | 中共达孜区委员会、达孜区人民政府 |
| 白玛加措 | 女 | 藏族 | 达孜区住房和城乡建设局 | 优秀公务员 | 2021年 | 中共达孜区委员会、达孜区人民政府 |
| 吴小兵 | 男 | 汉族 | 达孜区委组织部 | 优秀公务员 | 2021年 | 中共达孜区委员会、达孜区人民政府 |
| 杨俊杰 | 男 | 汉族 | 达孜区委组织部 | 优秀公务员 | 2021年 | 中共达孜区委员会、达孜区人民政府 |
| 丹增罗宗 | 女 | 藏族 | 达孜区委组织部 | 优秀公务员 | 2021年 | 中共达孜区委员会、达孜区人民政府 |
| 尚静 | 女 | 汉族 | 达孜区委组织部 | 优秀公务员 | 2021年 | 中共达孜区委员会、达孜区人民政府 |

续表 2

| 姓名 | 性别 | 民族 | 工作单位 | 获奖名称 | 表彰时间 | 授予单位 |
|---|---|---|---|---|---|---|
| 杨向东 | 男 | 汉族 | 达孜区委组织部 | 优秀公务员 | 2021 年 | 中共达孜区委员会、达孜区人民政府 |
| 丁永志 | 男 | 汉族 | 达孜区公安局 | 优秀共产党员 | 2021 年 | 中共达孜区委员会 |
| 洛桑旦增 | 男 | 藏族 | 达孜区公安局 | 优秀党务工作者 | 2021 年 | 中共达孜区委员会 |
| 刘庆华 | 男 | 汉族 | 达孜虎峰园林绿化有限公司 | 优秀共产党员 | 2021 年 | 中共达孜区委员会 |
| 李成纲 | 男 | 汉族 | 达孜区教育局(体育局) | 优秀党务工作者 | 2021 年 | 中共达孜区委员会 |
| 达娃仓决 | 女 | 藏族 | 达孜区中心小学 | 优秀党务工作者 | 2021 年 | 中共达孜区委员会 |
| 毛志鸿 | 男 | 汉族 | 达孜区中学 | 优秀共产党员 | 2021 年 | 中共达孜区委员会 |
| 边巴次仁 | 男 | 藏族 | 达孜区塔杰乡双语幼儿园 | 优秀共产党员 | 2021 年 | 中共达孜区委员会 |
| 牛拉毛措 | 女 | 藏族 | 达孜区农业农村局 | 优秀共产党员 | 2021 年 | 中共达孜区委员会 |
| 马武 | 男 | 汉族 | 达孜区塔杰乡人民政府 | 优秀共产党员 | 2021 年 | 中共达孜区委员会 |
| 益西列措 | 男 | 藏族 | 达孜区塔杰乡人民政府 | 优秀党务工作者 | 2021 年 | 中共达孜区委员会 |
| 徐世虎 | 男 | 汉族 | 达孜区医疗保障局 | 优秀共产党员 | 2021 年 | 中共达孜区委员会 |
| 丹增罗宗 | 女 | 藏族 | 达孜区委组织部 | 优秀党务工作者 | 2021 年 | 中共达孜区委员会 |
| 丹增俊美 | 男 | 藏族 | 达孜区邦堆乡司法所 | 金牌调解员 | 2021 年 | 达孜区人民政府 |

# 《拉萨达孜年鉴(2022)》编纂委员会成员情况一览表

表3

| 姓名 | 职务 |
|---|---|
| 刘代红 | 中共拉萨市达孜区委员会副书记、区长 |
| 冯立柱 | 达孜区政府党组成员、副区长 |
| 郝月强 | 中共拉萨市达孜区委员会常委、人民武装部政委 |
| 拉巴顿珠 | 中共拉萨市达孜区委员会常委、统战部部长 |
| 吴小兵 | 中共拉萨市达孜区委员会常委、组织部部长 |
| 冀罡 | 中共拉萨市达孜区委员会常委、宣传部部长 |
| 冯琳 | 中共拉萨市达孜区委员会常委、纪律检查委员会书记、监察委员会主任 |
| 索朗曲培 | 中共拉萨市达孜区委员会常委、政法委书记、公安局局长 |
| 王震 | 达孜区德庆镇党委书记、副区长 |
| 王斌忠 | 达孜区工业园区管委会党工委副书记、工业园区管委会主任 |
| 刘一麟 | 达孜区人民法院党组书记、院长 |
| 陈剑煌 | 中共拉萨市达孜区委员会办公室主任 |
| 余江 | 达孜区人民代表大会常务委员会办公室主任 |
| 成超 | 达孜区人民政府办公室副主任 |
| 旦增罗布 | 达孜区政治协商委员会办公室主任 |
| 蒋金伟 | 中共拉萨市达孜区委政法委员会副书记 |
| 谢士远 | 达孜区工商业联合会副主席 |
| 宗吉 | 达孜区总工会主席 |
| 次旦卓玛 | 达孜区妇女联合会主席 |
| 于记伟 | 共青团达孜区委员会书记 |
| 周胜毅 | 达孜区经济和信息化局局长 |
| 孙浩 | 达孜区发展和改革委员会主任 |
| 达珍 | 达孜区司法局局长 |
| 尼玛 | 达孜区财政局局长 |
| 普琼 | 达孜区民族宗教事务局局长 |
| 扎西顿珠 | 达孜区教育局局长 |
| 白玛央金 | 达孜区民政局局长 |
| 尼玛卓嘎 | 达孜区卫生健康委员会主任 |
| 牛拉毛措 | 达孜区农业农村局副局长 |
| 多吉 | 达孜区城市管理和综合执法局局长 |

续表 3

| 姓名 | 职务 |
| --- | --- |
| 单增罗布 | 达孜区自然资源局副局长 |
| 次仁多吉 | 达孜区住房和城乡建设局局长 |
| 拉巴旺堆 | 拉萨市生态环境保护局达孜分局局长 |
| 普布扎西 | 达孜区乡村振兴局局长 |
| 旺　　堆 | 达孜区统计局局长 |
| 索郎达瓦 | 达孜区水利局局长 |
| 索朗次仁 | 达孜区应急管理局局长 |
| 张 旭 亮 | 达孜区信访局副局长 |
| 尼玛珍嘎 | 达孜区藏语文工作委员会主任 |
| 晋美罗布 | 达孜区交通局局长 |
| 吴 泽 毅 | 达孜区退役军人事务局局长 |
| 刘　　芸 | 达孜区医疗保障局局长 |
| 占　　堆 | 达孜区审计局局长 |
| 晋美朗吉 | 达孜区市场监督管理局局长 |
| 达　　珍 | 达孜区人力资源和社会保障局局长 |
| 顿珠次仁 | 达孜区文化和旅游(文物)局局长 |
| 索朗次仁 | 达孜区税务局局长 |
| 达娃江措 | 达孜区消防救援大队大队长 |
| 益西曲珍 | 达孜区邦堆乡人民政府党委书记 |
| 旦增格桑 | 达孜区塔杰乡人民政府党委书记 |
| 李　　安 | 达孜区唐嘎乡人民政府党委书记 |
| 王　　力 | 达孜区章多乡人民政府党委书记 |
| 庞 景 法 | 达孜区雪乡人民政府党委书记 |
| 张　　科 | 武警达孜中队中队长 |
| 杨 江 洲 | 达孜区人民医院院长 |
| 洛绒登召 | 达孜区邮政公司负责人 |
| 洛桑旺扎 | 达孜区虎峰城市建设投资有限公司负责人 |
| 赤列卓嘎 | 达孜区净土产业投资开发有限公司负责人 |
| 达瓦措姆 | 达孜区旅游发展投资有限公司负责人 |
| 李 奇 俊 | 达孜区虎峰园林绿化有限公司负责人 |
| 索朗次仁 | 农行达孜区支行负责人 |
| 蒋　　族 | 国网达孜区供电公司负责人 |
| 边　　巴 | 达孜区自来水公司负责人 |

# 2021 年达孜区国民经济和社会发展统计公报

2021 年，达孜区上下深入贯彻习近平新时代中国特色社会主义思想，全面落实市委、市政府各项决策部署，坚持稳中求进工作总基调，以新发展理念为引领，以提高发展质量和效益为中心，以推进供给侧结构性改革为主线，保态势、创优势，迎难而上，拼搏进取，达孜区经济保持稳中有进、稳中向好发展态势，为决胜全面小康迈出坚实步伐。

一、综合

2021 年，达孜区完成地区生产总值 22.75 亿元，按可比价计算，比 2020 年增长 8%。其中：第一产业增加值 3.01 亿元，同比增长 13.9%；第二产业增加值 10.35 亿元，同比增长 2.1%；第三产业增加值 9.39 亿元，同比增长 10.5%；三次产业结构比为 1.5 ∶ 5.2 ∶ 4.7。

全社会固定资产投资同比增长 –25.6%。社会消费品零售总额 5.1 亿元，同比增长 7.8%。农村经济总收入 93033.2 万元，其中第一产业 58768.39 万元，第二产业 8404.24 万元，第三产业 25860.57 万元；农牧民人均可支配收入 20058 元，同比增长 16%，规模以上工业增加值同比增长 104.2%。

达孜区2019—2020年主要经济指标数据情况表

| 指标 | 2020 年 | | 2021 年 | |
|---|---|---|---|---|
| | 总量 | 增速（%） | 总量 | 增速（%） |
| 地区生产总值（亿元） | 19.02 | 7.5 | 22.75 | 8 |
| 其中：第一产业 | 2.5 | 29 | 3.01 | 13.9 |
| 第二产业 | 9.54 | 20.3 | 10.35 | 2.1 |
| 第三产业 | 6.98 | −1.2 | 9.39 | 10.5 |
| 规模以上工业增加值 | — | 5.7 | — | 104.2 |
| 全社会固定资产投资完成额 | — | 24 | — | −25.6 |
| 社会消费品零售总额（亿元） | 2.4 | 7 | 5.1 | 7.8 |
| 农牧民人均可支配收入（元） | 17297 | 12.9 | 20058 | 16 |

二、农业

2021 年，达孜区农林牧总产值 5.69 亿元，同比增长 21.32%（现价），其中农业 3.72 亿元，林业 0.0598 亿元，牧业 1.9139 亿元。

农业：2021 年，达孜区农作物总播种面积 7055.48 公顷，其中粮食作物 3847.7 公顷，油料作物 224.33 公顷，蔬菜 1689.14 公顷，瓜果面积 55.53 公顷，饲料 1064.88 公顷。全年粮食产量 23471.44 吨，油料作物产量 454.89 吨，蔬菜产量 81443.33 吨，同比增长 0.25%，瓜果 2359.48 吨，饲料 34271.79。

林业：2021 年，达孜区当年造林面积 63.33 公顷，零星植树 73260 株，果园面积 1.08 公顷，水果产量（瓜果：西瓜、草莓、火龙果）2359.48 吨。

牧业：2021 年，达孜区牲畜总头数 75471 头（匹、只），其中大牲畜存栏 69475 头（匹），猪存栏 2504 头，羊存栏 3492 只，年末家禽数 59332 羽。当年肉产 5415.5 吨，其中猪肉 46.96 吨，牛肉 4525.26 吨，羊肉 83.73 吨，禽肉 759.55 吨。牛奶产量

19521.89吨，山羊毛产量1吨，鸡蛋产量402.75吨，绵羊毛产量0.51吨，牛皮产量29837张，羊皮产量3790张。

三、工业

2021年，达孜区在库规上工业企业115家、规上工业企业9家。2021年，工业总产值（现价）64984.4万元，规模以上工业增加值同比增长104.2%。

四、固定资产投资

达孜区积极落实各项政策，狠抓项目落实、积极推进重大项目落地生根。截至年底，入库项目共计54个。固定资产投资完成额同比增长13%。

五、人民生活

2021年，达孜区牧民人均可支配收入20058元，同比增长16%。从构成来看，民生事业持续改善、精准扶贫力度持续加大，转移性收入增加，受农牧民务工总量和工资水平双增长影响，工资性收入保持较快增长，贡献较大。

六、批发零售贸易

达孜区贸易整体运行增长较快，全年社会消费品零售总额达到5.1亿元，同比增长7.8%。2021年，达孜区消费环境逐渐改善，网络消费、假日消费等新兴消费热点和消费模式加速形成，民间消费拉动批发、零售、餐饮业增长迅速，贸易运行整体呈现上升趋势。

七、财政金融

2021年，达孜区一般公共预算收入44808万元，各项税收34753万元，地方财政一般预算支出139496万元，其中农业支出32017万元，科学技术支出53万元，医疗卫生支出6432万元，教育支出18685万元。

八、教育、文化

2021年，达孜区普通中学1所，普通中学专任教师数125人，普通中学在校学生1090人；小学1所，专任教师180人，小学在校学生2769人。学龄儿童入学率100%，初中毛入学率102.54%。

2021年达孜区农业科技与服务单位1家，体育场馆1个，医院、卫生院共计6所，医院及卫生院床位共计236床，达孜区卫生技术人员总数194人，区、乡医生数194人；村医31人，其中聘用医生26人；县（区）级护理人员23人，卫生防疫人员15人。

九、社会保障

2021年达孜区各种社会福利收养性单位数1个，床位数共计120床。参加基本养老保险的职工2455人，参加基本医疗保险的职工2590人，参加失业保险人数947人。城镇居民最低生活保障160户，农民居民最低生活保障101户、243人。参加农村养老保险人数17439人，参加农村医疗保险的人数28368人。特困老人数共148人，其中集中供养100人、分散供养48人。

十、旅游、运输、邮电通信

2021年，达孜区接待游客44.5万人次，旅游收入2067.82万元，寺庙8个，旅游景区4个，度假村34个，农家乐34个，旅游项目建设4个，旅游项目投资8000万元，星级酒店1个，旅行社、旅游企业1个。境内公路里程273.316千米；全年用电量53873300千瓦时，其中工业用电量为16375600千瓦时，农村用电量5854844.5千瓦时。

十一、气候环境

于高原温带半干旱季风气候区，达孜区平均海拔4100米，河谷最低海拔3730米，年平均气温7.5摄氏度，年平均日照3065小时，平均降雨量450毫米。空气稀薄，气温低，日温差大，冬春干燥，多大风，年无霜期130天左右。年降水量444毫米，80%—90%集中在夏天，多夜雨。自然灾害主要有旱灾、涝灾、山洪、泥石流、冰雹、霜灾、虫灾等。

# 运用党的百年奋斗历史经验将自我革命进行到底 为构建风清气正新达孜提供坚强政治保障

## ——在中国共产党拉萨市达孜区第一届纪律检查委员会第五次全体会议上的工作报告

拉萨市达孜区纪委书记、监委主任 冯 琳

（2022年2月22日）

### 一、2021年工作回顾

2021年，在拉萨市纪委和达孜区委的坚强领导下，达孜区纪委监委团结带领全体纪检监察干部深入学习领会习近平新时代中国特色社会主义思想，统筹“协助”与“监督”两项职责，积极主动为区委履行主体责任提供有效载体、当好参谋助手，使“两个责任”贯通协同、形成合力，精准有效发挥监督保障执行、促进完善发展作用，纪检监察工作取得新成效，实现了“十四五”良好开局。

**（一）持续严明纪律规矩，政治监督实现具体化、常态化。**紧扣重大决策部署从实监督。紧紧围绕贯彻落实新时代党的治藏方略，紧盯稳定、发展、生态、强边等重大决策部署跟进监督、精准监督，特别是加大对中央第七次西藏工作座谈会精神贯彻落实、换届风气情况、“十四五”规划项目推进、巡视巡察反馈问题整改等重点工作的监督检查力度，以实际行动推动中央、区市各项重大决策部署落实落地。紧扣党员理想信念“总开关”从严监督。以党史学习教育为契机，组织全区党员干部签订《政治纪律政治规矩承诺书》700余份，在“萨嘎达瓦”“燃灯节”等宗教活动期间持续开展党员不得信仰宗教、参与宗教活动的专项检查，进一步坚定党员理想信念、增强党性观念、强化纪律约束。全年共受理党员干部信仰宗教问题线索1件，督促整改宗教活动场所违建问题1起。紧扣政治生态现状从细监督。以开展党内政治生态分析研判、建好政治监督“活页”为重要抓手，加强对新形势下党内政治生活若干准则执行情况的监督检查，成立3个工作组深入各乡（镇）、各单位开展谈心谈话40余人次，重点分析研判领导班子、领导干部廉政情况，全面了解“树木”和“森林”状况，反馈整改问题11个，政治生态持续修复。

**（二）精准履行协助职责，“两个责任”走深走实开新局。**协助定位更精准。明确纪委监委协助党委推进全面从严治党职责定位，始终在区委的领导下开展工作，聚焦监督执纪问责，把政治标准作为根本检验标尺，协助新任区委、区政府主要领导全面查找党风廉政建设和反腐败工作中存在的问题和不足，深挖细查“四风”问题隐形变异种种表象，持续整治群众身边的腐败和作风问题，做到了尽职不越位、协助不包办、帮忙不代替。协助内容更精准。持续强化政治监督，加强对党的路线方针政策、党中央重大决策部署贯彻落实情况的监督检查，从讲政治高度集中整治形式主义、官僚主义，确保政令畅通；做实做细日常监督，聚焦“六稳”“六保”、疫情防控等重点工作，认真落实监督责任，全年共开展各类监督检查200余组次，发现问题200余条，移交问题线索2件，监督检查收效显著。协助路径更精准。在决策层面提供建议参考，对上级纪委作出的重大决策、重大安排等，及时向区委汇报，提出贯彻落实意见建议；在部署层面协助进行责任分解，细化工作目标，压实各级党组织政治责任；在执行层面督促落实落地，运用约谈、述责述廉、巡察等方式，确保管党治党各项工作有部署、有检查、有落实；在效果层面加强考核问责，对全面从严治党“两个责任”履行不力的，加大问责力度，倒逼责任落实，全年共问责党员领导干部38名，释放了“失责必问、问责必严”的强烈信号。

（三）有效纠“四风”树新风，破立并举提升作风治理效能。坚持节点正风。抓住重要时间节点，通过加大典型案例通报曝光力度、重申纪律要求、实地明察暗访等方式，一锤接着一锤敲，一个事项接着一个事项盯，一个节点接着一个节点抓，持之以恒做好正风肃纪工作。坚持清减存量。扎实开展作风专项治理收尾工作，督促整改违反中央八项规定精神问题108条；深入开展“三公”问题专项整治，梳理公务加油卡使用记录3万余条，检查全区各乡（镇）、各单位餐费开支账目、公函往来情况100余条，累计反馈“吃公函”问题17个。全年达孜区党员干部因违反中央八项规定及其实施细则精神，给予党纪政务处分1人，诫勉谈话4人，约谈和谈话提醒50余人次，收缴违纪资金140余万元，顽瘴痼疾得到有效治理，党风政风社风焕然一新。坚持统筹推进。统一思想、凝聚共识，推进30余项专项治理落地见效；加强会风会纪、日常内务管理，处置违反上下班纪律和会风会纪问题17个，清理办公用房超标准问题6项，张贴公车“二维码”156张，“三公”经费从2016年1124.4万元减至2021年的471.15万元；坚持预防为主，要求各单位针对酒驾醉驾问题开展提醒和监督，累计处理党员和公职人员酒驾问题线索3件。

（四）重拳出击惩治腐败，群众幸福感、安全感更加充实。以严实作风护航脱贫攻坚和乡村振兴。制定《关于对全区2016年以来已建成扶贫产业项目开展监督检查工作的实施方案》，督促相关部门对扶贫产业项目建设运营情况全面摸排，做到底数清、情况明；成立2个调研组，深入辖区乡（镇）、工业园区产业扶贫项目点调研扶贫产业项目68个，发现共性问题20余条、个性问题4条。全年共处置扶贫领域问题线索1件，诫勉谈话和约谈5人。以专项监督清除民生领域“绊脚石”。对政法队伍教育整顿工作开展专项监督检查，安排专人参与整治整改工作，复核“涉黑涉恶”问题线索2批次，为政法干警作廉政辅导4次，累计处置政法干警问题线索2件，助推教育整顿工作取得实效；坚持实地踏查、现场抽查、调阅资料、走访询问相结合，持续推进“两违”整治工作，督促整改“两违”问题6条，排查参与“两违”党员7人，处置问题线索1件；深度开展社保基金管理风险排查工作，通过走访调研、现场取证、每月跟进，清理重复参保、重复领取待遇42人，退缴违规发放社保资金110余万元。以实际行动践行全心全意为民初心。坚持做好执纪审查“后半篇文章”，组织召开违纪资金集中返还会2次，返还侵害群众利益资金18万余元，群众获得感幸福感安全感不断提升。结合党史学习教育“我为群众办实事”实践活动，主动协同区人民法院、村党组织开展支部共建，集中宣讲信访举报流程和注意事项，协调有关部门解决各类群众“急难愁盼”问题2个，督促兑现群众利益资金2000余万元。

（五）力度不减精准施治，“三不”综合治理效能全面提升。持续构筑不敢腐的高压线。准确运用监督执纪“四种形态”，坚持严管和厚爱结合、激励和约束并重，全年共受理问题线索24件，立案6件，给予党纪政务处分8人，谈话提醒、约谈和诫勉谈话77人次，第一、二、三、四种形态处理分别占比90.6%、4.7%、0%、4.7%。春某、次某某宗、尼某某珠因涉嫌严重违纪违法接受审查调查，在干部职工中形成强大震慑，传递了党以雷霆之势反腐惩恶，打好自我革命攻坚战、持久战的清晰信号，为全区干部敲响了警钟。坚持对受处分人员进行回访教育，促进受处分人员思想转化，增强执纪办案的综合效果，全年回访率100%。持续织密不能腐的制度线。因人、因岗分类开展廉政风险防控工作，督促全区 55 家单位排查廉政风险点 315 个，制定风险防控措施 635 条，排查干部 440 余人。进一步完善廉政意见回复办法，健全信访案管、党风、巡察联合审核机制，有效防止问题党员干部“过关”，累计回复党风廉政意见 132 批次 1839 人次。达孜区委、区政府进一步修改完善“三重一大”议事规则和《公务车辆配备使用管理办法》等制度，防腐内控机制愈发健全。持续巩固不想腐的思想线。进一步加大警示教育力度，征订并下发《严以治家 清风传家》读本 200 余册，组织全区党员干部开展家风建设、换届纪律等专题警示教育 6 场次，纪委书记、纪委副书记讲廉政党课 5 场次；各级党组织常态化开展学通报、看警示教育专题片、观廉政警示教育基地等活动，党员干部拒腐防变思想防线越筑越牢。

（六）坚定政治巡察定位，市县巡察一体化格局加快构建。选优配强巡察一线力量。按照“政治过硬、本领高强”要求，选派多名巡察干部到区市纪委和巡察机构跟岗学习，努力提升巡察干部的政治判断力、政治领悟力、政治执行力，不断增强斗争本领。结合辖区干部业务专长，整合巡察人员力量，从组织、政法、财政、审计等部门选配优秀党员干部 42 名纳入巡察人才库，并加强与有关单位的协调配合，形成联动监督、整体推进的工作合力。推动巡察规划有形覆盖。采取巡视巡察上下联动、推磨式交叉巡察、授权任职临时巡察组组长等方式，有序开展一届区委巡察收尾工作，以“巡乡带村”方式对新仓村、雪普村党组织开展单独巡察，圆满完成对当雄县纳木湖乡色德村、公塘乡冲嘎村交叉巡察任务，切实把利剑直插基层，打通基层权力监督“最后一公里”。贯通巡察整改“最后一米”。针对巡察力量薄弱、力度不足等问题，采取“监察 + 巡察”紧密协作模式，常态化开展巡察反馈问题整改落实情况监督检查。聚焦民生领域和政法队伍教育整顿，对 4 家单位整改落实情况开展“回头看”，反馈往轮巡察整改不到位问题 19 个、发现新问题 2 个，建立问题反馈清单逐一跟进，确保整改取得实效；以一届区委总体巡察情况为主要依据，制定《巡察反馈意见整改情况督查建议方案》，通过实地走访、查阅资料、问询民意，对 42 家单位巡察反馈整改情况进行复核，认真对标对表，做到整改一个、销号一个，巡察工作成效显著提高。

（七）加强干部队伍建设，锻造忠诚干净担当纪检监察铁军。内培外学提升干部履职能力。通过机关党建引领，常态化开展全员培训，不断提高纪检监察干部理论知识水平，拓展工作思路，全年共选派 16 人参加中央、区市纪委业务培训，完成乡镇纪检干部跟案学习 7 人次；选派 25 名纪检巡察干部赴镇江市纪委开展交流学习，通过参观红色教育基地、历史文化遗迹、基层党建活动阵地等方式铸牢纪检监察干部中华民族共同体意识。强化内控提升机关“三转”水平。科学调整职能部门和岗位分工，明确工作例会制度，制定《拉萨市达孜区纪委监委机关工作规则（试行）》，切实强化内部监督制约机制；2021 年取消或退出参与议事协调机构 3 个，保留或继续参与议事协调机构 15 个，各乡镇纪委同步对参与议事协调机构进行清理调整，由平均 11 个精简至 8 个，精简幅度达 27.3%；建立与司法机关有序对接制度机制，召开反腐败协调领导小组会议 2 次，逐步健全对内对外工作流程，年内接受司法机关移交问题线索 11 条。严管厚爱提升队伍内生动力。2021 年以来，共提拔晋升纪检监察干部 6 人，进一步使用 1 人，交流到系统外 2 人，不断激发队伍干事创业动力、活力。注重干部“8 小时”外监督，签订纪检监察干部“限酒禁赌”承诺书 30 余份。深入开展系统内“双述”、约谈、家访各项工作，完成纪检监察干部家访 3 人次，约谈纪检监察干部 2 人，调离纪检监察系统 2 人，严防“灯下黑”。

一年来，达孜区纪委和各乡（镇）纪委聚焦中心、服务大局，全体纪检监察干部忠诚履职、勇于担当，党风廉政建设和反腐败工作稳中有进，我们在推进新时代纪检监察工作高质量发展中深刻感受到：纪检监察工作必须坚决捍卫“两个确立”。党的十八大以来，习近平总书记高度重视西藏工作，亲切关怀西藏人民，对西藏工作作出系列重要指示批示，西藏、拉萨、达孜各项事业取得全方位进步和历史性成就，这些成绩的取得，根本在于以习近平同志为核心的党中央的坚强领导，在于习近平新时代中国特色社会主义思想的科学指引，我们必须用心感悟“两个确立”的决定性意义，坚决纠治“四个意识”不牢固、“四个自信”不坚定、“两个维护”不坚决等问题。必须紧紧围绕“十个坚持”强化监督执纪执法。“十个坚持”是党和人民事业不断成功的重要保证，是党始终立于不败之地的力量源泉，是党始终掌握历史主动的根本原因，是党永葆先进性和纯洁性、始终走在时代前列的根本途径，我们要继续从党的百年奋斗历史经验中不断汲取养分，找准纪检监察工作的着力点和切入点，提高监督执纪执法工作精准性、有效性，推动区、市第十次党代会精神，达孜区委一届七次全会精神落实落地。必须将自我革命进行到底。勇于自我革命是我们党最鲜明的品格和最大优势，纪检监察机关作为党自我革命的重要力量，必须以坚若磐石的意志正风肃纪反腐，坚决同一切弱化党的先进性和纯洁性、危害党肌体健康的现象做斗争。春新等人严重违纪违法问题，充分说明达孜区管党治党工作任重道远，刮骨疗毒刻不容缓，必须以永远在路上的清醒和执着将自我革命进行到底，重塑达孜区政治生态。

立足当下，回顾过往，我们清醒地看到达孜区全面从严治党和党风廉政建设工作还存在不少短板、弱项。从主体责任和“一岗双责”落实上看，各级党委和班子成员落实主体责任和“一岗双责”的思想自觉和行动自觉尚未完全形成，思想和行动尚处于“要我做”的状态，远未形成“我要做”的自觉；有的班子成员深入分管部门、分管领域检查业务工作多，指导党风廉政建设和反腐败工作少或浮于表面，真刀真枪点问题、找差距的频次明显不足，导致分管领域违纪违规问题连续多年、长期存在。从严守党的政治纪律和政治规矩上看，有的党委（党组）领导弱化，有的党组织执行党的政治纪律和政治规矩不严格，不按“三重一大”事项要求开展工作，违规决策问题时有发生。有的党组织民主（组织）生活会不够严肃，批评与自我批评辣味不够，有的领导干部未按规定以普通党员身份参加所在党组织的组织生活会，有的虽然能够按要求参加，但指导作用不明显。从作风建设上看，作风建设“小节论”“影响经济论”“行业特殊论”等错误观点仍有市场，对上下班迟到早退、无故旷工、住县制度执行不到位等问题以“小节”处理，甚至置若罔闻。违规吃喝、违规收送礼品礼金、私设小金库等问题转入“地下”，违反中央八项规定及其实施细则精神问题仍时有发生；有的奉行“多一事不如少一事”“只要职级待遇不要实职责任”，不作为慢作为，面对问题丢包袱、甩责任。从审查调查数据和监督质效上看，党风廉政建设和反腐败斗争形势异常严峻复杂，反腐高压态势与顶风作案现象并存。查处“关键少数”震慑力不足，行业内部监管乏力，压力传导“上热下冷”；运用法治思维和法治方式能力水平有限，不敢监督、不会监督现象依然存在；个别纪检监察干部思想转变慢，还没有养成自我学习习惯，将巡视巡察移交、信访举报受理等渠道收集问题转化为问题线索的比例不足，案件查办效率亟待改进，工作效能急需提高。

## 二、2022 年工作任务

今年是迎接党的二十大胜利召开之年，是贯彻区市第十次党代会精神开局之年，做好今年的纪检监察工作至关重要。总体要求：坚持以习近平新时代中国特色社会主义思想为指导，深入贯彻落实党的十九大和十九届历次全会精神以及中央第七次西藏工作座谈会精神，深入贯彻落实习近平总书记关于西藏工作的重要论述和新时代党的治藏方略，深入贯彻落实十九届中央纪委六次全会和区市第十次党代会以及区市纪委十届二次全会精神，始终心怀“国之大者”，捍卫“两个确立”，增强“四个意识”、坚定“四个自信”、做到“两个维护”，立足新发展阶段，完整准确全面贯彻新发展理念，服务融入新发展格局，自觉运用党的百年奋斗历史经验，忠实履行党章和宪法赋予的职责，坚持稳中求进工作总基调，持续深入推进全面从严治党战略，加强政治监督，细化日常监督，坚持“三不”一体推进，持续加强纪检监察机关规范化法治化正规化建设，更好发挥监督保障执行、促进完善发展作用，努力取得更多制度性成果和更大治理效能，为建设团结富裕文明和谐美丽的社会主义现代化新达孜提供坚强纪律保障。

**（一）提高政治站位，做实政治监督，高标准高质量推动各级决策部署落地落实。**聚焦“两个维护”和“两个确立”，扛稳监督保障执行政治任务。紧紧围绕党的十九届六中全会、习近平总书记视察西藏时的重要讲话、中央第七次西藏工作座谈会、区市第十次党代会和十九届中央纪委六次全会、区市纪委十届二次全会精神落实情况，强化政治监督，坚决做到党中央和区市党委重大决策部署到哪里，监督检查就跟进到哪里。聚焦疫情防控、乡村振兴、生态环境保护等“国之大者”，进一步增强监督的自觉性、精准性，找准找实监督切入点关键点，统筹推进疫情防控和经济发展，推动脱贫攻坚与乡村振兴深度融合，确保2021年扶贫与乡村振兴专项调研发现问题彻底整改到位。探索加强对“一把手”和领导班子落实全面从严治党责任、执行民主集中制、依规依法履职用权等情况的监督，试行“一岗双责”任务清单制，督促班子成员定期向区委报告“一岗双责”落实情况，对检查指导不深入，点问题、找差距不到位的及时提出整改意见。借鉴采用“廉情抄告回告”制，将监督检查调研发现的问题及时向分管领导做廉情抄告，提出意见建议，构建同级监督“事前、事中、事后”闭环链条。深入贯彻改进作风狠抓落实工作要求，扎实推进党员忠诚教育，以更高标准、更严要求有效解决好干部政治上思想上作风上的突出问题，特别是加强对年轻干部从严教育管理方面的监督，坚决防范和查处“七个有之”问题，主动应对反腐败斗争新形势新挑战。

**（二）坚持系统施治，“三不”一体推进，将严的主基调贯穿惩处、整改、治理全过程。**持续从严查处违规公务接待、私车公养、违规从事营利活动等违反中央八项规定及其实施细则精神行为，紧盯国有企业、政法系统、教育医疗等行业中重要岗位和重点人员，严查政治问题和经济问题交织的腐败案件，全力突破除酒驾外的“第四种形态”运用，强化不敢腐高压震慑。全力配合拉萨市纪委监委完成达孜临时留置场所建设改造任务，开展“留置室”亲身体验警示教育，增强廉政意识和法纪意识，引导党员干部“知敬畏、守底线”，筑牢不想腐思想防线。注重运用法治思维和法治方式，把“三不”一体推进以制度形式固定下来，更新《常用党内法规制度汇编读本》，通过法规制度及具体规定帮助干部准确把握“惩治防”的辩证统一关系，发挥制度刚性作用；结合各单位职能职责、年度工作计划安排等建立“监督指导台账”，强化对执行情况的监督检查，做深做实日常监督；督促各单位特别是村一级健全完善“三重一大”制度，探索开展“组财村管”“村财乡管”，进一步消除制度建设“盲区”；健全反腐败协调小组工作机制，定期召开联席会议，加强涉案财物追缴，凝聚反腐合力。

**（三）加固八规堤坝，全力纠治“四风”，坚持不懈整治群众身边腐败和不正之风。**深入学习贯彻习近平总书记关于作风建设的重要论述，按照自治区、拉萨市改进作风、狠抓落实工作部署要求，结合我区正在开展的党员忠诚教育，常态化抓好会议精神落实和会风会纪、内部日常监督，收集党员干部个人重大事项信息，健全干部《廉政档案》，为党员干部精准画像。梳理各单位法定职责、法律责任，除法定职责范围内、日常工作必须收集留存的相关材料外，其他材料的上报需预留合理时间，严肃纠治随意向基层派任务要材料的歪风。做实过渡期专项监督，紧盯2022年产业项目决策、实施、管理各环节，加强对各项惠民政策落实情况的监督，集中整治群众反映强烈的突出问题。深入整治个人及私营企业借用公款长期不还、惠民惠农“一卡通”管理、私设“小金库”、违规收受礼品红包及“工程欠薪”等问题。坚决整治采购价格虚高，违规招投标，违规发放津补贴，多头占用、违规出租出借周转房，盲目评比表彰等“啃食”财政资金行为。巩固深化扫黑除恶专项斗争成果，持续推进政法队伍教育整顿，维护好社会公平正义最后一道防线。重点围绕“四查四问”整治问题清单，发布《关于督促公职人员主动交代问题争取从宽的通知》，引导党员干部主动交代问题，重塑自我，对不主动交代、瞒报漏报问题的坚决从严从重处理，并按规定通报曝光，切实释放自查从宽、被查从严强烈信号。开通“清风达孜”微信公众号，通过新媒体加强廉政教育宣传；向干部家属发放《廉政倡议书》，引导干部家属吹好家庭“廉政风”，分清公与私，坚决反对特权思想、特权行为，通过自身过硬、家风清廉带动党风政风持续向善向好。

**（四）磨亮巡察利剑，抓牢问题整改，充分发挥巡察监督显微镜和探照灯作用。**对往轮巡察整改工作进行再监督再检查，着力发现和解决整改责任不明确、不全面、不落实等问题。对虚假整改、敷衍整改、拒不整改现象通报曝光、严肃问责，切实提升巡察工作实效。在工作巡察工作安排上留出调整空间，科学统筹巡视巡察上下联动和向村（组）党组织延伸工作，推动形成系统集成、协同高效的上下联动监督网。采取分批次巡察方式实现对村级党组织“巡乡带村”全覆盖，对20%的村（组）党组织开展直接巡察。结合拉萨市委巡察工作规划，制定区委下一届五年巡察工作计划，明确未来五年全覆盖任务重点和特色；紧紧围绕中央、区市重要会议、重要讲话精神学习贯彻情况，聚焦区委“两正两思”专题教育活动，常态化做好干部队伍作风建设巡察监督，确保巡察工作扎实有序推进。依据《市县巡察“三个聚焦”细化清单》《巡察村居党组织“三个聚焦”细化清单》，细化巡察监督重点，在区委换届后，高标准高质量开展首轮巡察工作。

**（五）深化体制改革，破解监督难题，推动构建法制化规范化一体化综合监督体系。**主动适应改革形势，把党的纪律检查体制改革、国家监察体制改革和内设机构改革有机融合，合理设置内设机构，优化力量配置，根据职能任务和干部业务特长，加大干部轮岗交流力度，规范内部工作流程，把执纪和执法贯通起来，推动工作力量配备向监督执纪执法一线倾斜。完善乡（镇）片区协作工作机制，将乡（镇）纪委人员力量统筹到全区纪检监察工作中，有效解决监督检查力量分散、审查调查质效不高等突出问题。建立权责清晰、衔接顺畅、协同高效的联动机制，促进纪律监督、监察监督、巡察监督“三位一体”有效衔接，形成监督合力，将监督的着力点从事后转向事前、事中，重视提醒和预防，避免“事后诸葛”。精准运用“四种形态”，坚持“三个区分开来”，对明知故犯和无心之过、肆意违规和改革失误、蓄意谋私和因公差错等区别对待，分类合理处置。配合区市监委做好监察官等级确定工作，推进高素质专业化监察官队伍建设。

**（六）坚持自我革命，筑牢忠诚底线，打造党和人民信得过靠得住能放心的纪检监察铁军。**坚持把学习贯彻习近平新时代中国特色社会主义思想作为首要和长期政治任务，深刻领会党中央和区市党委从严治党的坚定决心，通过监督执纪执法的生动实践落实区市党委、纪委全面从严治党的目标任务，做到走在前、作表率。加强纪委常委会班子建设，严格执行《中国共产党纪律检查委员会工作条例》《达孜区纪委监委机关工作规则（试行）》，落实好民主集中制，坚决防范违规决策问题发生。树立鲜明选人用人导向，激励作风扎实、本领过硬的干事者，淘汰不思进取、能力平庸的怠政者，以纪委换届为契机，加大选拔调配、轮岗交流力度，让干部在不同岗位上得到锻炼提升。发挥考核评价“指挥棒”作用，考核重点放在平时，加强对乡（镇）纪委的指导、监督、管理。坚持和完善“读书班”活动，以每3个月为一轮训周期，常态化开展业务培训和实战历练，年内纪检监察干部轮训覆盖率力争达到80%以上。严格按照达孜区委关于开展党员忠诚教育实施方案要求，在纪检监察系统内率先开展“自我检视”活动，及时发现问题并改错纠偏，严查执纪违纪、执法违法问题，严防“灯下黑”。

同志们，党的伟大不在于不犯错误，而在于从不讳疾忌医，当前达孜区全面从严治党形势异常严峻，只要我们始终保持战略定力，把牢政治方向，发扬斗争精神，踔厉奋发、笃行不怠，一定能有效应对未来的风险挑战。站在达孜新的发展起点上，让我们更加紧密地团结在以习近平同志为核心的党中央周围，在区市纪委监委和达孜区委的坚强领导下，贯通运用党的百年奋斗历史经验，弘扬伟大自我革命精神，扎实推进“清源正本、忠诚正道”“饮水思源、感恩思进”活动开展，为全面建设风清气正新达孜提供坚强政治保障，以优异成绩迎接党的二十大胜利召开。

# 拉萨市达孜区人民法院工作报告

## ——在拉萨市达孜区第一届人民代表大会第六次会议上

拉萨市达孜区人民法院院长　刘一麟

（2022年1月18日）

### 2021年主要工作

达孜区人民法院在区委坚强领导下，区人大及其常委会有力监督下，上级法院的积极指导和区政府、政协及社会各界的大力支持下，深入践行习近平新时代中国特色社会主义思想，深入贯彻党的十九大及历次全会精神，深入落实新时代党的治藏方略，自治区及拉萨市第十次党代会精神，认真落实达孜区一届人大历次会议决议，胸怀“两个大局”、心系“国之大者”、围绕“四件大事”，忠实履行宪法法律赋予的职责，努力让人民群众在每一个司法案件中感受到公平正义。全年受理各类案件737件（含旧存43件），审执结627件，结案标的额9836万余元，法官人均办案62件，收案数同比增长118%。

**一、在党的绝对领导下围绕中心服务大局**

筑牢政治忠诚。深入践行习近平新时代中国特色社会主义思想，牢固树立“四个意识”，坚定“四个自信”，做到“两个维护”，捍卫“两个确立”。严格贯彻《中国共产党政法工作条例》和区党委实施细则等党规，向各级党委及党委政法委请示报告重点工作、重大事项、重要案件10次。召开党组会议32次，理论中心组学习12场，书记讲党课10堂，形成有针对性工作举措78项，完成支部改选，肃清李运锋、朱江、春新等流毒影响，确保始终围绕党中央战略决策和区委中心工作提升司法服务保障水平。

加强疫情防控。立足疫情常态化，紧扣“六稳六保”任务，司法公正高效运行，服务各族人民群众，为党委政府分忧。通过手机移动微法院等网络方式立案78件，远程开庭16件，既方便当事人，又有效避免人员流动带来的疫情风险。在线委托调解纠纷95件，在线司法确认案件2件。在江苏疫情严重期间，向镇江、无锡两级法院赠送抗疫物资价值1.8万元。全院干警完成第三针疫苗接种。进出法院人员全部作场所码登记。

**二、以习近平法治思想指导审执工作**

依法惩治犯罪。贯彻落实总体国家安全观，聚焦“四大领域”，常态化开展扫黑除恶专项斗阵，推进平安达孜建设，增强各族人民安全感。共受理一审刑事案件20件，审结18件，判处罪犯22人，其中公诉案件19件，自诉案件1件。审结危险驾驶罪、交通肇事罪等危害公共安全案件9件，挪用资金罪、盗窃罪等侵犯财产案件5件，过失致人死亡罪、诽谤罪等侵犯公民人身权利案件4件，妨害社会管理秩序罪1件。推进以审判为中心的刑事诉讼制度改革，保障人权、宽严相济，判处的罪犯中，最重刑期为8年有期徒刑，最轻刑期为拘役2个月。审理王某挪用资金罪案件，树立良好政商关系。审理涉未成年人案件1件，保证青少年身心健康。

优化营商环境。全面完整准确贯彻新发展理念，强化民商事案件审判，优化达孜营商环境，服务高质量发展。共受理一审民商事案件393件（含旧存19件），审结338件，结案标的4972万元。审结合同类纠纷291件，公司类纠纷4件，人格权纠纷

2件，侵权责任纠纷9件，婚姻家庭类纠纷23件，劳动争议纠纷4件，物权纠纷2件。强化涉农民工工资、资金有序流转、不动产收益、建设工程等领域的权利保护，已审结合同类纠纷中，劳务合同纠纷101件，买卖合同纠纷74件，民间借贷合同纠纷33件，租赁合同纠纷22件，土地租赁合同纠纷15件，建设工程施工合同纠纷13件。

加强案件执行。突出解决执行难，完善执行联动、数据共享、财产查控，着力保障胜诉当事人权益，提升各族群众获得感。共新收执行案件241件，执结212件，结案标的额3169万余元，发放款物总额2312万余元。执结刑事罚金、追缴违法所得、附带民事赔偿案件6件，执结财产保全案件17件，执结民商事案件188件。涉民营企业专项执行期间，高效执结16件；涉民生案件冬季专项执行期间，执结16件，到位执行款100万余元。申请布控11人次，司法拘留1人，发布失信被执行人名单38人次，限制高消费94人次。实施执行救助44人次，救助金额24万余元。

自觉接受监督。自觉接受人大监督，认真落实一届达孜区人大历次会议上代表提出的意见建议，加强督查督办。邀请各级人大代表视察法院、旁听庭审、参加重要活动3余次。依法接受检察机关诉讼监督，认真对待检察建议，收到检察意见书2份，依法纠正案件2件及执行案件瑕疵问题。广泛接受社会监督，人民陪审员参审案件22件，纪委监委、党委政法委、组织部参加公开活动3场。在中国庭审公开网直播庭审81件，观看量716余人次。在中国裁判文书网公开文书249份，访问量420余人次。

三、努力建设新时代法院铁军

强化理论武装。深入学习贯彻习近平总书记关于加强政法队伍建设的重要指示精神，开展党史学习、政法队伍教育整顿、“三更”学习、“三新”讨论。充分运用线上线下学习载体，集中学习与个人自学，专题授课与竞赛测试、警示教育与英模教育结合等方式，深入学习马列主义经典著作、《中国共产党简史》、习近平法治思想等，牢记历史追寻初心，砥砺品格坚定信念，遵守规矩心怀敬畏。干警参与率100%，撰写各类心得体会和研讨材料320余篇、交流发言160余人次，实地见学2场、观影7场。尤其是深入开展政法队伍教育整顿，核查线索7条7人，查纠整改“六大顽瘴痼疾”4项涉及8人，占全院总人数的30.77%。完善防止干预司法“三个规定”等专项制度机制10余项。签署政治忠诚、不信仰宗教等承诺书51份。队伍教育整顿成效得到中央第十四督导组肯定。

站稳人民立场。牢记“江山就是人民，人民就是江山”，始终保持同人民群众的血肉联系，充分应用网上立案、远程开庭、集约送达等现代科技手段便民，巡回办案、法治宣传、为民办实事等利民。通过开通交款“聚合码”、设置信访专柜等为民办实事72件。为46件案件当事人减免缓交诉讼费2.3万余元。法治宣传16场。“民法典反分裂”宣讲团深入村居宣传政策、普及法律，受益群众1000余人。开展“三个规定”“万长”大宣讲，26名乡科级以上干部当场签署公开承诺书。联合信访局成功调解1起涉及40余名运输合同纠纷当事人案件。

提升队伍素质。立足队伍革命化正规化专业化职业化，落实全面从严治党责任，提高依法依规依矩履职能力和治理能力。重组审判团队4个，实施送达改革及繁简分流。通过政治轮训、专题培训、援藏授课、法律大讲堂、岗位练兵等方式，请进来、走出去，5名干警赴井冈山、林芝等地参训，2名干警赴江西等地跟案学习。2名干警获得县级以上表彰。严格执行防止干预司法“三个规定”，常态填报杜绝“三案”，落实执法司法制约监督体系建设目标。持续改进司法作风，院长约谈干警3人，以执纪监督第一种形态处理8名干警。深入推进司法责任制综合配套改革，在区委区政府的大力支持下补充聘用制书记员4人。

各位代表，我院各项工作取得进步，根本在于以习近平同志为核心的党中央坚强领导，根本在于习近平新时代中国特色社会主义思想的科学指引，根本在于习近平总书记作为党中央核心和全党核心的掌舵领航。这些进步，是达孜区委坚强领导，区人大及其常委会有力监督，区政府大力支持，区政协监督以及社会各界关心支持帮助的结果。在此，我代表达孜院表示衷心感谢并致以崇高敬意！

我们清醒认识到，法院自身存在的有些问题解决得还不够好。一是思想理论武装、司法服务理念与新形势和人民群众新要求相比还存在差距。二是司法能力有待进一步提高。三是服务大局，推进基层社会治理需要进一步加强。我们将坚持问题导向，努力加以解决。

## 2022 年工作安排

以中国共产党成立 100 周年为新的历史起点，开启中华民族伟大复兴第二个百年奋斗目标新征程。新的赶考路上所面临的目标任务对人民法院提出了更高要求。达孜法院将以习近平新时代中国特色社会主义思想为指导，深入贯彻落实习近平总书记“七一”重要讲话精神、习近平总书记在西藏视察时的重要讲话重要指示精神，深入贯彻落实中央第七次西藏工作座谈会、党的十九大及历次全会精神，尤其是十九届六中全会精神，深入贯彻落实庆祝西藏和平解放 70 周年大会精神，深入贯彻落实自治区和拉萨市第十次党代会精神，弘扬以伟大建党精神为源的精神谱系，传承“老西藏精神”“两路精神”，牢记习近平总书记“建设美丽幸福西藏，共圆伟大复兴梦想”的殷切嘱托，围绕“四个创建”“四个走在前列”，为全面建设社会主义现代化新达孜贡献人民法院智慧和力量，以优异成绩迎接党的二十大的召开。

一是进一步筑牢政治忠诚。持续深入学习习近平总书记“七一”讲话精神、十九届六中全会精神、自治区和拉萨市第十次党代会精神，增强“四个意识”，坚定“四个自信”，做到“两个维护”，不断提高政治判断力、政治领悟力、政治执行力，坚持党对司法工作的绝对领导，确保在政治上绝对忠诚可靠，在思想上纯洁干净，在行动上担当作为，坚定不移走中国特色社会主义法治道路。

二是进一步抓好主责主业。坚持总体国家安全观，打好维稳总体仗，坚决捍卫国家安全。坚持惩罚犯罪与保障人权并重原则，依法严厉打击各类刑事犯罪。紧扣“十四五”规划，大力推进乡村振兴战略，依法审理各类民商事案件，强化诉源治理和调解，发挥一站式多元解纷机制作用，维护良好市场经济秩序。大力推进解决执行难工作，加大案件的执行力度，切实保障胜诉债权人的合法权益。定期召开审判业务工作会议，改进审判工作中存在的问题，提高法官熟练掌握法律、准确理解法律、正确适用法律、依法公正裁判的综合能力。牢固树立“两山”理念，加强环境资源司法保护，全力守护蓝天碧水净土。坚持守土负责、守土担责、守土尽责，依法保障全方位建设强边“大后方”决策，抓好政策宣讲，化解相关矛盾纠纷。

三是进一步落实司法为民。依托信息技术平台，完善网上竞拍便捷服务和在线诉讼服务，加快推进司法网拍和网上诉讼服务中心建设，努力实现网拍规模效益和网上网下联动效益。巩固和深化巡回审判各项司法便民举措，继续加大对困难群众的诉讼援助和司法救助力度。大力推进司法公开，不断健全网上案件查询、直播庭审等制度，持续推进审判流程公开、裁判文书公开、执行信息公开。

四是进一步加强自身建设。坚持以党建带队建促审判，深入落实“四项教育”成果转化，提升司法能力、改进司法作风、服务各族人民。加强廉政建设，组织开展警示教育活动，深化廉政风险防控机制建设，健全权力运行内控机制，推进公正廉洁司法。深入推进智慧法院建设，加强信息化基础设施建设，借力信息技术提升审判效率和管理水平，实现更高程度的“数字正义”。积极争取各方支持，加大法院装备、经费和基础设施建设的保障力度，改善司法工作条件。

各位代表，新征程催人奋进，责任重大，使命光荣。达孜法院将更加紧密团结在以习近平同志为核心的党中央周围，坚持以习近平新时代中国特色社会主义思想为指导，坚定不移走中国特色社会主义法治道路，认真落实本次大会决议，不忘初心、牢记使命，奋发向上、苦干实干，为建设团结富裕文明和谐美丽的社会主义现代化新达孜做出新的更大贡献。

# 拉萨市达孜区人民检察院工作报告

## ——在拉萨市达孜区第一届人民代表大会第六次会议上

拉萨市达孜区人民检察院检察长 强巴卓玛

（2022 年 1 月 18 日）

### 2021 年工作回顾

2021 年，达孜区人民检察院在区委和上级检察院的坚强领导下，在区人大及其常委会的有力监督下，在区政府的大力支持、区政协民主监督和社会各界的关心支持下，坚持以习近平新时代中国特色社会主义思想为指导，深入贯彻党的十九大、十九届历次全会精神及中央全面依法治国工作会议和中央第七次西藏工作座谈会精神，深入贯彻落实习近平法治思想和习近平总书记关于政法工作、西藏工作的重要论述，紧紧围绕西藏检察工作总体思路，持续推动“四大检察”“十大业务”全面协调充分发展，紧密结合党史学习教育和政法队伍教育整顿、“三更”专题教育、“三新”大学习大讨论活动，忠实履行宪法赋予的法律监督职责，为推进达孜区民主法治、社会安全稳定贡献了检察力量。

全年共办理各类案件 350 件，同比上升 8.7 倍。其中办理刑事案件 36 件，同比上升 56.5%；办理民事监督案件 32 件，同比上升 9.7 倍；办理行政监督案件 10 件，同比上升 100%；办理公益诉讼案件 272 件，同比上升 12.6 倍；“四大检察”业务结构比为 10.29 ：9.2 ：2.8 ：77.71，明显优于去年同期。“案－件比”为 1 ：1.2，同比降低 13%。

**一、立足职能，在服务发展大局中展现检察作为**

——坚决维护社会稳定。在维护稳定特别是“两个大庆”、党的十九届六中全会、自治区和拉萨市第十次党代会等重要时段，积极做好防风险、控重点、排隐患工作，切实做好维稳和疫情防控工作，全体干警签订带班值班责任书，严格执行 24 小时带班值班和“零”报告制度，确保社会大局持续稳定。

——践行绿色发展理念。加强与生态环境、自然资源等行政主管部门沟通联系，持续开展防治扬尘污染、非法占用林地耕地、乱砍滥伐等工作。今年，办理扬尘领域公益诉讼案件 8 件、非法占用林地耕地领域公益诉讼案件 2 件、乱砍滥伐领域公益诉讼案件 1 件，办理湿地保护领域公益诉讼案件 2 件，共清理湿地垃圾 5.7 吨，为更好地履行监督职责，在湿地所在的乡村设立举报箱 3 个，促进了行政机关主动依法履职。按照《全区国家级自然保护区公益诉讼检察联络室设立方案》的要求，我院挂牌成立了西藏雅鲁藏布江中游河谷黑颈鹤国家级自然保护区达孜区公益诉讼检察联络室，并设立了警示牌和湿地保护宣传板。

——融入社会治理网格。开展检察长接待 7 次，下基层大接访办实事 3 次，开展法律顾问工作 11 次，深入村（居）、学校、寺庙开展各类法治宣传 19 余场次，发放宣传资料 1 万余份、宣传物品 3000 余份，受教育群众达 1500 余人。结合电信网络诈骗等新型犯罪，发放宣传册 500 余份，引导群众下载国家反诈中心 App。充分利用“两微一端”、微信公众号更新信息 614 条。从优用足法律政策，妥善化解社会矛盾。坚持“少捕慎诉慎押”，依法不批准逮捕 2 件 4 人，不起诉 6 件 6 人，降低了审前羁押率和轻罪起诉率，积极稳妥推动认罪认罚从宽制度，适用率达 100%。我院受理的徐某某盗窃案，在办理时充分考虑案件的特殊性以及社会影响，发现犯罪嫌疑人犯罪情节显著轻微，不认为是犯罪，依法做出绝对不起诉处理，做到了法律效果和社会效果的统一。

二、聚焦主业，在推进依法治区中贡献检察力量

——刑事检察更加有力。依法惩治各类刑事犯罪，充分履行检察机关在刑事诉讼中的主导责任。共受理刑事案件 36 件 49 人，其中受理审查逮捕案件 11 件 20 人（3 件 5 人为未成年人案件），批准逮捕 9 件 16 人，不批准逮捕 2 件 4 人；受理审查起诉案件 25 件 29 人（4 件 4 人为未成年人案件），提起公诉 13 件 17 人，不起诉 6 件 6 人，正在审查起诉 5 件 5 人，公安机关撤案 1 件 1 人。

——民事检察更为精准。以贯彻实施民法典为契机，对同级人民法院 2018 年至 2021 年的民事裁判及执行案件 42 件进行审查，办理民事监督案件 32 件，同比增长 9.7 倍。其中对生效裁判文书进行立案审查 5 件，民事执行立案审查 25 件。为更好地保护弱势群体的合法权益，办理支持起诉 2 件，其中：吴某某追偿工程款一案，我院依法支持起诉并多次联系双方当事人，在进入诉讼程序前帮其追回工程款 4.1 万元。卓某和巴某追偿交通事故赔偿金一案，依法向同级法院支持起诉，最终帮助当事人获得 2.7 万余元的赔偿，以能动司法，体现检察温度。

——行政检察有效突破。共办理行政检察案件 10 件，同比增长 100%。根据《中共中央关于加强新时代检察机关法律监督工作的意见》关于检察机关开展行政违法监督的要求，调阅相关行政机关处罚案件 24 卷，其中对 10 件进行立案，发现相关行政部门在办理行政案件中，存在行政处罚程序违法、适用法律错误、文书制作不符合规定等情况，向相关行政部门发出检察建议 3 份，为推进法治政府、法治达孜建设提供检察智慧。

——公益诉讼检察高效推进。深化“双赢共赢”监督理念，对执法办案活动开展融入式监督。共摸排各类公益诉讼案件线索 169 件，同比增长 15.9 倍，立案调查 103 件，同比增长 9.3 倍，立案率为 61.7%。其中，生态环境和资源保护领域 98 件，食品安全领域 42 件，安全生产领域 2 件，医疗废物领域 8 件，未成年人权益保护领域 17 件，文物保护领域 1 件，向行政部门发出行政公益诉讼诉前检察建议 19 份，提起刑事附带民事公益诉讼 1 件。我院在巩固脱贫攻坚、助力乡村振兴中，充分发挥公益诉讼职能，办理案件 28 件，清理建筑垃圾和生活垃圾 1705 吨。为进一步贯彻落实河（湖）长制，我院与水利、公安部门联合制定《“河湖长 + 检察长 + 警长”关于协同推进河湖长制工作的意见》，全面助推河湖长协作机制在我区的落实见效。

——全面提升法律监督质量和效果。对同级人民法院 2018 年至今的财产刑执行情况监督 18 件。审查 1990 年至今的“减假暂”案件 5 件 5 人。侦查活动监督 1 件，立案监督 2 件，发出检察建议 2 份。对发现的社区矫正交付执行文书错误和刑事案件法律文书未及时送达问题，向同级人民法院制发《纠正违法通知书》2 份，同时对校园安全管理、寺庙日常管理等存在的隐患共发出检察建议 2 份。

三、关注民生，在积极履职中体现检察关怀

——以检察监督守护“舌尖上”“脚底下”安全。我院积极贯彻落实上级院“守护美好生活”专项活动要求，为切实保护人民群众“舌尖上的安全”。联合区市场监督管理局对辖区内超市、餐饮店开展安全监督检查活动 12 次。联合市场监督监督局、公安局、教育局对德庆镇 5 所幼儿园进行校园安全专项监督检查活动。办理食品安全领域案件 42 件。为落实“四号检察建议”，走访相关行政部门，摸排辖区内近两年来涉窨井盖案件线索，办理窨井盖公益诉讼案件 1 件，督促行政机关依法履职。

——以检察关爱守护未成年人安全健康成长。落实拉萨市“五县二区”（除城关区外）的所有涉未成年人刑事案件集中统一办理的规定，为保护未成年人身心健康，保障未成年人合法权益，有效预防未成年人犯罪，开展未成年人心理疏导工作 4 次，定制未成年人检察宣传卡通玩偶和未成年人检察 Logo，制作未成年人强制报告制度告知牌，并向学校、幼儿园、诊所、宾馆等发放告知牌，要求按

照相关制度履行职责。为切实做到法治进校园，院领导担任区中学法治副校长，开展法治讲座3次，并发放未成年人法律宣传手册、宣传物品。组织开展了以“检爱同行，共护未来”为主题的检察开放日活动。

——以检察公开促公正赢公信。启用“12309”检察服务中心，让群众“告状有门”，建立来信、来访、电话“三位一体”的群众诉求表达机制。依法接待群众来信来访10件10人，均已办结，七日内程序回复率和三个月实体答复率均达100%。发布重要案件信息8件、案件程序性信息35件、法律文书15份，法律文书公开率达100%。以检察听证解开当事人“法结”“心结”，组织公开听证会2件，其中一件系达孜辖区内16家商店及餐馆未设置不向未成年人售酒标志，存在向未成年人售酒的隐患，召开公开听证会后，根据评议结果发出检察建议2份，督促行政机关依法履行职责。

四、从严治检，在接受监督中提升检察公信力

——把党的政治建设摆在首位。深入开展党史学习教育、政法队伍教育整顿、“三更”专题教育、“三新”大学习大讨论活动，检察长、班子成员上党课、理论宣讲（包括包村和包寺联系点）9次。严格落实“三会一课”制度，开展党建述职评议1次，开展主题党日活动12次，召开党组理论中心组学习（扩大）会14次。召开班子民主生活会和支部组织生活会2次，召开政法队伍教育整顿专题民主生活会和组织生活会4次，召开区委巡察反馈问题整改专题民主生活会1次。

——主动接受监督。把检察工作置于党的绝对领导之下，向区委汇报工作6次，向区人大及其常委会汇报工作4次。达孜区委巡察2组对我院党组开展了巡察“回头看”工作，院党组召开会议认真对党组工作出现的11项问题进行梳理、总结，逐项明确整改时限要求、牵头领导、责任部门和责任人。2021年10月，整改任务已全部完成销号。

——开展政法队伍教育整顿工作。认真贯彻各项工作要求，召开教育整顿推进会6次，开展政治教育58次，观看警示教育片和开展警示教育22次，红色教育活动8次，英模教育9次，反分裂斗争教育4次，筑牢中华民族共同体教育5次，开展党史教育15次，召开专题研讨会13场次，开展谈心谈话4轮次，积极填报《个人重大事项报告》4轮次，召开开门纳谏及反馈会议4次，政策解读6场次，撰写心得体会310余份，签订各类承诺书73份，制定教育整顿各项工作方案45个，形成各类分析报告10余份，制定、完善各类规章制度36项，制作政法队伍教育整顿台账65册。自查“六大顽瘴痼疾”6件6人，现均已整改完毕。

——深入推进党风廉政建设。落实“三重一大”决策机制和民主集中制，召开党组会议31次。制定干警“八小时以外”行为监督管理制度。开展检务督查12次。持续落实“三个规定”不放松，填报重大事项12次257人次。同时牢牢掌握意识形态工作责任制，召开党风廉政建设大会，将“一岗双责”落实到人。

——提高检察队伍专业化水平。一是进一步积极整合人力资源，创新工作模式，重新对业务部门进行职责划分，分成两个办案团队，分别负责刑事检察、未成年人检察、刑事执行检察工作和民事检察、行政检察、公益诉讼检察工作，办案团队更合理、办案力量更均衡，短板弱项得到进一步补强。二是鼓励和支持干警参加各类教育培训，全年参加各类业务培训12人次，听取业务讲座30余场次，组织全院干警参与“学习强国”及“网络云课堂”学习，参与率达100%。通过多种形式的教育培训，队伍素质有了全方位的提升，司法办案能力有了较大程度的提高。

——夯实基础设施建设。在区委、区政府和上级检察机关的大力支持下，我院先后升级改造了“12309”检察服务大厅、案件管理中心、公开听证室以及检察之家等基础设施。

各位代表，过去的一年，我院用实际行动践行着检察人的初心使命，齐心协力、奋勇拼搏、扎实工作，荣获了“全市检察机关先进集体”荣誉。我院干警茹格叶同志荣获“拉萨市优秀政法干警”荣誉。我们深知，成绩的取得，离不开区委和上级院的正确领导，离不开区人大的依法监督，离不开区政府的大力支持和区政协的民主监督，离不开各位代

表、社会各界和人民群众的关心支持。在此，我代表达孜区人民检察院表示衷心的感谢！

回顾一年来的工作，还存在一些短板和弱项：一是党建工作和业务工作的融合还不够密切；二是发挥检察职能服务经济社会高质量发展的能力还不够到位、举措还不够有力；三是“四大检察”发展还不够均衡、不够充分；四是检察智能化建设和工作管理水平与新时代的要求相比还相对滞后；五是检察队伍专业化职业化水平还不能完全适应新形势下检察工作的需要。对此，我院将积极应对，认真加以改进。

## 2022 年工作安排

2022 年，是党的二十大召开之年，也是“十四五”规划实施的关键一年。我院将紧密团结在以习近平同志为核心的党中央周围，贯彻落实习近平法治思想和习近平总书记关于政法工作、西藏工作的重要论述，深入学习贯彻党的十九大、十九届历次全会、中央第七次西藏工作座谈会及自治区、拉萨市第十次党代会精神，准确理解和把握新发展格局要求，不断增强“四个意识”、坚定“四个自信”，做到“两个维护”，推进“四个创建”，牢牢把握新时代检察工作正确方向，以高度的责任心全面履行法律监督职责，持续做好做细“四大检察”“十大业务”，为建设团结富裕文明和谐美丽的社会主义现代化新达孜提供高质量的检察保障。

一是始终坚持党对检察工作的绝对领导。自觉贯彻落实各级党委和上级院决策部署，坚持一切检察工作“从政治上看”，不断增强谋划检察工作的政治能力，从政治高度认识和处理业务问题，推动党的政治建设与检察业务工作深度融合，把政治担当与检察履职统一起来，自觉把党的绝对领导落实到检察工作各方面全过程。坚持全面从严管党治检，在抓反分裂斗争的同时抓好党风廉政建设和反腐败斗争，牢牢守住干部队伍建设的底板，着力营造风清气正的达孜检察政治生态。

二是加强党建工作与检察工作的深度融合。检察机关是政治性极强的业务机关，也是业务性极强的政治机关，我院将继续把政治建设摆在首位，把作风建设融入检察工作总体布局，构建起抓党建带队建促业务一体化工作格局，持续落实好教育整顿成果转化，锻造绝对忠诚、绝对纯洁、绝对可靠的检察铁军。

三是全面服务保障达孜长治久安和高质量发展。紧扣“四件大事”，落实“三个赋予一个有利于”要求，将推进“四个创建”与检察职能紧密结合，坚持在办案中监督，在监督中办案，进一步把监督重心放到提质量、增效率、强效果上来，把“四大检察”做优、做强、做实、做好。认真落实习近平总书记“要努力让人民群众在每一个司法办案中感受到公平正义”的要求，同时充分发挥检察公益诉讼职能，助力生态文明高地建设。

各位代表！2022 年，我院将在达孜区委和上级检察院的正确领导下，在人大的监督下，紧紧围绕区委、区政府中心工作和检察工作主题，坚持党对检察工作的绝对领导，坚持以人民为中心的发展思想，以党的政治建设为统领，以防范化解各类风险为牵引，以推进各项业务有力开展为着力点，认真落实本次会议精神，忠诚履职，砥砺奋进，全力推动达孜检察工作高质量发展，以优异的成绩迎接党的二十大胜利召开。

附件 1

**达孜区人民检察院工作报告有关用语说明**

1.《中共中央关于加强新时代检察机关法律监督工作的意见》：党中央就检察机关法律监督工作专门印发《意见》，充分彰显了以习近平同志为核心的党中央深入落实全面依法治国的坚定决心，体现了党中央对党和国家监督体系建设特别是检察机关法律监督工作的高度重视，是习近平法治思想在检察机关法律监督工作中的具体体现，是当前和今后一个时期加强党对检察工作领导纲领性文件。

2. 四大检察：最高人民检察院党组书记、检察长张军在 2019 年 1 月 3 日新闻发布会答记者问中，将检察职能系统地划分为刑事、民事、行政和公益诉讼四大检察。

3. 十大业务：是指普通刑事犯罪检察业务、重大刑事犯罪检察业务、职务犯罪检察业务、经济金融犯罪检察业务、刑事执行和司法渎职侵权检察业务、民事检察业务、行政检察业务、公益诉讼检察业务、未成年人检察业务、控告申诉检察业务。

4. 少捕慎诉慎押：2021 年 4 月，最高检《“十四五”时期检察工作发展规划》强调落实“少捕慎诉慎押”，所谓少捕，是指在刑事诉讼中应当尽量少逮捕人，并且严格将逮捕措施限定为确保刑事诉讼顺利进行的一种预防性措施，使非羁押诉讼成为刑事诉讼的常态。所谓慎诉，是指从严掌握刑事案件进入审判程序的实体条件和证据标准；对于符合起诉条件的案件，如果检察机关根据案件事实、情节以及犯罪嫌疑人的具体情况和认罪认罚态度，认为不起诉更加有利于维护公共利益和犯罪嫌疑人、被害人的合法权益，有利于促进经济社会发展和修复社会关系的，尽量适用不起诉手段终止诉讼。所谓慎押，是指在少捕的基础上，通过落实捕后羁押必要性审查制度等，保障被逮捕人及其法定代理人、近亲属和辩护人申请变更或者解除强制措施的诉讼权利，尽量缩短审前羁押期限，减少审前羁押人数。

5. 案 - 件比：2019 年 4 月 9 日，最高人民检察院检察长张军在检察领导干部业务讲座上首次提出“案件比”这一全新办案质量评价指标概念。所谓“案”，是指发生在人民群众身边的具体案件；所谓“件”，是这些具体的案件进入司法程序后所经历的有关诉讼环节统计出来的件。“案件比”即指“案”与“件”数的比率，作为一项办案质量评价指标，最佳的“案件比”是 1：1，“案”与“件”之比中“件”的数量越高，意味着司法资源付出越多，办案政治效果、法律效果、社会效果越差。

6. 认罪认罚从宽制度：是指犯罪嫌疑人、被告人自愿如实供述自己的犯罪，对于指控犯罪事实没有异议，同意检察机关的量刑意见并签署具结书的案件，可以依法从宽处理。

7. 政法队伍教育整顿：全国政法队伍教育整顿是 2021 年中央政法委开展的一项工作。2021 年 2 月 27 日，经党中央批准，全国政法队伍教育整顿动员部署会议在北京召开，这场政法队伍刀刃向内的自我革命在全国范围内正式启动。其根本目的在于努力打造一支党和人民信得过、靠得住、能放心的政法铁军，为建设更高水平的平安中国、法治中国提供坚强组织保证。

8. 侦查监督：人民检察院对公安机关的侦查活动是否合法依法实行监督。

9. 立案监督：人民检察院对公安机关的立案活动是否合法进行的监督。

10. 民事诉讼的检察监督：检察机关作为国家法律监督机关，对审判机关民事诉讼活动实行法律监督。

11. 行政诉讼监督：人民检察院对行政诉讼实行监督。

12. 检察公益诉讼：是指人民检察院作为公共利益的代表，根据民事诉讼法、行政诉讼法等法律规定，对在履行职责中发现的生态环境和资源保护、食品药品安全、国有财产保护、国有土地使用权出让、英烈权益保护及安全生产等领域损害国家利益或者社会公共利益的案件，向有关主体发出检察建议或向人民法院提起诉讼的法律制度。

13. 法定不起诉：人民检察院对公安机关侦查终结移送起诉的案件或者自己侦查终结的案件进行审查后，认为犯罪嫌疑人的行为不构成犯罪或者依法不应追究刑事责任，从而作出不将犯罪嫌疑人诉至人民法院审判的一种处理决定。

14. 支持起诉：人民检察院对损害国家利益和社会公共利益及弱势群体利益的行为支持受损单位或个人向人民法院起诉并参与诉讼的活动。

15. 公益诉讼诉前检察建议：是指人民检察院在履行职责中发现生态环境和资源保护、食品药品安全、国有财产保护、国有土地使用权出让等领域负有监督管理职责的行政机关违法行使职权或者不作为，致使国家利益或者社会公共利益受到侵害的，应当向行政机关提出检察建议，督促其依法履行职责。行政机关应当在收到检察建议书之日起 2 个月内，依法履行职责，并书面回复人民检察院。出现国家利益或者社会公共利益损害继续扩大等紧急情形的，行政机关应当在 15 日内书面回复。

16. 减假暂：对监狱服刑犯人实行减刑、假释、暂予监外执行的统称。

17. 强制报告：是指国家机关、法律法规授权行使公权力的各类组织及其从业人员，在工作中发现未成年人遭受，或者正在遭受不法侵害以及面临不法侵害的危险的，应当立即向公安机关、民政、教育等有关部门报告、报案或举报的制度。

18. 未成年人刑事案件集中办理：拉萨市人民检察院下发的《关于调整拉萨市检察机关未成年人检察部门(办案组)案件受理范围的通知》，拉萨市检察机关涉未成年人刑事、民事、行政、公益诉讼、刑事执行监督案件统一归口由未成年人检察部门(办案组)办理。达孜区人民检察院集中办理堆龙德庆区、达孜区、林周县、曲水县、墨竹工卡县、尼木县、当雄县所辖的涉未成年人刑事、刑事执行监督案件。

19. “四号检察建议”：2020 年 4 月 28 日，最高人民检察院向住房和城乡建设部提出关于城市窨井盖(以下简称“井盖”)因缺失、损坏变形、松动、错位等原因造成人员伤亡的检察建议，主要包括重视井盖管理工作、进一步压实安全责任、推动管理创新以及提升社会参与度等方面的建议。

20. 纠正违法通知书：是指人民检察院在审查批捕、审查起诉或出席法庭活动中，发现公安机关的侦查活动或人民法院的审判活动有违法情况时，为纠正违法行为，向公安机关或人民法院提出纠正意见而制作的司法文书。

21. 检察听证：是人民检察院对于符合条件的案件，组织召开听证会，就事实认定、法律适用和案件处理等问题听取听证员和其他参加人员的案件审查活动。听证会上的评议意见是检察机关依法作出最终审查结论的重要参考。

22. “12309”检察服务中心：主要运用实体、热线、网络三大检察为民服务平台，公开重要案件信息、法律文书，受理人民群众控告、申诉事项，受理案件程序性信息查询、辩护与代理预约、国家赔偿、国家司法救助等事项，收集、反馈人民群众意见建议，提供法律咨询服务。群众可以通过“12309”网站、“12309”检察服务热线(电话)、“12309”移动客户端(手机 App)和“12309”微信公众号了解案件办理情况或反映问题。

23. “三个规定”：2015 年，中共中央办公厅、国务院办公厅、中央政法委、两高、三部，为贯彻落实十八届四中全会决定，先后印发《领导干部干预司法活动、插手具体案件处理的记录、通报和责任追究规定》《司法机关内部人员过问案件的记录和责任追究规定》《关于进一步规范司法人员与当事人、律师、特殊关系人、中介组织接触交往行为的若干规定》，严禁领导干部插手干预司法，司法机关内部人员过问案件，司法人员与当事人、律师等不当接触交往，如有违反规定的，司法人员都要主动记录报告，并进行通报和责任追究，统称“三个规定”。

24. “两微一端”：微博、微信和新闻客户端。

# 拉萨市达孜区2021年国民经济和社会发展计划执行情况与2022年国民经济和社会发展计划的报告

## ——在拉萨市达孜区第一届人民代表大会第六次会议上

拉萨市达孜区发展和改革委员会主任　孙　浩

（2022年1月18日）

## 一、2021年国民经济和社会发展计划执行情况

2021年在区市党委、政府的坚强领导下，全区上下坚持以习近平新时代中国特色社会主义思想为指导，深入贯彻习近平总书记关于西藏工作的重要指示精神和新时代党的治藏方略，统筹疫情防控和经济社会发展，推动巩固脱贫攻坚成果同乡村振兴有效衔接，扎实做好“六稳”工作，全面落实“六保”任务，全区经济社会持续快速发展。

全年完成全区地区生产总值22.75亿元，同比增长8%；完成一般公共预算收入4.48亿元，同比增长21.99%；完成税收收入14.2亿元，同比增长33%；农牧民人均可支配收入20058元，同比增长16%；全社会固定资产投资同比下降25.6%；规模以上工业增加值同比增长104.2%；社会消费品零售总额同比增长7.8%。全区经济和社会发展的成效主要体现在以下四个方面：

（一）疫情防控和经济社会发展“两手抓两不误”。2021年全球新冠疫情流行加速，国内多地报告本土散发疫情，作为拉萨市的东大门，我区的疫情防控形势严峻复杂，通过不懈努力，实现了防疫情、保民生、保安全、保稳定等工作。全年投入资金200万元，用于疫情防控知识宣传，加强聚集性活动管控。全年民众接种疫苗58712剂次，开展核酸检测服务10754人次，开展进口冷链食品、快递（包裹）专项检查次数300余次，最大限度地减少了疫情对各项工作的影响。

在开展疫情防控的同时，2021年我区完成粮食播种面积5.77万亩，粮食产量2.34万吨，油菜产量752.2吨，总畜存栏7.547万头（只、匹）。完成招商引资项目21个，实际到位资金14.46亿元。农牧民人均可支配收入较2020年增加2760.39元，达到20058元。全年旅游接待44.5万人次，实现旅游收入2067.82万元，其中林卡经济收入达799.93万元。20个村集体经济收入均在10万元以上，有6个村的收入达到50万元以上，实现了疫情防控和经济社会发展的“双胜利”。

（二）脱贫攻坚和乡村振兴有效衔接取得新突破。严格落实“四个不摘”要求，抓紧抓实抓细各项工作。2021年通过动态监测和帮扶机制，消除致贫返贫风险户12户50人。统筹整合资金2.69亿元，实施扶贫产业项目25个，实现产业分红1686.3万元。完成农村危房改造15户，拨付补助资金36.86万元。投入2466万元，推进邦堆村乡村振兴示范村试点基础设施改造项目。开展总投资1.97亿元的“美丽乡村·幸福家园”建设，白纳村和扎叶巴村试点整村推进工作积极有效，群众的获得感和幸福感全面提升。有效激发内生动力，积极开展技能培

训，共举办各类职业技能培训48期，受益群众1659人。不断加大农牧民转移就业力度，实现转移就业849户1433人，达到一户一人稳定就业目标。

（三）民生改善和乡村环境治理再上新台阶。城乡最低生活保障政策进一步落实。兑现城镇低保171.58万元，兑现农村低保62.87万元，兑现临时救助资金5.3万元，兑现老年人两项补贴1万元，发放老年人供养金124.58万元。唐嘎乡穷达村、章多乡恰村两处留守儿童“快乐之家”于2021年1月揭牌启用，获得良好反响。培育1家从事养老服务的社会组织，开展居家和社区养老服务改革试点，得到一致好评。教育事业稳步发展。投入1926.72万元完成校园绿化提升、操场维修、采暖和消防工程。争取850万元实施公共体育场田径跑道和足球场建设项目，改善了教育教学环境，提升了全民体育公共服务保障。配套500万元实施校园信息化建设和20所幼儿园校园监控建设。兑现“三包”及营养改善计划资金2256.3万元，发放大学生资助资金425.6万元。医疗卫生扎实推进。总投资2.06亿元的卫生系统整体搬迁项目于2021年9月正式投入使用，将达孜区人民医院的信息化系统延伸至乡镇标准化卫生院，实现了药品管理、电子处方、挂号收费等规范化管理，基本实现医疗资源、人事、财务管理、医疗服务价格、后勤保障的统一。投资1500万元的达孜区人民医院传染病房建设项目已完成可研批复，正在进行初步设计审查。投资135万元的达孜区乡（镇）卫生院藏医理疗室建设项目已开工建设。就业创业不断进步。实现城镇新增就业1160人、农牧民转移就业10627人、实现转移就业收入1.06亿元。新认定农牧民转移就业基地4家，吸纳本地就业142人，培育劳务经纪人6人，带动农牧民就业109人，培育劳务品牌1个。2021年高校毕业生318名，实现初次就业317名，就业率99.69%。兑现创业补贴327.53万元。公共文化服务能力不断提升。开展“我们的中国梦”文化进万家、“3・28”西藏百万农奴解放等文艺演出共计60余场次，进一步丰富广大农牧民和干部职工的精神文化生活。

深入推进蓝天、净土、碧水保卫战。加强自然保护区监管工作，对19个保护区遥感动态变化监测点位进行核查。开展“双随机”专项检查，开展行政处罚案件2件，罚金14.88万元。安排工作经费900万元，全面推行“河长制”。尝试开展农村生活垃圾分类处理，配备乡村垃圾分类回收站66个，垃圾分类兑换超市2个；购置餐厨垃圾回收车1台；建设垃圾分类试点村1个；设置乡村卫生环境监督员及保洁员236名，基本形成了“户分类、村集中、乡转运、县中转”的垃圾处理模式。普及农牧区卫生厕所，完成户用卫生厕所改建1263户，户用卫生厕所占比达70%以上。积极开展“四旁”植树行动，新增造林绿化面积3792.9亩，绿化率达31.94%，全区所有乡（镇）、行政村均完成自治区级生态文明建设示范创建工作，扎西岗村列入第二批乡村治理示范村镇。

（四）项目建设和产业发展取得新成效。全年统计各类固定资产投资项目130个，总投资114.5亿元，年内，开（复）工项目92个，开（复）工率70.8%，完工项目69个，完工率68.3%。其中达孜区白纳沟生态旅游乡村振兴项目，总投资3.9亿元，目前完成总体工程量的40%；佳禾・阳光绿洲房地产项目完成总体工程量的50%；尊木采村祁连山水泥厂建设项目，总投资15.44亿元，已建设完成并投入运营；2019年第二批高标准农业基地建设项目、2020年高标准农业基地建设项目和达孜区德庆镇德庆村奶牛养殖基地建设项目相继建成。农牧业经营企业不断壮大，目前全区共有农牧业产业化龙头企业国家级1家、自治区级2家、市级11家；农牧民专业合作示范社国家级2家、自治区级2家、市级11家，拉萨市“两创示范”百家示范农村专业合作社15家；新型农牧业经营主体培育4家。工业经济持续稳定增长，目前我区规模以上企业9家、龙头企业8家、高新技术企业6家、自治区级绿色工厂1家、拉萨市绿色发展试点企业7家、新增自治区级专精特新企业2家。全年共完成工业总产值7亿元，同比增长55.6%。紧紧围绕“圣城拉萨・云上达孜”全域旅游品牌树立、精品旅游线路包装，拍摄达孜扎叶巴等重点旅游区视频资料，在南京和镇江推介达孜全域旅游，展销达孜特色旅游商品，青稞醋销售额突破100万元。持续开发“藏鹤仙子”33个系列的特色旅游商品。投入经费200余万元在江苏、安徽等20个地市举办专题旅游推介会活动20余次。

各位代表，在肯定成绩的同时，我们也要清醒地认识到，我区的经济社会发展与人民日益增长的美好生活需要、与贯彻以人民为中心的发展思想、与部分兄弟县（区）的发展还存在差距。发展不平衡不充分的问题依然存在。部分指标与年初目标有一定差距。经济发展的基础不强，创新能力不够，实体企业占比不高，产业带动不明显，农村基础设施建设相对滞后，公共服务供给相对薄弱。对这些问题，我们需要高度重视，采取有效措施切实加以解决。

## 二、2022年国民经济和社会发展总体要求、主要目标和重点任务

坚持以习近平新时代中国特色社会主义思想为指引，深入贯彻党的十九大和十九届历次会议及中央第七次西藏工作座谈会精神，贯彻落实习近平总书记关于西藏工作的重要论述和新时代党的治藏方略，贯彻落实区市党代会和经济工作会议精神，坚持稳字当头、稳中求进，立足新发展阶段，完整准确全面贯彻新发展理念，服务融入新发展格局，聚焦稳定、发展、生态、强边“四件大事”，继续做好“六稳”“六保”工作，在“四个创建”“四个走在前列”上担当作为、率先有为，持续推进经济健康发展，保持社会大局稳定，以优异成绩迎接党的二十大胜利召开。

主要预期目标是：地区生产总值增长8%以上，农牧民人均可支配收入增长13%以上，固定资产投资增长11%以上，规模以上工业增加值增长10%以上，社会消费品零售总额增长10%以上，一般公共预算收入保持平稳增长。

为实现2022年全区经济和社会发展预期目标，主要在以下五个方面抓好落实。

（一）突破瓶颈，再掀项目建设新高潮。要继续把项目建设作为全区经济增长的主旋律，坚持项目建设力度不减、干劲不松、氛围不变，在全区继续保持大抓项目建设、抓大项目建设的浓厚氛围，促进投资较快增长，确保实现11%的投资增长目标。重点推进达孜区“美丽乡村·幸福家园”白纳村、叶巴村整村推进、扎叶巴康养小镇、洋河拉萨基地等10个市级重点项目建设，力争完成投资11.3亿元，成为我区拉动投资的主引擎。要加大力度跑项目，做到该争的一点不漏、能争的丝毫不让、难争的坚决突破，让更多的项目挤进计划盘子；要严格落实招商引资考核制度和奖励政策，实现招商引资新突破，力争实际到位资金16亿元；要千方百计扩大金融机构贷款规模，努力激活民间资本，破解资金难题；要采取更硬的措施解决土地供给、征地拆迁、安置补偿等问题，破除项目建设瓶颈；要强化项目监管，完善项目调度制度，确保项目建设加速推进；要优化项目结构，重点引导扶持产业项目发展，以项目大突破推进经济大发展。

（二）放大优势，全力加快产业发展。要始终把产业培育作为全区的根本任务，抓紧抓好。一是大力推进新型工业化。修编《达孜工业园区总体规划》《达孜工业园区产业发展规划》，完善产业功能布局，打破企业转型升级瓶颈限制。重点引进金发商贸有限公司，推进达孜工业园区邻里中心项目建设，不断补齐产业商服配套短板；引进西藏美孜医药科技有限公司和西藏润沙药业公司，不断延伸高原生物医药医疗产业；推动绿色新动能产业合作基地项目，完善新能源以及科技型新兴产业，填补园区高新技术产业空白，实现产业融合发展。重点建设洋河拉萨基地，将青稞产业、酿酒产业和文旅产业科学链接，打造以展览展示、研发、生产、服务、销售等功能于一体的青稞酒产业生态圈。二是大力推进现代农牧业。加强农业综合生产能力建设，推动设施农业发展，提高粮食产量；加强农田水利基础设施建设，改善水利灌溉条件；加大农技农机推广力度，提高农业科技含量。加强新农村建设，加快推进“美丽乡村·幸福家园”建设，做到村庄规划成熟一个、审批一个、实施一个、建成一个。三是大力推进现代服务业。突出发展旅游业，加强旅游基础设施建设，抓紧推进夏拉沟旅游景区基础设施、旅游厕所和达孜区叶巴村藏民宿旅游提升项目建设。依托文化产业资源，争取扎叶巴村尽早申报成

功西藏地质文化第一村。着力发展生产性服务业，加速推进现代物流、现代商贸发展，加强城乡两级商贸流通基础设施建设，特别是逐步推进冷链、仓储的基础建设。规范发展房地产业，合理调控房地产供应总量和结构，引导居民合理住房消费，促进房地产业稳定健康发展。

（三）加大力度，推动生态文明建设迈上新台阶。严守生态保护红线、环境质量底线、资源利用上线，加大环保领域问题排查整治力度，深入开展“散乱污”企业综合治理专项行动，加强扬尘、汽车尾气整治，持续改善空气质量，确保城市空气质量优良天数比例保持在 99% 以上。加快推进生态文明建设示范区创建和白纳沟“绿水青山就是金山银山”实践创新基地建设。继续打好污染防治攻坚战，建立农村环境保护与监管长效机制，确保精准治污、科学治污、依法治污。以饮用水水源地保护、生活垃圾、污水处理、养殖污染整治为重点，进一步落实环境综合整治措施，力争处理设施水质达标率达到 98% 以上的目标。统筹推进山水林田湖草沙冰一体化保护和修复，实施南北山造林绿化工程，积极开展达孜区草原有害生物普查、草原治理修复等工作。抓好造林绿化项目补植补造、后期管护和造林作业点的提升巩固。深入推进绿色生活创建工作，加强绿色机关、绿色家庭、绿色社区、绿色出行等方面的措施落实落地，切实提升绿色创建水平。

（四）不遗余力，高标准推进民生保障水平。把保障和改善民生作为政府工作的出发点和落脚点。一要紧扣群众的现实困难排民忧。实施更加积极的就业政策，做好岗位开发、技能培训、转移就业等重点工作，促进城镇失业人员、农牧民群众多渠道市场就业。深入实施全民参保计划，建立健全多层次社会保障体系，持续扩大城乡居民基本养老保险覆盖范围。实施一批农家幸福院、县级残疾人综合服务中心、天葬台维修等民生项目。投资 2.08 亿元建设 15 个乡村振兴项目，巩固拓展脱贫攻坚成果与乡村振兴有效衔接。健全完善防返贫动态监测和帮扶机制，做到早发现、早帮扶，坚决守住不发生规模性返贫底线。二要大力发展社会事业解民需。聚焦结构优化、补齐短板，以普惠性为原则，继续深入实施学前三年行动计划、大力推进乡村幼儿园改造提升，保障学前教育资源质量。以义务教育优质均衡发展为目标，加快破解农牧区教育质量不高的难题。积极实施国家公共卫生服务项目，强化公共卫生和医疗保障服务，让人民群众能够看得起病、看得好病。加强公共设施建设，推进文化体育事业快速发展，满足人民群众精神文化生活需求。三要抓好安全稳定保民安。加强和创新社会管理，健全群众权益维护机制，切实解决群众合理诉求。加强社会治安综合治理，强化政法队伍建设，全面提高治安防控能力。抓好安全生产，杜绝重特大事故发生。强化市场安全监管，确保群众饮食用药安全，开创社会和谐稳定，人民安居乐业的新局面。

（五）统筹协调，保护和激发市场主体活力。持续强化疫情防控，加大排查力度，做到严防死守，进一步提升核酸检测能力，抓好中高风险地区人员的健康管理，确保疫情不出现规模性输入。深化放管服改革。以推动系统对接信息共享、政务服务平台网站功能优化完善为抓手，努力提升“互联网 + 政务服务”工作水平，实现更多事项“最多跑一次”，更多高频事项全程网办，持续开展便民行动，科学合理优化办事流程、压缩时限。优化营商环境。激发市场主体活力实施好减税降费政策，促进经济平稳健康发展，提供更直接更有效的帮扶措施，支持中小微企业和个体工商户发展。持续深化国有企业改革，加大对双创企业的信贷支持力度。加强企业培育，强化要素保障，引导企业做大做强。完善区域物流服务体系建设，逐步建设乡村区域消费中心，加快释放消费潜力。

各位代表，做好 2022 年我区经济社会发展各项工作，任务艰巨、责任重大。让我们更加紧密地团结在以习近平同志为核心的党中央周围，切实把思想和行动统一到区委、区政府对当前经济形势的判断和工作部署上来，着力增强“四个意识”、坚定“四个自信”、做到“两个维护”，自觉接受区人大的监督，听取区政协的意见，主动适应新常态，积极挖掘新潜力，努力创造新亮点，奋力推动新时代达孜长治久安和高质量发展，为顺利实现全年经济社会发展目标而努力奋斗。

# 拉萨市达孜区2021年财政预算执行情况和2022年财政收支预算的报告

## ——在拉萨市达孜区第一届人民代表大会第六次会议上

达孜区财政局

（2022年1月18日）

### 一、2021年财政预算执行情况及主要工作

2021年，全区各级财政部门坚持以习近平新时代中国特色社会主义思想为指导，深入贯彻党的十九大和十九届六中全会及中央第七次西藏工作座谈会精神，全面贯彻落实习近平总书记关于西藏工作重要论述和新时代党的治藏方略，深入学习贯彻习近平总书记视察西藏重要讲话精神，贯彻新发展理念，坚持稳中求进总基调，紧紧围绕区委、区政府决策部署，加力提效实施积极的财政政策，坚持“三个赋予、一个有利于”的基本原则，提升公共财政治理能力，统筹抓好“四件大事”，坚决兜牢“三保”底线，着力服务“六稳”“六保”，保持财政政策连续性稳定性和可持续性，为推动全区经济社会高质量发展奠定坚实基础，确保“十四五”开好局、起好步。

（一）2021年财政预算执行情况

达孜区第一届人大四次会议批准的2021年度达孜区财政总财力13.95亿元，其中：一般公共预算财力11.85亿元，政府性基金预算财力2.1亿元，国有资本经营预算财力16.16万元。在年度预算执行过程中，根据财力变化情况，经达孜区一届人大常委会第十九次会议批准，达孜区财政总财力调整为15.07亿元，其中：一般公共预算财力12.97亿元，政府性基金预算财力2.1亿元，国有资本经营预算财力16.16万元。2021年全区财政总财力达到29.22亿元，比上年决算增加10.72亿元，增长57.9%。其中：一般公共预算财力达到24.48亿元，同比增加8.08亿元，增长49%（一般公共预算收入达到4.48亿元，同比增加8076万元，增长21.99%；2021年一般公共预算支出完成13.95亿元，同比减少2.46亿元，下降14.97%）；政府性基金预算财力2323.32万元，下降88.87%（政府性基金收入达到1021万元，下降78%；政府性基金预算支出完成1620.13万元，结转703.19万元）；国有资本经营预算财力达到228.45万元（国有资本经营预算收入达到228万元，增长216%；调入一般公共预算68万元，国有资本经营预算支出完成0.05万元，结转160.39万元）。以上财政收支决算执行数待上级财政部门审核批复后将专题向人大常委会报告。

（二）2021年财政主要工作

一是全面实施乡村振兴战略。落实资金2.69亿元，同比增长27.61%，确保财政资金投入规模稳中有增，牢牢守住规模性返贫底线，巩固拓展“两不愁、三保障”成果，巩固提升脱贫质量，做好同乡村振兴有效衔接。实施“美丽乡村·幸福家园”项目建设，落实资金1.31亿元，支持高标准农田建设、农业生产发展、草原生态保护恢复和净土健康产业及重点产业发展。

二是落实常态化疫情防控。落实资金134.38

万元，支持疫情防控各项举措有效落实，解决隔离场所费用，优先保障抗疫物资需要，提升疾控中心核酸检测能力，全民累计接种免费疫苗 58712 剂次。

三是就业形势持续稳定。落实资金 567.42 万元，组织农牧民职业技能培训 1569 人次，实现农牧民转移就业 1.06 万人次，新增城镇就业 1160 人，应届高校毕业生就业率达 99.69%，就业水平持续增强。

四是办好人民满意的教育。落实教育事业资金 2.15 亿元，促进义务教育优质均衡发展，支持构建空间布局合理、资源配备均衡的教育设施网络。享受学前至高中阶段 15 年免费教育补助人数 5125 人、教育“三包生”及随班就读残疾生人数 4893 人。

五是社会保障水平稳步提高。落实资金 718.95 万元，有效保障城市低保边缘户、困难群众救助补助、扶残助残、优军优抚等服务，城乡居民最低生活保障标准提高到每人每月 974 元，农村居民最低生活保障标准提高到每人每年 5060 元。

六是住房保障体系进一步健全。落实资金 36.86 万元，推进危房改造 15 户，向城镇低收入住房困难家庭发放租赁住房补贴，有效增加保障性住房供给，低收入群众住房条件得到系统改善。

七是全面推进绿色达孜建设。落实资金 2363 万元，重点实施“两江四河”植树造林工程，新增造林绿化面积 3792.9 亩，绿化率达 31.94%，全面消除海拔 4500 米以下无树村、无树户。

八是维护社会稳定和长治久安。落实资金 810 万元，全力保障常态化扫黑除恶和公共安全需要，支持平安达孜建设和落实各项维稳措施。落实资金 267.3 万元，加强突发公共安全事件应对保障，补齐应急物资保障短板，开展自然灾害风险普查。

九是坚持改革创新，全面加强财政管理。

1. 加强财政资源统筹，做好一般公共预算与政府性基金预算、国有资本经营预算的统筹衔接。全面实施项目全生命周期管理，建立健全跨年度预算平衡机制。积极运用零基预算理念，打破财政支出固化僵化格局，合理确定支出预算规模，明确财政国库集中支付结余不再按权责发生制列支。做实预算项目库管理，全面实现应用预算管理一体化系统（2.0 版）编制 2022 年预算。拓宽预决算信息公开范围，细化信息公开内容，提高信息公开规范性，主动接受社会监督，透明度进一步提高。

2. 不断提高本级财政投资评审质量和效率。评审项目 42 个，送审资金 1.86 亿元，审定资金 1.75 亿元，审减金额 1078.52 万元，审减率 5.8%。

3. 创新方式。在全区推行公务车辆“二维码”管理，接受社会各界监督；指导各单位使用“非税系统”电子缴款及开电子票据，稳步推进财政电子票据和非税收入收缴电子化管理改革工作；实现农行掌上 App 工资明细查询板块与工资短信明细并行。

4. 盘活财政存量资金，提高资金使用效益。累计盘活存量资金 3.42 亿元，统筹安排用于扶贫、民生等重点领域。

十是加大财政监管力度，推动区委区政府决策部署落实落地。

1. 清理规范财政专户，完善国库单一账户体系，确保财政资金运行安全。通过预算管理一体化系统（2.0 版）实现区直单位实有资金账户财务活动实时监控。

2. 加大全区长期往来款项清理力度，清理资金 2654.92 万元，清理进度为 74.54%。

3. 消除监管盲区，已完成全区 5 个藏传佛教寺庙财税监管业务培训、实操指导、固定资产粘贴；开展整治地方财政收入虚假问题专项行动，对单位账务处理薄弱环节，及时指导纠偏；开展财政系统粮食购销领域腐败问题专项整治自查自纠；提高惠民惠农“一卡通”发放财政补贴资金实效。

4. 切实加强预算绩效管理。推动部门牢固树立绩效意识，打造全方位、全过程、全覆盖的预算绩效管理体系，做到花钱必问效，无效必问责。推进绩效管理和预算管理深度融合。

5. 切实加强地方政府债务监管。防范化解地方政府隐性债务风险，控增量消存量，健全风险监测和防范机制，不断提升地方政府债务管理水平。2021 年，共化解政府隐性债务 3653.14 万元，实现我区政府隐性债务清零。

## 二、2022 年财政收支预算草案

根据《中华人民共和国预算法》《中华人民共和国预算法实施条例》的规定，结合我区实际，认真编制完成了 2022 年达孜区财政预算草案。

（一）预算编制指导思想

以习近平新时代中国特色社会主义思想为指导，深入贯彻党的十九大和十九届六中全会及中央第七次西藏工作座谈会精神，贯彻落实习近平总书记关于西藏工作的重要论述和新时代党的治藏方略，贯彻落实各级党委经济工作会议精神、区市党委第十次党代会精神，坚持稳中求进总基调，扎实落实积极的财政政策，进一步深化预算管理制度改革，加强财政资源统筹，突出保基本、守底线，发挥集中财力办大事的体制优势，强化预算对落实党委、政府重大政策的保障能力，提高财政资金配置效率和支出使用效果。加大优化支出结构力度，全面落实政府过紧日子要求，强化预算约束和绩效管理，推进财政支出标准化，努力提高财政支出效率。

（二）预算编制基本原则

一是加强统筹，保障重点。强化预算对落实党中央国务院和区市党委政府重大政策的保障能力，优化支出结构，加强财政资源统筹，建立健全预算资金、债券资金和转移支付资金的统筹机制，加大重点领域和刚性支出保障力度。认真落实减税降费政策，实事求是、科学稳妥安排财政收入预算。

二是强化管理，硬化约束。坚持预算法定原则，严格按预算法及实施条例编制预算，着力提升制度执行力。通过预算管理一体化，全面规范预算管理和切实硬化预算约束，将政府过紧日子的要求落到实处。

三是强化零基，突出绩效。打破财政支出固化格局，做实预算项目库管理，强化预算安排与事权和支出责任、预算执行、巡视巡察审计发现问题、绩效管理、存量资金规模挂钩机制。加强绩效监控和评价结果运用，削减或取消低效无效支出，着力提高财政资源配置效率和使用效益。

四是坚持底线，防范风险。把防风险摆在更加突出位置，统筹发展和安全、当前和长远，防范化解财政运行风险，科学评估财政承受能力，确保财力可持续；加强政府债务和中长期支出事项管理，牢牢守住不发生系统性风险的底线，维护社会长治久安。

（三）2022 年预算安排总体情况

一是一般公共预算收支情况。

2022 年全区一般公共预算总财力为 26.82 亿元，其中一般公共预算收入 4.1 亿元，上级补助收入 8.32 亿元（税收返还性收入 9785 万元、一般性转移支付收入 7.2 亿元、专项转移支付收入 1419.62 万元），调入国有资本经营收入 17 万元，动用预算稳定调节基金 14.4 亿元。2022 年一般公共预算支出 26.82 亿元，收支平衡。

二是政府性基金预算收支情况。

2022 年政府性基金预算总财力 3888.94 万元，其中上级补助收入 3185.75 万元、上年结转 703.19 万元。政府性基金预算支出 3888.94 万元。

三是国有资本经营预算收支情况。

2022 年国有资本经营预算收入 216.39 万元，其中国有资本经营预算收入 56 万元、上级补助收入 0.39 万元、上年结转 160 万元。国有资本经营预算支出 216.39 万元。调入一般公共预算 17 万元。

（四）本级预算安排的重点

一是把乡村振兴作为“三农”工作的总抓手，巩固拓展脱贫攻坚成果，支持全面实施乡村振兴战略，实现农牧区宜居宜业、农牧业高质高效、农牧民富裕富足。安排资金 3.78 亿元，其中农业专项资金 1.79 亿元：“美丽乡村 · 幸福家园”建设配套资金 8705 万元、政策性农业保险资金 793.62 万元、高标准农田建设配套资金 1352.12 万元、净土健康产业及重点产业发展资金 3971 万元，水利建设专项资金 1801.2 万元，林业发展专项资金 1180.82 万元，其中乡村“四旁”植树行动专项资金 1030.82 万元，财政衔接推进乡村振兴配套资金 6393.94 万元。

二是大力支持公共科技服务领域，安排资金 285.5 万元。

三是坚持教育优先发展，按照“两个只增不减”要求，从体制上保障教育事业发展需要，支持教育体制和学科改革。安排资金 2.64 亿元，其中：教育事业费本级配套资金 9316 万元。

四是支持历史文化名城建设，推进文化惠民工程，安排资金 918.87 万元，其中：艺术团保障运营资金 57 万元，艺术团场次补贴 150 万元，文物保护资金 30 万元，精神文明专项资金 15 万元，创建文明城市资金 50 万元，拉萨日报和报纸征订资金 124 万元。

五是推进卫生健康事业高质量发展，支持公共卫生安全体系建设，提升医疗卫生服务能力。安排资金 2523.98 万元，其中：疫情防控专项资金 200 万元、突发公共卫生事件应急物资储备资金 20 万元、卫生与健康资金 100 万元、全民健康免费体检经费 384 万元、农牧民孕产妇住院分娩奖励和孕产妇护送与提前待产项目资金 53.33 万元、婴幼儿流感资金 20 万元、人民医院物业服务资金 139.1 万元、卫生系统伙食补贴资金 99.21 万元。

六是织密织牢社会保障"安全网"，支持困难家庭托底帮扶、重特大医疗保险和救助、"老弱病残"关怀服务等。安排资金 1.49 亿元，其中：机关事业单位养老保险、失业保险、生育保险、工伤保险、职工医疗保险补助等资金 8291.71 万元、住房公积金财配资金 2483.54 万元、城乡居民医疗保险配套资金 332.29 万元、困难群众救助补助资金 516.74 万元、干部职工意外伤害保险资金 40 万元、高龄老人健康补贴（寿星老人）资金 120 万元、退休干部职工住院护工费 26.6 万元、政府购买岗位资金 3808 万元、"双集中"供养运行经费 141.6 万元、残疾人两项补贴资金 36.53 万元、慰问经费 200 万元。

七是持续改善干部职工住房保障条件。安排资金 8900.69 万元，其中：城镇低收入家庭租赁补贴 5.42 万元、2018 年公租房配套资金 5895.27 万元、保障性住房维修资金 3000 万元。

八是支持生态文明建设，优化绿色生态、绿色生产、绿色生活布局，坚持山水林田湖草沙冰一体化保护和系统治理。安排资金 8224 万元，其中：环境保护专项资金 224 万元、白纳沟生态旅游乡村振兴资金 8000 万元。

九是支持社会治理现代化建设。安排资金 6056.62 万元，其中：维稳补助资金 1500 万元、社会治安综合治理专项资金 171 万元、涉宗领域工作资金 320 万元、国安指挥部运行资金 180 万元、应急自然灾害救助资金 200 万元、消防专项资金 733.1 万元、突发公共事件应急处置资金 200 万元、信访疑难和欠薪应急周转资金 400 万元、"雪亮工程"升级及等级测评资金 34.7 万元。

十是巩固"四化"整治成果，安排资金 6148.04 万元，其中：城市维护管理资金 400 万元、城乡环卫一体化资金 769 万元、乡村环境管理及垃圾清运资金 491 万元、艺术休闲主题公园资金 2000 万元、造林绿化工程（虎峰山）资金 1000 万元。

十一是强化公共服务基础设施建设，安排资金 4.57 亿元，其中：农贸市场建设资金 1500 万元、洋河拉萨基地项目资金 1000 万元、工业园区企业加速器项目资金 8000 万元、宗教活动场所及僧舍危房改造资金 500 万元、地方基建投资 3.35 亿元、旅游发展资金 247 万元、农村客运补贴配套资金 50 万元、农村公路养护配套资金 205.73 万元、道路提升改造（白改黑）资金 178.05 万元、新建公厕项目资金 320.86 万元、税收业务资金 200 万元。

十二是合理安排预备费。安排本级预备费 8047 万元，占本级财力的比重为 0.3%。设立部门机动经费，用于解决新增临时、紧急应急等相关支出，聚焦全区中心工作，集中财力解决人民群众关心的教育、医疗、生态宜居、城市基础设施等热点、难点问题。统筹财政存量资金 5.77 亿元，其中安排各项目单位上报项目的尾款资金 4603.21 万元，剩余资金由区委、区政府同意后以概算为准另行安排。

（五）完成 2022 年预算任务的主要措施

一是大力涵养财源，狠抓财政收支。发挥财政引导作用，涵养培育财源，确保财政收入稳预期、稳增长。创新财源建设激励机制，强化产业支撑，激发内生动力，强化重点地区和重点税源监控，推进招商引资，稳定税基、扩大税源、优化财源结构。加强非税收入管理，与执收部门建立紧密联动机制，做到应收尽收，应缴尽缴。不折不扣落实过紧日子要求，强化预算执行约束，精打细算，严把支出关口，强化重点支出优先保障机制，坚持"三保"支出在财政支出中的优先顺序，兜牢兜实“三保”底线。严控一般性支出，“三公”经费只减不增，严控追加预算和项目调剂事项，严禁超预算、无预算支出，严格执行资产配置标准，推动部门单位资金使用从“粗放”向“精细”转变。

二是深化财政体制改革，推动财政高质量发展。深入推进事权和支出责任划分改革，建立权责清晰、财力协调、区域均衡的财政关系。继续加强财政资源统筹，完善政府预算体系，盘活各类存量资金，提高财政资金配置效益。建设科学规范的财政支出体系，坚持零基预算理念，建立有保有压的预算分配机制。完善部门基本支出标准，推进部门项目支出标准化管理，健全项目库管理制度，实施项目全生命周期管理。深化预算执行与预算编制挂钩机制。聚焦重点资金，做优重点绩效，推进绩效管理提质增效。结合预算管理一体化，将绩效管理要求实质性嵌入预算管理流程，健全预算安排与绩效结果挂钩的激励约束机制。持续优化公平竞争的政府采购营商环境，强化采购人主体责任，健全政府采购监管机制，有效发挥政府采购政策功能作用。强化预算单位主体责任，提高预决算公开质量，主动接受社会监督。

三是加强财政监督检查，确保财政资金安全高效运行。强化财政监管职能，重点围绕地方政府债务、民生重点领域、重大资金项目开展监督，促进财政资金规范高效使用，保障区委、区政府决策部署和财政发展各项措施有效落实。严肃查处各类铺张浪费行为，决不让财经纪律当“稻草人”，坚持“零容忍”打击财务造假行为，完善责任追究机制，强化监管成果运用，加大典型案例曝光力度，提高财政透明度，强化对权力运行的制约监督。

壮丽的征程依靠脚踏实地的奋斗，伟大的目标需要义不容辞的担当。我们将在区委、区政府的坚强领导下，在区人大、区政协监督下，认真贯彻落实本次大会决议，攻坚克难、砥砺奋进，坚持政府过紧日子思想，优化支出结构，持续增进民生福祉，以优异成绩迎接党的二十大胜利召开。

名词解释

“三保”：保工资、保运转、保民生。

“六稳”：稳就业、稳金融、稳外贸、稳外资、稳投资、稳预期。

“六保”：保市场就业、保基本民生、保市场主体、保粮食能源安全、保生产链供应链稳定、保基本运转。

# 索 引

## 说 明

一、本索引采用主题分析法编制。索引范围包括篇目、类目、部(门)目、条目等。
二、本索引按主题词首字汉语拼音音序(同音按音调)排列,若首字拼音相同则按第二字音序排列,以此类推。
三、索引款目后的数字表示内容所在的页码,数字后的拉丁字母(a、b、c)表示栏别(从左至右)。
四、篇目、类目、部(门)目用黑体字。

### A



### B

## C



## D

## E



## F

## G



## H



## J

## K



## L



## M

N



P



Q



R

## S

## T



## W



## X

## Y

## Z